Das verschärfte Anforderungsprofil an Aktionärsvertreter im Aufsichtsrat

Zivilrechtliche Schriften

Beiträge zum Wirtschafts-, Bank- und Arbeitsrecht

Herausgegeben von Arnd Arnold, Dorothee Einsele,
Jan Lieder und Hartmut Oetker

Begründet von Peter Kreutz und Dieter Reuter

Band 78

PETER LANG

Theresa Degner

Das verschärfte Anforderungsprofil an Aktionärsvertreter im Aufsichtsrat

PETER LANG

Bibliografische Information der Deutschen Nationalbibliothek
Die Deutsche Nationalbibliothek verzeichnet diese Publikation in der Deutschen Nationalbibliografie; detaillierte bibliografische Daten sind im Internet über http://dnb.d-nb.de abrufbar.

Zugl.: Freiburg (Breisgau), Univ., Diss., 2020.

D 25

ISBN 978-3-631-84831-9 (Print)
E-ISBN 978-3-631-85069-5 (E-PDF)
E-ISBN 978-3-631-85070-1 (EPUB)
E-ISBN 978-3-631-85071-8 (MOBI)
DOI 10.3726/b18199

Peter Lang – Berlin · Bern · Bruxelles · New York · Oxford · Warszawa · Wien

Diese Publikation wurde begutachtet.

www.peterlang.com

Zusammenfassung / Schlüsselwörter

Nur qualifizierte Aufsichtsräte sind in der Lage, den Vorstand effektiv zu überwachen und zu beraten und somit dem Unternehmenswohl zu dienen. Gesellschaftliche wie auch aktienrechtliche Diskussionen um die Problematik ihrer nötigen Qualifikationen sind mithin nicht neu. Die Autorin untersucht in diesem Buch, ob sich das Anforderungsprofil an Aktionärsvertreter im Aufsichtsrat deutscher Aktiengesellschaften verschärft hat. Zeitlich und ursächlich wird dabei an die Finanz- beziehungsweise die spätere Bankenkrise ab dem Jahr 2007 angeknüpft. Die gesetzlichen Grundlagen des Anforderungsprofils finden sich sowohl im Aktiengesetz als auch in Sondervorschriften wie dem KWG, VAG und KAGB. Nicht nur aufgrund der Entsprechenserklärung in § 161 AktG, sondern auch aufgrund der international steigenden Bedeutung von Corporate Governance allgemein sind Teil des Anforderungsprofils ebenso die einschlägigen Verhaltensempfehlungen und Anregungen im DCGK. Bei der Untersuchung der Reformen der Anforderungen an Aktionärsvertreter werden in dem Buch zunächst folgende Qualifikationsmerkmale erörtert: Sachkunde, eine Förderung des unterrepräsentierten Geschlechts, Unabhängigkeit, Zuverlässigkeit sowie zeitliche Verfügbarkeit. In einem zweiten Schritt untersucht die Autorin, ob das verschärfte Anforderungsprofil mit verschärften Rechtsfolgen bei dessen Nichterfüllung einhergeht, ob sich also das Anforderungsprofil zusätzlich über die Rechtsfolgen bei Nichterfüllung der hinzugekommenen Anforderungen verschärft hat. Die Autorin arbeitet heraus, dass sich das Anforderungsprofil an Aktionärsvertreter im Aufsichtsrat seit dem Jahr 2007 sowohl über den Gesetzgeber als auch über die DCGK-Kommission verschärft hat. Dabei lassen sich eine große Anzahl der Gesetzesnovellen auf die weltweite Finanzmarktkrise zurückführen. Ein radikales Umdenken des Gesetzgebers bezüglich der Normierung inhaltlicher Qualifikationen an die Mitglieder des Überwachungsorgans ist trotzdem nicht erkennbar.

Keywords: Aufsichtsrat; Aktionärsvertreter; Geschlechterquote; Diversity; Interessenkonflikt; Wahlanfechtung; Professionalisierung

Abstract / Keywords

Only qualified supervisory board members are in a position to effectively monitor and advise the management board and thus serve the company's best interests. Discussions in society and in stock corporation law about the problem of the necessary qualifications of supervisory board members are therefore not new. In this book, the author examines whether the profile of requirements for shareholder representatives on the supervisory boards of German stock corporations has become more stringent. The chronology and causes of this development are linked to the financial crisis and the subsequent banking crisis that began in 2007. The legal basis for the requirement profile can be found both in the German Stock Corporation Act (AktG) and in special regulations such as the KWG, VAG and KAGB. Due to the declaration of conformity in § 161 AktG and the increasing international importance of corporate governance in general, the relevant recommendations and suggestions in the GCGC (DCGK) also form part of the requirement profile. In examining the reforms of the requirements for shareholder representatives, the book first discusses the following qualification characteristics: expertise, a promotion of the underrepresented gender, independence, reliability and time availability. Next, the author examines whether the stricter requirement profile is accompanied by stricter legal consequences in the event of its non-fulfillment, i.e. whether the requirement profile has additionally become stricter via the legal consequences in the event of non-fulfillment of the added requirements. The author concludes that the requirement profile for shareholder representatives on the supervisory board has become more stringent since 2007, both via the legislator and via the DCGK-Commission. A large number of the legislative amendments can be traced back to the global financial market crisis. Nevertheless, there is no evidence of a radical rethink on the part of the legislator with regard to the standardization of content-related qualifications for the members of the supervisory body.

Keywords: Supervisory Board; Shareholder representatives; Gender quota; Diversity; Professionalization; Election challenge

Inhaltsverzeichnis

Abkürzungsverzeichnis

a.A.	andere Ansicht
AcP	Archiv für die civilistische Praxis (Zeitschrift)
a. F.	alte Fassung
Abl.	Amtsblatt
Abs.	Absatz
AbwMechG	Abwicklungsmechanismusgesetz
AEUV	Vertrag über die Arbeitsweise der Europäischen Union
AG	Aktiengesellschaft als Rechtsform; Die Aktiengesellschaft (Zeitschrift)
AGG	Allgemeines Gleichbehandlungsgesetz
AIF	Alternative Investmentfonds (englisch: Alternative Investment Fund)
AIFM	Verwalter alternativer Investmentfonds (englisch: Alternative Investment Fund Manager)
AIFM-UmsG	AIFM-Umsetzungsgesetz
AktG	Aktiengesetz
AO	Abgabenordnung
AReG	Abschlussprüfungsreformgesetz
Art.	Artikel
ARUG II	Gesetz zur Umsetzung der zweiten Aktionärsrechterichtlinie
BaFin	Bundesanstalt für Finanzdienstleistungsaufsicht
BB	Betriebs-Berater
Bd.	Band
BeckOK	Beck'scher Online-Kommentar
BeckRS	Beck online Rechtsprechung
BeschE	Beschlussempfehlung
BetrVG	Betriebsverfassungsgesetz
BGB	Bürgerliches Gesetzbuch
BGBl.	Bundesgesetzblatt
BGH	Bundesgerichtshof
BGHSt	Entscheidungen des Bundesgerichtshofes in Strafsachen
BGHZ	Entscheidungen des Bundesgerichtshofes in Zivilsachen
BilMoG	Bilanzrechtsmodernisierungsgesetz
BilReG	Bilanzrechtsreformgesetz
BJR	Business Judgment Rule

BK	Bonner Kommentar
BörsG	Börsengesetz
BR-Drs.	Deutscher Bundesrat, Drucksache
BT-Drs.	Deutscher Bundestag, Drucksache
BVerfG	Bundesverfassungsgericht
BVerfGE	Entscheidungen des Bundesverfassungsgerichts
BVerwG	Bundesverwaltungsgericht
Bzgl.	Bezüglich
Bzw.	Beziehungsweise
c.i.c.	culpa in contrahendo
CCZ	Corporate Compliance Zeitschrift
CRD	Capital Requirements Directive
CRR-	Capital Requirements Regulation
D&O-Versicherung	Directors and Officers Versicherung
DAI	Deutsches Aktieninstitut
DAV	Deutscher Anwaltverein
DAX	Deutscher Aktienindex
DB	Der Betrieb
DCGK	Deutscher Corporate Governance Kodex
DGB	Deutscher Gewerkschaftsbund
DGSD	Deposit Guarantee Schemes Directive
DIN	Deutsches Institut für Normung
DNotZ	Deutsche Notar-Zeitschrift
DrittelbG	Drittelbeteiligungsgesetz
DStR	Deutsches Steuerrecht
eG	eingetragene Genossenschaft
EG	Europäische Gemeinschaft
EL.	Ergänzungslieferung
ErfurterKomm	Erfurter Kommentar
EU	Europäische Union
EUV	Vertrag über die Europäische Union
EWiR	Entscheidungen zum Wirtschaftsrecht
f.; ff.	folgende; fortfolgende
FiMaAnpG	Finanzmarktanpassungsgesetz
FMVA-StärkG	Gesetzes zur Stärkung der Finanzmarkt- und der Versicherungsaufsicht
Fn.	Fußnote
FS	Festschrift

FüPoG	Gesetz für die gleichberechtigte Teilhabe von Frauen und Männern an Führungspositionen in der Privatwirtschaft und im öffentlichen Dienst
GesellR	Gesellschaftsrecht
GG	Grundgesetz
ggf.	gegebenenfalls
GmbH	Gesellschaft mit beschränkter Haftung
GmbH & Co. KG	Gesellschaft mit beschränkter Haftung & Compagnie Kommanditgesellschaft
GmbHG	Gesetz betreffend die Gesellschaften mit beschränkter Haftung
Großkomm	Großkommentar
GWR	Gesellschafts- und Wirtschaftsrecht (Zeitschrift)
HdB	Handbuch
HGB	Handelsgesetzbuch
Hrsg.	Herausgeber
HSH Nordbank	Hamburgisch-Schleswig-Holsteinische Nordbank
HVB	Hypovereinsbank
i.V.m.	in Verbindung mit
IFRS	International Financial Reporting Standards
IKB	Industriekreditbank AG – Deutsche Industriebank
ILF	Institute for Law and Finance, Goethe-Universität Frankfurt am Main
InvG	Investmentgesetz
K. Schmidt	Karsten Schmidt
KAGB	Kapitalanlagegesetzbuch
KGaA	Kommanditgesellschaft auf Aktien
KIT	Karlsruher Institut für Technologie
KölnerKomm	Kölner Kommentar
KonTraG	Gesetz zur Kontrolle und Transparenz im Unternehmensbereich
KVG	Kapitalverwaltungsgesellschaft
KWG	Gesetz über das Kreditwesen
LG	Landgericht
m.w.N.	mit weiteren Nachweisen
MgVG	Gesetz über die Mitbestimmung der Arbeitnehmer bei einer grenzüberschreitenden Verschmelzung
MitbestG	Mitbestimmungsgesetz
MontanMitbestErgG	Montanmitbestimmungsergänzungsgesetz

MontanMitbestG	Montanmitbestimmungsgesetz
MüKo	Münchener Kommentar
n. F.	neue Fassung
NJW	Neue Juristische Wochenschrift
NJW-RR	NJW-Rechtsprechungsreport
NK	Nomos Kommentar
Nr.	Nummer
NZA	Neue Zeitschrift für Arbeitsrecht
NZG	Neue Zeitschrift für Gesellschaftsrecht
OLG	Oberlandesgericht
OWiG	Gesetz über Ordnungswidrigkeiten
RabelsZ	Rabels Zeitschrift für ausländisches und internationales Privatrecht
RefE.	Referentenentwurf
RegBegr.	Regierungsbegründung
RegE.	Regierungsentwurf
RG	Reichsgericht
RGSt	Entscheidungen des Reichsgerichts in Strafsachen
RGZ	Entscheidungen des Reichsgerichts in Zivilsachen
Rspr.	Rechtsprechung
S.	Seite bei Literaturangaben; Satz bei Gesetzesangaben
SE	Societas Europaea (Europäische Gesellschaft)
SE-VO	Verordnung (EG) Nr. 2157/2001 über das Statut der Europäischen Gesellschaft (SE)
sog.	sogenannt/sogenannte
StGB	Strafgesetzbuch
TransPuG	Transparenz- und Publizitätsgesetz
u.a.	unter anderem
UAbs.	Unterabsatz
UMAG	Gesetz zur Unternehmensintegrität und Modernisierung des Anfechtungsrechts
UmsG	Umsetzungsgesetz
v.	von
VAG	Gesetz über die Beaufsichtigung von Versicherungsunternehmen
VAMoG	Gesetzes zur Modernisierung der Finanzaufsicht über Versicherungen
VersR	Versicherungsrecht
vgl.	vergleiche

VO	Verordnung (EU)
VorstAG	Gesetz zur Angemessenheit der Vorstandsvergütung
VVaG	Versicherungsverein auf Gegenseitigkeit
VwGO	Verwaltungsgerichtsordnung
WM	Zeitschrift für Wirtschafts- und Bankrecht
WpHG	Gesetz über den Wertpapierhandel
z.B.	zum Beispiel
ZBB	Zeitschrift für Bankrecht und Bankwirtschaft
ZGR	Zeitschrift für Unternehmens- und Gesellschaftsrecht
ZHR	Zeitschrift für das gesamte Handels- und Wirtschaftsrecht
ZIP	Zeitschrift für Wirtschaftsrecht

Kapitel 1. Einführung

A. Einleitung

Die Kodifizierung von Recht darf niemals Selbstzweck sein. Gesellschaftliche Akzeptanz wird nur dann geschaffen, wenn das Recht die Wirklichkeit abbildet. Der daraus entstehende Wettlauf zwischen den Anpassungsbemühungen des Gesetzgebers und dem schnellen gesellschaftlichen Wandel lässt sich an der kontinuierlichen Steigerung des Anforderungsprofils der gewählten Aktionärsvertreter im Aufsichtsrat einer deutschen Aktiengesellschaft ausgezeichnet beobachten. Vor allem seit Ausbruch der weltweiten Finanzmarktkrise im Jahr 2007 und dem damit einhergehenden Versagen der Überwachungsorgane steht die Diskussion um die Qualifikation von Aufsichtsräten wieder im gesellschaftlichen wie auch im aktienrechtlichen Fokus. Dies gilt umso mehr, als die Aktiengesellschaft trotz einer leichten Rückläufigkeit noch immer, gerade in innovativen und riskanten Bereichen, eine der meistgewählten deutschen Rechtsformen ist.[1] Bezüglich der Vorschläge zur Optimierung der Überwachungstätigkeit kann an bekannte Schlagwörter wie „*Diversity*", „Frauenquote", „Professionalisierung" und „Unabhängigkeit" erinnert werden.

Die Ausweitung des Anforderungsprofils rührt einerseits von gesetzgeberischer Tätigkeit her. Andererseits geht sie auf selbstverpflichtende Verhaltensempfehlungen und Anregungen, wie den Deutschen Corporate Governance Kodex (DCGK), zurück. Solche Verhaltensempfehlungen und Anregungen sind in ihrer Entstehung flexibler, da sie nicht an starre, oft langwierige Gesetzgebungsverfahren gebunden sind. Durch die jährliche Überprüfung und gegebenenfalls Anpassung des DCGK ist auch dieses Regelwerk an den gesellschaftlichen Wandel gekoppelt.

Eine Abgleichung von Recht und Wirklichkeit, sei es durch verbindliche Gesetzgebung oder Verhaltensempfehlungen und Anregungen des DCGK, ist nicht nur im Hinblick auf die dadurch entstehende gesellschaftliche Akzeptanz unerlässlich. Vielmehr dient sie auch greifbar der Effizienzsteigerung des alltäglichen Betriebs und damit letztlich der Wettbewerbsfähigkeit des „Produkts" deutsche Aktiengesellschaft in einem globalisierten Wirtschaftsumfeld. Gesellschaftliche Entwicklungen wie die der Globalisierung und Digitalisierung der Märkte oder die Forderung nach einer Einflussnahmegarantie für bestimmte

1 *Kübler/Assmann*, GesellR, § 14 II 2 a).

Gruppen waren für die Gründungsväter des Aktiengesetzes im Jahre 1965[2] nicht vorhersehbar. Das Aktiengesetz als wichtigste Rechtsgrundlage für die Wahl des Aufsichtsrats muss im Zusammenspiel mit selbstverpflichtenden Verhaltensempfehlungen und Anregungen auf diese und andere aktuelle Entwicklungen eine Antwort bieten.

Die Spiegelung von aktuellen gesellschaftlichen Entwicklungen stellt im Ausgangspunkt eine begrüßenswerte Entwicklung dar. Indes darf ein verschärftes Anforderungsprofil aufgrund dieser Spiegelung nicht dazu führen, dass qualifizierte Aufsichtsratsanwärter wegen eines linear zu den Anforderungen gestiegenen Anfechtungs- oder Haftungsrisikos abgehalten werden zu kandidieren. Dies wäre eine weder von der Gesellschaft und ihren Organen noch ihren Anteilseignern zu begrüßende Entwicklung. Über die in den letzten Jahren in Deutschland, aber auch international verstärkt geführte *Corporate-Governance*-Diskussion, vor allem bei mittleren bis großen Kapitalgesellschaften, rückt auch die Frage der Folgen bei Nichtbeachtung des DCGK immer mehr in den Vordergrund. Katalysatorisch hat dabei die Einführung des *comply-or-explain*-Prinzips des § 161 AktG im Jahr 2002 gewirkt.

Die Rechtsfolgen bei fehlerhafter Bestellung können die Wahl *ex post* zu einem langwierigen und kostspieligen Unterfangen machen. Von einer rechtskonformen und gleichzeitig durchführbaren Wahl, die es schafft, die aktuellen gesellschaftlichen Entwicklungen zu inkludieren, profitieren jedoch alle Beteiligten, angefangen bei den Anteilseignern und der Verwaltung der Aktiengesellschaft bis hin zur normenprägenden Gesellschaft.

A. Gang der Untersuchung

Die vorliegende Arbeit steht unter dem Titel: „Das verschärfte Anforderungsprofil an Aktionärsvertreter im Aufsichtsrat“. Ausgangspunkt sind die aufeinander aufbauenden Fragen, ob sich das Anforderungsprofil an Aktionärsvertreter im Aufsichtsrat seit dem Jahr 2007 verschärft hat (Kapitel 3.) und wenn ja, welche Folgen sich dann aus der Nichterfüllung dieses Profils ergeben (Kapitel 4.). Dabei wird im Einzelnen wie folgt vorgegangen:

---

2 Aktiengesetz in der Fassung der Bekanntmachung vom 06.09.1965 (BGBl. I S. 1089). *Seibert, in:* Handbuch des Aktienrechtes, S. 3, 4. Dieser führt aus, dass das Aktiengesetz von 1965 zwar auf dem Aktiengesetz von 1937 basiert, sich aber durch eine Vielzahl an Neuerungen auszeichnet.

Um ein vollständiges Gesamtbild zu vermitteln, wird zunächst allgemein auf das Gremium „Aufsichtsrat“ eingegangen (Kapitel 2.). Es werden seine Aufgaben (Kapitel 2., A.) sowie die Möglichkeiten seiner Bestellung (Kapitel 2., B.) erläutert. Die Arbeit konzentriert sich auf die Bestellung der Aktionärsvertreter durch Wahl der Hauptversammlung (Kapitel 2., B., II., 1.).

Im dritten Kapitel werden die Reformen des Anforderungsprofils der Aktionärsvertreter im Aufsichtsrat dargestellt. Herausgearbeitet wird die zentrale These, dass sich dieses seit dem Jahr 2007 sowohl über den Gesetzgeber als auch über die DCGK-Kommission verschärft hat. Eine große Anzahl der Gesetzesnovellen lassen sich dabei auf die weltweite Finanzmarktkrise zurückführen. Zunächst wird auf die zentrale Norm § 100 AktG (Kapitel 3. A.) eingegangen. Diese regelt die persönlichen Voraussetzungen für Aufsichtsratsmitglieder. Unter Kapitel 3. B. werden anschließend Reformen weiterer Qualifikationsmerkmale diskutiert. Diese sind: Sachkunde (Kapitel 3., B., I.), eine Förderung des unterrepräsentierten Geschlechts (Kapitel 3., B., II.), Unabhängigkeit beziehungsweise das Vorliegen von Interessenkonflikten (Kapitel 3., B., III.), Zuverlässigkeit und zeitliche Verfügbarkeit (Kapitel 3., B., IV.). Bei Erörterung der gesetzlichen Normen sowie der Verhaltensempfehlungen des DCGK wird jeweils aufgezeigt, zu welchem Zeitpunkt sie erlassen wurden. In einem Ergebnis (Kapitel 3., C.) wird schließlich zusammengefasst, welche der diskutierten Normen aus den Jahren ab 2007 resultieren. Dabei wird untersucht, ob ein Zusammenhang zur Weltfinanzkrise besteht.

Schließlich thematisiert Kapitel 4. die Folgen bei Nichterfüllung des Anforderungsprofils. Es wird zwischen der Nichterfüllung gesetzlicher Vorgaben (Kapitel 4., A.) und der Nichterfüllung der Anforderungen des DCGK (Kapitel 4., B.) unterschieden. Bei Ersterem wird zunächst die Nichtigkeit (Kapitel 4., A., I.) und die Anfechtbarkeit (Kapitel 4., A., II.) der Wahl sowie die sich aus beiden ergebende Rechtsfolge der Wahlnichtigkeit (Kapitel 4., A., III.) beleuchtet. Sodann werden die Haftungsmöglichkeiten des einzelnen Aufsichtsrats behandelt (Kapitel 4., A., IV.). Dabei wird sowohl zwischen wirksam und fehlerhaft bestellten Aufsichtsräten als auch zwischen einer möglichen Innen- und Außenhaftung unterschieden. Kapitel 4., A. endet mit einer Erörterung der Anfechtbarkeit der Entlastung eines Aufsichtsratsmitglieds (Kapitel 4., A., V.). Bezüglich der Rechtsfolgen bei Nichterfüllung des DCGK wird zunächst auf den Kodex selbst (Kapitel 4., B., I.) und auf einen Verstoß gegen diesen (Kapitel 4., B., II.) eingegangen. Sodann wird die in § 161 AktG verankerte Entsprechenserklärung (Kapitel 4., B., III.) sowie ein Verstoß gegen diese (Kapitel 4., B., IV.) beleuchtet.

Nach einem Blick in die Zukunft des Aufsichtsrats (Kapitel 5., A.) endet die Arbeit mit einer Zusammenfassung in Thesen (Kapitel 5., B.).

B. Terminologisches

Für die nachstehende Untersuchung seien noch folgende Hinweise zur Begriffsverwendung gegeben:

Werden die Begriffe „Unternehmen“ oder „Gesellschaft“ verwendet, so ist die dahinterstehende juristische Person (beispielsweise die Aktiengesellschaft, § 1 Abs. 1 S. 1 AktG) gemeint. Die ungenaue Verwendung der Begriffe dient allein stilistischen Zwecken.

Zitierungen des DCGK beziehen sich auf die aktuelle Version, also auf die Fassung vom 16. Dezember 2019, veröffentlicht im Bundesanzeiger am 20. Januar 2020. Sind ältere Fassungen von Relevanz, so wird dies durch Angabe des Jahres (beispielsweise DCGK 2017) kenntlich gemacht.

Wird in der Arbeit grammatikalisch die männliche Form zur Umschreibung einer Person oder eines Amts verwendet (beispielsweise der Aufsichtsrat oder der Aufsichtsratskandidat), umfasst dies Personen jeglichen Geschlechts (also beispielsweise Aufsichtsrätinnen oder Aufsichtsratskandidatinnen). Die Verwendung der männlichen Form dient allein der besseren Lesbarkeit.

Kapitel 2. Der Aufsichtsrat in der Aktiengesellschaft

A. Aufgaben des Aufsichtsrats

Es soll nicht darauf ankommen, ein möglichst vollständiges Bild der gesetzlichen Aufgaben des Aufsichtsrats darzustellen. Vielmehr sollen die Hauptaufgabenfelder angerissen werden. Nach § 111 Abs. 1 AktG hat der Aufsichtsrat die Geschäftsführung zu überwachen. Die zur Erfüllung dieser Aufgabe nötigen Rechte werden in der Norm nicht abschließend geregelt.[3] Ergänzend hervorzuheben ist die wohl wichtigste Kompetenz des Aufsichtsrats, die sich aus § 84 AktG ergebende Personalkompetenz des Aufsichtsrats für den Vorstand.[4] Der Aufsichtsrat ist zuständig für die Bestellung und das Abberufen von Vorstandsmitgliedern, die Ernennung des Vorstandsvorsitzenden sowie ihren Widerruf.[5] Ebenso ist er zuständig für den Abschluss und die Kündigung der Anstellungsverträge oder diese ersetzende schuldrechtliche Vereinbarungen.[6]

§ 111 Abs. 1 AktG bezieht sich sowohl auf eine vergangenheitsbezogene Kontrolle als auch auf eine zukunftsorientierte Überwachung (präventive Kontrolle) und Beratung.[7] Dies hat der BGH schon im Jahr 1991 festgestellt.[8] Dabei umfasst beides nicht die gesamte Geschäftsführung des Vorstands, sondern nur Maßnahmen mit besonderer Bedeutung für die Leitung der Gesellschaft (Leitungsmaßnahmen)[9] und wesentliche Einzelmaßnahmen.[10] Die Begriffe „Geschäftsführung" in § 111 Abs. 1 AktG und „Leitung der Gesellschaft" in § 76 Abs. 1 AktG stimmen inhaltlich überein.[11] Maßnahmen, die der Vorstand außerhalb der Geschäftsführung beziehungsweise Leitung gegenüber anderen

---

3 *Oetker*, ErfurterKomm-AktG, § 111 Rn. 1; Koch, in: Hüffer/Koch, AktG, § 111 Rn. 1. Vergleiche beispielsweise § 111 Abs. 2 bis Abs. 4 AktG.

4 *Koch*, in: Hüffer/Koch, AktG, § 111 Rn. 1.

5 *Koch*, in: Hüffer/Koch, AktG, § 84 Rn. 1.

6 Vgl. § 84 Abs. 1 S. 5 AktG „gilt sinngemäß für den Anstellungsvertrag"; *Koch*, in: Hüffer/Koch, AktG, § 84 Rn. 1.

7 BGH, Urteil vom 25.03.1991 – II ZR 188/89 = NJW 1991, 1830; *Grigoleit/Tomasic* in: Grigoleit, AktG, § 111 Rn. 4 ff.

8 BGH, Urteil vom 25.03.1991 – II ZR 188/89 = NJW 1991, 1830.

9 Vgl. § 76 AktG: Leitung der Aktiengesellschaft.

10 *Habersack*, in: MüKo-AktG, § 111 Rn. 20; *Säcker/Rehm*, DB 2008, 2814.

11 *Hoffmann-Becking*, in: Münchener Hdb GesellR 4, § 29 Rn. 28.

Organen vornimmt, wie beispielsweise die Einberufung der Hauptversammlung, sind somit von der Überwachungspflicht ausgenommen.[12] Eine lückenlose Überwachung der Geschäftsführung/Leitung des Vorstands würde das Zeit- und Personalkontingent des Aufsichtsrats sprengen. Maßstab der Überwachungspflicht ist der jeweilige Gesellschaftszweck.[13] Im Lichte dessen hat der Aufsichtsrat das Handeln des Vorstands auf Rechtmäßigkeit, Ordnungsmäßigkeit, Wirtschaftlichkeit und Zweckmäßigkeit zu prüfen.[14] Inzwischen zählen zu den zu überwachenden Gegenständen auch die in § 289c Abs. 2, Abs. 3 HGB aufgezählten Belange der sozialen beziehungsweise nachhaltigen Unternehmensführung.[15] Grundlage der Überwachungspflicht sind in den meisten Fällen die Vorstandsberichte nach § 90 AktG.[16] Bei konkreten Anhaltspunkten, in Krisenzeiten sowie bei besonderen Ereignissen ist der Aufsichtsrat zusätzlich angehalten, weitere Berichte anzufordern beziehungsweise sich die nötigen Informationen zu beschaffen.[17]

B. Bestellung des Aufsichtsrats

Insgesamt gibt es fünf Bestellungsformen für Aufsichtsratsmitglieder einer Aktiengesellschaft: die Bestellung des ersten Aufsichtsrats durch die Gründer (§ 30 Abs. 1 S. 1 AktG), die gerichtliche Bestellung (§ 104 AktG), die Wahl von Aufsichtsräten nach Mitbestimmungsgesetzen (Aufsichtsratsmitglieder der Arbeitnehmer) sowie die Wahl durch die Hauptversammlung nach § 101 Abs. 1 S. 1 AktG beziehungsweise die Entsendung nach § 101 Abs. 2 AktG (Aufsichtsratsmitglieder der Aktionärsvertreter).[18]

---

12 *Hoffmann-Becking*, in: Münchener Hdb GesellR 4, § 29 Rn. 28.

13 *Grigoleit/Tomasic*, in: Grigoleit, AktG, § 111 Rn. 39.

14 BGH, Urteil vom 12.07.1979 – III ZR 154/77 = NJW 1979, 1879, 1881; BGH, Urteil vom 25.03.1991 – II ZR 188/89 = NJW 1991, 1830, 1831; *Spindler*, in: Spindler/Stilz AktG, § 111 Rn. 14; *Mertens/Cahn*, in: KölnerKomm-AktG, § 111 Rn. 14; *Habersack*, in: MüKo-AktG, § 111 Rn. 53; *Koch*, in: Hüffer/Koch, AktG, § 111 Rn. 14; *Säcker/Rehm*, DB 2008, 2814, 2817.

15 *Spindler*, in: Spindler/Stilz AktG, § 111 Rn. 14.

16 *Hoffmann-Becking*, in: Münchener Hdb GesellR 4, § 29 Rn. 29; *Grigoleit/Tomasic*, in: Grigoleit, AktG, § 111 Rn. 41.

17 BGH, Urteil vom 11.12.2006 – II ZR 243/05 = BeckRS 2007, 1178; OLG Stuttgart, Urteil vom 29.02.2012 – 20 U 3/11 = BeckRS 2012, 5280; *Hasselbach*, NZG 2012, 41; *Lieder*, EWiR 2012, 303, 304.

18 *Koch*, in: Hüffer/Koch, AktG, § 101 Rn. 1.

I. Aufsichtsratsmitglieder der Arbeitnehmer

Vorschriften bezüglich einer Wahl von Arbeitnehmern in den Aufsichtsrat finden sich im MitbestG, DrittelbG, MontanMitbestG, MontanMitbestErgG sowie dem MgVG. Unterschieden wird zwischen einfacher und paritätischer Mitbestimmung. Besteht im Aufsichtsrat ein Übergewicht der Anteilseignerseite, liegt einfache Mitbestimmung vor. Parität wird als ein Verhältnis zweier Partner aufgefasst, in dem keine Seite imstande ist, eine von ihr gewünschte Entscheidung ohne die Zustimmung der anderen Seite oder doch eines Teils von ihr zu erzwingen, in dem daher auch jede Seite die andere hindern kann, ihre Ziele allein durchzusetzen.[19] Im Aufsichtsrat ist mithin Parität bei einem Gleichauf von Arbeitnehmer- und Anteilseignerbank gegeben.

II. Aufsichtsratsmitglieder der Aktionärsvertreter

1. Wahl durch die Hauptversammlung, § 101 Abs. 1 S. 1 AktG

Schwerpunkt der vorliegenden Arbeit sind die Anteilseignervertreter im Aufsichtsrat. Diese werden in der Regel durch Wahl der Hauptversammlung nach § 101 Abs. 1 S. 1 AktG bestellt. Danach werden die Mitglieder des Aufsichtsrats von der Hauptversammlung gewählt, soweit sie nicht in den Aufsichtsrat zu entsenden oder als Aufsichtsratsmitglieder der Arbeitnehmer zu wählen sind. Die Vorschrift weist damit die Kompetenz zur Bestellung von Aufsichtsratsmitgliedern grundsätzlich der Hauptversammlung zu.[20] Dies ist Ausdruck eines gesellschaftsrechtlichen Grundprinzips, nämlich dem, dass die Eigentümer der Gesellschaft – zumindest mittelbar wegen § 84 Abs. 1 S. 1 AktG – über die Bestellung der Geschäftsleiter, also des Vorstands, entscheiden dürfen.[21]

Durch die Wahl, die Bekanntgabe und die zumindest konkludent erklarte Annahme entsteht ein organschaftliches Verhältnis des gewählten Aufsichtsrats zur Gesellschaft.[22] Ein daneben bestehendes Anstellungsverhältnis ist abzulehnen.[23] Im Gegensatz zu der Situation bei der Bestellung des Vorstands ist

---

19 Mitbestimmungsurteil des BVerfG, Urteil vom 01.03.1979 – 1 BvR 532, 533/77, 419/78, 1 BvL 21/78 (verbundene Verfahren) = BeckRS 1979, 106451.

20 *Möslein*, AG 2007, 770, 771.

21 *Möslein*, AG 2007, 770, 771. Dies ist auch im Zusammenhang mit der Eigentumsgarantie aus Art. 14 GG zu sehen.

22 *Oetker*, in: ErfurterKomm-AktG, § 101 Rn. 2.

23 So inzwischen ganz h.M.: *Koch*, in: Hüffer/Koch, AktG, § 101 Rn. 2; *Simons*, in: Hölters, AktG, § 101 Rn. 7; *Mertens/Cahn*, in: KölnerKomm-AktG, § 101 Rn. 5; *Habersack*, in: MüKo-AktG, § 101 Rn. 67; *Hopt/Roth*, in: Großkomm-AktG, § 101 Rn. 110 f.

unklar, wer die Gesellschaft bei dem Abschluss eines derartigen Vertrags des einzelnen Aufsichtsrats mit der Gesellschaft vertreten sollte.[24] Damit folgen Rechte und Pflichten der Aufsichtsräte allein aus ihrer Organstellung, mithin aus gesetzlichen Vorschriften, der Satzung sowie aus den Festsetzungen der Hauptversammlung.[25]

a. Beschlussvorschlag des Aufsichtsrats, § 124 Abs. 3 S. 1 AktG

Nach § 124 Abs. 3 S. 1 AktG hat der Aufsichtsrat in der Bekanntmachung der Tagesordnung Vorschläge zur Beschlussfassung der Hauptversammlung über die Wahl von Aufsichtsratsmitgliedern zu machen. Der Vorstand hat diesbezüglich kein Vorschlagsrecht. Dadurch soll verhindert werden, dass der Vorstand Einfluss auf die Auswahl der Personen nimmt, die ihn überwachen und beraten sollen.[26] Im Ergebnis führt ein vom Vorstand gemachter Vorschlag zur Anfechtbarkeit des Wahlbeschlusses.[27] Bei einem mitbestimmten Aufsichtsrat bedürfen die Beschlüsse über Vorschläge zur Wahl von Aufsichtsräten nur der Mehrheit der Stimmen der Aktionärsvertreter.[28] Auf die inhaltlichen Anforderungen, die an den Beschlussvorschlag des Aufsichtsrats zu stellen sind, und die Frage der Rechtsfolgen bei fehlerhaften Vorschlägen wird im Laufe der Arbeit eingegangen.[29]

b. Beschlussvorschlag der Aktionäre, § 122 AktG

Aktionäre können einen Beschlussvorschlag zur Wahl von Aufsichtsratsmitgliedern entweder im Wege eines Einberufungs- oder eines Ergänzungsverlangens auf die Tagesordnung bringen. Ist nach § 122 Abs. 1 S. 1 Hs. 1 AktG die

---

(korporationsrechtliches Rechtsverhältnis). A.A. (früher vertreten): RG, Urteil vom 02.03.1929 – I 324/28 = RGZ 123, 351, 354; RG, Urteil vom 09.10.1936 – II 43/36 = RGZ 152, 273, 278, wobei eine Anlehnung an den Dienstvertrag erfolgte. Offengelassen von BGH, Beschluss vom 07.07.2008 – II ZR 71/07 = BeckRS 2008, 20844.

24 Siehe die Argumente zur h.M. Bei der Bestellung des Vorstands wird die Gesellschaft durch den Aufsichtsrat vertreten, § 112 AktG.

25 *Hopt/Roth*, in: Großkomm-AktG, § 101 Rn. 111.

26 Begründung zum RegE., bei Kropff, S. 174; *Rieckers*, in: Spindler/Stilz, AktG, § 124 Rn. 28; *Reger*, in: Bürgers/Körber, AktG, § 124 Rn. 18; *Koch*, in: Hüffer/Koch, AktG, § 124 Rn. 18.

27 OLG München, Urteil vom 21.05.2003 – 7 U 5347/02 = AG 2003, 645; *Koch*, in: Hüffer/Koch, AktG, § 124 Rn. 18.

28 Siehe § 124 Abs. 3 S. 5 AktG.

29 Siehe Kapitel 4., A., IV., 1., a., aa. der Arbeit.

Hauptversammlung auf Verlangen der Aktionäre einzuberufen (Einberufungsverlangen), kann dies mit einem Antrag, eine Aufsichtsratswahl zum Gegenstand der Beschlussfassung zu machen, verbunden werden. Dann ist nach § 124 Abs. 3 S. 3 AktG kein Wahlvorschlag des Aufsichtsrats mehr nötig. Eine solche Konstellation, in der es lediglich auf den Antrag der Aktionäre ankommt, kann aus Gründen der Rechtssicherheit auch für die Verwaltung vorteilhaft sein.[30]

Nach § 122 Abs. 2 S. 1 AktG können Aktionäre verlangen, dass Gegenstände auf die Tagesordnung gesetzt werden (Ergänzungsverlangen). Sie können mithin einen eigenen Wahlvorschlag unterbreiten. Der Vorschlag kann entweder ein Gegenvorschlag (§§ 127, 126 AktG) zu einem Vorschlag des Aufsichtsrats sein oder initiativ von der Aktionärsseite ausgehen. Bei einer Initiative der Aktionärsseite ist ebenso kein Wahlvorschlag des Aufsichtsrats mehr nötig.

2. *Entsendung, § 101 Abs. 2 S. 1 AktG*

Schließlich können Anteilseignervertreter durch Entsendung bestellt werden, § 101 Abs. 2 S. 1 AktG. Das Recht selbst wird mit Benennung des zukünftigen Aufsichtsratsmitglieds durch den Entsendungsberechtigten ausgeübt, wobei auch hier die Bestellung erst durch die Annahme des Entsendeten (gegenüber der Gesellschaft) wirksam wird.[31] Ein praktischer Bedarf der Entsendung besteht bei der Sicherung des Einflusses bestimmter Gruppen wie der der öffentlichen Hand.[32]

---

30 *Tielmann*, AG 2013, 704 nennt beispielhaft folgende Konstellationen: fehlender Konsens im Aufsichtsrat über den Beschlussvorschlag, Neubesetzung von Aufsichtsratsmandaten infolge einer Abberufung sowie Unabwägbarkeiten über die richtige Zusammensetzung infolge von Beschlussmängeln.

31 *Spindler*, in: Spindler/Stilz, AktG, § 101 Rn. 69, 74.

32 *Möslein*, AG 2007, 770, 771.

Kapitel 3. Reformen des Anforderungsprofils der Aktionärsvertreter im Aufsichtsrat

> *„Zentrales Anliegen der modernen Reformbestrebungen sind die Verbesserung der Funktionsfähigkeit und Effektivität des Aufsichtsrats als Überwachungs- und Beratungsorgan der Aktiengesellschaft“.*[33]

Diskussionen um die Erreichung dieser Hauptziele, die Verbesserung der Funktionsfähigkeit und Effektivität des Aufsichtsrats, gehen unweigerlich einher mit der Frage der Qualifikation von Aufsichtsräten. Nur qualifizierte Aufsichtsräte sind in der Lage, den Vorstand effektiv zu überwachen und zu beraten und somit dem Unternehmenswohl zu dienen. Es erstaunt mithin wenig, dass die Diskussion um die Qualifikation von Aufsichtsräten nicht neu ist. Sie zieht sich, zumindest nach Inkrafttreten des Handelsgesetzbuchs am 1. Januar 1900, durch das juristische Schrifttum und wird vor allem im Vorfeld größerer Aktienrechtsreformen gerne wieder aufgegriffen.[34] Besondere Brisanz bekommt das Thema „Qualifikation von Aufsichtsräten“ immer dann, wenn die deutsche Wirtschaft in Schieflage gerät. Dies war schon nach der Wirtschaftskrise um den Jahrhundertwechsel, also um das Jahr 1900, der Fall.[35] Letztes wirtschaftliches Beben international, aber auch national war die Finanzmarkt- und spätere Bankenkrise ab dem Jahr 2007. In der Bundesrepublik begann diese unter anderem mit einer *Ad-hoc*-Mitteilung gemäß § 15 WpHG der Deutschen Industriebank IKB am 30. Juli 2007. In dieser Mitteilung erklärte die Bank, ihre Kreditwürdigkeit am Markt sei infrage gestellt.[36] Damit war die Finanzmarktkrise, die bereits dabei war, die Vereinigten Staaten von Amerika zu erschüttern, endgültig in Deutschland angekommen. Die Meldung überraschte nicht nur die Anleger und Aufsichtsbehörden. Es ist davon auszugehen, dass auch so manches Aufsichtsratsmitglied der betroffenen Bank von der dramatischen Situation überrascht

33 *Lieder*, Der Aufsichtsrat im Wandel der Zeit, S. 37. Dessen Betrachtung endet zwar im Jahr 2006, die Aussage verliert jedoch auch danach nicht an Gültigkeit.

34 *Lieder*, Der Aufsichtsrat im Wandel der Zeit, S. 203, 226 zur Kritik der Literatur nach Inkrafttreten des Handelsgesetzbuches. Mit Bezug darauf: *Grobe*, AG 2015, 289, 296.

35 *Lieder*, Der Aufsichtsrat im Wandel der Zeit, S. 203.

36 *Ad-hoc*-Mitteilung der IKB vom 30.07.2007; abgerufen am 18.10.2019 unter: https://www.ikb.de/uploads/media/07_07_30_Ad-hoc-Mitteilung.pdf.

worden ist. Gerade eine solche Konstellation aber hätte durch eine effiziente Überwachung und Beratung des Vorstands durch den Aufsichtsrat vermieden beziehungsweise zumindest abgemildert werden können. Der Steuerzahler hätte aller Voraussicht nach nicht mit knapp zehn Milliarden[37] Euro die IKB retten müssen.

Fraglich ist, ob die Finanz- beziehungsweise die spätere Bankenkrise zu einem Umdenken sowohl bei dem Gesetzgeber als auch in der Verwaltung deutscher Aktiengesellschaften bezüglich der nötigen Qualifikationen von Aufsichtsräten geführt hat. Die vorliegende Arbeit wird untersuchen, ob sich das Anforderungsprofil an Aktionärsvertreter im Aufsichtsrat in den Jahren seit Beginn der Finanzmarktkrise in Deutschland, also seit dem Jahr 2007, verschärft hat. Die gesetzlichen Grundlagen des Anforderungsprofils finden sich dabei nicht nur im Aktiengesetz, sondern auch in Sondervorschriften. Nicht nur aufgrund der Entsprechenserklärung, sondern auch aufgrund der steigenden Bedeutung von *Corporate Governance* sind Teil des Anforderungsprofils ebenso die einschlägigen Regelungen im DCGK. In ihrer Gesamtheit stellen die dargestellten Erfordernisse das Anforderungsprofil an Aktionärsvertreter im Aufsichtsrat einer Aktiengesellschaft dar. Weniger im Mittelpunkt dieser Arbeit steht die empirische Frage, ob in der Verwaltung deutscher Aktiengesellschaften ein Prozess des Umdenkens stattgefunden hat. *Wolfgang Porsche*, Mitglied der einflussreichen *Porsche/Piëch*-Automobildynastie, betonte in einem Gespräch mit der Zeitschrift *stern*[38] vom 3. Mai 2018 ausdrücklich:

> *„Wir sind zwar eine große Familie, aber das heißt nicht, dass jeder für die Gremienarbeit geeignet ist."*

Insofern bleibt zu hoffen, dass sich die Idee eines pluralen Aufsichtsrats, der nicht zwangsweise von den Mitgliedern weniger Familien beziehungsweise von den Angehörigen bestimmter Branchen dominiert wird, langsam in den deutschen Verwaltungsetagen etabliert.

---

37 So beispielsweise die Süddeutsche Zeitung vom 17.05.2010 zu den Kosten der IKB Rettung; abgerufen am 18.10.2019 unter: https://www.sueddeutsche.de/geld/kosten-der-ikb-rettung-111-65-euro-fuer-jeden-1.691336.

38 Der *stern* vom 03.05.2018, S. 58, 60.

A. Reformen im Rahmen des § 100 AktG

I. Die Voraussetzungen des § 100 Abs. 1 AktG

Einzige positive Voraussetzung des Aktiengesetzes, die für alle Arten von Aktiengesellschaften gilt, ist § 100 Abs. 1 AktG.[39] Danach kann Mitglied des Aufsichtsrats nur eine natürliche, unbeschränkt geschäftsfähige Person sein. Die Vorschrift resultiert nicht aus neueren Reformbestrebungen. Sogar im Aktiengesetz des Jahres 1937 fand sich schon die Voraussetzung, dass nur natürliche Personen Aufsichtsratsmitglieder sein können.[40] Die Anknüpfung an die Geschäftsfähigkeit kam mit dem Aktiengesetz des Jahres 1965 neu hinzu.[41]

Die Regelung gilt uneingeschränkt für alle Aufsichtsratsmitglieder, also Arbeitnehmer- und Anteilseignervertreter sowie weitere Mitglieder.[42] Aus dem Erfordernis der natürlichen Person ergibt sich, dass juristische Personen, Handelsgesellschaften sowie alle Arten von Vereinigungen nicht selbst in den Aufsichtsrat gewählt werden können.[43] Handelt es sich bei ihren Vertretern um natürliche Personen, können diese persönlich als Aufsichtsräte fungieren.[44] Hintergrund ist, dass die Überwachungspflicht die persönliche Tätigkeit einer verantwortlichen Person voraussetzt.[45] Zudem muss eine unbeschränkte Geschäftsfähigkeit vorliegen. Die Pflichten eines Aufsichtsratsmitglieds sind so bedeutsam, dass sie nicht von einem beschränkt Geschäftsfähigen ausgeübt werden können.[46] Minderjährige können mithin nur nach Volljährigkeitserklärung als Mitglieder des Aufsichtsrats kandidieren, eine Zustimmung des gesetzlichen Vertreters beziehungsweise eine Ermächtigung nach §§ 112, 113 BGB reichen nicht aus.[47] Ein Betreuter verliert durch die Bestellung eines Betreuers nicht seine Geschäftsfähigkeit.[48] Jedoch ist § 100 Abs. 1 S. 2 AktG zu beachten.

---

39 *Hoffmann-Becking*, in: Münchener Hdb GesellR 4, § 30 Rn. 2.

40 Begründung zum RegE., bei Kropff, S. 135.

41 Begründung zum RegE., bei Kropff, S. 135.

42 *Simons*, in: Hölters, AktG, § 100 Rn. 6; *Hopt/Roth*, in: Großkomm-AktG, § 100 Rn. 17. Weitere Mitglieder bezieht sich auf § 4 Abs. 1 S. 2 MontanMitbestG und § 5 Abs. 1 S. 2 c) MitbestErgG. Arbeitnehmervertreter müssen zusätzlich die persönlichen Voraussetzungen nach den einschlägigen Mitbestimmungsgesetzen beachten, vgl. § 100 Abs. 3 AktG.

43 *Simons*, in: Hölters, AktG, § 100 Rn. 6.

44 *Simons*, in: Hölters, AktG, § 100 Rn. 6.

45 Begründung zum RegE., bei Kropff, S. 135.

46 Begründung zum RegE., bei Kropff, S. 135.

47 *Mertens/Cahn*, in: KölnerKomm-AktG, § 100 Rn. 7.

48 *Simons*, in: Hölters, AktG, § 100 Rn. 7.

Im Übrigen ergeben sich aus der Norm keine weiteren persönlichen Anforderungen an Aufsichtsräte. Damit muss ein Mitglied beispielsweise nicht Aktionär der Gesellschaft sein.[49] Ohne Bedeutung sind ebenso das Alter[50], das Besitzen der deutschen Staatsangehörigkeit[51] oder ein Wohnsitz im Inland.[52] Auch fehlende (deutsche) Sprachkenntnisse oder bestehende Verwandtschaftsverhältnisse des Kandidaten zu Vorständen oder anderen Aufsichtsräten stellen grundsätzlich keine Hindernisse dar.[53] Anders als nach § 76 Abs. 3 Nr. 2 und N r. 3 AktG für Vorstandsmitglieder sind schließlich weder Berufsverbote noch Vorstrafen wegen der dort aufgelisteten Delikte Hinderungsgründe für eine Mitgliedschaft im Aufsichtsrat.[54]

II. Ausschlusstatbestände

Im Hinblick auf persönliche Anforderungen an Aufsichtsräte lässt § 100 Abs. 1 AktG also weiten Spielraum. Ausnahmen dazu existieren sowohl gesetzlich als auch im DCGK.

1. Höchstzahl an Aufsichtsratsmandaten

Fraglich ist, wie viele Aufsichtsratsmandate eine Person gleichzeitig ausüben darf. Eine Begrenzung erscheint vor dem Hintergrund des stetig wachsenden Zeitaufwandes der Aufsichtsratstätigkeit und etwaiger Interessenkollisionen der verschiedenen Mandate notwendig und – aufgrund der allgemeinen Sorgfaltspflicht der Aufsichtsratsmitglieder gemäß §§ 116 S. 1, 93 Abs. 1 S. 1 AktG – auch geboten.

---

49 Es kann aber Aktionär sein: *Simons*, in: Hölters, AktG, § 100 Rn. 24; *Mertens/Cahn*, in: KölnerKomm-AktG, § 100 Rn. 7.

50 Zu beachten ist aber Ziffer C.2 DCGK.

51 *Simons*, in: Hölters, AktG, § 100 Rn. 24; *Mertens/Cahn*, in: KölnerKomm-AktG, § 100 Rn. 7.

52 *Simons*, in: Hölters, AktG, § 100 Rn. 24; *Mertens/Cahn*, in: KölnerKomm-AktG, § 100 Rn. 7.

53 *Simons*, in: Hölters, AktG, § 100 Rn. 24. Etwas anderes kann sich über die Unabhängigkeitsindikatoren in Ziffer C.7 Abs. 2 DCGK ergeben.

54 *Mertens/Cahn*, in: KölnerKomm-AktG, § 100 Rn. 11.

a. Grundsatz nach dem AktG

aa. Zehn Mandate, § 100 Abs. 2 S. 1 Nr. 1 AktG

Grundsätzlich gibt § 100 Abs. 2 S. 1 Nr. 1 AktG die Höchstzahl vor: Danach kann Aufsichtsratsmitglied nicht sein, wer bereits in zehn Handelsgesellschaften, die gesetzlich einen Aufsichtsrat zu bilden haben, Aufsichtsratsmitglied ist. Die gesetzliche Höchstzahl von zehn Mitgliedschaften war schon im Aktiengesetz des Jahres 1965 verankert.[55] Durch das KonTraG[56] wurde die Vorschrift modifiziert.

Nach dem klaren Wortlaut der Norm sind Grundlage der Berechnung nur Mandate in Handelsgesellschaften, die gesetzlich einen Aufsichtsrat zu bilden haben. Damit zählen Mandate in Genossenschaften, Stiftungen und Versicherungsvereinen auf Gegenseitigkeit (VVaG) nicht dazu.[57] Jedoch zählen Aufsichtsrats- sowie Beiratsmandate in externen Kapitalverwaltungsgesellschaften sowohl in der Rechtsform einer GmbH als auch einer GmbH & Co. KG dazu. Diese haben nämlich nach § 18 Abs. 2 S. 1, S. 2 KAGB einen solchen zu bilden.

Umstritten, aber im Ergebnis nicht zu berücksichtigen sind Mandate in ausländischen Gesellschaften.[58] Die Norm soll gewährleisten, dass ein Mandat mit der nötigen Sorgfalt wahrgenommen wird.[59] Ebenso soll einer Konzentration der Aufsichtsratssitze und dem damit verbundenen konzentrierten Einfluss bei einem überschaubaren Personenkreis entgegengewirkt werden.[60] Zwar ist der Ansicht, die eine Einbeziehung ausländischer Mandate fordert, zuzugestehen, dass eine Begrenzung der Arbeitsbelastung sinnvoll nur durch Einbeziehung ausländischer Mandate erreicht werden kann.[61] Jedoch wird dies ohnehin nur

---

55 AktG, bei Kropff, S. 134. Nach der Begründung zum RegE., bei Kropff, S. 135, weicht die Vorschrift in verschiedenen Einzelheiten von dem davor geltenden Recht (AktG des Jahres 1937) ab.

56 Gesetz zur Kontrolle und Transparenz im Unternehmensbereich (KonTraG) in der Fassung der Bekanntmachung vom 27.04.1998 (BGBl. I S. 786). Gestrichen wurden die Wörter „oder bergrechtliche Gewerkschaften".

57 *Koch*, in: Hüffer/Koch, AktG, § 100 Rn. 5.

58 Wohl h.M.: *Breuer/Fraune*, in: NK-AktG, § 100 Rn. 12; *Koch*, in: Hüffer/Koch, AktG, § 100 Rn. 6; *Mader*, ZGR 2014, 430, 435; *Mertens/Cahn*, in: KölnerKomm-AktG, § 100 Rn. 29. Im Ergebnis der h.M. folgend: *Jaspers*, AG 2011, 154, 156; *Koch*, in: MüKo-AktG, § 250 Rn. 15. Differenzierend: *Hopt/Roth*, in: Großkomm-AktG, § 100 Rn. 56 ff. A.A.: *Mickel/Fleischmann*, NZG 2010, 54; *Habersack*, in: MüKo-AktG, § 100 Rn. 23.

59 *Hoffmann-Becking*, in: Münchener Hdb GesellR 4, § 30 Rn. 14.

60 Ausschussbericht, bei Kropff, S. 136; *Hoffmann-Becking*, in: Münchener Hdb GesellR 4, § 30 Rn. 14.

61 *Habersack*, in: MüKo-AktG, § 100 Rn. 23.

unzureichend verwirklicht, da auch funktionsverwandte Einrichtungen wie Beiräte, die ebenso mit einer hohen Arbeitsbelastung einhergehen, nicht einbezogen werden.[62] Auch die zeitweise aufgekommene Diskussion, die Höchstmandatszahl herabzusetzen,[63] wodurch die Frage der Einbeziehung von Auslandsmandaten neuen Schwung bekommen würde, wurde bislang vom Gesetzgeber nicht aufgegriffen. Rechtssicherheit – im Hinblick auf die schlechte Vergleichbarkeit des deutschen dualistischen Systems mit ausländischen Gesellschaftsstrukturen und der sich aus § 250 Abs. 1 Nr. 4 AktG ergebenden starken Rechtsfolge der Nichtigkeit bei Verstoß gegen § 100 Abs. 2 AktG – kann nur durch Konzentration auf die inländischen Gesellschaften erreicht werden.[64]

bb. Das Konzernprivileg, § 100 Abs. 2 S. 2 AktG

Auf die Höchstzahl von zehn nicht anzurechnen sind nach § 100 Abs. 2 S. 2 AktG bis zu fünf Aufsichtsratssitze, die ein gesetzlicher Vertreter des herrschenden Unternehmens eines Konzerns in zum Konzern gehörenden Handelsgesellschaften, die gesetzlich einen Aufsichtsrat zu bilden haben, innehat (sogenanntes „Konzernprivileg"). Dem liegt zugrunde, dass Aufsichtsratsmandate in den Konzerntöchtern zum üblichen Pflichtenkreis des Vorstands des herrschenden Unternehmens gehören und nicht delegiert werden sollen.[65] Im Falle eines mehrstufigen Konzerns findet die Vorschrift nur zugunsten des gesetzlichen Vertreters der Konzernspitze Anwendung.[66] Die Vorschrift kam im Aktiengesetz 1965 neu dazu.[67]

cc. Das Vorsitzendenmandat, § 100 Abs. 2 S. 3 AktG

Ebenso über das KonTraG wurde im Jahr 1998 § 100 Abs. 2 S. 3 AktG eingeführt. Danach sind auf die Höchstzahl von zehn Mandaten diejenigen doppelt anzurechnen, für die das Mitglied zum Vorsitzenden gewählt worden ist. Dadurch wird der erheblich höhere Zeitaufwand des Vorsitzendenmandats im

---

62 *Koch*, in: Hüffer/Koch, AktG, § 100 Rn. 6.

63 Zur Diskussion und zur Ablehnung der Absenkung: RegBegr. zum KonTraG, BT-Drs. 13/9712, S. 15, 16.

64 *Koch*, in: Hüffer/Koch, AktG, § 100 Rn. 6.

65 *Habersack*, in: MüKo-AktG, § 100 Rn. 25; *Koch*, in: Hüffer/Koch, AktG, § 100 Rn. 7.

66 *BaFin*, Merkblatt KWG/KAGB, S. 44.

67 AktG, bei Kropff, S. 134 bzw. Ausschussbericht, bei Kropff, S. 136. Die Norm wurde später lediglich durch das KonTraG (Art. 1 Nr. 10 a) leicht modifiziert.

Vergleich zu einem regulären Aufsichtsratsmandat unterstrichen.[68] Der Gesetzgeber wollte einen Beitrag zur Professionalisierung dieses Amts leisten.[69] Für ihn wäre es „wünschenswert, und im Einzelfall kann es sogar geboten sein, dass der Aufsichtsratsvorsitzende zumindest bei börsennotierten Gesellschaften sich diesem Amt hauptberuflich widmet".[70] In diesem Sinne sollte die neu geschaffene Differenzierung auch der Praxis Anstoß geben, über § 113 AktG dem Vorsitzenden eine dem tatsächlichen Einsatz entsprechende, angemessene Vergütung zu gewähren.[71] Zu beachten ist, dass die Konzernprivilegierung Vorrang hat, so dass im Konzern Aufsichtsratsvorsitzmandate des gesetzlichen Vertreters des herrschenden Unternehmens nicht doppelt gezählt werden, da ihre Mandate von vornherein aus der Berechnung herausfallen.[72]

b. Regelungen in den Sondergesetzen

Im Zentrum vorliegender Arbeit steht die deutsche Aktiengesellschaft. Ihr Hauptregelwerk ist das deutsche Aktiengesetz. Daneben existieren Spezialgesetze für Aktiengesellschaften, die in besonderen Wirtschaftszweigen tätig sind. So regelt das Kreditwesengesetz (KWG) spezielle Anforderungen für die Kreditwirtschaft, das Kapitalanlagegesetzbuch (KAGB) geht auf das Gebiet der Kapitalanlagen und das Versicherungsaufsichtsgesetz (VAG) auf das der Versicherungen ein. Allen drei Branchen ist gemein, dass es sich um sensible, monetäre Bereiche handelt. Die vor allem finanziellen Interessen der Marktteilnehmer, die in Geschäftsbeziehung zu den Unternehmen dieser Branchen treten, das heißt Kredite oder Versicherungen abschließen beziehungsweise Geld anlegen, sind schutzbedürftig. Der einzelne Marktteilnehmer hat keinen Einfluss auf die Leistung des Unternehmens, mit dem er in Geschäftsbeziehung steht oder stehen will. Bei schlechter Unternehmensführung, beispielsweise bei zu risikoträchtigen Investitionen, kann es zu existenzbedrohenden Lagen für ihn kommen. Aufgabe des Gesetzgebers ist es insofern, einen Gesetzesrahmen zu schaffen, der den Teilnehmern bestmögliche finanzielle Sicherheit bietet. Dem ist er mit dem KWG, dem KAGB und dem VAG nachgekommen.

---

68 RegBegr. zum KonTraG, BT-Drs. 13/9712, S. 16. Danach ist der Zeitaufwand „erheblich mehr als doppelt so hoch".

69 RegBegr. zum KonTraG, BT-Drs. 13/9712, S. 16.

70 RegBegr. zum KonTraG, BT-Drs. 13/9712, S. 16.

71 RegBegr. zum KonTraG, BT-Drs. 13/9712, S. 16.

72 *BaFin*, Merkblatt KWG/KAGB, S. 44.

Im weiteren Verlauf der Arbeit werden neben Vorschriften des AktG auch solche der drei erwähnten Sondergesetze thematisiert. Da diese eine Vielzahl im Zusammenhang mit vorliegender Arbeit relevanter Vorschriften beinhalten, dient dies zum einen der Vollständigkeit. Zum anderen ist darauf hinzuweisen, dass gerade Akteure der angesprochenen Branchen maßgeblich Verantwortung am Entstehen der Finanz- und Wirtschaftskrise hatten. Unternehmen dieser Wirtschaftszweige stehen daher bis heute – berechtigterweise – unter besonderer politischer, aber auch medialer Beobachtung und sollten auch in dieser Arbeit keine Vernachlässigung finden.

aa. Nach dem KWG

Die ursprüngliche Fassung des Gesetzes trat am 1. Januar 1935 in Kraft.[73] Schon vor seiner Neubekanntmachung im Jahr 1998[74] wurde es als das „Grundgesetz der Kreditwirtschaft" bezeichnet".[75] Ziel war es, die Bankenaufsicht in formeller und materieller Hinsicht zu regeln[76] und damit letztlich einen Beitrag zur Marktregulierung beziehungsweise ordnung zu leisten. § 1 KWG enthält zahlreiche Legaldefinitionen.[77] Diese können als Indiz für den Anwendungsbereich des KWG herangezogen werden. Legal definiert werden folgende Gesellschaftsformen: Kreditinstitute, Finanzdienstleistungsinstitute, Finanzunternehmen, CRR-Kreditinstitute, Refinanzierungsunternehmen, Refinanzierungsmittler, Zweckgesellschaften und Wohnungsunternehmen. Diese können grundsätzlich alle in der Rechtsform einer Aktiengesellschaft betrieben werden. Nach § 2b KWG dürfen Institute, mithin Kreditinstitute und Finanzdienstleistungsinstitute,[78] sogar nicht in der Rechtsform des Einzelkaufmanns betrieben werden. Damit ist der Anwendungsbereich des KWG für Aktiengesellschaften eröffnet.

---

73 Gesetz über den Wertpapierhandel in der Fassung der Bekanntmachung vom 04.12.1934 (RGBl. I S. 1203).

74 Neufassung des Gesetzes über das Kreditwesen in der Fassung der Bekanntmachung vom 09.09.1998 (BGBl. I S. 2776).

75 Z.B. von *Nirk* im Jahr 1985 im Vorwort zur 8. Auflage seines KWG-Kommentars.

76 *Schork*, in: Schork, KWG, Vorwort.

77 *Schäfer*, in: Boos/Fischer/Schulte-Mattler, KWG, § 1 Rn. 1.

78 Siehe § 1b KWG.

(1) *Vier bzw. zwei Mandate, § 25d Abs. 3 S. 1 Nr. 4 bzw. Nr. 3 KWG als* lex specialis

Nach § 25d Abs. 3 S. 1 Nr. 4 KWG kann Mitglied im Verwaltungs- oder Aufsichtsorgan eines CRR-Instituts, das von erheblicher Bedeutung ist, nicht sein, wer in mehr als vier Unternehmen Mitglied des Verwaltungs- oder Aufsichtsorgans ist. Unter Verwaltungs- oder Aufsichtsorgan versteht der Gesetzgeber dabei jedes Organ, dem die Überwachung der Geschäftsleitung des jeweiligen Unternehmens obliegt.[79] In einer Aktiengesellschaft ist dies der Aufsichtsrat. Mitglied im Aufsichtsrat eines CRR-Instituts von erheblicher Bedeutung in der Rechtsform einer Aktiengesellschaft kann mithin nicht sein, wer schon in mehr als vier Unternehmen, egal welchen Rechtstyps, Mitglied des Überwachungsorgans ist. Das Merkmal der „erheblichen Bedeutung" richtet sich nach § 25d Abs. 3 S. 8 KWG. CRR-Institute sind Kreditinstitute und Wertpapierfirmen im Sinne der Kapitaladäquanzverordnung[80]. Nach dieser ist ein Kreditinstitut ein Unternehmen, dessen Tätigkeit darin besteht, Einlagen oder andere rückzahlbare Gelder des Publikums entgegenzunehmen und Kredite für eigene Rechnung zu gewähren.[81] Eine Wertpapierfirma ist jede juristische Person, die im Rahmen ihrer üblichen beruflichen oder gewerblichen Tätigkeit gewerbsmäßig eine oder mehrere Wertpapierdienstleistungen für Dritte erbringt und/oder eine oder mehrere Anlagetätigkeiten ausübt.[82] „CRR" steht für „*Capital Requirements Regulation*" und bezieht sich auf die verbreitete englische Bezeichnung der Kapitaladäquanzverordnung.

Gemäß § 25d Abs. 3 S. 1 Nr. 3 KWG reduziert sich die Maximalanzahl auf zwei, sofern der Aufsichtsratskandidat zusätzlich in einem Unternehmen Geschäftsleiter, mithin Vorstand ist. Damit wird auch hier dem erhöhten Zeitaufwand der Vorstandstätigkeit Rechnung getragen. Bei beiden Vorschriften sind bei der Bestimmung der konkreten Mandatszahl Privilegierungen und Ausnahmen zu beachten.[83]

---

79 *Wolfgarten*, in: Boos/Fischer/Schulte-Mattler, KWG, § 25d Rn. 43.

80 Siehe § 1 Abs. 3d S. 1, S. 2, S. 3 KWG. Die Kapitaladäquanzverordnung meint die Verordnung (EU) Nr. 575/2013 des Europäischen Parlaments und des Rates vom 26.06.2013 über Aufsichtsratsanforderungen an Kreditinstitute und Wertpapierfirmen und zur Änderung der Verordnung (EU) Nr. 646/2012 (ABl. L 176 S. 1)

81 Vgl. Art. 4 Abs. 1 Nummer 1 der Kapitaladäquanzverordnung.

82 Vgl. Art. 4 Abs. 1 Nummer 2 der Kapitaladäquanzverordnung, welcher wiederum auf Art. 4 Abs. 1 Nummer 1 der Richtlinie 2004/39/EG (ABl. L 173 S. 349) verweist. Dieser ist durch Art. 94 Abs. 1 der Richtlinie 2014/65/EU (ABl. L 173 S. 349) ersetzt worden.

83 Privilegierungen nach § 25d Abs. 3 S. 3, S. 4, S. 6, S. 7 KWG und Ausnahmen nach § 25d Abs. 3 S. 5 KWG.

Fraglich ist auch hier die Behandlung von ausländischen Mandaten. Teilweise wird gefordert, dabei zu differenzieren, ob im Einzelfall ein „Organcharakter“ zu bejahen ist.[84] Läge ein solcher vor, hätte eine Einbeziehung zu erfolgen.[85] Die mit einer solchen Einzelfallbetrachtung einhergehende Rechtsunsicherheit spricht jedoch dafür, ausländische Mandate auch hier nicht einzubeziehen. Rechtssicherheit kann nur durch einen Gleichlauf mit § 100 Abs. 2 Nr. 1 AktG geschaffen werden, bei dem keine Einbeziehung ausländischer Mandate erfolgt.[86]

Im Einzelnen wird noch auf die Entstehung des § 25d KWG eingegangen.[87] Hier sei jedoch auf Folgendes hingewiesen: § 25d Abs. 3 KWG ist ein Produkt der neueren Zeit. Er wurde über das CRD-IV-Umsetzungsgesetz vom 28. August 2013 eingeführt.[88] Schon im vormaligen § 36 Abs. 3 S. 6 KWG a. F. fand sich jedoch eine Maximalanzahl von fünf Aufsichtsratsmandaten,[89] so dass die Idee einer Begrenzung nicht neu ist. Die heutige Grenze von vier Mandaten resultiert aus dem FiMaAnpG des Jahres 2014.[90] § 25d Abs. 3 S. 1 Nr. 3 KWG kam über das CRD-IV-Umsetzungsgesetz neu hinzu.

(2) Fünf Mandate, § 25d Abs. 3a Nr. 3 KWG als lex generalis

Nach § 25d Abs. 3a Nr. 3 KWG kann Mitglied im Verwaltungs- oder Aufsichtsorgan eines Instituts, das nicht CRR-Institut von erheblicher Bedeutung im Sinne des Absatzes 3 Satz 8 ist, oder einer Finanzholding-Gesellschaft nicht sein, wer in mehr als fünf Unternehmen, die unter der Aufsicht der Bundesanstalt stehen, Mitglied des Verwaltungs- oder Aufsichtsorgans ist, es sei denn, diese Unternehmen gehören demselben institutsbezogenen Sicherungssystem an.

---

84 *Wolfgarten*, in: Boos/Fischer/Schulte-Mattler, KWG, § 25d Rn. 45.

85 *Wolfgarten*, in: Boos/Fischer/Schulte-Mattler, KWG, § 25d Rn. 45.

86 Siehe die Ausführungen weiter oben.

87 Siehe Kapitel 3., C., II. der Arbeit.

88 Gesetz zur Umsetzung der Richtlinie 2013/36/EU über den Zugang zur Tätigkeit von Kreditinstituten und die Beaufsichtigung von Kreditinstituten und Wertpapierfirmen und zur Anpassung des Aufsichtsrechts an die Verordnung (EU) Nr. 575/2013 über Aufsichtsanforderungen an Kreditinstitute und Wertpapierfirmen (CRD IV-Umsetzungsgesetz) in der Fassung der Bekanntmachung vom 28.08.2013 (BGBl. I S. 3395, 3426).

89 RegBegr. zum CRD IV-Umsetzungsgesetz, BT-Drs. 17/10974, S. 87.

90 Gesetz zur Anpassung von Gesetzen auf dem Gebiet des Finanzmarktes (Finanzmarktanpassungsgesetz – FiMaAnpG) in der Fassung der Bekanntmachung vom 15.07.2014 (BGBl. I S. 934).

Im Gegensatz zu § 25d Abs. 3 S. 1 KWG ist keine erhebliche Bedeutung mehr nötig. Absatz 3a ist gegenüber Absatz 3 nachrangig,[91] das heißt, Absatz 3 ist *lex specialis* zu Absatz 3a. Absatz 3a knüpft an den ehemaligen § 36 Abs. 3 S. 6 KWG a. F. an, der ebenso eine Grenze von fünf Mandaten vorsah. Eingeführt wurde er im Jahr 2014 durch Artikel 1 des FiMaAnpG.

bb. Nach dem VAG: Fünf Mandate, § 24 Abs. 4 S. 2 Hs. 1 VAG

Die Versicherungswirtschaft ist nach der Kreditwirtschaft das zweitgrößte Kapitalsammelbecken der deutschen Wirtschaft.[92] Deshalb hat sich der Gesetzgeber mit Schaffung des VAG entschieden, die Versicherungsunternehmen einer laufenden staatlichen Beaufsichtigung zu unterziehen.[93] Auf welche Rechtsformen ist das VAG nun aber anwendbar? Nach § 1 Abs. 1 VAG unterliegen der Aufsicht nach diesem Gesetz Versicherungsunternehmen, Versicherungs-Holdinggesellschaften, Versicherungszweckgesellschaften, Sicherungsfonds sowie Pensionsfonds im Sinne dieses Gesetzes. Nach ständiger Rechtsprechung wird ein Versicherungsunternehmen definiert als Unternehmen, das gegen Entgelt für den Fall eines ungewissen Ereignisses bestimmte Leistungen übernimmt (Garantieversprechen), wobei das übernommene Risiko auf eine Vielzahl durch die gleiche Gefahr bedrohter Personen verteilt wird und der Risikoübernahme eine auf dem Gesetz der großen Zahl beruhende Kalkulation zugrunde liegt.[94] Sie bedürfen zum Geschäftsbetrieb der Erlaubnis der Aufsichtsbehörde, § 8 Abs. 1 VAG. Diese Erlaubnis darf gemäß § 8 Abs. 2 VAG Aktiengesellschaften erteilt werden. Ebenso können Versicherungs-Holdinggesellschaften, Versicherungszweckgesellschaften, Sicherungsfonds sowie Pensionsfonds in der Rechtsform einer Aktiengesellschaft betrieben werden. Damit ist das VAG für die in vorliegender Arbeit untersuchte Aktiengesellschaft einschlägig.

Gemäß § 24 Abs. 4 S. 2 Hs. 1 VAG kann nicht zum Mitglied des Verwaltungs- oder Aufsichtsorgans bestellt werden, wer bereits fünf Kontrollmandate bei Unternehmen ausübt, die unter der Aufsicht der Bundesanstalt stehen. Das VAG selbst und somit der nicht geänderte § 24 Abs. 4 S. 2 VAG ist jüngeren Datums.

---

91 *Wolfgarten*, in: Boos/Fischer/Schulte-Mattler, KWG, § 25d Rn. 58.

92 *Laars/Both*, in: NK-VAG, Einleitung Rn. 2.

93 *Laars/Both*, in: NK-VAG, Einleitung Rn. 2.

94 BVerwG, Urteil vom 25.11.1986 – 1 C 54/81 = NJW 1987, 1900; BVerwG, Urteil vom 19.06.1969 – I A 3/66 = NJW 1969, 1978.

Es wurde über das VAMoG[95], zur Umsetzung der Solvency-II-Richtlinie,[96] eingeführt und ist seit Januar 2016 in Kraft. Sinn und Zweck dieser Regelung ist das Entgegenwirken der abstrakten Gefahr von Interessenkonflikten sowie die Effizienz der Aufsichtsratstätigkeit.[97] Wer also zum Aufsichtsrat einer (beliebigen) Aktiengesellschaft gewählt werden will, darf nicht bereits in fünf Kontrollgremien sitzen, die der Aufsicht nach § 1 Abs. 1 VAG unterliegen.

cc. Nach dem KAGB

Das KAGB ist über das AIFM-UmsG am 22. Juli 2013 in Kraft getreten.[98] Es ersetzt das darüber außer Kraft getretene Investmentgesetz. Ziel war die Schaffung eines in sich geschlossenen Regelwerks für Investmentfonds und ihre Manager, um damit schließlich eine Stärkung des Finanzstandortes Deutschlands zu erreichen. Unterschieden wird zwischen offenem (§§ 91 ff. KAGB) und geschlossenem Investmentvermögen (§§ 139 ff. KAGB). Offenes Vermögen existiert entweder als externe oder als interne Kapitalverwaltungsgesellschaft, wobei beide in der Rechtsform einer Aktiengesellschaft betrieben werden können (§§ 18 Abs. 1, 108 Abs. 1 KAGB). Das Gleiche gilt für geschlossenes Vermögen, § 140 Abs. 1 S. 1 AktG. Mithin ist auch der Anwendungsbereich des KAGB für Aktiengesellschaften eröffnet.

Nach § 18 Abs. 2 S. 3, S. 4 KAGB bestimmt sich die Zusammensetzung des obligatorischen Aufsichtsrats für die externe Kapitalverwaltungsgesellschaft in der Rechtsform einer GmbH und einer GmbH & Co. KG nach § 100 AktG. § 18 Abs. 2 KAGB entspricht weitgehend § 6 Abs. 2 InvG, wobei das KAGB noch um die Regelungen zur GmbH & Co. KG erweitert wurde. Fraglich ist, ob die Verweisung auch für externe Kapitalverwaltungsgesellschaften in der Rechtsform einer Aktiengesellschaft beziehungsweise Investmentaktiengesellschaften

95 Gesetz zur Modernisierung der Finanzaufsicht über Versicherungen (Finanzaufsichtsmodernisierungsgesetz – VAMoG) in der Fassung der Bekanntmachung vom 01.04.2015 (BGBl. I S. 434).

96 Solvency II meint die Richtlinie 2009/138/EG des Europäischen Parlaments und des Rates vom 25.11.2009 betreffend die Aufnahme und Ausübung der Versicherungs- und Rückversicherungstätigkeit (ABl. L 335, S. 1). Sie wurde durch die Richtlinie 2014/51/EU (Omnibus II) des Europäischen Parlaments und des Rates vom 16.04.2014 (ABl. L 153, S. 1) geändert.

97 *Laars/Both*, in: NK-VAG, § 24 Rn. 9.

98 Art. 28 des Gesetzes zur Umsetzung der Richtlinie 2011/61/EU über die Verwalter alternativer Investmentfonds (AIFM-Umsetzungsgesetz – AIFM-UmsG) in der Fassung der Bekanntmachung vom 04.07.2013 (BGBl. I S. 1981).

mit fixem oder veränderlichem Kapital gilt. Dies ist abzulehnen.[99] Zunächst beziehen sich die Sätze 3 und 4 ausdrücklich auf den Aufsichtsrat nach Satz 1 (einer GmbH) und den Beirat nach Satz 2 (einer GmbH & Co. KG). Zudem normieren die §§ 119 Abs. 3, 147 Abs. 3 KAGB Sondervorschriften für Aufsichtsräte von Investmentaktiengesellschaften. In diesen wird lediglich die entsprechende Geltung von § 18 Abs. 3 KAGB und gerade nicht § 18 Abs. 2 KAGB angeordnet.

c. *Nach dem DCGK: Fünf bzw. zwei Mandate, Ziffer C.4 bzw. C.5 DCGK*

aa. *Fünf Mandate, Ziffer C.4 DCGK*

Nach Ziffer C.4 DCGK soll ein Aufsichtsratsmitglied, das keinem Vorstand einer börsennotierten Gesellschaft angehört, insgesamt nicht mehr als fünf Aufsichtsratsmandate bei konzernexternen börsennotierten Gesellschaften oder vergleichbare Funktionen wahrnehmen, wobei ein Aufsichtsratsvorsitz doppelt zählt. Erst im Kodex 2020 findet sich diese die Maximalanzahl von Aufsichtsratsposten regelnde Empfehlung. Dies bedeutet eine Abkehr von dem zuvor geltenden Prinzip, nach dem sich die zulässige Höchstzahl an Mandaten nach dem erforderlichen Zeitaufwand des einzelnen Mandats gerichtet hat.[100] Die Praxis hat gezeigt, dass dieses Prinzip neben administrativen Nachteilen keinen überzeugenden Schutz vor dem sogenannten „*Overboarding*" geboten hat.[101] Im Unterschied zu § 100 Abs. 2 S. 1 AktG knüpft der Kodex an Aufsichtsratsmandate ausschließlich bei börsennotierten Gesellschaften an. Dem mit einer Börsennotierung einhergehenden höheren Zeitaufwand des Mandats wird durch die geringere Anzahl (fünf statt zehn) Rechnung getragen. Eine Börsennotierung findet sich in der Regel nur bei größeren und sehr großen Gesellschaften. Bei diesen erfordert eine ordnungsgemäße Überwachung und Beratung grundsätzlich mehr Zeit. Der Kodex selbst findet außerdem nur bei börsennotierten Gesellschaften Anwendung.[102]

Fraglich ist, was mit „vergleichbaren Funktionen" gemeint ist. Einen Hinweis gibt der erhöhte Zeitaufwand einer Aufsichtsratstätigkeit bei Börsennotierung der Gesellschaft. Damit ist davon auszugehen, dass dieser auch bei

---

99 *Winterhalder*, in: Weitnauer/Boxberger/Anders, KAGB, § 18 Rn. 11.

100 Vgl. Ziffer 5.4.5 S. 1 sowie 5.4.1 Abs. 5 S. 1 DCGK 2017.

101 *Nonnenmacher*, Kodexanpassungen 2019, Medien-Telefonkonferenz vom 06.11.2018, S. 12; abgerufen am 18.10.2019 unter: https://www.dcgk.de/de/konsultationen/archiv/konsultation-2019.html.

102 Präambel Abs. 3 S. 2 DCGK.

„vergleichbaren Funktionen“ vorliegen muss. Ein solcher ergibt sich beispielsweise bei Aufsichtsräten in großen, mitbestimmten, haftungsbeschränkten Gesellschaften oder Mitgliedschaften in großen Beiräten.[103]

Im Gleichlauf zu § 100 Abs. 2 S. 3 AktG sind schließlich auch nach dem Kodex Mandate als Aufsichtsratsvorsitzender doppelt zu rechnen. Auch dies resultiert aus dem mit dem Vorsitz einhergehenden erhöhten Zeitaufwand.

bb. Zwei Mandate, Ziffer C.5 DCGK

Ebenso wurde im Jahr 2020 die Maximalanzahl an Mandaten bei gleichzeitigem Innehaben einer geschäftsführenden Position reformiert. Nunmehr soll, wer dem Vorstand einer börsennotierten Gesellschaft angehört, insgesamt nicht mehr als zwei Aufsichtsratsmandate in konzernexternen börsennotierten Gesellschaften oder vergleichbare Funktionen und keinen Aufsichtsratsvorsitz in einer konzernexternen börsennotierten Gesellschaft wahrnehmen, Ziffer C.5 DCGK. Eine Empfehlung, die eine Höchstzahl an Mandaten bei Innehaben einer geschäftsführenden Position beinhaltet, fand sich schon im ersten Kodex von 2002, damals jedoch noch mit einer Maximalanzahl von fünf Mandaten. Im Jahr 2009 fand eine Verschärfung auf drei Aufsichtsratsmandate statt.[104] Im Jahr 2020 wurde diese auf zwei reduziert. Neben der (vor allem zeitlichen) Sicherstellung der Aufsichtsratstätigkeit[105] dient die Vorschrift auch der Konzentration auf die hauptberufliche Vorstandstätigkeit.[106]

Die Voraussetzungen der Empfehlung gleichen denjenigen in Ziffer C.4 DCGK. Zu beachten ist, dass zusätzlich auch kein Aufsichtsratsvorsitz in einer konzernexternen börsennotierten Gesellschaft wahrgenommen werden darf. Dies findet sich so erst im Kodex 2020.[107]

---

103 *Kremer*, in: Kremer u.a., DCGK, Ziffer 5.4.5 Rn. 1422 zu dem vergleichbaren Wortlaut „die vergleichbare Anforderungen stellen“ in Ziffer 5.4.5 S. 2 DCGK 2017.

104 Vgl. Ziffer 5.4.5 S. 2 der Bekanntmachung des DCGK in der Fassung vom 18.06.2009, vom 05.08.2009, eBAnz AT79 2009 B1.

105 Zum Erfordernis der zeitlichen Verfügbarkeit: Kapitel 3., B., IV., 2.

106 *Kremer*, in: Kremer u.a., DCGK, Ziffer 5.4.5 Rn. 1419.

107 In Ziffer 5.4.5 S. 2 DCGK 2017 fanden Vorsitzendenmandate keine Erwähnung. Der DCGK Entwurf vom 25.10.2018 ging noch lediglich von einem „Aufsichtsratsvorsitz“ aus, siehe Ziffer B.6. dieses Entwurfs.

d. Zwischenergebnis zu 1.

Von dem aktiengesetzlichen Grundsatz, der eine Maximalanzahl von zehn Aufsichtsratsmandaten normiert, wird über das KWG (vier, zwei und fünf Mandate), das VAG (fünf Mandate) und den DCGK (fünf und zwei Mandate) abgewichen.

Fraglich ist das Zusammenspiel der beiden *leges speciales* KWG und VAG. Personen, die Mitglied eines Aufsichtsorgans sowohl eines Unternehmens, das dem KWG, als auch eines Unternehmens, das dem VAG unterliegt, sind, haben die Regelungen des KWG und des VAG zu beachten. Die Regelungen sind parallel anwendbar.[108] Selbst wenn in einem Konzern oder Unternehmensverbund sowohl Unternehmen sind, die den Vorschriften des KWG unterliegen, als auch Unternehmen, auf die die Vorschriften des VAG anwendbar sind, beurteilt sich die Höchstzahl stets getrennt.[109] Damit kann für jede Bestellung auch nur die jeweils einschlägige gesetzliche Privilegierung in Anspruch genommen werden.[110] Bei der Bestellung in den Aufsichtsrat eines Unternehmens, das den Vorschriften des VAG unterliegt, findet mithin nur die Privilegierung des VAG und nicht diejenigen des KWG Anwendung.[111]

2. Mitgliedschaft entgegen dem Organisationsgefälle

Nach § 100 Abs. 2 S. 1 Nr. 2 AktG, der bereits auf das Aktiengesetz des Jahres 1965 zurückgeht,[112] dürfen gesetzliche Vertreter abhängiger Unternehmen nicht Mitglieder des Aufsichtsrats der herrschenden Gesellschaft sein. Damit soll vermieden werden, dass der Vorstand von Personen kontrolliert wird, die unmittelbar von seinen Weisungen abhängig sind.[113] Ein solches Aufsichtsratsmandat würde gegen das natürliche Organisationsgefälle innerhalb eines Konzerns verstoßen.[114] Nach dem eindeutigen Wortlaut sind nur gesetzliche Vertreter erfasst.[115] Zu diesen zählen Vorstände, Geschäftsführer, persönlich haftende

---

108 *BaFin*, Merkblatt KWG/KAGB, S. 34.

109 *BaFin*, Merkblatt KWG/KAGB, S. 34.

110 *BaFin*, Merkblatt VAG, S. 17.

111 *BaFin*, Merkblatt VAG, S. 17. Im VAG findet sich eine Privilegierung in § 24 Abs. 4 S. 2 Hs. 2 VAG.

112 AktG, bei Kropff, S. 134; eine redaktionelle Anpassung fand nur durch Art. 1 Nr. 3 a) des Gesetzes zur Angemessenheit der Vorstandsvergütung (VorstAG) in der Fassung der Bekanntmachung vom 31.07.2009 (BGBl. I S. 2509) statt.

113 *Grigoleit/Tomasic*, in: Grigoleit, AktG, § 100 Rn. 6.

114 Ausschussbericht, bei Kropff, S. 136.

115 *Grigoleit/Tomasic*, in: Grigoleit, AktG, § 100 Rn. 6.

Gesellschafter[116] und geschäftsführende Direktoren einer monistisch verfassten Gesellschaft.[117] Abhängige Unternehmen sind gemäß § 17 Abs. 1 AktG rechtlich selbstständige Unternehmen, auf die ein anderes Unternehmen (herrschendes Unternehmen) unmittelbar oder mittelbar einen beherrschenden Einfluss ausüben kann.

Im Gegensatz zu § 100 Abs. 2 S. 1 Nr. 1 AktG sind auch Auslandsgesellschaften erfasst.[118] Denn unstreitig ist der Normzweck hier allein darauf gerichtet, das natürliche Organisationsgefälle im Konzern aufrechtzuerhalten.[119] Das System der *checks and balances* kann effektiv nur durch eine Einbeziehung ausländischer abhängiger Unternehmen erzielt werden.[120] Die sich ergebenden Abgrenzungsfragen, die die Rechtssicherheit beeinträchtigen können, sind hier weniger gravierend, da die Abgrenzung anhand des materiellen Kriteriums der Vertretungsbefugnis erfolgen kann.[121]

3. *Überkreuzverflechtungen*

§ 100 Abs. 2 S. 1 Nr. 3 AktG verbietet Überkreuzverflechtungen. Danach kann Mitglied des Aufsichtsrats nicht sein, wer gesetzlicher Vertreter einer anderen Kapitalgesellschaft ist, deren Aufsichtsrat ein Vorstandsmitglied der Gesellschaft angehört. Die Vorschrift will den besonderen Risiken einer Beeinträchtigung der Effizienz der Überwachungsfunktion des Aufsichtsrats durch wechselseitige Abhängigkeiten vorbeugen.[122] Dem klaren Wortlaut nach muss es sich bei der anderen Gesellschaft um eine Kapitalgesellschaft handeln. Genossenschaften, Versicherungsvereine auf Gegenseitigkeit sowie Stiftungen genügen mithin nicht.[123] Zudem fordert die Norm, dass es sich um den gesetzlichen Vertreter

---

116 *Henssler*, in: Henssler/Strohn, AktG, § 100 Rn. 8; *Spindler*, in: Spindler/Stilz, AktG, § 100 Rn. 24.

117 *Habersack*, in: MüKo-AktG, § 100 Rn. 26 und 32.

118 So die ganz h.M.: *Habersack*, in: MüKo-AktG, § 100 Rn. 32; *Koch*, in: Hüffer/Koch, AktG, § 100 Rn. 9; *Hopt/Roth*, in: Großkomm-AktG, § 100 Rn. 81; *Mertens/Cahn*, in: KölnerKomm-AktG, § 100 Rn. 33; *Spindler*, in: Spindler/Stilz, AktG, § 100 Rn. 24; *Drygala*, in: K. Schmidt/Lutter, AktG, § 100 Rn. 9; *Stein*, AG 1983, 49, 50.

119 *Koch*, in: MüKo-AktG, § 250 Rn. 17.

120 *Koch*, in: MüKo-AktG, § 250 Rn. 17.

121 *Mader*, ZGR 2014, 430, 447 ff.; *Koch*, in: MüKo-AktG, § 250 Rn. 17.

122 *Vetter*, in: HdB börsennotierte AG, § 25 Rn. 10.

123 *Spindler*, in: Spindler/Stilz, AktG, § 100 Rn. 26; *Rummel*, DB 1970, 2257; *Hopt/Roth*, in: Großkomm-AktG, § 100 Rn. 86.

handelt, so dass leitende Angestellte und andere Aufsichtsratsmitglieder nicht erfasst sind.[124]

Umstritten ist die Frage der Behandlung des fakultativen Aufsichtsrats der GmbH. § 52 Abs. 1 GmbHG verweist nicht auf § 100 Abs. 2 S. 1 Nr. 3 AktG. Daraus könnte abgeleitet werden, dass dieser für die Zusammensetzung des Aufsichtsrats einer Aktiengesellschaft auch dann keine Anwendung findet, wenn die Verflechtung durch Mitgliedschaft in einem freiwillig gebildeten Aufsichtsrat einer GmbH zustande gekommen ist.[125] Dem ist jedoch entgegenzutreten.[126] Der Wortlaut des § 100 Abs. 2 S. 1 Nr. 3 AktG nimmt, anders als die Nr. 1 („gesetzlich einen Aufsichtsrat zu bilden haben"), gerade keinen Bezug zum obligatorischen Aufsichtsrat.[127] Auch streiten Sinn und Zweck dagegen. Hinter der Norm steht die Gefahr einer gegenseitigen Einflussnahme.[128] Diese besteht bei dem fakultativen ebenso wie bei dem obligatorischen Aufsichtsrat.[129]

Schließlich stellt sich wieder die Frage, ob gesetzliche Vertreter ausländischer Kapitalgesellschaften in den Anwendungsbereich fallen. Dies ist abzulehnen.[130] Die sich aus einer Einbeziehung ergebenden Rechtsunsicherheiten, resultierend aus den Qualifikationsproblemen der Tatbestandsmerkmale „Aufsichtsrat" und „gesetzlicher Vertreter", sind zu gravierend.[131] Ebenso wie im Fall des § 100 Abs. 2 S. 1 Nr. 1 AktG soll auch hier eine Konzentration der Verwaltungsposten bei einem verhältnismäßig kleinen Kreis vermieden werden.[132] Dieser rechtspolitische Gesichtspunkt beschränkt sich aber auf die bei deutschen Unternehmen tätigen leitenden Personen.[133] Er spricht mithin auch gegen eine Einbeziehung ausländischer Kapitalgesellschaften.

---

124 *Spindler*, in: Spindler/Stilz, AktG, § 100 Rn. 28.

125 *Hopt/Roth*, Großkomm-AktG, § 100 Rn. 86, 90, die das Abstellen auf den obligatorischen Aufsichtsrat damit begründen, dass der fakultative im Vergleich zum obligatorischen oft anders organisiert ist.

126 *Spindler*, in: Spindler/Stilz, AktG, § 100 Rn. 27; *Mertens/Cahn*, in: KölnerKomm-AktG, § 100 Rn. 36; *Hoffmann-Becking*, in: Münchener Hdb GesellR 4, § 30 Rn. 22; *Rummel*, DB 1970, 2257, 2258.

127 *Spindler*, in: Spindler/Stilz, AktG, § 100 Rn. 27.

128 *Spindler*, in: Spindler/Stilz, AktG, § 100 Rn. 27.

129 *Spindler*, in: Spindler/Stilz, AktG, § 100 Rn. 27.

130 So die bislang h.M.: *Koch*, in: Hüffer/Koch, § 100 Rn. 10; *v. Caemmerer*, in: FS Gessler, S. 81, 89 f.; *Koch*, in: MüKo-AktG, § 250 Rn. 18; *Mertens/Cahn*, in: KölnerKomm-AktG, § 100 Rn. 37; *Mader*, ZGR 2014, 430, 450 f.

131 *Koch*, in: Hüffer/Koch, § 100 Rn. 10.

132 *v. Caemmerer*, in: FS Gessler, S. 81, 90.

133 *v. Caemmerer*, in: FS Gessler, S. 81, 90.

§ 100 Abs. 2 S. 1 Nr. 3 AktG geht in seiner Grundform nicht auf aktienrechtliche Novellen der letzten Jahre zurück, sondern war – wie § 100 Abs. 2 S. 1 Nr. 1, Nr. 2 AktG – bereits im Aktiengesetz des Jahres 1965 verankert.[134] Er hat lediglich durch das KonTraG und das VorstAG leichte Modifikationen erhalten.[135]

4. *Wechsel von einem Vorstands- zu einem Aufsichtsratsamt: Generelles und gemäßigtes* Cooling-off

a. *Grundsatz nach dem AktG: Generelles* Cooling-off

Mitglied im Aufsichtsrat kann schließlich nicht sein, wer in den letzten zwei Jahren Vorstandsmitglied derselben börsennotierten Gesellschaft war, es sei denn, seine Wahl erfolgt auf Vorschlag von Aktionären, die mehr als 25 Prozent der Stimmrechte an der Gesellschaft halten, § 100 Abs. 2 S. 1 Nr. 4 AktG. Diese sogenannte „Karenzzeit" wurde im Jahr 2009 durch das VorstAG eingeführt. Die Vorschrift ist auf börsennotierte Gesellschaften beschränkt, da nur hier ein systematisches Kontrolldefizit durch die Eigentümergesamtheit besteht.[136] Durch die Ausnahmemöglichkeit (25 Prozent der Stimmen) soll sichergestellt werden, dass wesentliche Anteilsinhaber (beispielsweise Familienaktionäre oder Stiftungen) auf die Kenntnisse und Fähigkeiten eines (in ihren Augen) verdienten Vorstands nicht verzichten müssen.[137] Ist dies ihr Wunsch, ist es nicht Aufgabe des Gesetzes, ihnen dies zu verwehren.[138] Maßgeblich ist dabei die Gesamtzahl (absolute Zahl) und nicht lediglich die Zahl der auf der Hauptversammlung vertretenen Stimmen.[139] Nach dem weiten Wortlaut kann dieser Vorschlag vor der Hauptversammlung, aber auch erst in dieser zustande kommen.[140] Bei einem

---

134 AktG, bei Kropff, S. 134.

135 Durch das KonTraG wurden die Wörter „oder bergrechtliche Gewerkschaft" gestrichen; durch das VorstAG fand lediglich eine redaktionelle Anpassung statt.

136 Beschlussempfehlung und Bericht des Rechtsausschusses zum VorstAG, BT-Drs. 16/13433, S. 11.

137 Beschlussempfehlung und Bericht des Rechtsausschusses zum VorstAG, BT-Drs. 16/13433, S. 11.

138 Beschlussempfehlung und Bericht des Rechtsausschusses zum VorstAG, BT-Drs. 16/13433, S. 11.

139 *Mertens/Cahn*, in: KölnerKomm-AktG, § 100 Rn. 42; *Simons*, in: Hölters, AktG, § 100 Rn. 39; *Spindler*, in: Spindler/Stilz, AktG, § 100 Rn. 34; *Krieger*, in: FS Hüffer, S. 521, 529.

140 *Hoffmann-Becking*, in: Münchener Hdb GesellR 4, § 30 Rn. 25.

Vorschlag vor der Hauptversammlung kann sich der Aufsichtsrat anschließen und braucht insofern keinen Gegenkandidaten mehr vorzuschlagen.[141]

b. Regelungen in den Sondergesetzen

aa. Nach dem KWG und VAG: Gemäßigtes Cooling-off

Nach § 25d Abs. 3 S. 1 Nr. 2 und Abs. 3a Nr. 2 KWG kann Mitglied im Aufsichtsorgans nicht sein, wer in dem betreffenden Unternehmen Geschäftsleiter war, wenn bereits zwei ehemalige Geschäftsleiter des Unternehmens Mitglied des Aufsichtsorgans sind. Dies gilt nach § 25d Abs. 3 S. 1 Nr. 2 KWG für das Aufsichtsorgan eines CRR-Instituts, das von erheblicher Bedeutung ist, beziehungsweise nach § 25d Abs. 3a Nr. 2 KWG für das Aufsichtsorgan eines Instituts, das nicht CRR-Institut von erheblicher Bedeutung ist, oder einer Finanzholding-Gesellschaft. Ebenso kann, wer Geschäftsleiter eines Unternehmens war, nach § 24 Abs. 4 S. 1 VAG nicht zum Mitglied des Aufsichtsorgans bestellt werden, wenn bereits zwei ehemalige Geschäftsleiter des Unternehmens Mitglied des Aufsichtsorgans sind. Damit ist jede über die bereits bestehenden zwei ehemaligen Geschäftsleiter hinausgehende Bestellung unzulässig.[142] Dies gilt unabhängig davon, wie lange die jeweiligen Mitglieder im Aufsichtsorgan schon aus der Geschäftsleitung ausgeschieden sind.[143] Vermieden werden soll eine übermäßige Einflussnahme ehemaliger Geschäftsleiter auf das aktuelle Leitungsorgan.[144]

§ 25d Abs. 3 S. 1 Nr. 2 KWG ist im Zuge der kompletten Einführung des § 25d KWG im Jahr 2013 eingeführt worden. Er entspricht dem vormaligen § 36 Abs. 3 S. 5 KWG a. F.[145] § 25d Abs. 3a Nr. 2 KWG wurde durch das FiMaAnpG im Jahr 2014 eingeführt. Der einleitende Satzteil wurde seitdem

141 Beschlussempfehlung und Bericht des Rechtsausschusses zum VorstAG, BT-Drs. 16/13433, S. 11. Vgl. § 124 Abs. 3 S. 1 AktG. Ein Gegenkandidat wäre zur Erfüllung der gesetzlichen Anzahl an Aufsichtsräten nötig.

142 *Wolfgarten*, in: Boos/Fischer/Schulte-Mattler, KWG, § 100 Rn. 42; *BaFin*, Merkblatt KWG/KAGB, S. 27.

143 *Wolfgarten*, in: Boos/Fischer/Schulte-Mattler, KWG, § 100 Rn. 42; *BaFin*, Merkblatt KWG/KAGB, S. 27. Im Gegensatz zum generellen Cooling-off.

144 *Wolfgarten*, in: Boos/Fischer/Schulte-Mattler, KWG, § 100 Rn. 42; *BaFin*, Merkblatt KWG/KAGB, S. 27; *Laars/Both*, in: NK-VAG, § 24 Rn. 9 („abstrakte Gefahr von Interessenkonflikten“).

145 RegBegr. zum CRD IV-Umsetzungsgesetz, BT-Drs. 17/10974, S. 87.

zweimal geändert: zunächst durch das DGSD-Umsetzungsgesetz im Mai 2015[146] sowie durch das AbwMechG im November 2015.[147] Der neue Absatz 3a Nr. 2 (und 3) übernahm ebenso die Regelung des § 36 Abs. 3 S. 5 (und 6) KWG a. F., die über das FMVA-StärkG[148] im Juli 2009 eingeführt worden waren.

§ 24 Abs. 4 S. 1 VAG besteht seit Inkrafttreten des VAG im Jahr 2016.

bb. Nach dem KAGB

Wie festgestellt ist § 18 Abs. 2 KAGB nicht auf Aktiengesellschaften anwendbar. Für diese bleibt es bei dem regulären Anwendungsbereich des Aktiengesetzes.

c. Nach dem DCGK: Gemäßigtes Cooling-off

Nach Ziffer C.11 DCGK sollen dem Aufsichtsrat nicht mehr als zwei ehemalige Mitglieder des Vorstands angehören. Damit steht der DCGK im Einklang mit dem KWG und dem VAG, nicht jedoch mit dem AktG, das keine Maximalanzahl an ehemaligen Vorstandsmitgliedern im Aufsichtsrat vorsieht. Schon der erste DCGK aus dem Jahr 2002[149] empfahl, im Interesse einer unabhängigen Beratung und Überwachung,[150] eine Höchstzahl von zwei ehemaligen Vorstandsmitgliedern im Aufsichtsrat.

Die zweijährige Karenzzeit des Aktiengesetzes findet sich in dem Indizienkatalog bezüglich der zu prüfenden Unabhängigkeit der Aufsichtsratsmitglieder in Ziffer C.7 Abs. 2 DCGK wieder. Der Katalog wurde erst in der Fassung des Jahres 2020 in den Kodex aufgenommen. Zuvor, seit dem Jahr 2009,[151] wurde die aktiengesetzliche Regelung wiederholt.

---

146 Gesetz zur Umsetzung der Richtlinie 2014/49/EU des Europäischen Parlaments und des Rates vom 16.04.2014 über Einlagensicherungssysteme (DGSD-Umsetzungsgesetz) in der Fassung der Bekanntmachung vom 28.05.2015 (BGBl. I S. 789, 809).

147 Gesetz zur Anpassung des nationalen Bankenabwicklungsrechts an den Einheitlichen Abwicklungsmechanismus und die europäischen Vorgaben zur Bankenabgabe (Abwicklungsmechanismusgesetz – AbwMechG) in der Fassung der Bekanntmachung vom 02.11.2015 (BGBl. I S. 1864, 1871).

148 Gesetz zur Stärkung der Finanzmarkt- und der Versicherungsaufsicht (FMVA-StärkG) in der Fassung der Bekanntmachung vom 29.07.2009 (BGBl. I S. 2305, 2306).

149 Vgl. Ziffer 5.4.2 der Bekanntmachung des DCGK vom 30.08.2002, eBAnz AT1 2002 B1.

150 *Kremer*, in: Kremer u.a., DCGK, Ziffer 5.4.2 Rn. 1392.

151 DCGK 2009.

d. Zwischenergebnis zu 4.

Das Aktiengesetz normiert eine gesetzliche Karenzzeit von zwei Jahren (generelles *Cooling-off*). Diese greift der Kodex in seinem Indizienkatalog bezüglich der Unabhängigkeitsprüfung der Aufsichtsräte auf. Zusätzlich stellt der DCGK, ebenso wie das KWG und das VAG, auf eine Maximalanzahl von zwei ehemaligen Geschäftsführern im Aufsichtsorgan ab (gemäßigtes *Cooling-off*).

5. Unvereinbarkeit von Vorstands- und Aufsichtsratsamt

a. Der Unvereinbarkeitsgrundsatz, § 105 Abs. 1 AktG

Aus dem deutschen dualistischen System folgt schon denklogisch eine Unvereinbarkeit von Vorstand und Aufsichtsrat. Der Überwacher kann nicht gleichzeitig Überwachter sein.[152] Dies ist gesetzlich in § 105 Abs. 1 AktG normiert. Die hohe Bedeutung dieses sogenannten „Unvereinbarkeitsgrundsatzes" zeigt sich schon daran, dass er seit dem Jahr 1937 gesetzlich festgeschrieben ist.[153] Zu beachten ist, dass der Grundsatz zwar die beiden Funktionen innerhalb des Unternehmens für unvereinbar erklärt.[154] Er stellt jedoch keinen absoluten Vorrang des Aufsichtsratsmandats gegenüber der dazu inkompatiblen Rechtsstellung der Mitgliedschaft im Vorstand auf.[155] Gemeint ist lediglich, dass niemand zugleich die beiden für unverträglich erklärten Rechtsstellungen innehaben kann.[156] Das spätere Rechtsverhältnis ist unzulässig, sofern das frühere nicht aufgehoben wird.[157] Ein bloßer Ämtertausch ohne zeitliche Überdeckung wird also durch die Vorschrift nicht verboten.[158] Er ist jedoch von der zwingend zu beachtenden Karenzzeit des Aktiengesetzes eingeschränkt. Im Gleichlauf zu § 100 Abs. 2 S. 1

---

152 Begründung zum RegE., bei Kropff, S. 146. Dort ist von unvereinbaren Aufgabenkreisen die Rede.

153 Begründung zum RegE., bei Kropff, S. 146.

154 *Simons*, in: Hölters, AktG, § 105 Rn. 2.

155 So inzwischen auch die h.M.: *Oetker*, in: ErfurterKomm-AktG, § 105 Rn. 1; *Habersack*, in: MüKo-AktG, § 105 Rn. 18; *Brox*, in: FS Ficker, S. 95, 119; *Hopt/Roth*, in: Großkomm-AktG, § 105 Rn. 23; *Mertens/Cahn*, in: KölnerKomm-AktG, § 105 Rn. 7; *Drygala*, in: K. Schmidt/Lutter, AktG, § 105 Rn. 9; *Grigoleit/Tomasic*, in: Grigoleit, AktG, § 105 Rn. 7 („Prioritätsprinzip"); *Henssler*, in: Henssler/Strohn, AktG, § 105 Rn. 6.

156 Z.B.: *Oetker*, in: ErfurterKomm-AktG, § 105 Rn. 1 f.; *Drygala*, in: K. Schmidt/Lutter, AktG, § 105 Rn. 9.

157 *Oetker*, in: ErfurterKomm-AktG, § 105 Rn. 1.

158 *Mertens/Cahn*, in: KölnerKomm-AktG, § 105 Rn. 7.

Nr. 1 bis Nr. 4 AktG ist relevanter Zeitpunkt der Zeitpunkt des Amtsantritts und nicht der der Bestellung.[159]

b. Regelungen in den Sondergesetzen

aa. Nach dem KWG

Einzig das KWG normiert einen Unvereinbarkeitsgrundsatz: Mitglied des Verwaltungs- oder Aufsichtsorgans eines CRR-Instituts, das von erheblicher Bedeutung im Sinne des Abs. 3 Satz 8 ist beziehungsweise das nicht CRR-Institut von erheblicher Bedeutung in diesem Sinne ist, oder einer Finanzholding-Gesellschaft kann nicht sein, wer in demselben Unternehmen Geschäftsleiter ist, § 25d Abs. 3 S. 1 Nr. 1, Abs. 3a Nr. 1 KWG. Damit folgt das KWG dem im Aktiengesetz normierten Grundsatz der Unvereinbarkeit von Aufsichtsratsmandat und Geschäftsleitungsfunktion.

§ 25d Abs. 3 KWG ist Ergebnis der Einführung des kompletten § 25d KWG über das CRD-IV-Umsetzungsgesetz vom 28. August 2013. Schon in der Gesetzesbegründung wurde darauf hingewiesen, dass der Norm (wegen § 105 Abs. 1 AktG) in der Praxis nur geringe Bedeutung zukommen wird.[160] § 25d Abs. 3a Nr. 1 KWG wurde später durch das AbwMechG vom 2. November 2015 eingeführt.

bb. Nach dem VAG und KAGB

Im VAG findet sich kein Unvereinbarkeitsgrundsatz. Wie festgestellt ist § 18 Abs. 2 KAGB, der auch auf § 105 Abs. 1 AktG verweist, nicht für Aktiengesellschaften anwendbar. Für Aktiengesellschaften beider Sondergesetze verbleibt daher das Aktiengesetz.

c. Nach dem DCGK

Der DCGK enthält keinen eigenen Inkompatibilitätsgrundsatz.

---

159 *Mertens/Cahn*, in: KölnerKomm-AktG, § 105 Rn. 9; *Hopt/Roth*, in: Großkomm-AktG, § 105 Rn. 44; *Habersack*, in: MüKo-AktG, § 105 Rn. 20; *Simons*, in: Hölters, AktG, § 105 Rn. 3. Als Argument wird § 250 Abs. 1 Nr. 4 AktG herangezogen.

160 RegBegr. zum CRD IV-Umsetzungsgesetz, S. 87. Bedeutung kommt der Norm vor allem in Bezug auf die europäische Gesellschaftsform der *Societas Europaea* (SE) zu (*Wolfgarten*, in: Boos/Fischer/Schulte-Mattler, KWG, § 25d Rn. 41; RegBegr. zum CRD IV-Umsetzungsgesetz, S. 87). Bei dieser hat das Unternehmen ein Wahlrecht zwischen dem monistischen und dem dualistischen System (vgl. § 20 SEAG).

d. Zwischenergebnis zu 5.

Einzig das KWG normiert einen Unvereinbarkeitsgrundsatz. Im Übrigen bleibt es bei der Anwendung des § 105 Abs. 1 AktG.

III. Zwischenergebnis zu A.

Nach § 100 Abs. 1 S. 1 AktG kann Mitglied des Aufsichtsrats nur eine natürliche, unbeschränkt geschäftsfähige Person sein. Dieser weite Spielraum wird durch das Aktiengesetz selbst, durch Normen im KWG, KAGB und VAG sowie durch den DCGK eingeschränkt.

Bezüglich der Höchstzahl an Aufsichtsratsmandaten gilt, dass zum Grundsatz des AktG (zehn Mandate) das KWG (vier, zwei und fünf Mandate), das VAG (fünf Mandate) und der DCGK (fünf und zwei Mandate) Ausnahmen enthalten.

Die Ausschlusstatbestände der Mitgliedschaft entgegen dem Organisationsgefälle sowie der Überkreuzverflechtungen finden sich ausschließlich im Aktiengesetz.

Bei einem Wechsel von einem Vorstands- in ein Aufsichtsratsamt normiert einzig das Aktiengesetz eine gesetzliche Karenzzeit von zwei Jahren. Der DCGK greift diese auf (im Rahmen der Unabhängigkeitsindizien) und sieht, ebenso wie das KWG und das VAG, eine Maximalanzahl an ehemaligen Geschäftsführern im Aufsichtsorgan vor.

Eine Einbeziehung ausländischer Mandate im Rahmen des § 100 Abs. 2 S. 1 AktG findet nur bei der Nummer 2 statt.

Einen Unvereinbarkeitsgrundsatz von Vorstands- und Aufsichtsratstätigkeit enthält schließlich spezialgesetzlich einzig das KWG. Im Übrigen bleibt es bei der regulären Anwendung des aktienrechtlichen Inkompatibilitätsgrundsatzes.

B. Reformen weiterer Qualifikationsmerkmale

Bei der Untersuchung der Reformen weiterer Anforderungen an Aufsichtsräte werden zunächst die im Aktiengesetz normierten dargestellt. Dies ist zum einen Sachkunde und zum anderen eine Förderung des unterrepräsentierten biologischen Geschlechts. Neben den Normen des Aktiengesetzes werden auch die dazugehörigen Vorschriften in den Sondergesetzen und dem DCGK untersucht. Das sodann erörterte Merkmal der „Unabhängigkeit“ nimmt eine Sonderrolle ein. Obschon nicht ausdrücklich normiert, zeigen eine Reihe von Vorschriften, dass das Aktiengesetz eine solche voraussetzt. Schließlich werden die Merkmale „Zuverlässigkeit“ und „zeitliche Verfügbarkeit“ untersucht. Beide finden sich nicht im Aktiengesetz. Jedoch ist eine Erörterung im Hinblick auf eine mögliche Ausstrahlungswirkung auf dieses unerlässlich.

I. Sachkunde/Professionalisierung

1. *Im Aktiengesetz*

Ausdrücklich normiert das Aktiengesetz Sachkunde nur in § 100 Abs. 5 AktG. Aus § 111 Abs. 6 AktG werden jedoch darüber hinaus Mindestkenntnisse abgeleitet, die bei dem einzelnen Aufsichtsrat vorliegen müssen.

a. Sachkunde in Form der gesetzlichen Mindestkenntnisse

Nach *Säcker*[161] ist „bislang praktiziertes Leitbild des Aufsichtsratsmitglieds der erfahrene Generalist, der von fast allem nichts mehr versteht". Fraglich ist, ob dies der originären Vorstellung des Gesetzgebers von der nötigen Sachkunde, also den Kenntnissen und Fähigkeiten des einzelnen Aufsichtsratsmitglieds, entspricht. Gemäß § 111 Abs. 6 AktG können Aufsichtsratsmitglieder ihre Aufgaben nicht durch andere wahrnehmen lassen. Sie sind zur persönlichen Wahrnehmung ihres Amts verpflichtet.[162] Das sah so schon das Aktiengesetz des Jahres 1937 vor.[163] Aus dieser höchstpersönlichen Natur des Aufsichtsratsamts sowie aus dem damit einhergehenden „Abwälzungsverbot", also dem Verbot, die dem Aufsichtsratsmitglied zugeteilten Aufgaben durch Dritte auszuüben oder an diese zu delegieren, folgt,[164] dass jedes Aufsichtsratsmitglied all die Fähigkeiten und Kenntnisse haben muss, um den Aufgaben nachzukommen, die ihm gesetzlich obliegen. Jeder Aufsichtsrat muss also fähig sein, sich ein Bild von der Lage des Unternehmens und der Vorstandstätigkeit zu verschaffen.[165] Im Zusammenhang mit diesen sogenannten „Mindestkenntnissen"[166] spricht *Hommelhoff*[167] von einem „autarken", also einem aus sich selbst heraus leistungsfähigen Aufsichtsrat. Umfasst sind alle gesetzlich dem Aufsichtsrat zugewiesenen

---

161 *Säcker*, AG 2008, 17, 22.

162 *Henssler*, in: Henssler/Strohn, AktG, § 111 Rn. 28.

163 AktG, bei Kropff, S. 154. Im AktG 1965 fand sich die Vorschrift in § 111 Abs. 5 AktG.

164 *Spindler*, in: Spindler/Stilz, AktG, § 111 Rn. 78.

165 *Spindler*, in: Spindler/Stilz, AktG, § 111 Rn. 80.

166 Zur Benennung („Mindestkenntnisse/Mindestqualifikationen") z.B. *Koch*, in: Hüffer/Koch, AktG, § 111 Rn. 59; *Lutter/Krieger/Verse*, Rechte und Pflichten des Aufsichtsrats, Rn. 29; *Dreher*, in: FS Boujong, S. 71, 73 ff.

167 *Hommelhoff*, ZGR 1983, 551, 561.

Aufgaben.[168] Diese muss der einzelne Aufsichtsrat sachgerecht erfüllen können. Der BGH führt dazu aus,[169] dass mit dem „Gebot persönlicher und eigenverantwortlicher Amtsausübung vorausgesetzt ist, dass ein Aufsichtsratsmitglied diejenigen Mindestkenntnisse und fähigkeiten besitzen oder sich aneignen muss, die es braucht, um alle normalerweise anfallenden Geschäftsvorgänge auch ohne fremde Hilfe verstehen und sachgerecht beurteilen zu können". Es ist davon auszugehen, dass von der Vorgabe des BGH eine strukturelle Differenzierung der Mindestanforderungen mitumfasst ist.[170] Je nach Unternehmensgegenstand, tatsächlichem Geschäftsumfang oder Unternehmensstruktur können diese mithin variieren.[171] So erfordert die Aufsichtsratstätigkeit an der Spitze eines großen, international agierenden Unternehmens andere Qualifikationen als die in einer kleinen bis mittleren, regional tätigen Gesellschaft.[172]

b. Sachkunde in Form einer Finanzexpertise und Sektorvertrautheit, § 100 Abs. 5 AktG

Für bestimmte Unternehmen „von öffentlichem Interesse"[173] hat der Gesetzgeber in § 100 Abs. 5 AktG eine ausdrückliche Sachkunde in Form einer Finanzexpertise und Sektorvertrautheit normiert. Der ursprüngliche Absatz 5 wurde durch das BilMoG[174] im Jahr 2009 eingeführt. Er sah vor, dass mindestens ein unabhängiges Mitglied des Aufsichtsrats über Sachverstand auf den Gebieten Rechnungslegung oder Abschlussprüfung verfügen musste. Über das AReG[175] im Jahr 2016 wurde § 100 Abs. 5 AktG in seiner jetzigen Form eingeführt. Die

---

168 *Hoffmann-Becking*, in: Münchener Hdb GesellR 4, § 33 Rn. 3; *Spindler*, in: Spindler/Stilz, AktG, § 111 Rn. 78 ff.

169 BGH, Urteil vom 15.11.1982 – II ZR 27/82 = NJW 1983, 991 (*Hertie*-Entscheidung); OLG Düsseldorf, Beschluss vom 23.02.2015 – I-26 W 14/14 = NZG 2015, 1194.

170 *Dreher*, in: FS Boujong, S. 71, 76, 77.

171 *Dreher*, in: FS Boujong, S. 71, 76, 77; *Habersack*, in: MüKo-AktG, § 116 Rn. 24.

172 *Habersack*, in: MüKo-AktG, § 116 Rn. 24.

173 Vgl. die Überschrift des RegE. zum AReG, BT-Drs. 18/7219 sowie *Nodoushani*, AG 2016, 381, 382. Zu der Art der Unternehmen siehe § 100 Abs. 5 AktG.

174 Gesetz zur Modernisierung des Bilanzrechts (Bilanzrechtsmodernisierungsgesetz – BilMoG) in der Fassung der Bekanntmachung vom 25.05.2009 (BGBl. I S. 1102, 1122).

175 Gesetz zur Umsetzung der prüfungsbezogenen Regelungen der Richtlinie 2014/56/EU sowie zur Ausführung der entsprechenden Vorgaben der Verordnung (EU) Nr. 537/2014 im Hinblick auf die Abschlussprüfung bei Unternehmen von öffentlichem Interesse (Abschlussprüfungsreformgesetz – AReG) in der Fassung der Bekanntmachung vom 10.05.2016 (BGBl. I 2016 S. 1142, 1149).

davor geforderte Unabhängigkeit wurde gestrichen.[176] Grund dafür war zum einen, dass durch die institutionelle Trennung von Vorstand und Aufsichtsrat im deutschen dualen System bereits ein hohes Maß an Unabhängigkeit im Aufsichtsrat und Prüfungsausschuss sichergestellt ist.[177] Zum anderen wird nun klargestellt, dass das Mitglied mit Sachverstand auf den Gebieten Rechnungslegung oder Abschlussprüfung auch von den Arbeitnehmervertretern gestellt werden kann.[178]

aa. Ein Mitglied als Finanzexperte, § 100 Abs. 5 Hs. 1 AktG

Nach § 100 Abs. 5 Hs. 1 AktG muss mindestens ein Mitglied des Aufsichtsrats über Sachverstand auf den Gebieten Rechnungslegung oder Abschlussprüfung verfügen. In der Regierungsbegründung zum BilMoG[179] wird ausgeführt, dass ein solcher Sachverstand voraussetzt, dass das Aufsichtsratsmitglied beruflich mit Rechnungslegung oder Abschlussprüfung befasst ist oder war. Dies sei nicht nur bei Angehörigen der steuerberatenden oder wirtschaftsprüfenden Berufe oder einer speziellen beruflichen Ausbildung der Fall, sondern könne auch angenommen werden für Finanzvorstände, fachkundige Angestellte aus den Bereichen Rechnungswesen und Controlling, Analysten sowie langjährige Mitglieder in Prüfungsausschüssen oder Betriebsräte, die sich diese Fähigkeit im Zuge ihrer Tätigkeit durch Weiterbildung angeeignet haben.[180] Damit gibt der Gesetzgeber einen klaren Hinweis sowie einen (nicht abschließenden) Beispielskatalog vor, wann der geforderte Sachverstand vorliegt.

bb. Sektorvertrautheit der Gesamtheit der Mitglieder, § 100 Abs. 5 Hs. 2 AktG.

Die Mitglieder müssen in ihrer Gesamtheit mit dem Sektor, in dem die Gesellschaft tätig ist, vertraut sein, § 100 Abs. 5 Hs. 2 AktG.

---

176 Art. 5 Nr. 1 AReG. Dies war möglich durch Ausübung des Mitgliedstaatenwahlrechts des Art. 39 Abs. 5 i.V.m. Abs. 1 UAbs. 4 der überarbeiteten Abschlussprüferrichtlinie.

177 RegBegr. zum AReG, BT-Drs. 18/7219, S. 56; *Schilha*, ZIP 2016, 1316, 1318.

178 RegBegr. zum AReG, BT-Drs. 18/7219, S. 56.

179 RegBegr. zum BilMoG, BT-Drs. 16/10067, S. 102.

180 RegBegr. zum BilMoG, BT-Drs. 16/10067, S. 102.

(1) Gesamtheit der Mitglieder

Zunächst ist zu klären, was unter „Gesamtheit der Mitglieder" zu verstehen ist. Das AReG diente der Umsetzung der überarbeiteten Abschlussprüferrichtlinie.[181] Nach Artikel 39 Absatz 1 Unterabsatz 3 dieser Richtlinie müssen die Ausschussmitglieder (gemeint ist der Prüfungsausschuss im Sinne des § 107 Abs. 3 S. 2 AktG) „zusammen" mit dem Sektor, in dem das geprüfte Unternehmen tätig ist, vertraut sein. Was unter dem Merkmal „zusammen" zu verstehen ist, wird jedoch nicht weiter erläutert. Die Regierungsbegründung zum AReG[182] verweist auf Erwägungsgrund 24 der Richtlinie.[183] Danach soll die fachliche Kompetenz des Prüfungsausschusses bei Unternehmen von öffentlichem Interesse gestärkt werden.[184] In Unternehmen mit geringer Marktkapitalisierung sowie in kleinen und mittleren Unternehmen von öffentlichem Interesse sollten die Aufgaben, die dem Prüfungsausschuss dieser Unternehmen oder einem Gremium mit ähnlichen Funktionen übertragen werden, auch vom Verwaltungs- oder Aufsichtsrat als Ganzem wahrgenommen werden können.[185] Wird also kein Prüfungsausschuss gebildet, muss sichergestellt sein, dass der Aufsichtsrat „zusammen" über die nötige fachliche Kompetenz verfügt.

Wie kann nun aber das Ziel der Richtlinie sowie des deutschen Umsetzungsgesetzes, die fachliche Kompetenz im Aufsichtsrat zu steigern, erreicht werden? Die Beantwortung dieser Frage kann helfen, herauszufinden, was unter „Gesamtheit" zu verstehen ist. Möglich ist entweder, dass die die Vertrautheit begründenden Umstände bei jedem Mitglied vorliegen müssen oder eine „Gesamtschau" aller Mitglieder. Nach der Regierungsbegründung[186] reicht es aus, wenn nicht jedes Mitglied im Vorfeld seiner Bestellung praktische Erfahrungen oder Kenntnisse in dem Sektor gesammelt hat, in dem das Unternehmen tätig ist.[187] Eine Vertrautheit könne auch dann in Betracht kommen, wenn einzelne Mitglieder, beispielsweise durch intensive Weiterbildungen, Sektorkenntnisse erworben haben.[188] Die Formulierung „einzelne Mitglieder" in der Regierungsbegründung

181 Vgl. Art. 39 Abs. 1 UAbs. 3 Abschlussprüferrichtlinie sowie RegBegr. zum AReG, BT-Drs. 18/7219, S. 56. Die überarbeitete Abschlussprüferrichtlinie meint die Richtlinie 2014/56/EU zur Änderung der Richtlinie 2006/43/EG über Abschlussprüfungen von Jahresabschlüssen und konsolidierten Abschlüssen (ABl. L 158 S. 196).

182 RegBegr. zum AReG, BT-Drs. 18/7219, S. 56.

183 Richtlinie 2014/56/EU (ABl. L 158 S. 196, 200).

184 Richtlinie 2014/56/EU (ABl. L 158 S. 196, 200).

185 Richtlinie 2014/56/EU (ABl. L 158 S. 196, 200).

186 RegBegr. zum AReG, BT-Drs. 18/7219, S. 56.

187 RegBegr. zum AReG, BT-Drs. 18/7219, S. 56.

188 RegBegr. zum AReG, BT-Drs. 18/7219, S. 56.

könnte auf eine strenge Auslegung dergestalt hinweisen, dass die die Vertrautheit begründenden Umstände bei jedem Mitglied vorliegen müssen.[189] Die Bestellung eines gänzlich sektorfremden Kandidaten wäre dann rechtswidrig.[190] Diese Ansicht ist jedoch weder mit dem Wortlaut des Gesetzes („Gesamtheit der Mitglieder") noch mit dem der zugrundeliegenden Richtlinie („zusammen") vereinbar. Hätte der Gesetzgeber gewollt, dass eine Sektorvertrautheit bei jedem Mitglied vorliegt, hätte er dies im Negativen durch Weglassen der Formulierung „in ihrer Gesamtheit" kenntlich machen können. Alternativ hätte er es positiv (beispielsweise „alle Mitglieder" oder „jedes Mitglied") formulieren können. Dies hat er beides aber gerade nicht getan. Dies spricht dafür, eine Gesamtschau aller Mitglieder, auch der Arbeitnehmervertreter, vorzunehmen.[191] Dafür streitet ebenso das Ziel der Richtlinie sowie des deutschen Umsetzungsgesetzes, die fachliche Kompetenz im Aufsichtsrat zu steigern. Dieses kann besser über eine Gesamtschau aller Mitglieder erreicht werden. Hat, im Vergleich zur Situation vor Inkrafttreten des § 100 Abs. 5 Hs. 2 AktG, zumindest ein Aufsichtsratsmitglied die geforderte Sektorkenntnis, ist die fachliche Kompetenz des Gremiums gestiegen. Fordere man hingegen Sektorkenntnis bei allen Mitgliedern, kann dies vielmehr dazu führen, dass sich die fachliche Kompetenz im Aufsichtsrat zu wenig diversifiziert darstellt, sie mithin letztlich sinkt.

Damit steht fest, dass mit der „Gesamtheit" das Konzept der Gesamtqualifikation des Aufsichtsrats gemeint ist.[192] Die Gesamtqualifikation ist streng von der Einzelqualifikation, also der fachlichen Eignung der jeweils einzelnen Aufsichtsratsmitglieder als Personen, zu unterscheiden.[193] Sie ergibt sich in der Zusammenschau aller Einzelqualifikationen, wobei weder auf die Summe dieser[194] noch auf eine fehlende Kenntnis einzelner Mitglieder abzustellen ist.[195] Ein Abstellen auf die Summe meint dabei das Addieren teilweise vorhandener Fachkenntnis bei verschiedenen Personen, so dass sich im Ergebnis eine vollwertige fachliche Qualifikation ergeben würde. Entscheidend ist die Repräsentanz von

---

189 *Behme/Zickgraf*, AG 2016, R132, R134.

190 *Behme/Zickgraf*, AG 2016, R132, R134.

191 *Oetker*, in: ErfurterKomm-AktG, § 100 Rn. 4; *Nodoushani*, AG 2016, 381, 385. In die gleiche Richtung: *Merkt*, ZHR 179 (2015), 601, 619.

192 *Nodoushani*, AG 2016, 381, 385. Grundsätzlich zur Gesamtqualifikation des Aufsichtsrats: *Dreher*, in: FS Hoffmann-Becking, S. 313 ff.

193 *Dreher*, in: FS Hoffmann-Becking, S. 313, 315.

194 *Dreher*, in: FS Hoffmann-Becking, S. 313, 315.

195 *Nodoushani*, AG 2016, 381, 385.

unterschiedlichen fachlichen Qualifikationen im Gremium,[196] so dass mindestens ein Mitglied im Aufsichtsrat über die nötige Sektorkenntnis verfügen muss.[197] Dabei wird die besondere fachliche Qualifikation der einzelnen Aufsichtsräte, mithin die Sektorkenntnis, den anderen Aufsichtsratsmitgliedern im Sinne eines arbeitsteiligen Zusammenwirkens wechselseitig zugerechnet.[198]

(2) Vertrautheit mit dem Sektor, in dem die Gesellschaft tätig ist

Die Regierungsbegründung zum AReG spricht im Zusammenhang mit der Sektorvertrautheit auch von dem „Geschäftsfeld der Gesellschaft".[199] Dies lässt erahnen, dass es sich bei dem relevanten Sektor nicht nur um den konkreten Schwerpunkt der Geschäftstätigkeit der Gesellschaft handelt, sondern vielmehr die Branche („Geschäftsfeld") gemeint ist, in der die Gesellschaft tätig ist.[200] Auch teleologische Überlegungen sprechen für eine weite Auslegung des Begriffs „Sektor" im Sinne von „Branche".[201] Wie bereits festgestellt, war Sinn und Zweck des AReG, die fachliche Kompetenz des Gremiums zu stärken. Dafür sind Grundkenntnisse der Branche, in der die Gesellschaft tätig ist, ausreichend.[202] Engere Spezialkenntnisse sind nicht erforderlich.[203]

Für eine Erläuterung des Merkmals „Vertrautheit" kann ebenso die Regierungsbegründung zum AReG herangezogen werden. Danach kann eine Vertrautheit im Einzelfall auch dann in Betracht kommen, wenn einzelne Mitglieder durch intensive Weiterbildungen beziehungsweise im Beteiligungsmanagement oder langjährig als Angehöriger der beratenden Berufe einen tiefgehenden Einblick in den entsprechenden Sektor gewonnen haben.[204] Zwar zeigt die Wortwahl „im Einzelfall" und „in Betracht kommen auch dann", dass die Aufzählung nicht abschließend ist. Bei Vorliegen einer der aufgezählten Varianten ist jedoch in jedem Fall von einer Sektorvertrautheit auszugehen.

---

196 *Dreher*, in: FS Hoffmann-Becking, S. 313, 315.
197 *Nodoushani*, AG 2016, 381, 385.
198 *Dreher*, in: FS Hoffmann-Becking, S. 313, 315.
199 RegBegr. zum AReG, BT-Drs. 18/7219, S. 56.
200 *Nodoushani*, AG 2016, 381, 386; *Koch*, in: Hüffer/Koch, AktG, § 100 Rn. 26; *Behme/Zickgraf*, AG 2016, R132, R133.
201 *Behme/Zickgraf*, AG 2016, R132, R133.
202 *Behme/Zickgraf*, AG 2016, R132, R133.
203 *Behme/Zickgraf*, AG 2016, R132, R133.
204 RegBegr. zum AReG, BT-Drs. 18/7219, S. 56.

(a) Vertrautheit durch intensive Weiterbildungen

Sektorkenntnis durch intensive Weiterbildungen kann vor, aber auch nach Bestellung zum Aufsichtsratsmitglied erworben werden.[205] Dabei weist der Wortlaut „intensive“ Weiterbildungen eher in die Richtung, dass eine professionelle Schulung nötig ist, mithin ein Selbststudium anhand von Fachliteratur nicht ausreicht.[206]

Ungeklärt, aber von hoher Relevanz ist, wer die Kosten dieser Weiterbildungsmaßnahmen zu tragen hat. Gerade professionelle Schulungen sind häufig kostspielig. Für die Aneignung der gesetzlich geforderten Mindestkenntnisse sind die Aufsichtsräte selbst verantwortlich.[207] Die Mindestkenntnisse beziehen sich auf die Erfüllung aller gesetzlichen Aufgaben, mithin auch auf die geforderte Sektorvertrautheit.[208] Konsequenterweise wären also die Mandatsträger auch für den Erwerb der Sektorkenntnis selbst verantwortlich, müssten also die Kosten zum Beispiel für Weiterbildungsmaßnahmen selbst tragen.[209] Dies könnte jedoch zu dem von der Gesellschaft unerwünschten Resultat führen, dass Aufsichtsräte aufgrund der entstehenden Kosten von Weiterbildungsmaßnahmen absehen würden. Zu beachten ist auch, dass – wie festgestellt – die Sektorvertrautheit nicht bei jedem Aufsichtsratsmitglied vorliegen muss. Insofern ist zu überlegen, ob nicht doch ein Auslagenersatz in Betracht kommt. Dafür spricht auch die *best practice* in Ziffer D.12 DCGK, der gemäß die Gesellschaft die Mitglieder des Aufsichtsrats bei den Aus- und Fortbildungsmaßnahmen angemessen unterstützen soll. Dies wird von § 25d Abs. 4 KWG flankiert, wonach die Gesellschaften angemessene personelle und finanzielle Ressourcen einsetzen müssen, um den Mitgliedern des Verwaltungs- oder Aufsichtsorgans die Fortbildung zu ermöglichen, die zur Aufrechterhaltung der erforderlichen Sachkunde nötig ist. *Lutter/Krieger/Verse* gehen davon aus, dass „diese Norm im Zweifel auf die Rechtsmeinung im Aktiengesetz ausstrahlen und vor allem für die Börsen-Gesellschaften in dem Sinne Auswirkung haben [wird], dass Fortbildungs-Maßnahmen der Aufsichtsräte [...] auf Kosten der Gesellschaft als verpflichtend

---

205 *Lutter/Krieger/Verse*, Rechte und Pflichten des Aufsichtsrats, Rn. 29, die im Zusammenhang mit den Mindestkenntnissen davon ausgehen, dass diese nicht von Anfang an vorliegen müssen.

206 *Nodoushani*, AG 2016, 381, 386, 387.

207 BGH, Urteil vom 15.11.1982 – II ZR 27/82 = NJW 1983, 991.

208 *Nodoushani*, AG 2016, 381, 384. Zu den Mindestkenntnissen siehe Kapitel 3., B., I., 1., a. der Arbeit.

209 *Leyendecker-Langner/Huthmacher*, NZG 2012, 1415, 1416.

angesehen werden."[210] In der Praxis ebenso vorstellbar wäre ein Kompromiss in dem Sinne, dass sich Aufsichtsratsmitglied und Gesellschaft die Kosten teilen.

(b) Vertrautheit über ein Beteiligungsmanagement

Ebenso kann Sektorvertrautheit über ein Beteiligungsmanagement erlangt werden.[211] Darunter wird das (Konzern)Management von rechtlich verselbstständigten Unternehmensbereichen durch die Controlling-Abteilung der Konzernmutter verstanden.[212] Deren Mitarbeiter sind in der Regel für bestimmte Tochterunternehmen zuständig und erlangen über ihre Controlling-Tätigkeit oft tiefgehende Kenntnisse von der Branche, in der die Tochtergesellschaft tätig ist.[213] Controlling meint dabei die zukunfts- und zielorientierte Steuerung und Überwachung der betrieblichen und unternehmerischen Aktivitäten aufgrund oder mithilfe betriebswirtschaftlicher Daten und Analysen.[214] Kandidieren Mitarbeiter einer Konzernmutter mithin für den Aufsichtsrat eines Unternehmens, dessen Branche derjenigen des Tochterunternehmens, das sie betreuen oder betreut haben, entspricht, ist von Sektorvertrautheit auszugehen.

(c) Vertrautheit der Angehörigen beratender Berufe

Schließlich geht die Regierungsbegründung zum AReG davon aus, dass Sektorvertrautheit vorliegt, wenn langjährig als Angehöriger der beratenden Berufe ein tiefgehender Einblick in den entsprechenden Sektor gewonnen wurde.[215] Darunter sind insbesondere Rechtsanwälte, Steuerberater, Wirtschaftsprüfer und Unternehmensberater zu verstehen.[216] Eine Einzelmandatierung reicht dabei nicht, um das Merkmal der „Langjährigkeit" zu erfüllen.

2. Regelungen in den Sondergesetzen

a. Individuelle Sachkunde nach dem KWG, VAG und KAGB

Im KWG, VAG und KAGB finden sich Regelungen zur individuellen Sachkunde von Aufsichtsräten: Nach § 25d Abs. 1 S. 1 KWG müssen die Mitglieder des

---

210 *Lutter/Krieger/Verse*, Rechte und Pflichten des Aufsichtsrats, Rn. 940.
211 RegBegr. zum AReG, BT-Drs. 18/7219, S. 56.
212 *Scheffler*, Konzernmanagement, S. 181 ff.
213 *Nodoushani*, AG 2016, 381, 386.
214 *Scheffler*, Konzernmanagement, S. 181.
215 RegBegr. zum AReG, BT-Drs. 18/7219, S. 56.
216 Vgl. die Überschrift B. III. 9. c) bb) „Beratende Berufe" bei *Ehlers/Schneider*, in: Schoch/Schneider, VwGO, § 40 Rn. 705-708.

Verwaltungsorgans die erforderliche Sachkunde zur Wahrnehmung der Kontrollfunktion sowie zur Beurteilung und Überwachung der Geschäfte, die das jeweilige Unternehmen betreibt, besitzen. Die Norm wurde im August 2013 über das CRD-IV-Umsetzungsgesetz eingeführt.

Personen, die ein Versicherungsunternehmen tatsächlich leiten oder andere Schlüsselaufgaben wahrnehmen, müssen fachlich geeignet sein, § 24 Abs. 1 S. 1 VAG. Die Norm gilt seit dem Inkrafttreten des VAG über Artikel 1 des VAMoG seit Januar 2016.

Das KAGB enthält schließlich Regelungen bezüglich einer individuellen Sachkunde für Aufsichtsräte in § 18 Abs. 4 S. 1 KAGB für Kapitalverwaltungsgesellschaften, in § 119 Abs. 3 S. 1 KAGB für Investmentaktiengesellschaften mit veränderlichem Kapital und in § 147 Abs. 3 S. 1 KAGB für solche mit fixem Kapital. Nach diesen Regelungen sollen die Mitglieder des Aufsichtsrats ihrer Persönlichkeit und Sachkunde nach die Wahrung der Interessen der Anleger gewährleisten. Zwar steht hier im Vordergrund, dass die Interessen der Anleger gewahrt werden,[217] deutlich wird aber auch, dass der Gesetzgeber eine gewisse Sachkunde voraussetzt. Die Normen sind über das AIFM-UmsG im Juli 2013 in Kraft getreten.

aa. Anwendbarkeit von § 24 Abs. 2 S. 1 VAG auf Aufsichtsräte

Zunächst ist zu klären, ob Aufsichtsräte überhaupt unter den Anwendungsbereich des § 24 Abs. 2 S. 1 VAG fallen. Bei ihnen müsste es sich also entweder um Personen handeln, die ein Versicherungsunternehmen tatsächlich leiten, oder um solche, die andere Schlüsselaufgaben wahrnehmen. Nach § 24 Abs. 2 S. 1 VAG sind Personen, die ein Unternehmen tatsächlich leiten, neben den Geschäftsleitern solche, die für das Unternehmen wesentliche Entscheidungen zu treffen befugt sind. Aufgabe des Aufsichtsrats ist die Überwachung und Beratung des Vorstands. Der Aufsichtsrat hat gerade keine eigene Entscheidungskompetenz oder ein Weisungsrecht gegenüber dem Vorstand.[218] Bei Aufsichtsräten handelt es sich mithin nicht um Personen, die ein Unternehmen tatsächlich leiten. Es handelt sich aber um Personen, die andere Schlüsselaufgaben wahrnehmen,[219]

---

217 *Patzner/Döser*, in: NK-InvG, § 6 Rn. 2. Auch wenn das InvG inzwischen außer Kraft ist, verweist der Gesetzgeber in seiner RegBegr. zum AIFM-UmsG auf die entsprechenden Vorschriften: RegBegr. zum AIFM-UmsG, BT-Drs. 17/12294, S. 212, 240, 249. Die entsprechenden Normen waren § 6 Abs. 3, Abs. 4 und § 106a InvG.

218 *Hersch*, VersR 2016, 145, 148.

219 *Laars/Both*, in: NK-VAG, § 24 Rn. 4.

so dass der Anwendungsbereich eröffnet ist. Dies ergibt ein Rückschluss aus § 47 Nr. 1 VAG.[220] Danach haben Versicherungsunternehmen der Aufsichtsbehörde unverzüglich „die Bestellung eines Aufsichtsratsmitglieds sowie die vorgesehene Bestellung eines Geschäftsleiters und der weiteren Personen, die für Schlüsselaufgaben verantwortlich sind", anzuzeigen. Durch den Begriff „weitere" wird deutlich, dass es sich bei Aufsichtsräten um Personen handelt, die für Schlüsselaufgaben verantwortlich sind.

bb. Inhaltliche Anforderungen an die individuelle Sachkunde

Die inhaltlichen Anforderungen an das Merkmal werden für alle drei Vorschriften über die Bundesanstalt für Finanzdienstleistungsaufsicht (BaFin) definiert und gleichen sich. Sie entsprechen den gesetzlichen Mindestkenntnissen.[221]

Sachkunde bedeutet, dass ein Aufsichtsratsmitglied fachlich in der Lage ist, die Geschäftsleiter angemessen zu kontrollieren, zu überwachen und die Entwicklung des Unternehmens aktiv zu begleiten.[222] Dazu muss die Person die vom Unternehmen getätigten Geschäfte verstehen und deren Risiken beurteilen können.[223] Das Mitglied muss mit den für das Unternehmen wesentlichen gesetzlichen Regelungen vertraut sein.[224] Über Spezialkenntnisse muss das Mitglied nicht verfügen.[225] Die Anforderungen bemessen sich nach der Größe des Unternehmens, dem Umfang und der Komplexität der von der Gesellschaft betriebenen Geschäfte sowie der den einzelnen Mitgliedern übertragenen Aufgaben.[226] Dadurch ist zu erwarten, dass die betroffenen Unternehmen in der Wahl ihrer Mitglieder nicht unverhältnismäßig eingeschränkt werden.[227] Anders als bei der Prüfung des Merkmals „Zuverlässigkeit" haben Art, Umfang und Komplexität

220 *Koch*, in: Hüffer/Koch, AktG, § 100 Rn. 35; *Hersch*, VersR 2016, 145, 151, der den Rückschluss kritisch beleuchtet, aber ihn letztlich bejaht.

221 *Schwennicke*, in: Schwennicke/Auerbach, KWG, § 25d Rn. 5b, der darauf hinweist, dass sich entsprechende Anforderungen bei einer AG auch aus § 111 Abs. 5 AktG ergeben. Siehe dazu Kapitel 3., B., I., 1., a. der Arbeit.

222 *BaFin*, Merkblatt KWG/KAGB, S. 19, 22; *BaFin*, Merkblatt VAG, S. 12.

223 *BaFin*, Merkblatt KWG/KAGB, S. 19, 22; *BaFin*, Merkblatt VAG, S. 12.

224 *BaFin*, Merkblatt KWG/KAGB, S. 19, 22; *BaFin*, Merkblatt VAG, S. 12.

225 *BaFin*, Merkblatt KWG/KAGB, S. 19, 22; *BaFin*, Merkblatt VAG, S. 12. Für das KWG vgl. § 25d Abs. 2 S. 1 KWG.

226 *BaFin*, Merkblatt KWG/KAGB, S. 19; *BaFin*, Merkblatt VAG, S. 12, 13; *Laars/Both*, in: NK-VAG, § 24 Rn. 4. Siehe auch Art. 273 Abs. 2 und Abs. 3 DVO.

227 *Laars/Both*, in: NK-VAG, § 24 Rn. 4.

der Risiken, die mit dem Geschäftsbetrieb verbunden sind, Einfluss auf die Anforderungen an die fachliche Eignung der Aufsichtsratsmitglieder.[228]

b. Sachkunde des Aufsichtsrats „in seiner Gesamtheit"

§ 25d Abs. 2 S. 1 KWG stellt nochmals klar, dass nicht sämtliche Mitglieder des Kontrollorgans über alle notwendigen Spezialkenntnisse verfügen müssen.[229] Vielmehr muss das Aufsichtsorgan in seiner Gesamtheit die Kenntnisse, Fähigkeiten und Erfahrungen haben, die zur Wahrnehmung der Kontrollfunktion sowie zur Beurteilung und Überwachung der Geschäftsleitung notwendig sind. Die Norm wurde im August 2013 über das CRD-IV-Umsetzungsgesetz eingeführt.

Es kommt, vergleichbar mit der „Gesamtheit der Mitglieder", auf eine Zusammenschau der Kenntnisse aller Mitglieder des Organs an.[230] Bei dem einzelnen Aufsichtsratsmitglied ist Fachwissen (nur) in einem Ausmaß erforderlich, das die Person zur Mitwirkung an der Kollektiventscheidung befähigt.[231] Nach § 25d Abs. 2 S. 2 KWG kann den Arbeitnehmervertretern fehlende Sachkunde nicht entgegengehalten werden.[232] Darin kommt kein Vorrang der Mitbestimmung zum Ausdruck, sondern lediglich der Umstand, dass bei den Arbeitnehmervertretern die erforderliche Sachkunde aus der Einbindung in die wirtschaftlichen und rechtlichen Tagesabläufe des Unternehmens resultiert.[233]

Vergleichbar mit den Möglichkeiten zum Erwerb der Sektorvertrautheit können sich Aufsichtsräte die geforderte Sachkunde durch (Vor)Tätigkeiten in derselben Branche aneignen.[234] Die Sachkunde kann aber auch über eine Tätigkeit in anderen Branchen, in der öffentlichen Verwaltung oder aufgrund von politischen Mandaten begründet worden sein, wenn sie über einen längeren Zeitraum maßgeblich auf wirtschaftliche und rechtliche Fragestellungen ausgerichtet und nicht völlig nachgeordneter Natur war oder ist.[235] Bei Kaufleuten gemäß § 1 ff. HGB und buchführungspflichtigen Land- und Forstwirten sowie

---

228 *Laars/Both*, in: NK-VAG, § 24 Rn. 5.

229 RegBegr. zum CRD IV-Umsetzungsgesetz, S. 87; *Schwennicke*, in: Schwennicke/Auerbach, KWG, § 25d Rn. 5b „kollektives Kompetenzerfordernis"; *Wolfgarten*, in: Boos/Fischer/Schulte-Mattler, KWG, § 25d Rn. 19.

230 RegBegr. zum CRD IV-Umsetzungsgesetz, S. 87.

231 RegBegr. zum CRD IV-Umsetzungsgesetz, S. 87.

232 *Schwennicke*, in: Schwennicke/Auerbach, KWG, § 25d Rn. 12.

233 *Schwennicke*, in: Schwennicke/Auerbach, KWG, § 25d Rn. 12.

234 *BaFin*, Merkblatt KWG/KAGB, S. 20.

235 *BaFin*, Merkblatt KWG/KAGB, S. 20.

anderen Unternehmern im Sinne von § 141 AO ist regelmäßig eine wirtschaftliche Expertise anzunehmen, die im Einzelfall zur erforderlichen Sachkunde führen kann.[236] Die generell nötige Sachkunde sowie Spezialwissen kann schließlich auch über Fort- und Weiterbildungsmaßnahmen der Aufsichtsräte vor oder nach Bestellung erlangt werden.[237]

3. *Nach dem DCGK: Erstellung eines Kompetenzprofils*

Schon Ziffer 5.4.1 des ersten DCGK aus dem Jahr 2002[238] thematisierte Sachkunde bei Aufsichtsratsmitgliedern. Nach einer Modifizierung im Jahr 2010[239] wurde die Ziffer schließlich im Jahr 2020 in Grundsatz 11 überführt. Nunmehr ist der Aufsichtsrat so zusammenzusetzen, dass seine Mitglieder insgesamt über die zur ordnungsgemäßen Wahrnehmung der Aufgaben erforderlichen Kenntnisse, Fähigkeiten und fachlichen Erfahrungen verfügen und die gesetzliche Geschlechterquote eingehalten wird. Der Grundsatz soll die vom Aktiengesetz vorausgesetzten Mindestqualifikationen verdeutlichen, wobei auch hier keine weitere Konkretisierung der erforderlichen Fähigkeiten erfolgt.[240]

Ziffer C.1 S. 1 DCGK empfiehlt anschließend, dass der Aufsichtsrat für seine Zusammensetzung konkrete Ziele benennen und ein Kompetenzprofil für das Gesamtgremium erarbeiten soll. Schon im DCGK 2010[241] fand sich die Formulierung der „konkreten Ziele", die der Aufsichtsrat benennen sollte. Die Idee des „Kompetenzprofils" stammt aus dem Jahr 2017.[242] Wie dieses genau ausgestaltet sein soll, obliegt dem Aufsichtsrat. Der Begriff „benennen" zeigt, dass der Aufsichtsrat einen – einmaligen[243] – Beschluss fassen soll.[244] Dieser ist

---

236 *BaFin*, Merkblatt KWG/KAGB, S. 20.

237 Vgl. zu den Kosten § 25d Abs. 4 KWG sowie allgemein zur Möglichkeit: *BaFin*, Merkblatt KWG/KAGB, S. 21, 22.

238 DCGK 2002. Ziffer 5.4.1 bestand im Jahr 2002 nur aus einem Absatz.

239 Bekanntmachung des DCGK in der Fassung vom 26.05.2010, vom 02.07.2010, eBAnz AT68 2010 B1. Inhaltlich wurde nichts geändert, lediglich der Satzanfang wurde vereinfacht.

240 *Wilsing*, in: Wilsing, DCGK, Ziffer 5.4.1 Rn. 2; *Bicker/Preute*, in Fuhrmann/Linnerz/Pohlmann, DCGK, Ziffer 5 Rn. 175.

241 Vgl. Ziffer 5.4.1 Abs. 2 S. 1 DCGK 2010.

242 Vgl. Ziffer 5.4.1 Abs. 2 S. 1 DCGK 2017.

243 *Wilsing*, in: Wilsing, DCGK, Ziffer 5.4.1 Rn. 5; *Kremer*, in: Kremer u.a., DCGK, Ziffer 5.4.1 Rn. 1339. A.A.: *Ringleb/Kremer/Lutter/v. Werder*, NZG 2010, 1161, 1165, die die einmal festgelegten Ziele für die Zusammensetzung des Aufsichtsrats in geeigneten Abständen überprüfen wollen.

244 *Wilsing*, in: Wilsing, DCGK, Ziffer 5.4.1 Rn. 5.

vom gesamten Aufsichtsrat, also auch von den Arbeitnehmervertretern zu fassen.[245] Denn vergleichbar mit der „Gesamtheit" in § 100 Abs. 5 Hs. 2 AktG und § 25d Abs. 2 S. 1 KWG müssen die Aufsichtsratsmitglieder „insgesamt" über die nötigen Qualifikationen verfügen. Darunter ist der Gesamtaufsichtsrat, also auch die Arbeitnehmervertreter, zu verstehen.[246] Aber auch wenn das Kompetenzprofil insgesamt für den Aufsichtsrat gilt und alle Mitglieder über den Beschluss abstimmen müssen, ist dennoch zu beachten, dass der Aufsichtsrat selbst keinen rechtlich abgesicherten Einfluss auf die Zusammensetzung der Arbeitnehmervertreter hat.[247] Diese werden über Mitbestimmungsgesetze gewählt, die kein Einflussrecht des Aufsichtsrats vorsehen. Bei der Anteilseignerbank kann beziehungsweise soll der Aufsichtsrat nach Ziffer C.1 S. 3 DCGK demgegenüber über seine Wahlvorschläge Einfluss nehmen.

Vor der Kodexreform des Jahres 2020 sah der DCGK Merkmale vor, die bei der Erstellung des Kompetenzprofils zu berücksichtigen waren.[248] Nunmehr wird lediglich empfohlen, auf Diversität zu achten, Ziffer C.1 S. 2 DCGK. Dem seit dem Jahr 2012[249] geforderten Merkmal der „Unabhängigkeit" widmet der Kodex nunmehr ein eigenes Kapitel.[250] Der seit dem Jahr 2002[251] geforderten Berücksichtigung einer Altersgrenze wird nunmehr ebenso eine eigene Ziffer (Ziffer C.2 DCGK) zuerkannt. Das ehemalig zu berücksichtigende Merkmal der „festzulegenden Regelgrenze für die Zugehörigkeit zum Aufsichtsrat" ging in die neu geschaffene Ziffer C.3 DCGK über. Danach soll die Dauer der Zugehörigkeit zum Aufsichtsrat offengelegt werden. Zudem sieht Ziffer C.7 Abs. 2 DCGK vor, dass bei einer Unabhängigkeitsprüfung berücksichtigt werden soll, ob das Aufsichtsratsmitglied dem Aufsichtsrat mehr als zwölf Jahre angehört. Eine maximale Bestelldauer, wie sie das Aktiengesetz (§ 102 Abs. 1 AktG) vorsieht und wie

245 *Wilsing*, in: Wilsing, DCGK, Ziffer 5.4.1 Rn. 5.

246 *Wilsing*, in: Wilsing, DCGK, Ziffer 5.4.1 Rn. 5.

247 *Kremer*, in: Kremer u.a., DCGK, Ziffer 5.4.1 Rn. 1333.

248 Diese waren nach Ziffer 5.4.1 Abs. 2 S. 2 DCGK 2017: die internationale Tätigkeit des Unternehmens, potenzielle Interessenkonflikte, die Anzahl an unabhängigen Mitgliedern, eine festzulegende Altersgrenze sowie eine festzulegende Regelgrenze für die Zugehörigkeitsdauer.

249 Vgl. Ziffer 5.4.1 Abs. 2 S. 1 der Bekanntmachung des DCGK in der Fassung vom 15.05.2012, vom 15.06.2012, eBAnz AT 15.06.2012 B1.

250 Darauf wird in Kapitel 3., B., III., 3. der Arbeit gesondert eingegangen.

251 Vgl. Ziffer 5.4.1 DCGK 2002.

sie noch in dem ersten Entwurf des Kodex 2020 vorgesehen war,[252] ist in den Standards nicht enthalten. Ersatzlos entfallen ist die Berücksichtigung der internationalen Tätigkeit des Unternehmens.

a. Diversität im Sinne des Kodex, Ziffer C.1 S. 2 DCGK

Als Vielfalt im Jahr 2009[253] erstmals Einzug in den DCGK gefunden hat, war das Ziel, eine größere Internationalität und angemessene Vertretung von Frauen zu erreichen.[254] Dies stand auch noch bei den Anpassungen im Jahr 2010 im Vordergrund.[255] Als jedoch im Jahr 2015 gesetzlich verbindliche Geschlechterquoten beziehungsweise Zielvorgaben für den Aufsichtsrat in einer Aktiengesellschaft eingeführt wurden, war das Bestreben, eine angemessene Vertretung von Frauen über das Merkmal „Vielfalt" zu erreichen, weitgehend obsolet geworden. Damit steht bei Vielfalt nicht länger eine Geschlechtervielfalt im Vordergrund.

Verwendet wird der Begriff neben Ziffer C.1 S. 2 DCGK auch in den Ziffern A. 1 und B. 1 DCGK. Jedoch findet sich an keiner der Stellen eine Konkretisierung desselben. Der Ruf nach Vielfalt wurde erstmals in den Sozial- und Wirtschaftswissenschaften im Zusammenhang mit der Forderung nach gleichwertigen Beschäftigungsmöglichkeiten und positiven Maßnahmen zum Abbau von Diskriminierungen auf dem Arbeitsmarkt laut.[256] Gemeinsamer Ausgangspunkt für die Betrachtung von Diversität ist, dass die individuellen Unterschiede beziehungsweise Ausprägungen der Menschen im Mittelpunkt stehen.[257] Diese Unterschiedlichkeit stellt einen synergetischen Nutzen dar, der bei der Personalauswahl genutzt werden sollte.[258] In den Rechtswissenschaften wird zur Begriffsbestimmung auf Grundsatz 11 im Zusammenspiel mit Ziffer C.1 DCGK abgestellt. Das Kompetenzprofil der Ziffer C.1 DCGK soll erstellt werden, um

---

252 Vgl. Ziffer B.1 des Entwurfs der Regierungskommission vom 25.10.2018; abgerufen am 12.03.2020 unter: https://www.dcgk.de/files/dcgk/usercontent/de/Konsultationen/2019/181106%20Entwurf%20ueberarbeiteter%20DCGK.pdf.

253 Vgl. Ziffer 5.4.1 DCGK 2009.

254 *Müller*, Rede anlässlich der 8. Konferenz DCGK am 19.06.2009 in Berlin; abgerufen am 18.10.2019 unter: https://www.dcgk.de/de/kommission/die-kommission-im-dialog/deteilansicht/dokumentation-9-corporate-governance-konferenz-33.html.

255 Pressemitteilung der Regierungskommission DCGK vom 27.05.2010; abgerufen am 18.10.2019 unter: https://www.dcgk.de/de/presse/deteilansicht/pressemitteilung-25.html.

256 *Schubert/Jacobsen*, WM 2011, 726, 727.

257 *Schubert/Jacobsen*, WM 2011, 726, 727.

258 *Schubert/Jacobsen*, WM 2011, 726, 727.

das Ziel des Grundsatzes 11 DCGK zu erfüllen. Dies zeigt nicht nur der systematische Aufbau des Kodex (auf Grundsatz 11 folgt Ziffer C.1 DCGK), sondern ergibt sich auch aus einer logischen Interpretation der Ziffer C.1 DCGK. Ein Kompetenzprofil macht nur dann Sinn, wenn es einen bestimmten Zweck verfolgt. Der Begriff der Diversität bestimmt sich demnach aus dem Zweck heraus, der mit ihr erreicht werden soll.[259] Im Umkehrschluss kann sich damit der Begriff nicht auf die in Art. 3 Abs. 3 GG oder in § 1 AGG genannten persönlichen Merkmale beziehen.[260] Zwar darf der Aufsichtsrat unstreitig Kandidaten nicht aufgrund dieser Kriterien diskriminieren.[261] Der DCGK zielt jedoch weder auf einen Schutz vor Ungleichbehandlung noch will er Maßnahmen zur Gleichbehandlung verschiedener Gruppen ergreifen.[262] Knüpft man an Grundsatz 11 DCGK an, soll *Diversity* dem Unternehmenswohl dienen.[263] Verfügen die Mitglieder des Aufsichtsrats nämlich insgesamt über die zur ordnungsgemäßen Wahrnehmung der Aufgaben erforderlichen Kenntnisse, Fähigkeiten und fachlichen Erfahrungen, ist dem Unternehmenswohl gedient. Diesem Ziel wiederum wird am ehesten Genüge getan, wenn die positiven Wirkungen von Meinungs- und Erfahrungspluralität genutzt werden.[264] Ein Aufsichtsrat mit einer großen Meinungs- und Erfahrungsvielfalt kann zu besseren Diskussionen im Gremium selbst und damit zu einer fundierteren Beschlussfassung gelangen.[265] Welche Eigenschaften im Rahmen einer heterogenen Zusammensetzung besonders relevant sind, hängt von der speziellen Unternehmenssituation und den bereits amtierenden Aufsichtsräten ab.[266] Somit ist das jeweilige Unternehmen frei, im Rahmen einer am Unternehmenswohl orientierten *Diversity* die jeweiligen Kriterien seines Kompetenzprofils zu bestimmen.

---

259 *Deilmann/Albrecht*, AG 2010, 727, 728.

260 *Wilsing*, in: Wilsing, DCGK, Ziffer 4.1.5 Rn. 8; *Kocher*, BB 2010, 264 f.; *Deilmann/Albrecht*, AG 2010, 727, 728; *Schubert/Jacobsen*, WM 2011, 726, 728.

261 *Kocher*, BB 2010, 264. Ob das AGG über § 6 Abs. 3 AGG auch für Aufsichtsratspositionen gilt, kann hier dahinstehen, da jedenfalls keine Diskriminierung nach Art. 3 GG vorliegen darf.

262 *Wilsing*, in: Wilsing, DCGK, Ziffer 4.1.5 Rn. 8.

263 *Wilsing*, in: Wilsing, DCGK, Ziffer 4.1.5 Rn. 8; *Kocher*, BB 2010, 264, 265, der das Unternehmensinteresse noch im Zusammenhang mit der erwünschten Internationalität erwähnt; *Deilmann/Albrecht*, AG 2010, 727, 728; *Schubert/Jacobsen*, WM 2011, 726, 727, 728.

264 *Kremer*, in: Kremer u.a., DCGK, Ziffer 5.4.1 Rn. 1336.

265 *Kremer*, in: Kremer u.a., DCGK, Ziffer 5.4.1 Rn. 1336.

266 *Deilmann/Albrecht*, AG 2010, 727, 728.

b. *Festzulegende Altersgrenze, Ziffer C.2 DCGK*

Nach Ziffer C.2 DCGK soll für Aufsichtsräte eine Altersgrenze festgelegt und in der Erklärung zur Unternehmensführung angegeben werden. Wie hoch die Grenze anzusetzen ist, bestimmt der Kodex nicht und schafft somit Gestaltungsspielraum für individuelle Lösungen.[267] In der Praxis sind Grenzen zwischen 70 und 75 Jahren zu finden.[268] Dabei steht inzwischen fest, dass die Festlegung einer Altershöchstgrenze, die höher als die für Vorstände ist[269] und nicht unterhalb des Renteneintrittsalters liegt,[270] nicht gegen das AGG verstößt.[271] Hinter der Empfehlung steht der Gedanke, dass mit zunehmendem Alter die Leistungsfähigkeit abnimmt.[272] Zwar wächst im Laufe der Tätigkeit die Unternehmenskenntnis, mit der Zeit kann sich jedoch eine Art „Betriebsblindheit" einstellen, die unter Umständen dazu führt, dass keine kritischen Stimmen mehr zugelassen werden.[273] Zudem ist für eine effiziente Überwachung und Beratung „frischer Wind von außen" unerlässlich.[274]

4. *Zwischenergebnis zu I.*

Es lässt sich festhalten, dass Sachkunde in unterschiedlichen Ausprägungen existiert. Über die gesetzlich vorausgesetzte Mindestsachkunde hinaus existieren in §§ 100 Abs. 5 AktG, 25d Abs. 1 S. 1, Abs. 2 S. 1 KWG, 24 Abs. 1 S. 1 VAG, 18 Abs. 4 S. 1, 119 Abs. 3 S. 1, 147 Abs. 3 S. 1 KAGB und in Grundsatz 11 DCGK beziehungsweise Ziffer C.1 DCGK besondere Regelungen zur Sachkunde. Dabei knüpfen § 100 Abs. 5 Hs. 2 AktG, § 25 Abs. 2 S. 1 KWG und Ziffer C.1 DCGK an den Aufsichtsrat insgesamt („Gesamtheit", „insgesamt", „Gesamtgremium") an.

---

267 *Kremer*, in: Kremer u.a., DCGK, Ziffer 5.4.1 Rn. 1323; *Wilsing*, in: Wilsing, DCGK, Ziffer 5.4.1 Rn. 9.

268 *Kremer*, in: Kremer u.a., DCGK, Ziffer 5.4.1 Rn. 1324; *Wilsing*, in: Wilsing, DCGK, Ziffer 5.4.1 Rn. 9; *Wilsing/Meyer*, DB 2011, 341, 343.

269 *Lutter*, BB 2007, 725, 730.

270 Vgl. § 10 S. 3 Nr. 5 AGG sowie *Lutter*, BB 2007, 725, 729.

271 *Kremer*, in: Kremer u.a., DCGK, Ziffer 5.4.1 Rn. 1325; *Lutter*, BB 2007, 725, 730. Noch kritisch: *Wilsing*, in: Wilsing, DCGK, Ziffer 5.4.1 Rn. 9.

272 *Wilsing*, in: Wilsing, DCGK, Ziffer 5.4.1 Rn. 9; *Deilmann/Albrecht*, AG 2010, 727, 729.

273 *Kremer*, in: Kremer u.a., DCGK, Ziffer 5.4.1 Rn. 1326.

274 *Kremer*, in: Kremer u.a., DCGK, Ziffer 5.4.1 Rn. 1326.

II. Förderung des unterrepräsentierten Geschlechts im Aufsichtsrat

„Das Ziel muss Parität sein, Parität überall“[275]

Mit diesem Zitat der deutschen Bundeskanzlerin *Angela Merkel* im Rahmen eines Festakts anlässlich 100 Jahre Frauenwahlrecht in Deutschland im Herbst 2018 wird deutlich, dass Geschlechterparität noch immer längst keine Selbstverständlichkeit ist. Sie ist es nicht in der Politik, im Kulturbetrieb und erst recht nicht in der Wirtschaft. Im Jahr 2013 waren lediglich 15,1 Prozent der Aufsichtsratspositionen der Top-200-Unternehmen in Deutschland mit Frauen besetzt.[276] Im Jahr 2015 betrug der Anteil von Frauen immerhin 18 Prozent.[277] Parität im Sinne eines ausgeglichenen Geschlechterverhältnisses war damit jedoch noch lange nicht erreicht. Dies erstaunt umso mehr, als dass spätestens seit dem Jahr 2011 der Öffentlichkeit, aber auch den politisch und wirtschaftlich Verantwortlichen bekannt sein muss, dass der Anteil von Frauen in Aufsichtsräten und der Unternehmenserfolg deutscher Aktiengesellschaften mit bestimmten Eigenschaften zusammenhängen.[278] In diesem Jahr nämlich wurde eine vom Bundesfamilienministerium geförderte Studie des KIT-Instituts für Unternehmensführung und der Professur für Management und Controlling der Georg-August-Universität Göttingen veröffentlicht.[279] Diese belegt einen signifikant positiven Effekt von Frauen in Aufsichtsräten bei Unternehmen mit Fokus auf Privatkunden und/ oder einem hohen Frauenanteil an der Gesamtbelegschaft.[280]

---

275 So die deutsche Bundeskanzlerin *Angela Merkel* bei einer Rede anlässlich des Festakts zu 100 Jahren Frauenwahlrecht in Deutschland am 12.11.2018; abgerufen am 18.10.2019 unter: http://www.spiegel.de/politik/deutschland/angela-merkel-das-ziel-muss-paritaet-sein-paritaet-ueberall-a-1237989.html.

276 RegE. des FüPoG, BT-Drs. 18/3784, S. 1.

277 Rede der damaligen Bundesministerin *Manuela Schwesig*, Deutscher Bundestag, Plenarprotokoll 18/83 S. 7915 der Sitzung vom 30.01.2015.

278 Presseinformation 153/2011 des KIT vom 21.10.2011; abgerufen am 30.10.2019 unter: https://www.kit.edu/kit/pi_2011_8294.php.

279 Presseinformation 153/2011 des KIT vom 21.10.2011; abgerufen am 30.10.2019 unter: https://www.kit.edu/kit/pi_2011_8294.php. Die Studie meint die Studie „Frauen in Führungspositionen – Status quo in der deutschen Wirtschaft – Analyse organisatorischer Erfolgsfaktoren und individueller Potentiale“, Abschlussbericht vom 14.07.2010, von Prof. Dr. Hagen Lindstädt und Dr. Michael Wolff, KIT Karlsruhe.

280 Presseinformation 153/2011 des KIT vom 21.10.2011; abgerufen am 30.10.2019 unter: https://www.kit.edu/kit/pi_2011_8294.php.

Maßnahmen zur Bekämpfung dieser Situation wurden sowohl auf politischer als auch auf rechtlicher Ebene schon lange diskutiert und ergriffen. Im Jahr 2001 schloss die Bundesregierung mit den Spitzenverbänden der deutschen Wirtschaft eine Vereinbarung, um den Frauenanteil in Führungspositionen in der deutschen Wirtschaft deutlich zu erhöhen.[281] Im Jahr 2010 hat die DCGK-Kommission die Empfehlung,[282] bei der Zusammensetzung des Aufsichtsrats die angemessene Beteiligung von Frauen zu berücksichtigen, in den Kodex aufgenommen. Im Jahr 2011 unterzeichneten die DAX-30-Unternehmen eine gemeinsame Erklärung zur Förderung von Frauen in Führungspositionen.[283] Die Zahlen eingangs verdeutlichen jedoch, dass es trotz all dieser Bemühungen lange nicht gelungen ist, den Frauenanteil im Aufsichtsrat nennenswert zu erhöhen.[284] Frauen waren bis ins Jahr 2015, gerade auch gemessen an ihrer oft überdurchschnittlichen Qualifikation, in zentralen Gremien der deutschen Privatwirtschaft deutlich unterrepräsentiert.[285] Um diese Diskrepanz final aufzulösen, gab es ab dem Jahr 2014 Überlegungen, das Problem auf gesetzlicher Ebene zu lösen.[286] Am 1. Mai 2015 trat schließlich das „Gesetz für die gleichberechtigte Teilhabe von Frauen und Männern an Führungspositionen in der Privatwirtschaft und im öffentlichen Dienst“[287] (FüPoG) in Kraft.

1. *Im Aktiengesetz: Maßnahmen des FüPoG*

Wesentliche Maßnahmen des FüPoG, den Anteil weiblicher Führungskräfte signifikant zu erhöhen, waren die Einführung fester Geschlechterquoten sowie einer gesetzlichen Verpflichtung zur Festlegung einer Zielgröße für den Frauenanteil im Aufsichtsrat.

---

281 RegBegr. zum FüPoG, BR-Drs. 636/14, S. 44.

282 Ziffer 5.4.1 Abs. 2 S. 2 DCGK 2010.

283 „Frauen in Führungspositionen“ – Gemeinsame Erklärung der DAX 30 Unternehmen; abgerufen am 18.10.2019 beispielsweise unter: https://www.iswa-online.de/www/arbeitgeber.nsf/res/DAX30.pdf/$file/DAX30.pdf.

284 Rede des parlamentarischen Staatssekretärs *Christian Lange*, Deutscher Bundestag Plenarprotokoll 18/83, S. 7929 der Sitzung vom 30.01.2015; *Röder/Arnold*, NZA 2015, 279; RegBegr. zum FüPoG, BR-Drs. 636/14, S. 44.

285 RegBegr. zum FüPoG, BR-Drs. 636/14, S. 44.

286 Der erste Entwurf des FüPoG stammt vom 29.12.2014, BR-Drs. 636/14.

287 Gesetz für die gleichberechtigte Teilhabe von Frauen und Männern an Führungspositionen in der Privatwirtschaft und im öffentlichen Dienst (FüPoG) in der Fassung der Bekanntmachung vom 24.04.2015 (BGBl. I S. 642). Zum Inkrafttreten vgl. Art. 24 Abs. 2 FüPoG.

a. Feste Geschlechterquoten, § 96 Abs. 2 und Abs. 3 AktG

aa. Feste Geschlechterquoten nach § 96 Abs. 2 AktG

Bei börsennotierten Gesellschaften, für die das Mitbestimmungsgesetz, das Montan-Mitbestimmungsgesetz oder das Mitbestimmungsergänzungsgesetz gilt, setzt sich der Aufsichtsrat zu mindestens 30 Prozent aus Frauen und zu mindestens 30 Prozent aus Männern zusammen, § 96 Abs. 2 S. 1 AktG. Voraussetzung ist mithin sowohl eine Börsennotierung als auch eine paritätische Mitbestimmung.[288] Bei den ungefähr 108 Gesellschaften in Deutschland, die diese Voraussetzungen – kumulativ – erfüllen, handelt es sich vor allem um große Publikumsgesellschaften in der Rechtsform einer Aktiengesellschaft oder Kommanditgesellschaft auf Aktien.[289]

§ 96 Abs. 2 AktG findet auf Auslandsgesellschaften mit Verwaltungssitz in Deutschland keine Anwendung.[290] Schwierigkeiten ergeben sich insofern, als die spezifisch deutschen Regelungen zur Mitbestimmung auf einer dualistischen Unternehmensstruktur, die sich so nicht bei Auslandsgesellschaften finden wird, aufbauen. Zum Teil[291] wird eine Sonderanknüpfung der Mitbestimmung im Hinblick auf die schutzwürdigen Interessen der Arbeitnehmer sowie auf eine Vergleichbarkeit mit einer GmbH, die nur fakultativ einen Aufsichtsrat zu bilden hat, bejaht. Der Gesetzgeber hat sich jedoch gegen eine solche Lösung entschieden.[292] Hätte er ausländische Gesellschaften miteinbeziehen wollen, hätte er die Anknüpfung an die Mitbestimmung unterlassen können. Dies hat er, gerade auch im Wissen um die unterschiedlichen Unternehmensverfassungen, nicht getan. Zudem wäre eine Sonderanknüpfung mit der Niederlassungsfreiheit aus Art. 49 AEUV unvereinbar.[293] Eine Niederlassung in der Bundesrepublik wäre weniger attraktiv, wenn die ausländische Gesellschaft zur Mitbestimmung gezwungen wäre.[294] Dabei ist es unerheblich, dass eine solche nur große

---

288 *Stüber*, DStR 2015, 947. Zur Börsennotierung vgl. § 3 Abs. 2 AktG.

289 RegBegr. zum FüPoG, BT-Drs. 18/3784, S. 43.

290 *Oetker*, in: ErfurterKomm-AktG, § 96 Rn. 2; *Drygala*, in: K. Schmidt/Lutter, AktG, § 96 Rn. 33; *Koch*, in: Hüffer/Koch, AktG, § 96 Rn. 14; *Grobe*, AG 2015, 289, 290, 291.

291 *v. Halen*, Das Gesellschaftsstatut nach der Centros-Entscheidung des EuGH, 2001, 251, 268.

292 *Koch*, in: Hüffer/Koch, AktG, § 96 Rn. 14 mit dem Hinweis, dass dies im Gesetzgebungsverfahren angeregt, aber nicht übernommen worden ist.

293 *Koch*, in: Hüffer/Koch, AktG, § 96 Rn. 14.

294 *v. Halen*, Das Gesellschaftsstatut nach der Centros-Entscheidung des EuGH, 2001, 251, der das Problem ebenso erkennt.

Unternehmen betrifft.[295] Gerade diese unterhalten Standorte in verschiedenen Ländern und werden Faktoren wie die der unternehmerischen Mitbestimmung in ihre Überlegung, wo der Verwaltungssitz liegen soll, einbeziehen.

(1) Das Prinzip der Gesamterfüllung, § 96 Abs. 2 S. 2 AktG

Für die Erfüllung der Geschlechterquote sieht das Gesetz ein Regel-Ausnahme-Verhältnis vor.[296] Die Regel soll das Prinzip der Gesamterfüllung in § 96 Abs. 2 S. 2 AktG sein. Danach ist der Mindestanteil nach Satz 1 vom Aufsichtsrat insgesamt zu erfüllen. Es ist also unerheblich, welche Seite (Arbeitnehmer oder Anteilseigner) welchen Anteil zur Erfüllung der Quote in Form der Wahl, Entsendung oder gerichtlichen Bestellung beisteuert, solange das Gesamtgremium sie erfüllt.[297]

Eine nähere Betrachtung zeigt, dass das Prinzip der Gesamterfüllung derart unpraktikabel ist, dass es vom Regel- zum Ausnahmeverhältnis verkommt.[298] Erstes Problem ist die rechtssichere Vorbereitung der jeweiligen Wahl.[299] Beide Bänke müssen klären, ob das Prinzip der Gesamterfüllung überhaupt gilt. Dies ist nur dann der Fall, wenn nicht „vor der Wahl" eine Seite einen Widerspruch erklärt. Dieser zeitlichen Unsicherheit kann jedoch durch einen rechtzeitig im Vorfeld der Wahlen erklärten Verzicht auf den Widerspruch Rechnung getragen werden.[300] Sodann ergeben sich Probleme aus den unterschiedlichen Zeitpunkten, zu denen die beiden Bänke ihre Vertreter wählen.[301] Dies führt im Ergebnis dazu, dass die zuletzt wählende Seite durch das (vorausgegangene) Wahlergebnis der anderen Seite verpflichtet wird, Mängel an der Quotierung zu korrigieren.[302] Zwar können die einzelnen Bänke Absprachen untereinander treffen, sie können deren Erfüllung, aufgrund der Unabwägbarkeiten der jeweiligen Wahl, jedoch

295 A.A.: *v. Halen*, Das Gesellschaftsstatut nach der Centros-Entscheidung des EuGH, 2001, 251.

296 *Röder/Arnold*, NZA 2015, 279, 280; *Oetker*, ZHR 179 (2015), 707, 717.

297 *Simons*, in: Hölters, AktG, § 96 Rn. 51; *Spindler*, in: Spindler/Stilz, AktG, § 96 Rn. 32.

298 *Oetker*, ZHR 179 (2015) 707, 717 ff.

299 *Oetker*, ZHR 179 (2015) 707, 717.

300 *Oetker*, ZHR 179 (2015) 707, 717; BeschE. zum FüPoG, BT-Drs. 18/4277, S. 25; *Seibt*, ZIP 2015, 1193, 1198.

301 *Oetker*, ZHR 179 (2015) 707, 718; DGB: Stellungnahme des DGB vom 12.01.2015, S. 34; abgerufen am 18.10.2019 unter: http://frauen.dgb.de/themen/++co++2ec92d10-bb60-11e4-a808-52540023ef1a.

302 Stellungnahme des DGB vom 12.01.2015, S. 34; abgerufen am 18.10.2019 unter: http://frauen.dgb.de/themen/++co++2ec92d10-bb60-11e4-a808-52540023ef1a.

nicht garantieren.[303] Der *DGB*[304] weist schließlich darauf hin, dass die Arbeitnehmerbänke bereits vor Einführung der Quote den größten Frauenanteil im Gremium gestellt hätten und somit die Gefahr bestünde, dass sich die Anteilseignervertreter darauf zurückzögen.

(2) Das Prinzip der Getrennterfüllung, § 96 Abs. 2 S. 3 AktG

Die gesetzliche Ausnahme vom Prinzip der Gesamterfüllung[305] ist in der Widerspruchslösung des § 96 Abs. 2 S. 3 AktG geregelt. Widerspricht eine der Bänke aufgrund eines mit Mehrheit gefassten Beschlusses vor beiden Wahlen der Gesamterfüllung gegenüber dem Aufsichtsratsvorsitzenden, ist der Mindestanteil von jeder Seite getrennt zu erfüllen. Wortlaut und Gesetzeshistorie[306] stellen klar, dass der Widerspruch nur von einer Seite insgesamt, nicht von einem einzelnen Mitglied erklärt werden kann. Die Willensbildung der jeweiligen Seite soll dabei nach allgemeinen Regeln und unter Rückgriff auf die Willensbildung im Ausschuss erfolgen.[307] Existiert keine anderweitige Regelung, ist ein Ausschuss selbst befugt, seine innere Ordnung zu regeln.[308] Eine Abweichung von der Geltung des Mehrheitsprinzips ist jedoch nicht möglich.[309] Der Zeitpunkt der Beschlussfassung, die Form des Widerspruchs und die Frage, wer in Vertretung der übrigen Aufsichtsratsmitglieder den Widerspruch gegenüber dem Aufsichtsratsvorsitzenden erklärt, unterliegen der Selbstorganisation der jeweiligen Seite.[310] Ebenso wie ein Widerspruch erklärt werden kann, kann auch ein Verzicht auf den Widerspruch für die nächstanstehende Wahl erklärt werden.[311] Beide Erklärungen haben gestaltende Wirkung und sind bis zur Wahl aus Gründen der Planungssicherheit beider Seiten unwiderruflich.[312]

---

303 *Simons*, in Hölters, AktG, § 96 Rn. 51.

304 Stellungnahme des DGB vom 12.01.2015, S. 2; abgerufen am 18.10.2019 unter: http://frauen.dgb.de/themen/++co++2ec92d10-bb60-11e4-a808-52540023ef1a.

305 Siehe oben sowie *Röder/Arnold*, NZA 2015, 279, 280.

306 BeschE. zum FüPoG, BT-Drs. 18/4277, S. 24. Auch: *Stüber*, DStR 2015, 947, 948; *Seibt*, ZIP 2015, 1193, 1197.

307 BeschE. zum FüPoG, BT-Drs. 18/4277, S. 24; *Seibt*, ZIP 2015, 1193, 1197.

308 BeschE. zum FüPoG, BT-Drs. 18/4277, S. 24.

309 BeschE. zum FüPoG, BT-Drs. 18/4277, führt aus, dass dieses ausdrücklich im Gesetz geregelt ist (vgl. § 133 Abs. 1 AktG). Ebenso: *Seibt*, ZIP 2015, 1193, 1198.

310 BeschE. zum FüPoG, BT-Drs. 18/4277, S. 24.

311 BeschE. zum FüPoG, BT-Drs. 18/4277, S. 25; *Seibt*, ZIP 2015, 1193, 1198.

312 BeschE. zum FüPoG, BT-Drs. 18/4277, S. 25; *Seibt*, ZIP 2015, 1193, 1198.

Der *DGB*[313] kritisiert in diesem Zusammenhang, dass problematisch im Sinne der Legitimität der Entscheidung sei, dass der vorherige Aufsichtsrat durch das ihm zugewiesene Widerspruchsrecht die Kompetenz erhalte, die Ausgestaltung der Geschlechterquote im neu zu wählenden Aufsichtsrat festzulegen. Dies wirke umso schwerwiegender, als dass die Entscheidung zwischen Gesamt- und Getrennterfüllung wegen der mathematischen Rundung zu unterschiedlichen Ausprägungen führen könne.[314] Bei der Anteilseignerbank ist zu berücksichtigen, dass auch entsandte Mitglieder einzubeziehen sind, so dass auch hier die jeweils zuerst stattfindende Handlung (Entsendung oder Wahl) die andere Handlung beeinflusst.[315] Die dadurch entstandene Einschränkung der Auswahlmöglichkeiten der Akteure der zweiten Handlung ist nicht unumstritten.[316]

(3) Nachträglicher Widerspruch, § 96 Abs. 2 S. 5 AktG

Hat im Zuge einer Gesamterfüllung eine Seite übererfüllt (aus der Perspektive der Einzelerfüllung), ist nicht auszuschließen, dass beispielsweise durch Ausscheiden eines Mitglieds während der Amtszeit die Übererfüllung entfällt.[317] Dann ist die ehemals übererfüllende Seite nicht gezwungen, die Übererfüllung wiederherzustellen, sondern kann Widerspruch einlegen und unter Einhaltung der 30-Prozent-Quote etwa anstelle einer ausgeschiedenen Frau einen Mann in den Aufsichtsrat wählen.[318] Nach § 96 Abs. 2 S. 5 AktG wird in solch einem Fall die Besetzung auf der anderen Seite nicht unwirksam („Anrechnungswirkung"). Eine nachträgliche Nichtigkeit würde zu viel Unsicherheit und mangelnde Planbarkeit in die Aufsichtsarbeit bringen und wäre den betroffenen Personen nicht zumutbar.[319] Scheidet eine Person, die von der Anrechnungswirkung betroffen

313 Stellungnahme des DGB vom 12.01.2015, S. 35; abgerufen am 18.10.2019 unter: https://www.dgb.de/themen/++co++158daee0-c7d4-11e4-89fd-52540023ef1a.

314 Stellungnahme des DGB vom 12.01.2015, S. 35; abgerufen am 18.10.2019 unter: https://www.dgb.de/themen/++co++158daee0-c7d4-11e4-89fd-52540023ef1a. Zur Berechnung der Quote siehe Kapitel 3., B., II., 1., a., aa., (4).

315 RegBegr. zum FüPoG, BT-Drs. 18/3784, S. 121. Eine Grenze bildet § 101 Abs. 2 S. 4 AktG, so dass der Hauptversammlung noch immer ein Rest Wahlfreiheit verbleibt.

316 Stellungnahme des DAV zum RefE.: NZG 2014, 1214, 1224.

317 RegBegr. zum FüPoG, BT-Drs. 18/3784, S. 120.

318 RegBegr. zum FüPoG, BT-Drs. 18/3784, S. 120.

319 RegBegr. zum FüPoG, BT-Drs. 18/3784, S. 120.

ist, jedoch vor dem regulären Ablauf der Wahlperiode aus anderen Gründen aus, bleibt es bei der regulären 30-Prozent-Quote.[320]

(4) Berechnung der festen Quote, § 96 Abs. 2 S. 4 AktG

Nach § 96 Abs. 2 S. 4 AktG ist in allen Fällen auf volle Personenzahlen mathematisch auf- beziehungsweise abzurunden. Bei sich ergebenden Dezimalzahlen von unter 0,5 ist mithin auf volle Personen abzurunden und bei sich ergebenden Dezimalzahlen von 0,5 und mehr ist aufzurunden.[321] Damit ergeben sich aus der gesetzlichen Berechnung der festen Quote, zusammen mit der Möglichkeit des Widerspruchs, erhebliche Konsequenzen für die notwendige Zusammensetzung des Gremiums.[322]

bb. Feste Geschlechterquoten nach § 96 Abs. 3 AktG

Eine feste Quote von 30 Prozent besteht ebenso bei börsennotierten Gesellschaften, die aus einer grenzüberschreitenden Verschmelzung hervorgegangen sind und bei denen nach dem MgVG das Aufsichtsorgan aus derselben Zahl von Anteilseigner- und Arbeitnehmervertretern besteht, § 96 Abs. 3 S. 1 AktG. Der Begriff „hervorgegangen" ist weit zu verstehen.[323] Die umfassten Gesellschaften müssen lediglich an einer grenzüberschreitenden Verschmelzung, auf die das MgVG Anwendung gefunden hat, beteiligt gewesen sein. Gemeint sind also sowohl Gesellschaften, die vor der Verschmelzung schon existierten (Verschmelzung zur Aufnahme), aber auch solche, die noch nicht existierten (Verschmelzung zur Neugründung).[324] Der Gesetzgeber war zu der Regelung veranlasst, weil bei den an einer grenzüberschreitenden Verschmelzung beteiligten Gesellschaften die deutschen Mitbestimmungsgesetze nicht gelten, sondern die Mitbestimmung durch Vereinbarung (§ 22 MgVG) oder Auffangregelung (§ 23 MgVG) begründet wird.[325] Diese Lücke besteht jedoch unabhängig davon, ob die Gesellschaft vor der Verschmelzung schon existierte oder nicht.[326] Die

---

320 RegBegr. zum FüPoG, BT-Drs. 18/3784, S. 121.

321 RegBegr. zum FüPoG, BT-Drs. 18/3784, S. 44.

322 *Stüber*, DStR 2015, 947, 949.

323 So implizit *Drygala*, in: K. Schmidt/Lutter, AktG, § 96 Rn. 55. Diesem folgend: *Simons*, in: Hölters, AktG, § 96 Rn. 78; *Koch*, in: Hüffer/Koch, AktG, § 96 Rn. 27; *Seibt*, ZIP 2015, 1193, 1201.

324 *Drygala*, in: K. Schmidt/Lutter, AktG, § 96 Rn. 55.

325 *Drygala*, in: K. Schmidt/Lutter, AktG, § 96 Rn. 55.

326 *Drygala*, in: K. Schmidt/Lutter, AktG, § 96 Rn. 55.

Regelungen zur Getrennterfüllung sind mangels Verweis nicht anwendbar. Der Grund ist, dass die Mitbestimmung im Aufsichtsrat von Gesellschaften, die aus einer grenzüberschreitenden Verschmelzung hervorgegangen sind, zwischen der Arbeitnehmerseite und dem Unternehmen oft im Vereinbarungswege (§ 22 Abs. 1 MgVG) ausgehandelt wird und dann ein Widerspruch gegen die Gesamterfüllung denklogisch nicht in Betracht kommt.[327] Zu den Einzelheiten der Gesamterfüllung und der Quotenberechnung kann auf obige Ausführungen verwiesen werden. Durch eine Mitbestimmungsvereinbarung kann hiervon nur indirekt abgewichen werden, indem für die Arbeitnehmervertreter eine prozentuale oder zahlenmäßige Verteilung nach Geschlechtern vorgegeben wird.[328] Die verbleibenden Sitze sind dann von der Anteilseignerbank nach Maßgabe der Gesamterfüllung zu besetzen.[329]

Umstritten ist, ob sich die paritätische Besetzung des Aufsichtsrats nur aus der Auffangregelung des § 24 MgVG, also gesetzlich, oder auch aus § 22 Abs. 1 MgVG, durch Vereinbarung, ergeben kann. Teilweise wird argumentiert,[330] die Mitbestimmung ergäbe sich bei § 22 Abs. 1 MgVG aus der Vereinbarung selbst und eben nicht aus dem Gesetz, wie es § 96 Abs. 3 S. 1 AktG aber fordere. Als Konsequenz wäre nur § 24 MgVG anwendbar.[331] Jedoch hat auch die Mitbestimmungsvereinbarung ihre Grundlage (mittelbar) im Gesetz.[332] Eine so einschränkende Lösung, die nur eine Parität unmittelbar aus Gesetz gelten lässt, gibt der Wortlaut des § 96 Abs. 3 S. 1 AktG nicht her. Damit kann sich die paritätische Mitbestimmung aus beiden Vorschriften ergeben.[333]

b. Festlegung einer Zielgröße, § 111 Abs. 5 S. 1 AktG

Ebenso durch das FüPoG wurde § 111 Abs. 5 S. 1 AktG eingeführt. Danach legt der Aufsichtsrat von Gesellschaften, die börsennotiert sind oder der Mitbestimmung unterliegen, für den Frauenanteil im Aufsichtsrat eine Zielgröße fest.

---

327 BeschE. zum FüPoG, BT-Drs. 18/4277, S. 25.

328 *Oetker*, in: ErfurterKomm-AktG, § 96 Rn. 11.

329 *Oetker*, in: ErfurterKomm-AktG, § 96 Rn. 11.

330 *Drygala*, in: K. Schmidt/Lutter, AktG, § 96 Rn. 57; *Drygala/von Bressensdorf*, NZG 2016, 1161, 1164.

331 *Drygala*, in: K. Schmidt/Lutter, AktG, § 96 Rn. 57; *Drygala/von Bressensdorf*, NZG 2016, 1161, 1164.

332 *Oetker*, in: ErfurterKomm-AktG, § 96 Rn. 11.

333 *Oetker*, in: ErfurterKomm-AktG, § 96 Rn. 11; *Koch*, in: Hüffer/Koch, AktG, § 96 Rn. 27; *Oetker*, ZHR 179 (2015), 707, 744; *Seibt*, ZIP 2015, 1193, 1201; RegBegr. zum FüPoG, BT-Drs. 18/3784, S. 43.

Anwendbar ist die Vorschrift mithin auf Gesellschaften, die entweder börsennotiert sind oder der Mitbestimmung unterliegen, wobei hier eine Mitbestimmung nach dem DrittelbG ausreicht.[334] Ist § 96 Abs. 2 AktG einschlägig, greift die Vorschrift nicht, § 111 Abs. 5 S. 5 AktG. Die Zahl der betroffenen Unternehmen liegt bei ungefähr 3.500.[335] Sie ist somit weitaus höher als bei den Unternehmen, die der festen Quote unterliegen.

Obwohl langfristiges Ziel des Gesetzgebers die paritätische Besetzung des Gremiums mit Frauen und Männern ist, ist eine Mindestzielgröße nicht vorgesehen.[336] Die Unternehmen sind vielmehr angehalten, sich die Zielvorgaben selbst zu setzen, um diese an ihren Unternehmensstrukturen ausrichten zu können.[337] Es wird insbesondere anerkannt, wenn eine angemessene Beteiligung von Frauen bereits erreicht ist und deshalb eine weitere Erhöhung nicht erforderlich ist.[338] Einzige Vorgabe ist § 111 Abs. 5 S. 2 AktG, der ein Verschlechterungsverbot bestimmt, sofern der Frauenanteil bei Festlegung unter 30 Prozent liegt. Daraus ergibt sich die Pflicht aller betroffenen Unternehmen, zunächst den *Status quo* zu ermitteln, da nur so beurteilt werden kann, ob die gesetzliche Mindestvorgabe zu beachten ist.[339] Dieses Vorgehen ist geeignet, Defizite bei der Geschlechterförderung im Unternehmen aufzudecken.[340] Dabei ist auf § 4 Abs. 4 DrittelbG hinzuweisen, der schon vor Inkrafttreten des FüPoG galt.[341] Dieser bestimmt, dass unter den Aufsichtsratsmitgliedern der Arbeitnehmer Frauen und Männer entsprechend ihrem zahlenmäßigen Verhältnis im Unternehmen vertreten sein sollen. Auch wenn es sich lediglich um eine „Soll-Vorschrift" handelt,[342] ist

---

334 *Stüber*, DStR 2015, 947, 951. Nach § 4 Abs. 1 DrittelbG muss der Aufsichtsrat nur zu einem Drittel aus Arbeitnehmervertretern bestehen, es liegt also keine paritätische Mitbestimmung vor.

335 RegBegr. zum FüPoG, BT-Drs. 18/3784, S. 46. Sehr kritisch zur Anzahl: *Bayer/Hoffmann*, AG 2015, R4 ff. Diese kommen auf eine Gesamtzahl von lediglich 2.400 Unternehmen.

336 RegBegr. zum FüPoG, BT-Drs. 18/3784, S. 123.

337 RegBegr. zum FüPoG, BT-Drs. 18/3784, S. 123.

338 RegBegr. zum FüPoG, BT-Drs. 18/3784, S. 123.

339 RegBegr. zum FüPoG, BT-Drs. 18/3784, S. 123.

340 RegBegr. zum FüPoG, BT-Drs. 18/3784, S. 123.

341 Das DrittelbG ist über Art. 1 des zweiten Gesetzes zur Vereinfachung der Wahl der Arbeitnehmervertreter in den Aufsichtsrat in der Fassung der Bekanntmachung vom 18.05.2004 (BGBl. I S. 974) in Kraft getreten. § 4 Abs. 4 DrittelbG blieb unverändert.

342 Ein Verstoß führt nicht zur Nichtigkeit oder Anfechtbarkeit der Wahl: *Oetker*, in: ErfurterKomm-DrittelbG, § 4 Rn. 11; *Henssler*, in: Habersack/Henssler, DrittelbG, § 4 Rn. 17.

davon auszugehen, dass die Vorschrift zu einem hohen Frauenanteil im *Status quo* in Aufsichtsräten, die nach dem DrittelbG mitbestimmt sind, führt.

Gesetzlich nicht vorgeschrieben ist, dass die Zielgröße zum Abschluss eines jeden Geschäftsjahres festgelegt werden muss.[343] Möglich ist auch eine langfristige, sich nach den konkreten Umständen des Falls richtende Planung zur Erhöhung des Frauenanteils.[344] Jedoch sind Fristen, die jeweils nicht länger als fünf Jahre sein dürfen, zur Erreichung der Zielgröße festzulegen.[345]

2. *Regelungen in den Sondergesetzen*

Einzig im KWG findet sich eine Sondervorschrift bezüglich der Förderung des unterrepräsentierten Geschlechts im Aufsichtsrat: § 25d Abs. 11 S. 2 Nr. 2 KWG. Sie besteht seit Einführung des § 25d KWG im Jahr 2013. Die Vorschrift ist *lex specialis* zu § 111 Abs. 5 S. 1 AktG und legt fest, dass ein aus der Mitte des Verwaltungsorgans bestellter Nominierungsausschuss das Organ bei der Erarbeitung einer Zielsetzung zur Förderung der Vertretung des unterrepräsentierten Geschlechts im Gremium sowie einer Strategie zu deren Erreichung unterstützen soll. Hintergrund war die Umsetzung der europäischen Eigenkapitalanforderungsrichtlinie.[346] Die festgelegte Strategie sowie ihre Umsetzung sind nach Art. 435 Abs. 2 Buchstabe 2 lit. c der Kapitaladäquanzverordnung bekannt zu machen.[347]

Das VAG verweist in § 189 Abs. 3 S. 1 VAG deklaratorisch auf die entsprechende Geltung von § 111 AktG für den Aufsichtsrat.

3. *Nach dem DCGK*

Seit dem Jahr 2020 werden nur noch die wichtigsten rechtlichen Bestimmungen als Grundsätze im Kodex hervorgehoben.[348] Eine solche wesentliche rechtliche

343 RegBegr. zum FüPoG, BT-Drs. 18/3784, S. 123.

344 RegBegr. zum FüPoG, BT-Drs. 18/3784, S. 123.

345 Siehe § 111 Abs. 5 S. 3, S. 4 AktG.

346 Vgl. Art. 88 Abs. 2 lit. a UAbs. 2 der Richtlinie 2013/36/EU vom 26.06.2013 über den Zugang zur Tätigkeit von Kreditinstituten und die Beaufsichtigung von Kreditinstituten und Wertpapierfirmen, zur Änderung der Richtlinie 2002/87/EG und zur Aufhebung der Richtlinien 2006/48/EG und 2006/49/EG (ABl. L 176, S. 338).

347 *Wolfgarten*, in: Boos/Fischer/Schulte-Mattler, KWG, § 25d Rn. 112.

348 Begründung DCGK in der Fassung vom 16.12.2019, S. 5; abgerufen am 25.03.2020 unter: https://www.dcgk.de//files/dcgk/usercontent/de/download/kodex/191216_Begruendung_DCGK.pdf.

Vorgabe stellt die gesetzliche Geschlechterquote dar. Sie wird mithin in Grundsatz 11 DCGK ausdrücklich erwähnt.

4. *Zwischenergebnis zu II.*

Das FüPoG kann als vorläufiger Schlusspunkt gesetzgeberischer Bemühungen zur Verstärkung des Frauenanteils in deutschen Aufsichtsräten angesehen werden. Mit der Diskussion, wie dieser Anteil am besten zu erhöhen ist, und der anschließenden Gesetzgebung steht Deutschland international nicht alleine da. Vergleichbare feste Quoten existieren schon seit einigen Jahren in Norwegen, Island, Spanien, den Niederlanden, Frankreich und Italien. Betrachtet man die jüngste Vergangenheit, fällt auf, dass Kalifornien als erster Staat der Vereinigten Staaten von Amerika im Oktober 2018 ein Gesetz verabschiedet hat, das je nach Größe der Gesellschaft eine Mindestanzahl von Frauen im „*board*" vorsieht.[349]

Die gesellschaftliche Diskussion um mehr Diversität in den Gremien deutscher Aktiengesellschaften ist jedoch mitnichten abgeschlossen. Fokus der Debatte ist nun der noch immer geringe Frauenanteil in den Vorständen. Im November 2020 hat sich eine Arbeitsgruppe der Koalitionsparteien auf die Verankerung fester Vorgaben für die Beteiligung von Frauen in Vorständen verständigt.[350] Ob und inwieweit das Gesetzesvorhaben Änderungen und Erweiterungen der Quoten für Aufsichtsräte vorsieht, ist noch nicht bekannt.[351] Auch unabhängig von festen Quoten oder Zielvorgaben entsteht jedoch der Eindruck, dass sich eine gesellschaftliche Wende abzeichnet. So traten beispielsweise im März 2019 bei *Migros*, dem größten Handelskonzern der Schweiz, bei der Wahl um die Präsidentschaft der Verwaltung, einem Amt, das dem deutschen Aufsichtsratsvorsitz ähnelt, gleich zwei Frauen gegeneinander an.[352]

---

349 *Fortune*; abgerufen am 18.10.2019 unter: http://fortune.com/2018/10/03/women-boards-california/.

350 *Beck-community*; abgerufen am 02.12.2020 unter: https://community.beck.de/2020/11/28/koalition-einigt-sich-auf-eckpunkte-eines-zweiten-gesetzes-zur-teilhabe-von-frauen-an-fuehrungspositionen.

351 *Beck-community*; abgerufen am 02.12.2020 unter: https://community.beck.de/2020/11/28/koalition-einigt-sich-auf-eckpunkte-eines-zweiten-gesetzes-zur-teilhabe-von-frauen-an-fuehrungspositionen.

352 *Süddeutsche Zeitung* vom 22.03.2019, S. 20. Dabei hat die bisherige Präsidentin der *Migros* Delegiertenversammlung *Ursula Nold* gegen die Managerin *Jeannine Pilloud* gewonnen.

Wesentliche Maßnahmen des FüPoG, den Anteil weiblicher Führungskräfte signifikant zu erhöhen, waren die Einführung fester Geschlechterquoten sowie einer Verpflichtung zur Festlegung einer Zielgröße für den Frauenanteil im Aufsichtsrat. Normen zur Erreichung des Ziels der Gleichberechtigung von Frau und Mann finden sich in den Reihen der Sondervorschriften einzig im KWG.

III. Unabhängigkeit/Vorliegen von Interessenkonflikten

Was genau ist unter dem Merkmal „Unabhängigkeit" zu verstehen? Hilfreich in diesem Zusammenhang ist eine schon im Jahr 2005 formulierte Empfehlung der EU-Kommission, die sich mit dem Thema unabhängiger Vertreter im Aufsichtsrat beschäftigt.[353] Gemäß Art. 288 Abs. 5 AEUV sind Empfehlungen zwar nicht verbindlich. Nationale Gerichte müssen sie jedoch zur Auslegung innerstaatlicher Gemeinschaftsrecht durchführender Rechtsvorschriften oder zur Ergänzung verbindlicher gemeinschaftlicher Vorschriften heranziehen.[354]

Ihrem Anwendungsbereich nach gilt die Empfehlung auch für Aufsichtsräte im deutschen dualistischen System.[355] Die damit einhergehende übermäßige Belastung der dualistisch geführten Unternehmen war nicht unumstritten.[356] Hintergrund war nämlich die vermehrte Einrichtung sogenannter „*Audit Committees*", vergleichbar mit dem deutschen Prüfungsausschuss, in monistischen Systemen.[357] Von einem monistischen, also einstufigen Verwaltungssystem spricht man, wenn die Gesamtheit aller Geschäftsführungs- und Kontrollaufgaben auf nur ein Organ, das sogenannte „*Board of Directors*", konzentriert ist.[358] Ist ein Mitglied dieses *Boards* gleichzeitig in die Geschäftsführung eingebunden, wird er als *inside* (*executive*), andernfalls als *outside* (*non-executive*) *Director* bezeichnet.[359] Da ein Gremium seine Mitglieder nur unzureichend selbst kontrollieren kann, wird die eigentliche Kontrollarbeit von den *outside directors* und

---

353 Empfehlung der Kommission vom 15.02.2005 zu den Aufgaben von nicht geschäftsführenden Direktoren/Aufsichtsratsmitgliedern/börsennotierter Gesellschaften sowie zu den Ausschüssen des Verwaltungs-/Aufsichtsrats 2005/162/EG (ABl. L 52, S. 51).

354 EuGH, Urteil vom 13.12.1989 – Rs C – 322/88; *Ruffert*, in: Calliess/Ruffert, AEUV, Art. 288.

355 Siehe ausdrücklich Nr. 2.6. der EU-Empfehlung.

356 *Lieder*, NZG 2005, 569, 570; mit sehr deutlicher Kritik: *BDI/bankenverband/DAI/DIHK/GDV*, NZG 2004, 1052.

357 *Lieder*, NZG 2005, 569, 570. Zum Prüfungsausschuss: § 107 Abs. 3 S. 2 AktG.

358 *Leyens*, RabelsZ 67 (2003), S. 57, 69.

359 *Leyens*, RabelsZ 67 (2003), S. 57, 72. Die Bezeichnungen *executive* und *non-executive* beziehen sich auf das System in Großbritannien.

den mehrheitlich mit solchen besetzten *committees*, vergleichbar den deutschen Ausschüssen, erledigt.[360] Der Unabhängigkeit dieser Mitglieder kommt eine besondere Rolle zu.[361] Denn um ein entsprechendes Maß an objektiver Amtsführung wie im dualistischen System zu gewährleisten, müssen die Unabhängigkeitsstandards im eingliedrigen System strenger sein als beim zweigliedrigen Verwaltungsmodell.[362]

Im Folgenden soll Unabhängigkeit in Anlehnung an die Empfehlung verstanden werden als die Abwesenheit jeglicher signifikanter Interessenkonflikte.[363] Nr. 13.1 der Empfehlung konkretisiert diesen Grundsatz dahingehend, dass ein Mitglied der Unternehmensleitung[364] dann als unabhängig gilt, wenn es in keiner geschäftlichen, familiären oder sonstigen Beziehung zu der Gesellschaft, ihrem Mehrheitsaktionär oder deren Geschäftsführung steht, die einen Interessenkonflikt begründet, der sein Urteilsvermögen beeinflussen könnte. Ein unabhängiges Aufsichtsratsmitglied hat also neben dem Mandat keine seine Willensbildung potenziell gefährdenden weiteren Beziehungen zur Gesellschaft, ihrem Management oder zu bedeutenden Aktionären.[365] Findet das Merkmal keine ausdrückliche Erwähnung, wird auf den Umgang mit Interessenkonflikten eingegangen.

1. *Im AktG*

Ausdrücklich normiert das Aktiengesetz keine Unabhängigkeit für Aufsichtsräte. Unabhängigkeit ist keine Bestellungsvoraussetzung.[366] Die einzige ausdrückliche Erwähnung des Begriffs in § 100 Abs. 5 Hs. 1 AktG a. F. wurde über das AReG im Jahr 2016 gestrichen. Eine Reihe von Vorschriften zeigt jedoch, dass das Aktiengesetz eine Unabhängigkeit voraussetzt, obschon sie nicht ausdrücklich normiert ist.[367] Außerhalb dieser Sonderfälle bestehen keine generellen Verbote der Mitgliedschaft im Aufsichtsrat, beispielsweise aufgrund einer

---

360 *Leyens*, RabelsZ 67 (2003), S. 57, 76.

361 *Lieder*, NZG 2005, 569, 570.

362 *Lieder*, NZG 2005, 569, 570.

363 Erwägungsgrund 7 der EU-Empfehlung.

364 Darunter fallen nach Nr. 2.2 der Empfehlung auch Mitglieder des Verwaltungs- beziehungsweise Aufsichtsrats der Gesellschaft.

365 *Hopt/Roth*, in: Großkomm-AktG, § 100 Rn. 147.

366 *Habersack*, in: MüKo-AktG, § 100 Rn. 9.

367 *Hoffmann-Becking*, in: Münchener Hdb GesellR 4, § 30 Rn. 6; *Langenbucher*, ZGR 2012, 314, 324.

Beziehung zu Vorstandsmitgliedern oder zu externen Interessenträgern.[368] Insbesondere gestattet das Aktiengesetz ein offenes Näheverhältnis von Aufsichtsratsmitgliedern zu einem (Mehrheits-)Aktionär.[369] Auf solch mögliche weitere abstrakte Gefährdungslagen reagiert das Gesetz mit flexiblen Sanktionen (vor allem mit Stimmenthaltung oder Stimmverbot[370]).[371] Eine Pflicht des betroffenen Aufsichtsratsmitglieds zur Amtsniederlegung beziehungsweise bei Nichtbeachtung eine Pflicht der übrigen Aufsichtsratsmitglieder zur Stellung eines Antrags auf gerichtliche Abberufung kann nur bei wesentlichen und dauerhaften Interessenkonflikten angenommen werden.[372]

a. Implizite Regelungen im Aktiengesetz zu Interessenkonflikten

Bei den Regelungen zu Interessenkonflikten im AktG ist zunächst § 125 Abs. 1 S. 5 Hs. 1 AktG zu erwähnen. Danach sind bei börsennotierten Gesellschaften einem Vorschlag zur Wahl von Aufsichtsratsmitgliedern Angaben zu deren Mitgliedschaft in anderen gesetzlich zu bildenden Aufsichtsräten beizufügen. Angaben zu Mitgliedschaften in vergleichbaren in- und ausländischen Kontrollgremien von Wirtschaftsunternehmen sollen ebenso beigefügt werden, § 125 Abs. 1 S. 5 Hs. 2 AktG. Damit wird die Gefahr etwaiger Pflichten- und Interessenkollisionen offengelegt.[373] Die Vorschrift kann somit als Aufforderung zur Vermeidung solcher Kollisionen verstanden werden.[374]

Zudem regelt das Aktiengesetz eine Reihe von Sonderfällen, denen ein Interessenkonflikt zugrunde liegt.[375] Sie knüpfen an abstrakte Gefährdungslagen an.[376] Ihr Ziel ist jedenfalls auch die Verhinderung des Anscheins von Befangenheit

368 *Scholderer*, NZG 2012, 168, 169.

369 *Grigoleit/Tomasic*, in: Grigoleit, AktG, § 100 Rn. 22; *Habersack*, in: MüKo-AktG, § 100 Rn. 83.

370 *Vatter*, in: Spindler/Stilz, AktG, § 12 Rn. 14 ff.; *Langenbucher*, ZGR 2012, 314, 337 (Anwendung von § 34 BGB); *Scholderer*, NZG 2012, 168, 169 (Anwendung von § 34 BGB analog).

371 OLG Bamberg, Beschluss vom 19.02.2014 – 8 W 2/14 = NZG 2014, 497; OLG München, Urteil vom 6.8.2008 – 7 U 5628/07 = NZG 2009, 508; *Spindler*, in: Spindler/Stilz, AktG, § 100 Rn. 35 („andere Ausschlusstatbestände"); *Koch*, in: Hüffer/Koch, AktG, § 103 Rn. 13b; *Hoffmann-Becking*, in: Münchener Hdb GesellR 4, § 30 Rn. 6.

372 *Langenbucher*, ZGR 2012, 314, 337; zu den Voraussetzungen der Amtsniederlegung/Abberufung: *Habersack*, in: MüKo-AktG, § 100 Rn. 103.

373 *Lutter/Krieger/Verse*, Rechte und Pflichten des Aufsichtsrats, Rn. 928.

374 *Lutter/Krieger/Verse*, Rechte und Pflichten des Aufsichtsrats, Rn. 928.

375 *Scholderer*, NZG 2012, 168 ff.

376 *Hoffmann-Becking*, in: Münchener Hdb GesellR 4, § 30 Rn. 6.

in der Person eines Aufsichtsratsmitglieds.[377] Zu nennen sind zunächst die in § 100 Abs. 2 S. 1 AktG genannten Ausschlussfälle.[378] Sodann ist an § 105 AktG zu denken, den Inkompatibilitätsgrundsatz.[379] Schließlich bildet § 114 AktG einen solchen Sonderfall.[380] Danach bedürfen Dienst- oder Werkverträge eines Aufsichtsratsmitglieds mit der Gesellschaft der Zustimmung des Aufsichtsrats. Dadurch soll eine unsachliche Beeinflussung einzelner Aufsichtsräte durch den vertragsschließenden Vorstand, also eine Abhängigkeit des überwachenden Organs vom überwachten, verhindert werden.[381]

b. Aufsichtsratstätigkeit bei einem Wettbewerber

Umstritten ist, ob auch für den Fall der Mitgliedschaft im Aufsichtsrat eines konkurrierenden Unternehmens ein Sonderfall angenommen werden muss. Zum Teil wird von einer speziellen Inkompatibilität ausgegangen.[382] Begründet wird dies mit der gegenüber beiden Unternehmen bestehenden Treu- und Förderpflicht des Aufsichtsratsmitglieds, die dazu führe, dass der Doppelmandatsträger von vornherein nicht in der Lage sei, sein (doppeltes) Mandat korrekt auszuüben.[383] Diese Situation sei vergleichbar zu den Inkompatibilitätsregelungen des AktG.[384] Bei diesen bestehe auch von vornherein eine generelle und permanente Unvereinbarkeit.[385] Mithin sei der Wahlbeschluss zum Doppelmandat, also zum zweiten Mandat, im Wege einer Analogie zu den §§ 100, 105, 250 AktG nichtig.[386]

---

377 *Langenbucher*, ZGR 2012, 314, 324.

378 Vgl. Kapitel 3., A., II. der Arbeit sowie *Scholderer*, NZG 2012, 168, 169.

379 Vgl. Kapitel 3., A., II., 5. der Arbeit sowie *Langenbucher*, ZGR 2012, 314, 324.

380 *Scholderer*, NZG 2012, 168, 169.

381 BGH, Urteil vom 03.07.2006 – II ZR 151/04 = BGHZ 168, 188; BGH, Urteil vom 20.11.2006 – II ZR 279/05 = BGHZ 170, 60; BGH, Urteil vom 10.07.2012 – II ZR 48/11 = BGHZ 194, 14 (*Fresenius*-Entscheidung); *Scholderer*, NZG 2012, 168, 169; *Koch*, in: Hüffer/Koch, AktG, § 114 Rn. 1. Nach dem OLG Frankfurt am Main, Urteil vom 15.02.2011 – 5 U 30/10 = NJW 2011, 1231 ist *Telos* vor allem auch die Beeinflussung durch eine Zahlung ohne Rechtsgrund.

382 *Lutter*, in: FS Beusch, S. 1993, 509 ff.

383 *Lutter*, in: FS Beusch, S. 1993, 509 ff.

384 *Lutter*, in: FS Beusch, S. 1993, 509 ff. Inkompatibilitätsregelungen des AktG: §§ 100 Abs. 2 S. 1 Nr. 2, 105 AktG.

385 *Lutter*, in: FS Beusch, S. 1993, 509 ff.

386 *Lutter*, in: FS Beusch, S. 1993, 509 ff.

Im Gegensatz zu den Vorstandsregelungen (§ 88 AktG) enthält das AktG jedoch ausdrücklich kein Wettbewerbsverbot für Aufsichtsräte. In § 105 Abs. 2 S. 4 AktG wird sogar angeordnet, dass für Aufsichtsräte, die zu Stellvertretern von fehlenden oder verhinderten Vorstandsmitgliedern gewählt worden sind, das Wettbewerbsverbot des § 88 AktG nicht gilt. Der Gesetzgeber geht also davon aus, dass noch nicht mal in dem Fall, dass ein Aufsichtsratsmitglied zum stellvertretenden Vorstandsmitglied gewählt wird, ein Wettbewerbsverbot für dieses gilt. Dann muss dies erst recht für den Fall der einfachen Mitgliedschaft im Aufsichtsrat gelten. Gegen obige Ansicht spricht zudem, dass die für eine Analogie nötige planwidrige Regelungslücke nicht vorliegt. Das Aktiengesetz sieht nämlich Mechanismen vor, mit denen im Einzelfall auf Interessenkonflikte reagiert werden kann. Strukturelle Interessenkonflikte sind in diesem nicht generell ausgeschlossen, sondern vielmehr zum Teil unmittelbar darin angelegt.[387] Schließlich würde eine Inkompatibilität enorme Unsicherheit in der Praxis mit sich bringen. Denn vor allem die genaue Definition des Wettbewerbsbegriffs wäre schwierig.[388] Damit hindert die Mitgliedschaft im Aufsichtsrat eines konkurrierenden Unternehmens die wirksame Bestellung zum Aufsichtsrat nicht.[389]

2. Regelungen in den Sondergesetzen

a. Nach dem KWG und VAG

Expressis verbis enthält weder das KWG noch das VAG eine Regelung zur Unabhängigkeit von Aufsichtsräten. Bei beiden Gesetzen sind jedoch im Rahmen der Prüfung des Merkmals „Zuverlässigkeit" (§ 25d Abs. 1 S. 1 KWG und § 24 Abs. 1 S. 1 VAG) auch mögliche Interessenkonflikte zu berücksichtigen.[390] Dabei gleichen sich auch die Kriterien der Prüfung, ob Interessenkonflikte vorliegen. Es gilt, dass ein Interessenkonflikt dann gegeben ist, wenn persönliche Umstände oder eigene wirtschaftliche Tätigkeiten geeignet sind, das Aufsichtsratsmitglied in der Unabhängigkeit seiner Kontroll- und Überwachungsfunktion

387 *Koch*, in: Hüffer/Koch, AktG, § 103 Rn. 13b. Siehe Kapitel 3., B., III., 1., a.

388 *Koch*, in: Hüffer/Koch, AktG, § 103 Rn. 13b.

389 So die h.M.: BGH, Urteil vom 21.02.1963 – II ZR 76/62 = BGHZ 39, 116; OLG Schleswig-Holstein, Beschluss vom 26.04.2004 – 2 W 46/04 = NZG 2004, 669; *Mertens/Cahn*, in: KölnerKomm-AktG, § 100 Rn. 14; *Koch*, in: Hüffer/Koch, AktG, § 103 Rn. 13b mit Hinweis auf § 103 Abs. 3 AktG unter Umständen.

390 *BaFin*, Merkblatt KWG/KAGB, S. 23; *BaFin*, Merkblatt VAG, S. 15. Zur Zuverlässigkeit siehe Kapitel 3., B., IV., 1., a. der Arbeit.

zu beeinträchtigen.[391] Vergleichbar mit dem AktG stehen wesentliche und dauerhafte Interessenkonflikte der Ausübung des Mandats entgegen.[392]

Im Einzelfall liegt ein solcher Interessenkonflikt bei einem Verwandtschaftsverhältnis zwischen einem Aufsichtsrat und einem Geschäftsleiter oder bei Geschäftsbeziehungen zu dem beaufsichtigten Unternehmen, aus denen sich eine wirtschaftliche Abhängigkeit ergeben kann, vor.[393] Im Rahmen des KWG ist dabei vor allem an solche Geschäftsbeziehungen zu denken, die sich aus einer Kreditvergabe an ein (eventuell ausfallgefährdetes) Mitglied ergeben können.[394] Schließlich kann von einem Interessenkonflikt ausgegangen werden, wenn ein Mitarbeiter eines Unternehmens, soweit es nicht gesetzlich erforderlich ist oder er Mitglied des Betriebs- oder Personalrates ist, dem Aufsichtsrat dieses Unternehmens angehört.[395]

b. Nach dem KAGB

Das KAGB hat in § 18 Abs. 3 S. 1 KAGB den früheren § 6 Abs. 2a S. 1 InvG inhaltlich übernommen und an die Besonderheiten des KAGB angepasst.[396] Danach ist § 101 Abs. 1 S. 1 Hs. 1 AktG auf eine externe Kapitalverwaltungsgesellschaft (KVG) in der Rechtsform der Aktiengesellschaft mit der Maßgabe anzuwenden, dass die Hauptversammlung mindestens ein Mitglied des Aufsichtsrats zu wählen hat, das von den Aktionären, den mit ihnen verbundenen Unternehmen und den Geschäftspartnern der externen KVG unabhängig ist. Gemäß §§ 119 Abs. 3 S. 2, 147 Abs. 3 S. 2 KAGB gilt dies ebenso für Investmentaktiengesellschaften mit veränderlichem und fixem Kapital.

Über die geforderte Unabhängigkeit mindestens eines Aufsichtsratsmitglieds sollen die Drittinteressen der Anleger gesichert werden.[397] Die Arbeitnehmervertreter sind von der Anforderung ausgenommen, so dass die umstrittene Frage ihrer Unabhängigkeit dahinstehen kann.[398] Die Unabhängigkeit ist als

---

391 *BaFin*, Merkblatt KWG/KAGB, S. 23; *BaFin*, Merkblatt VAG, S. 15.

392 *BaFin*, Merkblatt KWG/KAGB, S. 23; *BaFin*, Merkblatt VAG, S. 15.

393 *BaFin*, Merkblatt KWG/KAGB, S. 23; *BaFin*, Merkblatt VAG, S. 15.

394 *Wolfgarten*, in: Boos/Fischer/Schulte-Mattler, KWG, § 25d Rn. 15.

395 *BaFin*, Merkblatt KWG/KAGB, S. 23; *BaFin*, Merkblatt VAG, S. 15.

396 *BaFin*, Merkblatt KWG/KAGB, S. 23. § 6 Abs. 2a S. 1 InvG bezog sich auf Kapitalanlagegesellschaften, die jetzigen externen KVG.

397 RegBegr. zum Investmentänderungsgesetz, BT-Drs. 16/5576, S. 60; *Klebeck/Kolbe*, BB 2014, 707, 712. Nicht Drittinteressen sind die Interessen der Anteilseigner und Arbeitnehmer.

398 Verneinend: *Klebeck/Kolbe*, BB 2014, 707, 712. Sie sind ausgenommen gemäß §§ 18 Abs. 5, 119 Abs. 3 S. 4, 147 Abs. 3 S. 4 KAGB.

eine wirtschaftliche zu verstehen, die regelmäßig dann anzunehmen ist, wenn die Einnahmen des Aufsichtsratsmitglieds aus seiner Tätigkeit für einen Aktionär, ein mit ihm verbundenes Unternehmen oder einen Geschäftspartner der KVG in den letzten vier Jahren vor seiner Bestellung im Mittel 30 Prozent seiner Gesamteinnahmen nicht überschritten haben.[399] Dabei wird der Begriff „Gesamteinnahmen" in einer Weise verwandt, die es nahelegt, dass er auch andere Einkunftsarten als Tätigkeitsvergütungen erfasst.[400] Personen, die selbst Aktionär oder Gesellschafter der externen KVG sind, können erst recht nicht als unabhängig angesehen werden.[401] Geschäftspartner sind natürliche oder juristische Personen, zu denen Geschäftsbeziehungen jeglicher Art unterhalten werden, wobei es auf die Dauer und die Art der Geschäftsbeziehung nicht ankommt.[402] Ungeklärt und von der Literatur bemängelt[403] ist die Frage, warum keine Unabhängigkeit von der externen KVG selbst verlangt wird. Liegt eine solche nicht vor, sind jedenfalls die Gründe für die Auswahl dieses Mitglieds nachvollziehbar zu dokumentieren.[404]

3. *Nach dem DCGK*

Das Merkmal „Unabhängigkeit" erfährt durch den DCGK eine Stärkung.[405] Im Gegensatz zum Aktiengesetz geht der Kodex schon seit seiner ersten Fassung[406] ausdrücklich auf dieses ein. Seit dem Jahr 2020 wird zwischen abstrakten Unabhängigkeitskriterien und einem konkreten Indizienkatalog, bei dessen (teilweisem) Vorliegen von einer Abhängigkeit der betroffenen Aufsichtsräte auszugehen ist, unterschieden. Mit dem in Ziffer C.7 Abs. 2 DCGK verankerten konkreten Unabhängigkeitskatalog kommt die DCGK-Kommission den Anforderungen der bereits erwähnten EU-Empfehlung nach. Nach Erwägungsgrund 4 der Empfehlung sollen die Mitgliedstaaten nämlich nach dem *comply-or-explain*-Prinzip *Corporate-Governance*-Regelungen erlassen, die an die Bedürfnisse des

---

399 *BaFin*, Merkblatt KWG/KAGB, S. 24.

400 *v. Schücking*, in: Moritz/Klebeck/Jesch, KAGB, § 18 Rn. 107.

401 *v. Schücking*, in: Moritz/Klebeck/Jesch, KAGB, § 18 Rn. 107.

402 RegBegr. zum Investmentänderungsgesetz, BT-Drs. 16/5576, S. 60; *Winterhalder*, in: Weitnauer/Boxberger/Anders, KAGB, § 18 Rn. 21.

403 *v. Schücking*, in: Moritz/Klebeck/Jesch, KAGB, § 18 Rn. 97. Neutral: *Steck/Gringel*, in: Berger/Steck/Lübbehüsen, InvG, § 6 Rn. 18.

404 RegBegr. zum Investmentänderungsgesetz, BT-Drs. 16/5576, S. 60.

405 *Roth*, ZHR 175 (2011), 605, 621.

406 Vgl. Ziffer 5.4.1 DCGK 2002.

jeweiligen Staates angepasst sind. Im Anhang II der Empfehlung werden sogar Situationen aufgelistet, die bei einer einzelstaatlichen Kodifizierung der Unabhängigkeitskriterien berücksichtigt werden sollen.

a. Abstrakte Unabhängigkeitsmerkmale: Unabhängigkeit von der Gesellschaft, deren Vorstand und einem kontrollierenden Aktionär

Nach Ziffer C.6 Abs. 2 DCGK ist ein Aufsichtsratsmitglied dann als unabhängig anzusehen, wenn es unabhängig von der Gesellschaft und deren Vorstand und unabhängig von einem kontrollierenden Aktionär ist. Dabei ist nach Ziffer C.7 Abs. 1 S. 2 DCGK ein Aufsichtsratsmitglied unabhängig von der Gesellschaft und deren Vorstand, wenn es in keiner persönlichen oder geschäftlichen Beziehung zu der Gesellschaft oder deren Vorstand steht, die einen wesentlichen und nicht nur vorübergehenden Interessenkonflikt begründen kann. Durch die Wortwahl „Gesellschaft“ anstelle von „Unternehmen“ wird klar, dass es nicht auf die Beziehung zu einem Konzern insgesamt, sondern nur auf die zu der jeweiligen börsennotierten Gesellschaft ankommt.[407] Dies gilt auch für die Beziehung zum Vorstand.[408]

Obschon im Jahr 2020 neu formuliert, knüpft Ziffer C.6 Abs. 2 DCGK an die EU-Empfehlung aus dem Jahr 2005 an. Wie bereits erwähnt, stellt diese nämlich ebenso auf eine Beziehung zu der Gesellschaft, einem Mehrheitsaktionär oder der Geschäftsführung ab. Ziffer C.7 Abs. 1 S. 2 DCGK reformiert Ziffer 5.4.2 S. 2 DCGK, die in ihren Grundzügen seit dem Jahr 2005[409] bestand.

aa. Unabhängigkeit von einem kontrollierenden Aktionär

Aufgrund ihrer starken wirtschaftlichen Abhängigkeit von dem Erfolg der Gesellschaft war die Behandlung von kontrollierenden Aktionären und ihren Vertretern im Aufsichtsrat lange umstritten.[410] Von der Frage der Unabhängigkeit eines Aufsichtsratsmitglieds mit Bezug zu einem kontrollierenden Aktionär zu trennen ist die Frage der Unabhängigkeit eines kontrollierenden Aktionärs als Aufsichtsratsmitglied selbst. Beide Fragen beantwortet der DCGK: Nach Ziffer C.9 Abs. 2 DCGK ist ein Aufsichtsratsmitglied unabhängig vom

---

407 *Kremer*, in: Kremer u.a., DCGK, Ziffer 5.4.2 Rn. 1378.

408 *Kremer*, in: Kremer u.a., DCGK, Ziffer 5.4.2 Rn. 1379.

409 Ziffer 5.4.2 der Bekanntmachung des DCGK in der Fassung vom 02.06.2005, vom 12.07.2005, eBAnz AT17 2005 B1.

410 *Kremer/v. Werder*, AG 2013, 340, 344, die auch auf die inzwischen redundante Frage der Abhängigkeit von Arbeitnehmervertretern eingehen.

kontrollierenden Aktionär, wenn es selbst oder ein naher Familienangehöriger weder kontrollierender Aktionär ist noch dem geschäftsführenden Organ des kontrollierenden Aktionärs angehört oder in einer persönlichen oder geschäftlichen Beziehung zum kontrollierenden Aktionär steht, die einen wesentlichen und nicht nur vorübergehenden Interessenkonflikt begründen kann.

Seit dem Jahr 2012[411] stellt der DCGK auch auf Beziehungen zu kontrollierenden Aktionären ab. Diese Einbeziehung wurde und wird zum Teil kritisch gesehen.[412] *Koch*[413] verwies darauf, dass gerade bei mitbestimmten Unternehmen das über Art. 14 GG grundrechtlich geschützte Anteilseigentum des kontrollberechtigten Aktionärs vernachlässigt werde. Auch sei die Einbeziehung im dualistischen System nicht sachgerecht.[414] Für Aufsichtsratsmitglieder gelte eine sogenannte „Konflikttoleranz".[415] Der Gesetzgeber nehme es in einem gewissen Maße in Kauf, dass Aufsichtsratsmitglieder aus einer Konfliktsituation heraus handelten.[416] Prominentestes Beispiel sei die unternehmerische Mitbestimmung, aber auch § 100 Abs. 2 S. 1 Nr. 1, Nr. 4 AktG sowie § 105 Abs. 2 S. 4 AktG.[417] Rechtfertigung finde die Konflikttoleranz darin, dass der Aufsichtsrat im dualistischen System gerade nicht das unternehmerische Geschäft leite, sondern ihm im Wesentlichen eine Überwachungsaufgabe obliege.[418] Letztlich kommt jedoch auch *Koch* – richtigerweise – zu der Erkenntnis, dass die Rechtfertigung der Konflikttoleranz mit den zunehmenden Beratungsaufgaben des Aufsichtsrats schwieriger werde.[419] Dass das Thema Interessenkonflikte inzwischen nicht nur ein Thema des die Geschäfte leitenden Vorstands ist, zeigt allein der Umfang, den der Kodex dem Thema Unabhängigkeit von Aufsichtsratsmitgliedern einräumt. In den heutigen, durch Globalisierung und Digitalisierung immer komplexer werdenden Zeiten steigt der Beratungsaufwand des Aufsichtsrats drastisch an.

411 Ziffer 5.4.2 S. 2 der Bekanntmachung des DCGK in der Fassung vom 15.05.2012, vom 15.06.2012, BAnz AT 15.06.2012 B1.

412 *Paschos/Goslar*, NZG 2012, 1361, 1362, für die es nicht überzeugt, dass es guter Unternehmensleitung widerspricht, wenn maßgeblich beteiligte Investoren aus dem Aufsichtsrat heraus den Vorstand überwachen.

413 *Koch*, in: Hüffer/Koch, AktG, § 100 Rn. 44.

414 *Koch*, in: Hüffer/Koch, AktG, § 100 Rn. 44.

415 *Koch*, in: Hüffer/Koch, AktG, § 100 Rn. 44, § 116 Rn. 6, § 108 Rn. 12; *Koch*, ZGR 2014, 697, 700.

416 *Koch*, ZGR 2014, 697, 700, 701.

417 *Koch*, ZGR 2014, 697, 701.

418 *Koch*, ZGR 2014, 697, 701.

419 *Koch*, ZGR 2014, 697, 701.

Gerade bei dieser Aufgabe erscheinen Interessenkonflikte der oft stark national und international vernetzten Aufsichtsräte gefährlich. Es ist nur nachvollziehbar und richtig, dass die DCGK-Kommission ihr Augenmerk auf den Umgang mit dieser Gefahr richtet.

Angemerkt sei schließlich, dass es nach dem klaren Wortlaut des Kodex („kontrollierender Aktionär") unschädlich ist, wenn das Aufsichtsratsmitglied selbst einfacher und nicht kontrollierender Aktionär ist beziehungsweise wenn es in einer Beziehung zu einem solchen steht.[420] In solchen Konstellationen wird im Übrigen auch das Merkmal „wesentlich" nicht erfüllt sein.

bb. „Persönliche Beziehung" im Sinne des Kodex

Als Hilfestellung zum Merkmal „persönliche Beziehung" dient die Literatur zu Ziffer 5.4.2 S. 2 DCGK 2017. Danach können persönliche Beziehungen naturgemäß nur zwischen natürlichen Personen bestehen.[421] Die Gesellschaft selbst als juristische Person scheidet mithin als Beteiligte an der persönlichen Beziehung aus. Persönliche Beziehungen können jedoch zwischen dem Aufsichtsrat und den Organen der Gesellschaft, also den dahinterstehenden natürlichen Personen, oder einem kontrollierenden Aktionär entstehen. Aufgrund des klaren Wortlauts des Kodex sind persönliche Beziehungen zu Inhabern weiterer Schlüsselpositionen der Gesellschaft für die Unabhängigkeitsprüfung der Aufsichtsräte nicht von Bedeutung.[422]

Wann eine solche persönliche Beziehung vorliegt, hat der Aufsichtsrat im Einzelfall zu bestimmen.[423] Ausschlaggebend ist dabei, ob die familiäre oder emotionale Beziehung geeignet ist, die Urteilsfähigkeit nachhaltig zu beeinträchtigen.[424] Davon wird bei Verwandtschaften in gerader Linie und Ehen regelmäßig auszugehen sein.[425] Auch in der Seitenlinie bis zum dritten Grade sowie bei Schwägerschaft liegt tendenziell eine Beeinträchtigung vor.[426] Bei entfernteren Verwandtschaftsverhältnissen oder sonstigen emotionalen Bindungen muss der Aufsichtsrat eine genaue Prüfung vornehmen.[427] Bei dieser können

---

420 Einfache Aktionärsstellung auch für das AktG unschädlich: *Simons*, in: Hölters, AktG, § 100 Rn. 24; *Hoffmann-Becking*, in: Münchener Hdb GesellR 4, § 30 Rn. 3.

421 *Kremer/v. Werder*, AG 2013, 340, 343.

422 *Kremer/v. Werder*, AG 2013, 340, 343.

423 *Kremer/v. Werder*, AG 2013, 340, 343, die eine Einzelfallprüfung in den Vordergrund stellen; *Lieder*, NZG 2005, 569, 572.

424 *Lieder*, NZG 2005, 569, 572.

425 *Lieder*, NZG 2005, 569, 572.

426 *Lieder*, NZG 2005, 569, 572.

427 *Lieder*, NZG 2005, 569, 572.

auch gesetzliche Vorschriften wie der (relativ weite) § 15 AO[428] herangezogen werden.

cc. *„Geschäftliche Beziehung" im Sinne des Kodex*

Von dem Merkmal „geschäftliche Beziehungen" sind grundsätzlich alle Arten ökonomischer Austauschverhältnisse, wie beispielsweise Liefer, Finanz- und Kundenbeziehungen, umfasst.[429] Unklar ist, ob zu den geschäftlichen Beziehungen eines Aufsichtsratsmitglieds neben seinen eigenen auch solche gehören, die ihm zugerechnet werden können. Stellt man auf Sinn und Zweck der Empfehlungen zum Thema Unabhängigkeit der Aufsichtsratsmitglieder ab, ist die Frage zu bejahen.[430] Dieser ist es nämlich, eine höhere Transparenz potenzieller Interessenkonflikte herzustellen.[431] Potenzielle Interessenkonflikte können auch bei mittelbaren, das heißt zugerechneten Beziehungen entstehen.[432] Damit sind auch zugerechnete Beziehungen, die sich etwa aus einer (Kontroll)Beteiligung oder einer Geschäftsführungsposition ergeben können,[433] einzubeziehen. Ist also beispielsweise ein Aufsichtsratsmitglied gleichzeitig Geschäftsführer einer anderen Gesellschaft, werden ihm die Beziehungen dieser Gesellschaft zugerechnet, so dass sich daraus eine Abhängigkeit ergeben kann.

dd. *„Wesentlicher und nicht nur vorübergehender Interessenkonflikt" im Sinne des Kodex*

Die Beziehung muss einen wesentlichen und nicht nur vorübergehenden Interessenkonflikt begründen können.[434] Der Wortlaut „kann" verdeutlicht, dass nicht erforderlich ist, dass die Beziehung tatsächlich einen Interessenkonflikt

---

428 *Kremer/v. Werder*, AG 2013, 340, 343. Diese erörtern auch ein Abstellen auf § 15a Abs. 3 WpHG, der jedoch durch Art. 1 Nr. 14 des Ersten Finanzmarktnovellierungsgesetzes weggefallen ist.

429 *Kremer/v. Werder*, AG 2013, 340, 344.

430 *Kremer/v. Werder*, AG 2013, 340, 345; *Klein*, AG 2012, 805, 811.

431 Ziffer 5.4.2 i.V.m. Ziffer 5.4.1. Abs. 4 S. 3 und Ziffer 5.4.1 Abs. 6 DCGK 2017 entsprechen Ziffer B.7 Abs. 2 i.V.m. B.2 S. 4 und Ziffer B.14 S. 1 DCGK. Zur a. F. von 2017: *Klein*, AG 2012, 805, 811.

432 *Klein*, AG 2012, 805, 811.

433 *Kremer/v. Werder*, AG 2013, 340, 345, die dies bei einer Kontrollbeteiligung wegen des Wortlauts „kontrollierender Aktionär" tendenziell bejahen; *Klein*, AG 2012, 805, 811.

434 So die Ziffern C.7 Abs. 1 und C.9 Abs. 2 DCGK.

begründet.[435] Abgestellt wird auf einen potenziellen Interessenkonflikt.[436] Eine zukunftsgerichtete Betrachtungsweise ist also nötig.[437] Der Aufsichtsrat darf sich nicht nur mit den aktuellen Interessenkonflikten der Aufsichtsratsmitglieder befassen, sondern muss im Rahmen einer Prognose auch erwägen, welche künftigen Interessenkonflikte drohen könnten.[438] Nach Grundsatz 19 S. 1 DCGK sind die Mitglieder des Aufsichtsrats dem Unternehmensinteresse verpflichtet. Sie dürfen nach Satz 2 bei ihren Entscheidungen weder persönliche Interessen verfolgen noch Geschäftschancen für sich nutzen, die dem Unternehmen zustehen. Ansonsten droht eine Störung der Funktionsfähigkeit des Aufsichtsrats.[439] In einem solchen Fall liegt ein Interessenkonflikt vor. Dieser muss „wesentlich und nicht nur vorübergehend" sein. Für die Wesentlichkeit ist eine Gesamtbetrachtung erforderlich.[440] Dabei sind vor allem solche Umstände einzubeziehen, die für das Aufsichtsratsmitglied persönlich schwerwiegende Folgen haben können.[441] In Bezug auf die geschäftlichen Beziehungen ist eine risikoorientierte Betrachtung nötig, die nicht allein auf eine Umsatz- oder Einkommensrelation abstellt, sondern erwägt, welche konkrete Bedeutung die Beziehung für den geschäftlichen Erfolg des Aufsichtsratsmitglieds hat.[442] Dabei erscheint ein Betrachtungszeitraum von drei Jahren als angemessen.[443] Ein nicht nur vorübergehender Interessenkonflikt meint einen dauerhaften.[444] Einzelfallbezogene, vorübergehende Konflikte werden über Verhaltensregeln wie die Nichtteilnahme an der Beratung und/oder Beschlussfassung gelöst.[445]

---

435 *Kremer/v. Werder*, AG 2013, 340, 345; *Paschos/Goslar*, NZG 2012, 1361, 1362; *Kremer*, in: Kremer u.a., DCGK, Ziffer 5.4.2 Rn. 1387.

436 *Kremer/v. Werder*, AG 2013, 340, 345; *Paschos/Goslar*, NZG 2012, 1361, 1362.

437 *Kremer*, in: Kremer u.a., DCGK, Ziffer 5.4.2 Rn. 1387.

438 *Kremer*, in: Kremer u.a., DCGK, Ziffer 5.4.2 Rn. 1387.

439 *Butzke*, in: FS Hoffmann-Becking, S. 229, 233.

440 *Kremer*, in: Kremer u.a., DCGK, Ziffer 5.5.3 Rn. 1480.

441 *Butzke*, in: FS Hoffmann-Becking, S. 229, 234.

442 *Kremer*, in: Kremer u.a., DCGK, Ziffer 5.5.3 Rn. 1480.

443 *Kremer*, in: Kremer u.a., DCGK, Ziffer 5.4.2 Rn. 1388; *Kremer/v. Werder*, AG 2013, 340, 346.

444 *Kremer*, in: Kremer u.a., DCGK, Ziffer 5.4.2 Rn. 1389.

445 *Koch*, ZGR 2014, 697, 710 ff., der näher auf die beschlussrechtlichen Konsequenzen eines Konflikts im Zusammenhang mit der *Business Judgment Rule* eingeht.

b. *Konkreter Indikatorenkatalog fehlender Unabhängigkeit*

Seit dem Jahr 2020 enthält Ziffer C.7 Abs. 2 DCGK einen international üblichen Katalog konkreter Tatbestände, die Indikatoren für eine fehlende Unabhängigkeit darstellen.[446] Die Kodexkommission hat sich für eine Indikatorenlösung entschieden, weil es sich bei der Einschätzung der Unabhängigkeit von Aufsichtsratsmitgliedern zwangsläufig um eine subjektive Beurteilung in der Gesamtschau handelt.[447] Die Katalogkriterien können hierzu eine Hilfestellung leisten, die Ausübung pflichtgemäßen Ermessens aber nicht ersetzen.[448]

Korrelierend dazu empfiehlt Ziffer C.8 DCGK, dass, sofern ein oder mehrere Indikatoren erfüllt sind und das betreffende Aufsichtsratsmitglied dennoch als unabhängig angesehen wird, dies in der Erklärung zur Unternehmensführung begründet werden soll. Im Sinne eines *comply-or-explain*-Prinzips kann also von dem Indikatorenkatalog abgewichen werden; dies muss dann aber begründet werden.

c. *Empfohlene Anzahl unabhängiger Mitglieder*

Ziffer C.6 Abs. 1 DCGK empfiehlt, dass dem Aufsichtsrat auf Anteilseignerseite eine nach deren Einschätzung angemessene Anzahl unabhängiger Mitglieder angehören soll; dabei soll die Eigentümerstruktur berücksichtigt werden. Die Empfehlung entspricht weitgehend der ehemaligen Ziffer 5.4.2 S. 1 DCGK, die im Jahr 2005 größtenteils eingeführt wurde. Lediglich der zweite Halbsatz kam erst in der Fassung des Jahres 2017 neu hinzu. Über die Reform des Jahres 2020 wurde „auf Anteilseignerseite" eingefügt. Damit wird klargestellt, dass sich die Frage der Unabhängigkeit nur für die Aktionärsvertreter stellt. Hintergrund ist, dass nur diese auf Vorschlag des Aufsichtsrats von der Hauptversammlung gewählt werden.[449] Auf die Zusammensetzung der Arbeitnehmerbank hat der Aufsichtsrat keinen solchen Einfluss. Damit kann die umstrittene Frage, ob

---

446 *Nonnenmacher*, Kodexanpassungen 2019, Medien-Telefonkonferenz vom 06.11.2018, S. 6; abgerufen am 18.10.2019 unter: https://www.dcgk.de/de/konsultationen/archiv/konsultation-2019.html.

447 *Nonnenmacher*, ebenda.

448 *Nonnenmacher*, ebenda.

449 *Nonnenmacher*, Kodexanpassungen 2019, Medien-Telefonkonferenz vom 06.11.2018, S. 6; abgerufen am 18.10.2019 unter: https://www.dcgk.de/de/konsultationen/archiv/konsultation-2019.html.

Arbeitnehmer grundsätzlich unabhängig sein können oder nicht, nunmehr dahinstehen.[450]

Die Ziffern C.7 Abs. 1 S. 1 sowie C.9 Abs. 1 DCGK konkretisieren diese angemessene Anzahl: Mehr als die Hälfte der Anteilseignervertreter soll unabhängig von der Gesellschaft und vom Vorstand sein. Sofern die Gesellschaft einen kontrollierenden Aktionär hat, sollen je nach Größe des Aufsichtsrats zwei beziehungsweise ein Anteilseignervertreter unabhängig vom kontrollierenden Aktionär sein. Anzahl und Namen der unabhängigen Mitglieder sollen nach Ziffer C.1 S. 5 DCGK in der Erklärung zur Unternehmensführung veröffentlicht werden. Die Ziffer C.10 DCGK verknüpft zudem eine Unabhängigkeit mit bestimmten Ämtern. Die Ziffern C.7 bis C.10 DCGK wurden im Jahr 2020 eingeführt, wobei Ziffer C.7 Abs. 1 S. 2 DCGK inhaltlich auf das Jahr 2012 zurückgeht.

d. Geschäftliche oder persönliche Beziehung zu einem Wettbewerber

Nach Ziffer C.12 DCGK sollen Aufsichtsratsmitglieder keine Organfunktion oder Beratungsaufgaben bei wesentlichen Wettbewerbern des Unternehmens ausüben und nicht in einer persönlichen Beziehung zu einem wesentlichen Wettbewerber stehen. Der erste Teil der Empfehlung fand sich bereits im ersten DCGK des Jahres 2002. Der zweite Teil kam im Jahr 2020 neu dazu. Die Empfehlung steht im Widerspruch zum Aktiengesetz. Nach diesem hindert die Mitgliedschaft im Aufsichtsrat eines konkurrierenden Unternehmens die wirksame Bestellung zum Aufsichtsratsmitglied nicht. Es dürfte aber wenig bestritten sein, dass eine offene Diskussion im Gremium kaum stattfinden wird, wenn ein Mitglied über eine Organ- oder Beratungsfunktion mit einem Wettbewerber verbunden ist.[451] Auch liegt die Empfehlung angesichts der möglichen Loyalitätskonflikte und aufgrund der damit im Einzelfall verbundenen Haftungsfolgen im Interesse der Aufsichtsräte selbst.[452]

Fraglich ist, was der Kodex unter wesentlichen Wettbewerbern versteht. Wettbewerber ist in Anlehnung an § 88 Abs. 1 AktG zunächst, wer im selben

---

450 Dies war vor der Klarstellung 2019 höchst umstritten: Nicht per se abhängig: *Ringleb/Kremer/Lutter/v. Werder*, NZG 2012, 1081, 1088; *Lieder*, NZG 2005, 569, 571; *Langenbucher*, ZGR 2007, 571, 593, 594. Einschränkend: *Wilsing*, in: Wilsing, DCGK, Ziffer 5.4.2 Rn. 9, der zwar von einer Unabhängigkeit der Arbeitnehmervertreter ausgeht, diese aber bei der Berechnung der Anzahl nach Ziffer 5.4.2. S. 1 DCGK 2017 nicht berücksichtigen will. A.A.: *Roth*, ZHR 175 (2011), 605, 629, 640; *Habersack*, AG 2008, 98, 105.

451 *Kremer*, in: Kremer u.a., DCGK, Ziffer 5.4.2 Rn. 1396.

452 *Schiessl*, AG 2002, 593, 598.

Geschäftszweig wie die Gesellschaft tätig ist.[453] Dabei kommt es nicht auf den satzungsmäßigen, sondern auf den tatsächlich verfolgten Unternehmensgegenstand an.[454] Mit dem Merkmal „wesentlich" wollte die DCGK-Kommission eine Relevanzgrenze einfügen.[455] Sie erlaubt Aufsichtsratsmitgliedern, in die Dienste solcher Unternehmen zu treten, die nur peripher im Wettbewerb mit der Gesellschaft stehen.[456] Wo genau die Grenze verläuft, ist allerdings nicht geregelt. Dem Aufsichtsrat steht insofern ein Beurteilungsspielraum zu.[457] Möglich ist eine Anknüpfung an die Intensität des Wettbewerbs, also an die Frage, welches Unternehmen ähnliche Marktanteile hat, an die Wichtigkeit des einzelnen Geschäftsfelds, also an die Frage, welchen Stellenwert das Geschäftsfeld, in dem konkurriert wird, innerhalb der Gesellschaft hat oder an die Relevanz der Informationen, die potenziell vom Aufsichtsrat an den Wettbewerber weitergegeben werden können.[458]

e. *Zwischenergebnis zu 3.*

Unabhängigkeit spielt im DCGK, vor allem nach der Reform des Jahres 2020, eine weitaus größere Rolle als im Aktiengesetz. Dies lässt sich nicht zuletzt an der ausdrücklichen Erwähnung im Kodextext ablesen. Auch die schiere Vielzahl an Empfehlungen verdeutlicht diese Bedeutung. Vor allem der Indikatorenkatalog fehlender Unabhängigkeit ist wichtige Stütze des Aufsichtsrats bei der Prognoseentscheidung bezüglich potenzieller (zukünftiger) Interessenkonflikte. Fällt die Prognose im Zeitpunkt der Beschlussfassung im Gremium über die Wahlvorschläge an die Hauptversammlung bei dem einzelnen Aufsichtsratskandidaten negativ aus, kann dieser – im Rahmen der bestimmten angemessenen Anzahl und vor allem unter Beachtung der Begründungspflicht – trotzdem in den Aufsichtsrat gewählt werden. Fehlende Unabhängigkeit bedeutet nicht fehlende Kompetenz oder fehlende Professionalität.[459] Nicht unabhängige Aufsichtsräte

---

453 *Wilsing*, in: Wilsing, DCGK, Ziffer 5.4.2 Rn. 19.

454 BGH, Urteil vom 05.12.1983 – II ZR 242/82 = NJW 1984, 1351, 1353; *Wilsing*, in: Wilsing, DCGK, Ziffer 5.4.2 Rn. 19; *Koch*, in: Hüffer/Koch, AktG, § 88 Rn. 3.

455 *Wilsing*, in: Wilsing, DCGK, Ziffer 5.4.2 Rn. 19.

456 *Wilsing*, in: Wilsing, DCGK, Ziffer 5.4.2 Rn. 19.

457 *Wilsing*, in: Wilsing, DCGK, Ziffer 5.4.2 Rn. 19.

458 *Wilsing*, in: Wilsing, DCGK, Ziffer 5.4.2 Rn. 19. Zur Wichtigkeit des Geschäftsfeldes: *Schiessl*, AG 2002, 593, 598. Zur Relevanz der Information: *Langenbucher*, ZGR 2007, 571, 587.

459 *Kremer*, in: Kremer u.a., DCGK, Ziffer 5.4.2. Rn. 1390.

sind keine Aufsichtsratsmitglieder zweiter Klasse.[460] Kommt es im Laufe des Mandats zu einem Interessenkonflikt, soll das Aufsichtsratsmitglied diesen nach Ziffer E.1 S. 1 DCGK zunächst unverzüglich gegenüber dem Vorsitzenden[461] des Aufsichtsrats offenlegen. Sodann muss geprüft werden, ob der Konflikt wesentlich und nicht nur vorübergehend ist. Ist das der Fall, soll dies nach Ziffer E.1 S. 3 DCGK zur Beendigung des Mandats führen. Ist das nicht der Fall, kann im Gremium selbst mit flexiblen Sanktionen reagiert werden. In jedem Fall soll die Hauptversammlung informiert werden, Ziffer E.1 S. 2 DCGK.

4. *Zwischenergebnis zu III.*

Unabhängigkeit im Aufsichtsrat dient nicht nur der Funktionsfähigkeit, sondern fördert auch die Diskussionskultur innerhalb des Gremiums. Damit ist sie auch für das deutsche dualistische System von hoher Relevanz. Obwohl sie im Aktiengesetz keine ausdrückliche Erwähnung findet, zeigen eine Reihe von Vorschriften, dass sie implizit vorausgesetzt wird. Von den Sondergesetzen geht lediglich das KAGB auf Unabhängigkeit im Sinne einer wirtschaftlichen Unabhängigkeit ein. Im KWG und VAG werden Interessenkonflikte im Rahmen der Zuverlässigkeitsprüfung berücksichtigt, wobei die Prüfung nach den gleichen Merkmalen erfolgt. Den größten Stellenwert misst der DCGK dem Merkmal zu.

IV. Zuverlässigkeit und zeitliche Verfügbarkeit

1. *Zuverlässigkeit*

Das Merkmal „Zuverlässigkeit“ findet sich weder im Aktiengesetz noch im DCGK.

a. *Nach dem KWG und VAG*

Gemäß § 25d Abs. 1 S. 1 KWG müssen die Mitglieder des Verwaltungs- oder Aufsichtsorgans eines Instituts, einer Finanzholding-Gesellschaft oder einer gemischten Finanzholding-Gesellschaft zuverlässig sein. Ebenso müssen nach § 24 Abs. 1 S. 1 VAG Personen, die ein Versicherungsunternehmen tatsächlich leiten oder andere Schlüsselaufgaben wahrnehmen, zuverlässig sein. Wie bereits

---

460 *Kremer*, in: Kremer u.a., DCGK, Ziffer 5.4.2. Rn. 1390.

461 Damit ist entschieden, ob an den Vorsitzenden oder den gesamten Aufsichtsrat zu berichten ist. Früher a.A.: *Diekmann/Fleischmann*, AG 2013, 141, 145.

aufgezeigt, stellen Aufsichtsräte Personen dar, die andere Schlüsselaufgaben wahrnehmen.[462]

Auch bei einer Zuverlässigkeitsprüfung gleichen sich die Kriterien des KWG und des VAG. Zuverlässigkeit wird – nach Ansicht der BaFin – negativ definiert:[463] Sie wird unterstellt, wenn keine Tatsachen erkennbar sind, die Unzuverlässigkeit begründen. Dabei ist Unzuverlässigkeit anzunehmen, wenn persönliche Umstände nach der allgemeinen Lebenserfahrung die Annahme rechtfertigen, dass diese die sorgfältige und ordnungsgemäße Ausübung des Mandats beeinträchtigen können.[464] Berücksichtigung finden dabei das persönliche Verhalten sowie das Geschäftsgebaren hinsichtlich strafrechtlicher, finanzieller, vermögensrechtlicher und aufsichtsrechtlicher Aspekte.[465] Von besonderer Relevanz sind Verstöße gegen Straftat- oder Ordnungswidrigkeitentatbestände, insbesondere solche, die im Zusammenhang mit Tätigkeiten bei Unternehmen stehen, sowohl innerhalb der deutschen als auch einer ausländischen Rechtsordnung.[466] Aber auch weniger gravierende Umstände, wie eine mangelnde zeitliche Verfügbarkeit des Mitglieds, können die Zuverlässigkeit in Frage stellen.[467] Bei der Erörterung des Merkmals „Unabhängigkeit" wurde bereits darauf hingewiesen, dass bei beiden Gesetzen im Rahmen der Prüfung des Merkmals „Zuverlässigkeit" auch mögliche Interessenkonflikte zu berücksichtigen sind.[468] Ebenso wurde bei der Erörterung des Merkmals „Sachkunde" bereits darauf hingewiesen, dass bei der Zuverlässigkeitsprüfung, im Gegensatz zur Prüfung der sachlichen Eignung, für alle Personen die gleichen Anforderungen gelten, unabhängig vom individuellen Risikoprofil des Unternehmens.[469] Schließlich sei noch darauf hingewiesen, dass Unzuverlässigkeit kein Verschulden voraussetzt.[470]

---

462 Siehe Kapitel 3., B., I., 2., a., aa.

463 *BaFin*, Merkblatt KWG/KAGB, S. 22; *BaFin*, Merkblatt VAG, S. 14.

464 *BaFin*, Merkblatt KWG/KAGB, S. 22; *BaFin*, Merkblatt VAG, S. 14.

465 *BaFin*, Merkblatt KWG/KAGB, S. 22; *BaFin*, Merkblatt VAG, S. 14.

466 *BaFin*, Merkblatt KWG/KAGB, S. 22; *BaFin*, Merkblatt VAG, S. 14.

467 *Wolfgarten*, in: Boos/Fischer/Schulte-Mattler, KWG, § 25d Rn. 14, der dies aus dem Merkblatt ableitet, da dann nicht mehr von einer sorgfältigen und ordnungsgemäßen Wahrnehmung des Kontrollmandats auszugehen ist; *Dreher*, in: Prölss/Dreher, VAG, § 24 Rn. 94. Siehe Kapitel 3., B., IV., 2.

468 *BaFin*, Merkblatt KWG/KAGB, S. 23; *BaFin*, Merkblatt VAG, S. 15; *Wolfgarten*, in: Boos/Fischer/Schulte-Mattler, KWG, § 25d Rn. 15.

469 *Laars/Both*, in: NK-VAG, § 24 Rn. 5.

470 *BaFin*, Merkblatt KWG/KAGB, S. 22; *BaFin*, Merkblatt VAG, S. 14.

b. Nach dem KAGB

Auch das KAGB sieht in §§ 119 Abs. 2 S. 1, 147 Abs. 2 S. 1 das Merkmal „Zuverlässigkeit" für Investmentaktiengesellschaften mit veränderlichem und fixem Kapital vor. Jedoch gilt dies nur für Mitglieder des Vorstands der Investmentaktiengesellschaft und gerade nicht für Aufsichtsratsmitglieder.

Gemäß §§ 18 Abs. 4 S. 1, 119 Abs. 3 S. 1, 147 Abs. 3 S. 1 KAGB müssen Mitglieder des Aufsichtsrats ihrer Persönlichkeit nach geeignet sein, die Wahrung der Interessen der Anleger zu gewährleisten. Nach der BaFin[471] entsprechen die Anforderungen an das Tatbestandsmerkmal „ihrer Persönlichkeit nach" im Wesentlichen denen der Zuverlässigkeit im Sinne des KWG und VAG. Auch wenn es mithin keine ausdrückliche Normierung von Zuverlässigkeit im KAGB gibt, sind doch die oben dargestellten Anforderungen in seinem Anwendungsbereich zu beachten.

c. Zwischenergebnis zu 1.

Es lässt sich festhalten, dass Zuverlässigkeit für Aufsichtsräte in § 25d Abs. 1 S. 1 KWG und § 24 Abs. 1 S. 1 VAG normiert ist. Dabei entsprechen sich die inhaltlichen Anforderungen an das Merkmal. Auch ohne ausdrückliche Normierung sind diese im Geltungsbereich des KAGB zu beachten (über §§ 18 Abs. 4 S. 1, 119 Abs. 3 S. 1, 147 Abs. 3 S. 1 KAGB).

2. Zeitliche Verfügbarkeit

Das Merkmal findet sich nicht im Aktiengesetz.

a. Nach dem KWG

Neben der Zuverlässigkeit sieht § 25d Abs. 1 S. 1 KWG vor, dass die Mitglieder des Verwaltungs- oder Aufsichtsorgans der Wahrnehmung ihrer Aufgaben ausreichend Zeit widmen müssen. Dies bedeutet zum einen, dass das Mitglied unter Berücksichtigung seiner beruflichen und gesellschaftlichen Verpflichtungen nach allgemeiner Anschauung in der Lage sein muss, für das einzelne Mandat ausreichend Zeit aufzubringen, und zum anderen, dass das Mitglied die erforderliche Zeit auch tatsächlich aufbringt.[472] Es liegt grundsätzlich in der Verantwortung eines jeden Mitglieds, nur dann ein Mandat anzunehmen, wenn es dem zeitlichen Aufwand dieses Mandats auch gerecht werden kann.[473] Einzubeziehen

471 *BaFin*, Merkblatt KWG/KAGB, S. 23.
472 *BaFin*, Merkblatt KWG/KAGB, S. 24.
473 *BaFin*, Merkblatt KWG/KAGB, S. 24.

sind alle haupt- und nebenamtlichen Tätigkeiten sowie alle Mandate des Mitglieds in Verwaltungs- und Aufsichtsorganen,[474] Mandate in Beiräten nur dann, wenn die Aufgaben und Befugnisse denen eines Verwaltungs- oder Aufsichtsorgans entsprechen und gesetzlich, per Satzung oder Gesellschaftsvertrag geregelt sind.[475] In die Betrachtung müssen die Sitzungszeiten, Reisezeiten sowie Zeiten zum Vor- und Nachbereiten einfließen.[476] Keine Berücksichtigung finden reine Ehrenämter und Tätigkeiten, die dem Privatleben zuzuordnen sind.[477]

b. Nach dem VAG und KAGB

Weder im VAG noch im KAGB finden sich direkte Vorschriften des Erfordernisses der zeitlichen Verfügbarkeit von Aufsichtsräten. Indes findet das Merkmal indirekt Beachtung. Im VAG ist es Element der persönlichen Zuverlässigkeit des § 24 Abs. 1 S. 1 VAG.[478] Hat ein Aufsichtsrat zu wenig Zeit für die Ausübung seines Amts, wird er dieses nicht zuverlässig ausüben können. Im KAGB ist es, doppelt indirekt, über das Merkmal „ihrer Persönlichkeit nach“[479] zu berücksichtigen. Über dieses sind die Zuverlässigkeitsanforderungen und damit auch das der zeitlichen Verfügbarkeit zu beachten. Inhaltlich gleichen die Anforderungen, die an die zeitliche Verfügbarkeit eines Mitglieds gestellt werden, den oben dargestellten des KWG.[480]

c. Nach dem DCGK

Das Merkmal „zeitliche Verfügbarkeit“ findet sich in Grundsatz 12 DCGK. Danach achtet jedes Aufsichtsratsmitglied darauf, dass ihm für die Wahrnehmung seiner Aufgaben genügend Zeit zur Verfügung steht. Dies fand sich so schon in den Anfängen des DCGK, nämlich im DCGK 2003.[481]

Sind die empfohlenen Höchstmandatszahlen nicht erreicht, richtet sich die Frage, ob ein Kandidat ein weiteres Mandat annehmen kann, also nach dem konkreten Zeitbedarf des eventuell neu hinzukommenden Mandats. Der

---

474 *BaFin*, Merkblatt KWG/KAGB, S. 24.
475 *BaFin*, Merkblatt KWG/KAGB, S. 24.
476 *BaFin*, Merkblatt KWG/KAGB, S. 24.
477 *BaFin*, Merkblatt KWG/KAGB, S. 24.
478 *Dreher*, in: Prölss/Dreher, VAG, § 24 Rn. 94; *BaFin*, Merkblatt VAG, S. 15, 16.
479 In §§ 18 Abs. 4 S. 1, 119 Abs. 3 S. 1, 147 Abs. 3 S. 1 KAGB.
480 *BaFin*, Merkblatt VAG, S. 15, 16.
481 Damals noch unter Ziffer 5.4.3 S. 1. Bekanntmachung des DCGK in der Fassung vom 21.05.2003, vom 30.06.2003, eBAnz AT1 2003 B1.

Kandidat muss selbst den konkreten Zeitbedarf einschätzen, um sodann zu entscheiden, ob er diesen noch erfüllen kann. Genauere Vorgaben, diesen Zeitbedarf zu ermitteln, enthält der Kodex nicht.[482] Hinweise können Erfahrungswerte anderer Unternehmen derselben Branche, Komplexität oder Größe des Unternehmens, die vorgesehene Aufgabe des Kandidaten im Gremium (Mitarbeit in Ausschüssen, Vorsitz) sowie die persönlichen Kenntnisse, Fähigkeiten und Erfahrungen des Kandidaten sein.[483] Dabei darf zum einen nicht aus dem Blick geraten, dass der Gesetzgeber das Aufsichtsratsmandat nicht als hauptberufliche Tätigkeit ansieht,[484] zum anderen muss aber auch die inzwischen deutlich professionellere und arbeitsintensivere Aufsichtsratstätigkeit Berücksichtigung finden.[485]

d. Zwischenergebnis zu 2.

Direkte Vorgaben zum erforderlichen Zeitaufwand als Anforderung an Aufsichtsräte finden sich ausschließlich in § 25d Abs. 1 S. 1 KWG sowie in Grundsatz 12 DCGK. Im VAG und KAGB findet das Merkmal (doppelt) indirekt Beachtung. Die Berücksichtigung des erforderlichen Zeitaufwands ist immer im Zusammenhang mit der Diskussion um die zulässige Höchstzahl an Aufsichtsratsmandaten zu sehen. Nunmehr enthält sowohl das KWG als auch der DCGK beide Merkmale. Unabhängig von einer direkten Vorgabe oder indirekten Geltung des Merkmals besteht das Erfordernis der zeitlichen Verfügbarkeit getrennt von der zulässigen Höchstzahl an Mandaten, so dass ein Mitglied aus zeitlichen Gründen daran gehindert sein kann, ein weiteres Mandat anzunehmen, auch wenn es die zulässige Höchstzahl noch nicht erreicht hat.[486]

3. Ausstrahlungswirkung auf das Aktiengesetz

Eine Ausstrahlungswirkung des Aufsichtsrechts auf das allgemeine Aktienrecht steht schon länger in der Diskussion.[487] Im vorliegenden Kontext ist fraglich, ob die ausschließlich im Aufsichtsrecht geforderten Merkmale „Zuverlässigkeit“

482 *Kremer*, in: Kremer u.a., DCGK, Ziffer 5.4.1 Rn. 1352.

483 *Kremer*, in: Kremer u.a., DCGK, Ziffer 5.4.1 Rn. 1352 ff.

484 Vgl. auch die gesetzlichen Höchstzahlen in § 100 Abs. 2 AktG; *Kremer*, in: Kremer u.a., DCGK, Ziffer 5.4.5 Rn. 1416.

485 *Kremer*, in: Kremer u.a., DCGK, Ziffer 5.4.1 Rn. 1350.

486 *BaFin*, Merkblatt KWG/KAGB, S. 24.

487 von *Fleischer*, ZIP 2003, 1, 10, der von einer „Schrittmacherrolle spricht“; *Dreher*, ZGR 2010, 496 ff.; *Weber-Rey*, ZGR 2010, 543, 564 ff.

und „zeitliche Verfügbarkeit" auf das allgemeine Aktiengesetz ausstrahlen. Auch wenn es keine einheitliche Verwendung des Begriffs „Ausstrahlung" gibt, so ist doch allen Anwendungsfällen gemein, dass Rechtsgedanken, Wertungen oder Normen auf Bereiche übertragen werden, die nicht in ihrem eigentlichen Anwendungsbereich liegen, in denen derartige Regelungen fehlen und eine Übertragung sinnvoll und angemessen erscheint.[488] Diese Übertragung geschieht rechtsmethodisch im Rahmen einer (systematischen oder teleologischen) Auslegung.[489]

Wichtigste Voraussetzung ist, dass ein allgemeiner Rechtsgrundsatz besteht, der in speziellen Normen konkretisiert und aufgefunden wird.[490] Insofern wird von der „Vorfindlichkeit" eines allgemeinen Prinzips gesprochen.[491] Dieser Rechtsgrundsatz muss, unabhängig von der Konkretisierung in der spezielleren Norm, bereits im allgemeineren Recht gelten.[492] Er wird lediglich in der spezielleren Norm „entdeckt" und sodann bei der Auslegung der allgemeineren herangezogen.[493] Damit steht auch fest, dass eine Vergleichbarkeit der hinter der ausstrahlenden und der von der Ausstrahlung betroffenen Regelung stehenden Interessenlagen weitere Voraussetzung ist.[494] Eine pauschale und undifferenzierte Übertragung einer Konkretisierung eines allgemeinen Prinzips ohne Berücksichtigung der Interessenlagen, also ohne Berücksichtigung der Besonderheiten, die sich im Einzelfall ergeben können, wäre nicht sachgerecht.[495] Allgemeiner Rechtsgrundsatz könnte das Zuverlässigkeitserfordernis sein. Dieses umfasst auch eine zeitliche Komponente.[496] Unmittelbar findet sich dieser Grundsatz

---

488 *Porsch*, Die Qualifikation der Aufsichtsratsmitglieder, S. 245, 246. Zur uneinheitlichen Verwendung des Begriffs: *Dreher*, ZGR 2010, 496, 501.

489 *Dreher*, ZGR 2010, 496, 503; *Porsch*, Die Qualifikation der Aufsichtsratsmitglieder, S. 252, der auch andere Möglichkeiten, beispielsweise eine Analogiebildung, erörtert; *Weber-Rey*, ZGR 2010, 543, 566.

490 *Porsch*, Die Qualifikation der Aufsichtsratsmitglieder, S. 277; *Dreher*, ZGR 2010, 496, 503, 504; *Weber-Rey*, ZGR 2010, 543, 567.

491 *Porsch*, Die Qualifikation der Aufsichtsratsmitglieder, S. 277; *Dreher*, ZGR 2010, 496, 504.

492 *Porsch*, Die Qualifikation der Aufsichtsratsmitglieder, S. 277; *Dreher*, ZGR 2010, 496, 506, 507.

493 *Dreher*, ZGR 2010, 496, 506, 507.

494 *Porsch*, Die Qualifikation der Aufsichtsratsmitglieder, S. 279 ff. A.A.: *Dreher*, ZGR 2010, 496, 503.

495 *Porsch*, Die Qualifikation der Aufsichtsratsmitglieder, S. 280.

496 Siehe Kapitel 3., B., IV., 2., b.

nicht im Aktiengesetz. Mittelbar finden sich jedoch dazu Regelungssätze, wie beispielsweise die Höchstzahl an Aufsichtsratsmandaten oder die *Cooling-off*-Periode.[497] Damit besteht schon keine Notwendigkeit einer Ausstrahlung. Das Aktiengesetz beinhaltet den Grundsatz – implizit – selbst.

Schwierigkeiten bereitet auch die nötige Vergleichbarkeit.[498] Zwar sind sowohl die ausstrahlenden als auch die von der Ausstrahlung betroffenen Regelungen auf der gleichen Ebene der Normenhierarchie anzutreffen.[499] Die Interessenlagen, die dahinter stehen, sind jedoch andere. Das KWG sowie das VAG bilden Sondervorschriften für bestimmte Wirtschaftsbereiche. Diese Bereiche unterscheiden sich im Vergleich zum allgemeinen Aktienrecht in mehrerer Hinsicht. Zunächst kommen schutzbedürftige Interessengruppen wie die der Kapitalanleger[500] beziehungsweise der Versicherungsnehmer hinzu. Beide Personengruppen investieren Kapital in Unternehmen, deren Bonität sie nicht vollumfänglich kennen (können). Sie müssen darauf vertrauen (können), dass ihre Einlagen über aufsichtsrechtliche Mechanismen geschützt sind. Sodann zeichnen sich diese Branchen durch eine erhöhte Risikolage für die öffentliche Sicherheit und Ordnung aus.[501] Über das Bankaufsichtsrecht (KWG) soll die Stabilität der Finanzmärkte, die essentiell für die Aufrechterhaltung der gesamten nationalen Wirtschaft ist, sowie ein Einlegerschutz gewährleistet werden.[502] Versicherungen auf der anderen Seite partizipieren oft übermäßig stark an globalen Marktverunsicherungen. Insbesondere im Hinblick auf die erhebliche Bedeutung des Versicherungssektors für die Daseinsfürsorge dient das Versicherungsaufsichtsrecht (VAG) dazu, Verluste oder gar Insolvenzen von Versicherungsunternehmen zu vermeiden.[503] Beide Aufsichtsrechte tragen damit letztlich zum Erhalt einer funktions- und strapazierfähigen Volkswirtschaft bei. Letzter Unterscheidungspunkt der spezialgesetzlich normierten Branchen zum allgemeinen Aktienrecht ist die Größe der Gesellschaften. Gesellschaften im Anwendungsbereich

497 *Weber-Rey*, ZGR 2010, 543, 585.

498 *Porsch*, Die Qualifikation der Aufsichtsratsmitglieder, S. 240, der davon spricht, dass die Interessenlagen zwar verschieden sein können, eine ähnliche Behandlung aber dennoch sinnvoll sein kann.

499 Wie von *Porsch*, Die Qualifikation der Aufsichtsratsmitglieder, S. 249 gefordert.

500 *Porsch*, Die Qualifikation der Aufsichtsratsmitglieder, 280; *Weber-Rey*, ZGR 2010, 543, 549.

501 *Weber-Rey*, ZGR 2010, 543, 547.

502 *Weber-Rey*, ZGR 2010, 543, 547.

503 *Weber-Rey*, ZGR 2010, 543, 550.

des KWG/VAG sind in der Regel von einer Größe, die sich dergestalt selten im Bereich des allgemeinen Aktienrechts findet.

Schließlich scheitert eine Ausstrahlungswirkung auch an der nötigen Ausstrahlungsfähigkeit der ausstrahlenden Regelungen.[504] Dazu müssten die Regelungen über die Normierung von Prinzipien hinausgehen.[505] Sie müssten einen gewissen Grad an Konkretisierung enthalten. Dabei gilt, dass die Ausstrahlungsfähigkeit einer Regelung mit deren Konkretisierungsgrad zunimmt.[506] § 25d Abs. 1 S. 1 KWG sowie § 24 Abs. 1 S. 1 VAG fordern eine Zuverlässigkeit, ohne den Begriff näher zu konkretisieren. Die BaFin jedoch holt dies in ihren Empfehlungen nach. Eine Ausstrahlungsfähigkeit dieser Empfehlungen ist indes zu verneinen. Es mangelt ihnen an einer demokratischen Legitimation, da sie von der Behörde, der BaFin, selbst und nicht vom Gesetzgeber erlassen wurden. Dies wiederum ist unter dem Gesichtspunkt der Gewaltenteilung problematisch.[507] Eine Ausstrahlung würde nämlich dazu führen, dass nicht demokratisch legitimierte Empfehlungen in die der Legislative zugewiesenen (Gesetzes) Kompetenzen eingreifen.[508] Unmittelbar ausstrahlungsfähig können somit nur Regelungen sein, die der Gesetzgeber selbst erlassen hat.[509] Obwohl ihnen keine Rechtsverbindlichkeit zukommt, ist den Verlautbarungen der BaFin zuzugestehen, dass sie einen faktischen Befolgungszwang verbreiten.[510] Unternehmen legen sie ihrem Verhalten zur Vermeidung von aufsichtsbehördlichen Sanktionen, Reputationsschäden oder einer persönlichen Haftung zugrunde.[511] Die grundgesetzlich verankerte Gewaltenteilung ist jedoch ein hohes Gut unserer Rechtsordnung. Ein Eingriff in dieselbe kann nicht über einen faktischen Befolgungszwang legitimiert werden. Eine „mittelbare" oder „faktische" Ausstrahlungsfähigkeit ist abzulehnen.[512] Zudem würde eine solche die Kompetenzen

---

504 *Porsch*, Die Qualifikation der Aufsichtsratsmitglieder, S. 281.

505 *Porsch*, Die Qualifikation der Aufsichtsratsmitglieder, S. 281. Zum Unterschied prinzipienbasierte versus regelbasierte Regulierung: *Weber-Rey*, ZGR 2010, 543, 563, 564.

506 *Porsch*, Die Qualifikation der Aufsichtsratsmitglieder, S. 281; *Weber-Rey*, ZGR 2010, 543, 567.

507 *Porsch*, Die Qualifikation der Aufsichtsratsmitglieder, S. 282, 283.

508 *Porsch*, Die Qualifikation der Aufsichtsratsmitglieder, S. 282, 283.

509 *Porsch*, Die Qualifikation der Aufsichtsratsmitglieder, S. 283; *Weber-Rey*, ZGR 2010, 543, 555.

510 *Weber-Rey*, ZGR 2010, 543, 556, 557; *Porsch*, Die Qualifikation der Aufsichtsratsmitglieder, S. 284.

511 *Porsch*, Die Qualifikation der Aufsichtsratsmitglieder, S. 284.

512 *Porsch*, Die Qualifikation der Aufsichtsratsmitglieder, S. 283, 284. A.A.: *Weber-Rey*, ZGR 2010, 543, 555 ff., 567, die von einer solchen ausgeht.

der Behörde bei weitem überschreiten.[513] Damit steht fest, dass die Voraussetzungen einer Ausstrahlungswirkung nicht gegeben sind. Die ausschließlich im Aufsichtsrecht geforderten Merkmale „Zuverlässigkeit" und „zeitliche Verfügbarkeit" strahlen nicht auf das allgemeine Aktiengesetz aus.[514]

V. Zwischenergebnis zu B.

Über die gesetzlich vorausgesetzten Mindestqualifikationen hinaus existieren im AktG (§ 100 Abs. 5), im KWG (§ 25 Abs. 2 S. 1), im KAGB (§§ 18 Abs. 4 S. 1, 119 Abs. 3 S. 1, 147 Abs. 3 S. 1), im VAG (§ 24 Abs. 1 S. 1) und schließlich im DCGK (Grundsatz 11, Ziffer C.1 DCGK) besondere Regelungen zur Sachkunde.

Eine Förderung des unterrepräsentierten Geschlechts im Aufsichtsrat findet im AktG über die festen Geschlechterquoten (§ 96 Abs. 2, Abs. 3) sowie über die Verpflichtung zur Festlegung einer Zielgröße für den Frauenanteil im Aufsichtsrat (§ 111 Abs. 5 S. 1) statt. *Lex specialis* zur letztgenannten Verpflichtung ist § 25d Abs. 11 S. 2 Nr. 2 KWG.

Unabhängigkeit findet im Aktiengesetz keine ausdrückliche Erwähnung. Trotzdem zeigen eine Reihe von Vorschriften, dass das Merkmal implizit vorausgesetzt wird. Von den Sondergesetzen geht lediglich das KAGB (§ 18 Abs. 3 S. 1) direkt auf dieses ein. Im KWG und VAG werden Interessenkonflikte im Rahmen der Zuverlässigkeitsprüfung berücksichtigt. Den größten Stellenwert misst der DCGK dem Merkmal „Unabhängigkeit" zu. Er enthält diesbezüglich ausdrückliche Empfehlungen.

Zuverlässigkeit für Aufsichtsräte ist ausschließlich in den § 25d Abs. 1 S. 1 KWG und § 24 Abs. 1 S. 1 VAG normiert. Auch ohne ausdrückliche Normierung ist das Merkmal im Geltungsbereich des KAGB zu beachten. Einzig in § 25d Abs. 1 S. 1 KWG sowie in Grundsatz 12 DCGK finden sich direkte Vorgaben zum erforderlichen Zeitaufwand als Anforderung an Aufsichtsräte. Im VAG und KAGB findet das Merkmal (doppelt) indirekt Beachtung.

C. Ergebnis Kapitel 3

Als die Länder Hamburg und Schleswig-Holstein Ende Februar 2018 einen amerikanischen Investmentfonds als Käufer der angeschlagenen HSH Nordbank präsentierten, war das Aufatmen in Politik und Gesellschaft groß. Vorausgegangen

---

513 *Porsch*, Die Qualifikation der Aufsichtsratsmitglieder, S. 284.

514 Für die Qualifikation des Aufsichtsrats allgemein ebenso: *Weber-Rey*, ZGR 2010, 543, 585.

waren turbulente Jahre, die in einer Vorgabe der EU gemündet hatten, die HSH Nordbank bis März 2018 wegen immenser Staatshilfen zu ihrer Rettung nach der Finanzmarktkrise zu verkaufen oder abzuwickeln.[515] Der endgültige Verlust für die beiden Länder liegt zwischen 10 und 15 Milliarden Euro.[516] Davon hätten um die 14 Elbphilharmonien gebaut werden können.[517] Der Verkauf der HSH Nordbank setzt einen weiteren Schlusspunkt an das Kapitel Finanz- beziehungsweise Bankenkrise, die im Jahr 2007 in Deutschland mit dem Straucheln der IKB am Finanzmarkt begann. Eine Mitschuld des Aufsichtsrats der HSH Nordbank an den katastrophalen Entwicklungen lässt sich nicht leugnen. Hätte dieser seine Überwachungs- und Beratungsfunktion ordnungsgemäß ausgeübt, wäre der Verlust für den Steuerzahler aller Voraussicht nach zumindest nicht derart hoch ausgefallen. Es drängt sich die Frage auf, ob Fälle wie der der IKB oder der HSH Nordbank zu einem Umdenken des Gesetzgebers in Bezug auf die nötigen Anforderungen an Aufsichtsräte geführt haben. Ein radikaler Bruch der Legislative mit dem bisher vorherrschenden Denken, dass ein Eingreifen nicht beziehungsweise nur reduziert notwendig sei,[518] ist jedenfalls auf den ersten Blick nicht ersichtlich.

I. Reformen des AktG

Seit dem Jahr 2007 wurden im AktG reformiert: die Karenzzeit in § 100 Abs. 2 S. 1 Nr. 4 (im Jahr 2009), Sachkunde in § 100 Abs. 5 (in den Jahren 2009 und 2016) sowie die Vorschriften zur Förderung des Frauenanteils in §§ 96 Abs. 2, Abs. 3, 111 Abs. 5 S. 1 (im Jahr 2015).

Fraglich ist, ob sich diese Änderungen auf die Finanzmarktkrise zurückführen lassen. Die zweijährige Karenzzeit wurde durch das VorstAG eingeführt. Dieses ist zweifellos ein Kind der Finanzmarktkrise. Sein Ziel war es, Anreize in Richtung einer nachhaltigen und auf Langfristigkeit ausgerichteten

515 Beschluss (EU) 2016/2057 der Kommission vom 02.05.2016 über die staatliche Beihilfe und Maßnahmen SA.29338 (2013/C-30) und SA.44910 (2016/N) zugunsten der HSH Nordbank AG (ABl. L 319/13).

516 *Spiegel Online*; abgerufen am 25.10.2019 unter: https://www.spiegel.de/wirtschaft/soziales/hsh-nordbank-wird-verkauft-so-teuer-wie-14-elbphilharmonien-a-1195718.html.

517 *Spiegel Online*; abgerufen am 25.10.2019 unter: https://www.spiegel.de/wirtschaft/soziales/hsh-nordbank-wird-verkauft-so-teuer-wie-14-elbphilharmonien-a-1195718.html.

518 *Lieder*, Der Aufsichtsrat im Wandel der Zeit, S. 227.

Unternehmensführung zu setzen.[519] Durch die *Cooling-off*-Periode sollten mögliche Interessenkonflikte aufgrund vorheriger Vorstandstätigkeit vermieden werden sowie abgewendet werden, dass die Aufdeckung von Unstimmigkeiten in der Vergangenheit vom ehemaligen Vorstandsmitglied verhindert wird.[520] § 100 Abs. 5 AktG in seiner ursprünglichen Form, eingeführt durch das BilMoG im Jahr 2009, sah ein unabhängiges Mitglied des Aufsichtsrats mit Sachverstand vor. Er diente der Umsetzung von Artikel 41 der Abschlussprüferrichtlinie.[521] Diese wurde im Mai 2006, mithin noch vor Ausbruch der Weltfinanzkrise, erlassen. Damit resultiert die ursprüngliche Form des Absatzes jedenfalls nicht aus den weltweiten Erschütterungen auf dem Finanzmarkt. Über das AReG wurde lediglich die davor geforderte Unabhängigkeit gestrichen. Die Gründe dafür finden sich in den deutschen Eigenheiten des dualistischen Systems sowie des Systems der Mitbestimmung. Sie sind nicht auf die Finanzmarktkrise zurückzuführen. Die Änderungen des Aktiengesetzes über das FüPoG schließlich stammen aus dem Jahr 2015. Das FüPoG diente dazu, den Anteil von Frauen an Führungspositionen in der Privatwirtschaft signifikant zu erhöhen.[522] Damit sind diese Änderungen unabhängig von der Finanzmarktkrise zu sehen. Fest steht also, dass einzig die zweijährige Karenzzeit in § 100 Abs. 2 S. 1 Nr. 4 AktG direkte Folge der Finanzmarktkrise ist.

II. Reformen des KWG

Im Bereich der Anforderungen an Aufsichtsräte wurden im Anwendungsbereich des KWG seit dem Jahr 2007 reformiert: § 25d Abs. 1 S. 1 (Zuverlässigkeit, individuelle Sachkunde und zeitliche Verfügbarkeit), Abs. 2 S. 1 (Gesamtqualifikation des Organs), Abs. 3 S. 1, Abs. 3a (Ausschlusstatbestände) und schließlich Abs. 11 S. 2 Nr. 2 (Förderung unterrepräsentiertes Geschlecht).

---

519 RegE. zum VorstAG, BT-Drs. 16/12278, S. 1.

520 RegE. zum VorstAG, BT-Drs. 16/12278, S. 6. Dabei wird zwar noch von einem Wechsel in einen Prüfungsausschuss ausgegangen; die Regierungsbegründung ist jedoch übertragbar auf einen Wechsel in den Aufsichtsrat.

521 RegBegr. zum BilMoG, BT-Drs. 16/10067, S. 101. Die Abschlussprüferrichtlinie meint die Richtlinie 2006/43/EG des Europäischen Parlaments und des Rates vom 17.05.2006 über Abschlussprüfungen von Jahresabschlüssen und konsolidierten Abschlüssen, zur Änderung der Richtlinien 78/660/EWG und 83/349/EWG des Rates und zur Aufhebung der Richtlinie 84/253/EWG des Rates (ABl. L 157, S. 87). Vgl. Art. 41 Abs. 1 UAbs. 1 S. 2 der Richtlinie.

522 RegBegr. zum FüPoG, BT-Drs. 18/3784, S. 2.

Fraglich ist der Hintergrund der Reformen. § 25d KWG wurde über das CRD-IV-Umsetzungsgesetz vom 28. August 2013 eingeführt. Dieses diente der Umsetzung europäischer Vorgaben.[523] Hintergrund dieser Vorgaben wiederum war die Finanzmarktkrise.[524] Basierend auf der Forderung der Staats- und Regierungschefs der führenden Industrienationen, das Bankensystem nachhaltig zu stärken, veröffentlichte im Dezember 2010 der Baseler Ausschuss für Bankenaufsicht eine Empfehlung für neue Eigenkapital- und Liquiditätsstandards für international tätige Banken (Basel III).[525] Diese Empfehlung wurde zunächst auf europäischer, sodann auf nationaler Ebene umgesetzt.[526]

Im Einzelnen gilt Folgendes: Bei § 25d Abs. 1 KWG handelt es sich um den vormaligen § 36 Abs. 3 S. 1, S. 2 KWG a. F., der jedoch um die Regelung zur zeitlichen Verfügbarkeit erweitert wurde.[527] § 36 Abs. 3 KWG wurde über Art. 1 des FMVA-StärkG vom 29. Juli 2009 eingeführt. Im Lichte der Finanzmarktkrise erlassen, wollte dieses eine Stärkung der Verantwortung der handelnden Personen hervorrufen.[528] § 25d Abs. 2, Abs. 3 S. 1 Nr. 1 KWG setzt Art. 91 Abs. 1, Art. 88 Abs. 1 e) der Richtlinie 2013/36/EU um. § 25 Abs. 3 S. 1 Nr. 2 KWG ist der vormalige § 36 Abs. 3 S. 5 KWG, der wiederum über Art. 1 des FMVA-StärkG eingeführt worden ist. § 25 Abs. 3 S. 1 Nr. 3 KWG setzt Art. 91 Abs. 3 a) der Richtlinie um. § 25 Abs. 3 S. 1 Nr. 4 KWG knüpft an den vormaligen § 36 Abs. 3 S. 6 KWG an,[529] der wiederum über Art. 1 des FMVA-StärkG eingeführt worden ist, wobei die Höchstzahl später über das CRD-IV-Umsetzungsgesetz von fünf auf vier Mandate reduziert worden ist. Als Zwischenergebnis steht mithin fest, dass sich § 25d Abs. 1 S. 1, Abs. 2 S. 1 sowie die Nummern 1 bis 4 des Abs. 3 S. 1 KWG entweder auf das FMVA-StärkG oder die Richtlinie 2013/36/EU zurückführen lassen. Sie resultieren also allesamt aus der Finanzmarktkrise.

---

523 Es diente der Umsetzung der Richtlinie 2013/36/EU vom 26.06.2013 über den Zugang zur Tätigkeit von Kreditinstituten und die Beaufsichtigung von Kreditinstituten und Wertpapierfirmen, zur Änderung der Richtlinie 2002/87/EG und zur Aufhebung der Richtlinien 2006/48/EG und 2006/49/EG (ABl. L 176, S. 338).

524 RegBegr. zum CRD IV-Umsetzungsgesetz, S. 1.

525 RegBegr. zum CRD IV-Umsetzungsgesetz, S. 1.

526 RegBegr. zum CRD IV-Umsetzungsgesetz, S. 1. Auf europäischer Ebene über die Richtlinie 2013/36/EU, auf nationaler über das CRD-IV-Umsetzungsgesetz.

527 RegBegr. zum CRD IV-Umsetzungsgesetz, S. 87.

528 RegE. zum FMVA-StärkG, BT-Drs. 16/12783, S. 1.

529 RegBegr. zum CRD IV-Umsetzungsgesetz, S. 87. § 36 Abs. 3 S. 6 KWG a. F. ging dabei wie die ursprüngliche Version von § 25d Abs. 3 S. 1 Nr. 4 KWG (RegE. zum CRD IV-Umsetzungsgesetz, BT-Drs. 510/12, S. 48) noch von fünf Mandaten aus.

§ 25d Abs. 3a Nr. 1 KWG wurde durch das AbwMechG vom 2. November 2015 eingeführt. Dass die Nummer 1 nicht wie die Nummern 2 und 3 schon durch Art. 1 FiMaAnpG vom 15. Juli 2014 eingefügt worden war, ist auf ein redaktionelles Versehen zurückzuführen.[530] Absatz 3a ist mithin ebenso auf die Finanzmarktkrise zurückzuführen.

§ 25d Abs. 11 S. 2 Nr. 2 KWG besteht schließlich, unabhängig von der Weltfinanzkrise, seit Einführung des § 25d KWG im Jahr 2013.

Insgesamt ist also festzuhalten, dass die Änderungen der § 25d Abs. 1 S. 1, Abs. 2 S. 1, Abs. 3 S. 1 und Abs. 3a KWG auf die Weltfinanzmarktkrise zurückgehen.

III. Reformen des VAG

Im VAG wurden im Zusammenhang mit den Anforderungen an Aufsichtsräte seit dem Jahr 2007 eingeführt: § 24 Abs. 1 S. 1 (Zuverlässigkeit und individuelle Sachkunde), Abs. 4 S. 1 (gemäßigtes *Cooling-off*) und Abs. 4 S. 2 Hs. 1 VAG (Höchstzahl an Aufsichtsratsmandaten).

Diese Normen gelten seit Inkrafttreten des VAG am 1. Januar 2016 (über Artikel 1 VAMoG). Hintergrund war der Beschluss der Europäischen Union zur Modernisierung der Solvenzanforderungen an Versicherungsunternehmen im Jahr 2009 (Solvabilität II).[531] Die Planungen für dieses Projekt auf europäischer Ebene zogen sich über ein Jahrzehnt hin. So konnten auch Erfahrungen aus der internationalen Finanzmarktkrise, die erhebliche Schwächen der bestehenden Finanzaufsichtsstrukturen offengelegt hatte, in die Reform einfließen.[532]

IV. Reformen des KAGB

Im KAGB wurden seit dem Jahr 2007 reformiert: §§ 18 Abs. 3 S. 1 (Unabhängigkeit) sowie Abs. 4 S. 1, 119 Abs. 3 S. 1, 147 Abs. 3 S. 1 (individuelle Sachkunde sowie indirekt Zuverlässigkeit).

Die Vorschriften sind über das AIFM-UmsG am 22. Juli 2013 in Kraft getreten. Hintergrund der Gesetzesnovelle war die nötige Umsetzung der

530 RegBegr. zum AbwMechG, BT-Drs. 18/5009, S. 74.

531 RegBegr. zum VAMoG, BT-Drs. 18/2956, S. 1.

532 *Mock/Heinzel*, Wissenschaftliche Dienste des Deutschen Bundestages zum aktuellen Begriff „Solvency II“: Neuordnung der Versicherungsaufsicht zum 01.01.2016; abgerufen am 18.10.2019 unter: https://www.bundestag.de/blob/372344/2c4eef-3c10b51d0f129779e851df7392/solvency-ii-data.pdf.

AIFM-Richtlinie.[533] Deren Ziel war es, gemeinsame Anforderungen für die Zulassung von und die Aufsicht über Verwalter alternativer Investmentfonds (AIF) festzulegen, um für den Umgang mit damit zusammenhängenden Risiken für Anleger und Märkte in der Union ein kohärentes Vorgehen zu gewährleisten.[534] Wenn auch mit etwas zeitlichem Abstand erlassen, so ist die AIFM-Richtlinie[535] und damit auch die deutsche Umsetzung[536] eine Reaktion auf die Finanzmarktkrise. Diese hat aufgezeigt, dass viele Anlagestrategien der AIF für Anleger und andere Marktteilnehmer mit bedeutenden Risiken verbunden sein können.

V. Reformen des DCGK

Die Reformen des DCGK im Rahmen des Anforderungsprofils an Aufsichtsräte seit dem Jahr 2007 beziehen sich auf die Höchstzahl an Aufsichtsratsmandaten (Ziffer C.4 im Jahr 2020, Ziffer C.5 im Jahr 2009 und 2020), das Merkmal „Sachkunde“ (Kompetenzprofil in Ziffer C.1 S. 1 im Jahr 2017, Diversität in Ziffer C.1 S. 2 im Jahr 2009) sowie vor allem auf das Merkmal „Unabhängigkeit“ (Ziffern C.6 bis C.12 im Jahr 2020).

Sind diese Änderungen nun auf die Finanzmarktkrise zurückzuführen? Im Rahmen der Höchstzahl an Mandaten erfolgte die erste Verschärfung im Jahr 2009 in Ziffer C.5 DCGK im Hinblick auf eine weitere Professionalisierung der Aufsichtsratstätigkeit.[537] Diese sollte dazu dienen, dass Aufsichtsräte ihrer Beratungs- und Kontrollfunktion in intensiverem Umfang gerecht werden können.[538] Da auch diese Begrenzung den heutigen Anforderungen an die Aufsichtsratstätigkeit für Mitglieder des Vorstands nicht mehr gerecht wird, erfolgte

---

533 Richtlinie 2011/61/EU des Europäischen Parlaments und des Rates vom 08.06.2011 über die Verwalter alternativer Investmentfonds und zur Änderung der Richtlinien 2003/41/EG und 2009/65/EG und der Verordnungen (EG) Nr. 1060/2009 und (EU) Nr. 1095/2010 (ABl. L 174, S. 1) (AIFM-Richtlinie).

534 RegBegr. zum AIFM-UmsG, BT-Drs. 17/12294, S. 1.

535 Vgl. Erwägungsgrund 2 der AIFM-Richtlinie; *Klebeck/Kolbe*, BB 2014, 707.

536 Vgl. Erwägungsgrund 2 der RegBegr. zum AIFM-UmsG, BT-Drs. 17/12294, S. 187

537 Pressemitteilung der Regierungskommission DCGK vom 19.06.2009; abgerufen am 25.10.2019 unter: https://www.dcgk.de/de/presse.html.

538 *Müller*, Rede anlässlich der 8. Konferenz DCGK am 19.06.2009 in Berlin; abgerufen am 25.10.2019 unter: https://www.dcgk.de/de/kommission/die-kommission-im-dialog/deteilansicht/dokumentation-9-corporate-governance-konferenz-33.html.

im Jahr 2020 die Verschärfung auf zwei Mandate.[539] Die Einführung von Ziffer C.4 DCGK im Jahr 2020 wurde damit begründet, dass es mit der individuellen Lösung, dass sich jeder Aufsichtsrat vergewissern muss, dass er den zu erwartenden Zeitaufwand aufbringen kann, nicht gelungen ist, einen überzeugenden Schutz vor dem sogenannten „*Overboarding*" zu bieten.[540] Damit stehen die Reformen allesamt im Zeitgeist einer verstärkten Professionalisierung.

Die Einführung des Kompetenzprofils in Ziffer C.1 S. 1 DCGK lässt sich unter den Schwerpunkt „Transparenz" der Kodexanpassungen 2017 ordnen.[541] Mithilfe des erarbeiteten Profils können sich Aktionäre, Investoren und die Öffentlichkeit eine fundierte Meinung bezüglich der Qualifikationen im Aufsichtsrat bilden.[542] Dabei ist zu beachten, dass nach Ziffer C.1 S. 4 DCGK der Stand der Umsetzung in der Erklärung zur Unternehmensführung veröffentlicht werden soll. Das Merkmal „Vielfalt" in Ziffer C.1 S. 2 DCGK ist seit seiner Einführung im Jahr 2009 als Ziel innerhalb des fachlichen Anforderungsprofils an Aufsichtsräte zu beachten. Im Jahr 2009, zwei Jahre nach Ausbruch der Krise, stand die Wirtschafts- und vor allem die Finanzwelt noch immer unter dem Eindruck der internationalen Erschütterungen der Märkte. Die Aufarbeitung der Ursachen, um daraus Rückschlüsse für die Zukunft zu ziehen, hatte gerade erst begonnen. In diesem Sinne mag zwar mit der Einführung des Merkmals „Vielfalt" auch die Hoffnung verbunden gewesen sein, dass ein heterogenes Gremium besser in der Lage sei, Risiken wie diejenigen, die zum Ausbruch der Finanzmarktkrise geführt haben, frühzeitig zu erkennen. Jedoch ist die Einführung vor allem im anhaltenden allgemeinen gesellschaftlichen Zeitgeist der Förderung diverser Gruppierungen zu sehen.

---

539 Begründung DCGK in der Fassung vom 16.12.2019, S. 8; abgerufen am 30.03.2020 unter: https://www.dcgk.de//files/dcgk/usercontent/de/download/kodex/191216_Begruendung_DCGK.pdf.

540 Begründung DCGK in der Fassung vom 16.12.2019, S. 8; abgerufen am 30.03.2020 unter: https://www.dcgk.de//files/dcgk/usercontent/de/download/kodex/191216_Begruendung_DCGK.pdf.

541 *Gentz*, Kodexanpassungen 2017, Medien-Telefonkonferenz vom 14.02.2017, S. 2, 9; abgerufen am 31.03.2020 unter: https://www.dcgk.de/de/kommission/die-kommission-im-dialog/deteilansicht/kodexaenderungen-2017-beschlossen-vorsitzwechsel-zum-1-maerz.html.

542 *Gentz*, Kodexanpassungen 2017, Medien-Telefonkonferenz vom 14.02.2017, S. 9; abgerufen am 31.03.2020 unter: https://www.dcgk.de/de/kommission/die-kommission-im-dialog/deteilansicht/kodexaenderungen-2017-beschlossen-vorsitzwechsel-zum-1-maerz.html.

Schon seit dem Jahr 2017 gab es nicht nur von der Kommission selbst Überlegungen einer grundlegenden Kodexrevision.[543] So forderte im Oktober 2018 beispielsweise die Vereinigung der Aufsichtsräte in Deutschland in einem offenen Brief an die damalige Bundesjustizministerin *Katarina Barley* eine grundlegende *Corporate-Governance*-Reform.[544] Die ursprünglichen Ziele seien alle verfehlt worden.[545] Die Kommission werde von Investoren, Aktionärsschützern und Vertretern der Finanzindustrie dominiert, so dass man statt einer Selbstregulierung derzeit eine Fremdbestimmung erlebe.[546] Noch im selben Monat legte die Regierungskommission den Entwurf eines grundlegend überarbeiteten Kodex vor.[547] Die am 20. März 2020 im Bundesanzeiger veröffentlichte Fassung[548] bildet nunmehr die Grundlage zu fassender Entsprechenserklärungen. Formell wurde der Kodex neu strukturiert und verschlankt.[549] Materiell wurden national und international viel diskutierte Themen aufgegriffen sowie die Änderungen durch die zweite Aktionärsrechterichtlinie beziehungsweise das deutsche Gesetz zu deren Umsetzung (ARUG II) berücksichtigt.[550] Schwerpunkt der inhaltlichen Änderungen war, neben der Neufassung der Regelungen zur Vorstandsvergütung, eine Konkretisierung der Anforderungen an die Unabhängigkeit von Anteilseignervertretern im Aufsichtsrat (Ziffern C.6 bis C.12). Das Ziel war, durch eine erhöhte Unabhängigkeit eine am Unternehmensinteresse

---

543 Pressemitteilung der Regierungskommission DCGK vom 22.06.2017; abgerufen am 31.03.2020 unter: https://www.dcgk.de/de/presse.html.

544 *Frankfurter Allgemeine Zeitung*, Einspruch Magazin vom 31.10.2018: Aufsichtsräte für Kodex-Reform.

545 *Frankfurter Allgemeine Zeitung*, Einspruch Magazin vom 31.10.2018: Aufsichtsräte für Kodex-Reform.

546 *Frankfurter Allgemeine Zeitung*, Einspruch Magazin vom 31.10.2018: Aufsichtsräte für Kodex-Reform.

547 Entwurf der Regierungskommission vom 25.10.2018; abgerufen am 31.03.2020 unter: https://www.dcgk.de/de/konsultationen/archiv/konsultation-2018/19/konsultation-2019.html.

548 Bekanntmachung des DCGK in der Fassung vom 16.12.2019, vom 20.03.2020, BAnz AT 20.03.3030 B3.

549 *Nonnenmacher*, Kodexanpassungen 2019, Medien-Telefonkonferenz vom 06.11.2018, S. 2, 4; abgerufen am 18.10.2019 unter: https://www.dcgk.de/de/konsultationen/archiv/konsultation-2019.html.

550 *Nonnenmacher*, Kodexanpassungen 2019, Medien-Telefonkonferenz vom 06.11.2018, S. 4; abgerufen am 18.10.2019 unter: https://www.dcgk.de/de/konsultationen/archiv/konsultation-2019.html.

ausgerichtete Überwachung sicherzustellen.[551] Dafür stellt der Kodex nicht nur Empfehlungen zur Frage, wann von einer Unabhängigkeit auszugehen ist, auf, sondern geht auch auf die Problematik der nötigen Anzahl unabhängiger Aufsichtsratsmitglieder ein.

Ein unmittelbarer Zusammenhang zur Finanzmarktkrise ist bei keiner der dargestellten Reformen des DCGK erkennbar. Im Vordergrund steht vielmehr eine verstärkte Professionalisierung sowie Angleichung an internationale *Corporate-Governance*-Standards aufgrund der immer komplexer werdenden Aufsichtsratstätigkeit in einem digitalen und globalen Wirtschaftsumfeld. Mittelbar besteht insofern ein Zusammenhang, als ein sachkundiger, diverser und professionell arbeitender Aufsichtsrat den Vorstand effizienter überwachen und beraten kann. Ein solcher kann Risiken am Markt, die eine Finanzmarktkrise auslösen können, frühzeitig erkennen und im Zusammenspiel mit dem Vorstand Maßnahmen zur internen Gegensteuerung ergreifen.

VI. Fazit

Insgesamt zeigt sich, dass sich das Anforderungsprofil an Aktionärsvertreter im Aufsichtsrat seit Ausbruch der Finanzmarktkrise im Jahr 2007 sowohl über den Gesetzgeber als auch über die DCGK-Kommission verschärft hat. Diese Verschärfung manifestiert sich in der Einführung einer Karenzzeit (§ 100 Abs. 2 S. 1 Nr. 4 AktG), vermehrter Ausschlusstatbestände in den Sondergesetzen und dem DCGK (§ 25d Abs. 3 S. 1, Abs. 3a KWG, § 24 Abs. 4 S. 1, S. 2 Hs. 1 VAG, Ziffern C.4, C.5 DCGK), fachlicher Voraussetzungen (individuelle Sachkunde: § 100 Abs. 5 Hs. 1 AktG, § 25d Abs. 1 S. 1 KWG, § 24 Abs. 1 S. 1 VAG, §§ 18 Abs. 4 S. 1, 19 Abs. 3 S. 1, 147 Abs. 3 S. 1 KAGB; Gesamtqualifikation des Organs: § 100 Abs. 5 Hs. 2 AktG, § 25d Abs. 2 S. 1 KWG; diverses Kompetenzprofil: Ziffer C.1 S. 1, S. 2 DCGK), persönlicher Voraussetzungen (Zuverlässigkeit direkt: § 25d Abs. 1 S. 1 KWG, § 24 Abs. 1 S. 1 VAG; Zuverlässigkeit indirekt: §§ 18 Abs. 4 S. 1, 19 Abs. 3 S. 1, 147 Abs. 3 S. 1 KAGB; zeitliche Verfügbarkeit: § 25d Abs. 1 S. 1 KWG; Unabhängigkeit: § 18 Abs. 3 S. 1 KAGB, Ziffern C.6 bis C.12 DCGK) sowie in der Einführung der Vorschriften zur Förderung des unterrepräsentierten Geschlechts (§§ 96 Abs. 2, Abs. 3, 111 Abs. 5 S. 1 AktG, § 25d Abs. 11 S. 2 Nr. 2 KWG).

---

551 Begründung DCGK in der Fassung vom 16.12.2019, S. 2; abgerufen am 18.03.2020 unter: https://www.dcgk.de/files/dcgk/usercontent/de/download/kodex/Begruendung%20DCGK%202020%20FINAL.pdf.

Die gesetzlichen Änderungen sind in großen Teilen auf die internationale Krise der Finanzmärkte ab dem Jahr 2007 zurückzuführen. Ein radikales Umdenken des Gesetzgebers bezüglich der Normierung inhaltlicher Qualifikationen an die Mitglieder des Überwachungsorgans ist trotzdem nicht erkennbar. Dies zeigt sich vor allem an den wenigen Reformen der wichtigsten Rechtsgrundlage, des Aktiengesetzes. In den Sondergesetzen zeigt sich zwar ein vermehrter Reformeifer, dieser ist jedoch ebenso nicht so umfassend, dass von einer gesetzgeberischen Kehrtwende gesprochen werden kann.

Der DCGK nimmt aufgrund der umfassenden Reform im Jahr 2020 eine besondere Stellung ein. Einer der Schwerpunkte dieser Reform war eine Konkretisierung der Anforderungen an die Unabhängigkeit von Anteilseignervertretern im Aufsichtsrat. In den Jahren davor waren die Anpassungen der Regierungskommission nur in wenigen Fällen auf ein verschärftes Anforderungsprofil der Aktionärsvertreter gerichtet. Ein direkter Zusammenhang zur Finanzmarktkrise ist bei keiner der vorgenommenen Anpassungen erkennbar.

Auffällig ist, dass alle gesetzlichen Grundlagen sowie der DCGK das Merkmal „Sachkunde" reformierten. Alle drei Sondervorschriften führten zudem (direkt oder indirekt) eine Zuverlässigkeit als Anforderung an Aufsichtsräte ein. Dies veranschaulicht den hohen Stellenwert, den vor allem der Gesetzgeber den Merkmalen beimisst. Seiner Vorstellung nach ist ein idealer Aufsichtsrat mithin gerade nicht „der erfahrene Generalist, der von fast allem nichts mehr versteht",[552] sondern ein zuverlässiger Fachmann.

552 *Säcker*, AG 2008, 17, 22. Siehe auch Kapitel 3., B., I., 1., a. zu den gesetzlichen Mindestkenntnissen.

Kapitel 4. Folgen bei Nichterfüllung des Anforderungsprofils

Das vorangegangene Kapitel hat gezeigt, dass sich das Anforderungsprofil an Aktionärsvertreter zwar verschärft hat, dies jedoch in einem für den einzelnen Aufsichtsrat erträglichen Umfang. Zu fragen ist, ob das verschärfte Anforderungsprofil mit verschärften Rechtsfolgen bei dessen Nichterfüllung einhergeht, ob sich also das Anforderungsprofil zusätzlich über die Rechtsfolgen bei Nichterfüllung der hinzugekommenen Anforderungen verschärft hat. Wäre dies der Fall, erlangte das verschärfte Anforderungsprofil für den einzelnen Aufsichtsrat, aber auch für die Gesellschaft selbst erhebliches Gewicht. Denn sowohl die Rechtsfolge der Anfechtbarkeit der Wahl als auch die einer persönlichen Haftung ist mit negativen Folgen verbunden. Während eines Anfechtungsprozesses schwebt über der Aufsichtsratstätigkeit des Mitglieds, dessen Wahl angefochten wurde, stets das Damoklesschwert der Nichtigkeit der Wahl. Es wird, bewusst oder unbewusst, merklich oder unmerklich, nicht alle seine Fähigkeiten einsetzen, um den ihm obliegenden Aufgaben optimal nachzukommen. Eine höchstmögliche Überwachung ist nicht länger gewährleistet. Wird ein Aufsichtsrat persönlich belangt, hat dies für ihn selbst vor allem finanzielle Einbußen zur Folge. Je nach Höhe des geltend gemachten Schadens muss er im Falle des Unterliegens eventuell auf angesparte Rücklagen zurückgreifen oder sich liquide Mittel am Markt (eventuell zu einem ungünstigen Zins) leihen.

Um einen umfassenden Überblick zu erhalten, werden im Folgenden zunächst die Rechtsfolgen bei Verstoß gegen das Anforderungsprofil insgesamt untersucht. Im Ergebnis des Kapitels wird sodann erörtert, inwieweit sich die Rechtsfolgen aufgrund der Verschärfung des Anforderungsprofils ebenso verschärft haben.

A. Nichterfüllen der gesetzlichen Anforderungen

I. Nichtigkeit der Aufsichtsrätewahl, § 250 AktG

Grundsätzlich richtet sich die Nichtigkeit eines Hauptversammlungsbeschlusses nach § 241 AktG. Für die Anfechtung der Wahl von Aufsichtsratsmitgliedern gilt jedoch § 250 AktG als *lex specialis*. Die Nichtigkeitsklage ist eine Feststellungsklage.[553] Sie ist auf Feststellung der Nichtigkeit des Hauptversammlungs-

553 H.M.: *Weber/Kersjes*, Hauptversammlungsbeschlüsse vor Gericht, § 1 Rn. 581; *Koch*,

beschlusses gerichtet. Der angefochtene Beschluss ist bereits *ipso iure – ex tunc –* nichtig, das Gericht stellt dies lediglich nochmals fest.

1. Nichterfüllung von § 100 Abs. 1, Abs. 2 AktG

Nach § 250 Abs. 1 Nr. 4 AktG ist die Wahl eines Aufsichtsratsmitglieds durch die Hauptversammlung dann nichtig, wenn die gewählte Person nach § 100 Abs. 1, Abs. 2 AktG bei Beginn ihrer Amtszeit nicht Aufsichtsratsmitglied sein kann. Der unmissverständliche Wortlaut „Beginn der Amtszeit" zeigt, dass relevanter Zeitpunkt für das Vorliegen der Voraussetzungen nicht der der Wahl, sondern der tatsächliche Beginn der Amtszeit ist.[554] Ist die Wahl fehlerhaft erfolgt, liegen also zum Zeitpunkt der Wahl die Voraussetzungen der § 100 Abs. 1, Abs. 2 AktG nicht vor, ist von einer schwebenden Unwirksamkeit auszugehen, bei der der Mangel bis Amtsantritt behoben werden kann.[555] Ist das Bestellungshindernis allerdings nicht behebbar, wie beispielsweise bei der Wahl einer juristischen Person, ist der Beschluss von Anfang an nichtig.[556] Eine Heilung nach Amtsantritt scheidet aus.[557] Die früher vereinzelt vertretene Ansicht, die von einer Heilungsmöglichkeit ausging,[558] ist abzulehnen. Das Gesellschaftsrecht sieht für diesen Fall gerade keine solche Möglichkeit vor.[559]

2. Nichterfüllung von § 105 Abs. 1 AktG

Fraglich ist, ob ein Verstoß gegen den Unvereinbarkeitsgrundsatz des § 105 Abs. 1 AktG die Nichtigkeitsfolge des § 250 Abs. 1 AktG herbeiführt. Der

---

in: MüKo-AktG, § 252 Rn. 3. A.A.: *Ehmann*, in: Grigoleit, AktG, § 252 Rn. 2.

554 BGH, Urteil vom 15.12.1986 – II ZR 18/86 = BGHZ 99, 211; *Hoffmann-Becking*, in: Münchener Hdb GesellR 4, § 30 Rn. 14; *Mertens/Cahn*, in: KölnerKomm-AktG, § 100 Rn. 48; *Schwab*, in: K. Schmidt/Lutter, AktG, § 250 Rn. 5; *Simons*, in: Hölters, AktG, § 100 Rn. 63.

555 *Habersack*, in: MüKo-AktG, § 100 Rn. 59; *Schwab*, in: K. Schmidt/Lutter, AktG, § 250 Rn. 5.

556 *Habersack*, in: MüKo-AktG, § 100 Rn. 59. Zu dem Erfordernis der natürlichen Person vgl. § 100 Abs. 1 AktG sowie Kapitel 3., A., I. der Arbeit.

557 Ganz h.M.: *Henssler*, in: Henssler/Strohn, AktG, § 100 Rn. 21; *Habersack*, in: MüKo-AktG, § 100 Rn. 59; *Koch*, in: Hüffer/Koch, AktG, § 250 Rn. 9; *Mertens/Cahn*, in: KölnerKomm-AktG, § 100 Rn. 48; *Schwab*, in: K. Schmidt/Lutter, AktG, § 250 Rn. 5.

558 *Schröder*, Mängel und Heilung der Wählbarkeit bei Aufsichtsrats- und Betriebsratswahlen, S. 31.

559 *Koch*, in: Hüffer/Koch, AktG, § 250 Rn. 9. Im Gegensatz dazu sind solche Möglichkeiten vorgesehen in §§ 242, 253 Abs. 1 S. 2, 256 Abs. 6 AktG.

Wortlaut des § 250 Abs. 1 Nr. 4 AktG, der lediglich auf § 100 Abs. 1, Abs. 2 AktG verweist, spricht dagegen. Dieses Argument allein kann jedoch nicht überzeugen. § 105 Abs. 1 AktG bezieht sich sowohl auf Fälle, bei denen ein Aufsichtsratsmitglied zum Vorstandsmitglied, Prokuristen oder Handlungsbevollmächtigten bestellt wird, aber auch (über seinen Wortlaut hinaus) auf den umgekehrten Fall der Bestellung zum Aufsichtsratsmitglied trotz dieser Eigenschaften.[560] Für die vorliegende Arbeit ist lediglich der zweite Fall bedeutsam. Für diesen umgekehrten Fall wird eine analoge Anwendung des § 250 Abs. 1 Nr. 4 AktG angenommen.[561] Auch enumerative, abschließende Aufzählungen sind grundsätzlich analogiefähig.[562] Eine planwidrige Regelungslücke liegt vor. Angesichts des elementaren Grundsatzes der Trennung von Leitung und Überwachung im Aktiengesetz kann es vom Gesetzgeber nicht gewollt sein, dass ein Vorstandsmitglied bei fehlender Anfechtung seines Wahlbeschlusses gleichzeitig im Aufsichtsrat amtieren könnte.[563] Auch ist die Interessenlage des umgekehrten Falles von § 105 Abs. 1 AktG vergleichbar mit § 100 Abs. 2 S. 1 Nr. 3 AktG (Überkreuzverflechtungen), auf den der § 250 Abs. 1 Nr. 4 AktG unter anderem verweist.[564]

Umstritten ist, ob in der Annahme der Wahl zum Aufsichtsratsmitglied eine stillschweigende Niederlegung des Vorstandsamts zu sehen ist. Dies wird teilweise – in Anlehnung an den umgekehrten Fall der konkludenten Niederlegung des Aufsichtsratsamts bei der Wahl zum Vorstand – bejaht.[565] Dem ist jedoch entgegenzutreten.[566] Im Gegensatz zum umgekehrten Fall, bei dem unstreitig von einer konkludenten Niederlegung des Aufsichtsratsmandats ausgegangen

560 *Koch*, in: Hüffer/Koch, AktG, § 250 Rn. 11 sowie § 105 Rn. 6.

561 BGH, Urteil vom 03.07.1975 – II ZR 35/73 = NJW 1975, 1657, 1658; *Koch*, in: Hüffer/Koch, AktG, § 250 Rn. 11 sowie § 105 Rn. 6; *Habersack*, in: MüKo-AktG, § 105 Rn. 19 („entsprechend anzuwenden"); *Mertens/Cahn*, in: KölnerKomm-AktG, § 105 Rn. 8; *Spindler*, in: Spindler/Stilz, AktG, § 105 Rn. 18 („entsprechend"); *Säcker*, in: FS Rebmann, S. 781, 789 f. *Hopt/Roth*, in: Großkomm-AktG, § 105 Rn. 29. Kritisch: *Simons*, in: Hölters, AktG, § 250 Rn. 19.

562 *Mertens/Cahn*, in: KölnerKomm-AktG, § 105 Rn. 8; *Säcker*, in: FS Rebmann, S. 781, 789 f.

563 *Spindler*, in: Spindler/Stilz, AktG, § 105 Rn. 18; *Mertens/Cahn*, in: KölnerKomm-AktG, § 105 Rn. 8.

564 *Hopt/Roth*, in: Großkomm-AktG, § 105 Rn. 29.

565 *Mertens/Cahn*, in: KölnerKomm-AktG, § 105 Rn. 10; *Koch*, in: Hüffer/Koch, AktG, § 105 Rn. 6.

566 *Habersack*, in: MüKo-AktG, § 105 Rn. 19; *Hopt/Roth*, in: Großkomm-AktG, § 105 Rn. 29.

werden kann,[567] wiegt die Aufgabe des Vorstandsmandats finanziell erheblich schwerer. Das Aufsichtsratsamt wird lediglich über § 113 AktG im Rahmen seines Nebenamtscharakters vergütet. Einem hauptberuflichen Vorstand steht demgegenüber in der Regel ein weitaus höheres Gehalt zu. Auch ist unerheblich, ob die Verknüpfung der beiden Ämter gewollt ist oder nicht, denn im Hinblick auf den relevanten Zeitpunkt des Amtsantritts wird deutlich, dass § 105 AktG nicht die Intention der Ämterdopplung, sondern die tatsächliche Verknüpfung der Ämter verbietet.[568] Damit reicht die bloße Annahme der Wahl als Aufsichtsratsmitglied nicht aus, um von einer stillschweigenden Niederlegung des Vorstandsamts auszugehen. Für eine Niederlegungsabsicht sind darüber hinausgehende Anhaltspunkte erforderlich.[569] Im Übrigen kann ein Vorstandsmitglied durch Niederlegung sein Amt aufgeben.[570] Handelt es sich um einen Prokuristen, ist jedoch problematisch, ob eine Niederlegung überhaupt möglich ist.[571] Für die Niederlegung der Prokura durch den Prokuristen enthält das Gesetz nämlich keine Vorschrift.[572] Aus § 168 BGB folgt vielmehr, dass eine Niederlegung unabhängig von dem zugrunde liegenden Rechtsverhältnis, also dem Anstellungsverhältnis des Prokuristen mit der Gesellschaft, gerade nicht möglich ist.[573] Will ein Prokurist also Aufsichtsratsmitglied werden, muss er zunächst sein Anstellungsverhältnis beenden, wodurch dann auch gemäß § 168 S. 1 BGB die Prokura erlischt.[574]

3. *Nichterfüllung der festen Geschlechterquote, „Politik des leeren Stuhls"*

Sowohl § 250 Abs. 1 Nr. 5 AktG als auch § 96 Abs. 2 S. 6 AktG ordnen die Nichtigkeit bei einem von der Hauptversammlung gefassten Wahlbeschluss, der gegen die feste Geschlechterquote des § 96 Abs. 2 AktG verstößt, an. Das FüPoG

---

567 *Koch*, in: Hüffer/Koch, AktG, § 105 Rn. 6; *Habersack*, in: MüKo-AktG, § 105 Rn. 20; *Mertens/Cahn*, in: KölnerKomm-AktG, § 105 Rn. 10.

568 *Mertens/Cahn*, in: KölnerKomm-AktG, § 105 Rn. 10.

569 *Habersack*, in: MüKo-AktG, § 105 Rn. 19; *Hopt/Roth*, in: Großkomm-AktG, § 105 Rn. 29.

570 *Hopt/Roth*, in: Großkomm-AktG, § 105 Rn. 29. Auch möglich ist eine Abberufung aus wichtigem Grund: *Hopt/Roth*, ebenda sowie *Spindler*, in: Spindler/Stilz, AktG, § 105 Rn. 18.

571 *Spindler*, in: Spindler/Stilz, AktG, § 105 Rn. 18.

572 *Spindler*, in: Spindler/Stilz, AktG, § 105 Rn. 18.

573 *Spindler*, in: Spindler/Stilz, AktG, § 105 Rn. 18.

574 *Mertens/Cahn*, in: KölnerKomm-AktG, § 105 Rn. 16.

hat § 250 Abs. 1 AktG um die Nummer 5 erweitert. Dies war insofern nötig, als andernfalls die Struktur des § 250 Abs. 1 AktG („nur dann nichtig“) hätte neu gefasst werden müssen.[575] Die Sanktion der Nichtigkeit der die Quote verletzenden Wahl wird auch als „Politik des leeren Stuhls“ bezeichnet.[576] Die für das unterrepräsentierte Geschlecht vorgesehenen Plätze bleiben rechtlich unbesetzt,[577] der „Aufsichtsratsstuhl“ bleibt von Anfang an (*ex tunc*) „leer“. Obwohl § 250 Abs. 1 Nr. 5 AktG ausdrücklich nur auf § 96 Abs. 2 AktG verweist, ergibt sich die Nichtigkeitsfolge auch bei einem Verstoß gegen § 96 Abs. 3 AktG. Zum einen ordnet dies der Verweis in § 96 Abs. 3 S. 2 AktG auf § 96 Abs. 2 S. 6 AktG ausdrücklich an. Zum anderen ergibt sich dies aus der Bezugnahme des § 250 Abs. 1 Nr. 5 AktG auf den allgemeineren Fall des § 96 Abs. 2 AktG.[578] Die Wahl von Ersatzmitgliedern soll ebenfalls – *ex tunc* – nichtig werden, wenn durch das Nachrücken die Quote nicht mehr erfüllt wird.[579] Dies lässt sich im Zeitpunkt der Wahl schlecht feststellen, so dass, um sicherzugehen, in der Unternehmenspraxis als Ersatzmitglied für ein quotenerfüllendes weibliches Mitglied ebenfalls eine Frau gewählt werden sollte.[580] Der Wahlbeschluss der Bestellung des Ersatzmitglieds ist bis zum Zeitpunkt des Nachrückens schwebend unwirksam.[581]

Wird die Quote verfehlt, drängt sich die in der Praxis äußerst relevante Frage auf, welche konkrete Wahl nichtig ist. Nach der Regierungsbegründung zum FüPoG hängt dies von der Art der Wahl ab.[582] Bei einer Einzelwahl[583] ist der Wahlbeschluss nichtig, der in der chronologischen Abfolge als erster das Mindestanteilsgebot verletzt, gegebenenfalls sind auch die folgenden unter Verletzung der Mindestquote beschlossenen Wahlen nichtig.[584] Maßgeblich ist die

575 *Koch*, in: Hüffer/Koch, AktG, § 250 Rn. 11a; Stellungnahme des DAV zum RefE.: NZG 2014, 1214, 1225.

576 So ursprünglich die RegBegr. zum FüPoG, BT-Drs. 18/3784, S. 44. Aufgegriffen von der Stellungnahme des DAV zum RefE.: NZG 2014, 1214, 1224.

577 RegBegr. zum FüPoG, BT-Drs. 18/3784, S. 44.

578 *Simons*, in: Hölters, AktG, § 250 Rn. 18a; *Koch*, in: Hüffer/Koch, AktG, § 250 Rn. 11a. A.A.: *Wasmann/Rothenburg*, DB 2015, 291, 293.

579 RegBegr. zum FüPoG, BT-Drs. 18/3784, S. 122; *Drescher*, in: Henssler/Strohn, AktG, § 250 Rn. 7; *Simons*, in: Hölters, AktG, § 250 Rn. 18b.

580 RegBegr. zum FüPoG, BT-Drs. 18/3784, S. 122; *Drescher*, in: Henssler/Strohn, AktG, § 250 Rn. 7; *Stilz*, in: Spindler/Stilz, AktG, § 250 Rn. 18a.

581 *Jung*, DStR 2014, 960, 962.

582 RegBegr. zum FüPoG, BT-Drs. 18/3784, S. 121, 122; *Stüber*, DStR 2015, 947, 949.

583 Vgl. Ziffer C.15 S. 1 DCGK.

584 RegBegr. zum FüPoG, BT-Drs. 18/3784, S. 121.

Reihenfolge der Verkündung des Beschlusses durch den Versammlungsleiter.[585] Im Fall einer Blockwahl ist die gesamte Wahl hinsichtlich des überrepräsentierten Geschlechts nichtig, wenn sie nicht zur Erfüllung der Mindestquote führt.[586] Der dem unterrepräsentierten Geschlecht angehörige Kandidat ist hingegen wirksam gewählt, auch wenn er oder mehrere noch nicht zum Erreichen der gesetzmäßigen Quote führen.[587] Die gesetzgeberische Beantwortung der Frage, welche konkrete Wahl nichtig ist, ist konsequent.[588] Letztlich bedeutet sie aber auch, dass die Reihenfolge der Beschlussverkündung darüber entscheidet, welche Wahl wirksam ist und welche nicht.[589] Ihr kommt mithin eine entscheidende Rolle zu. Auch fehlt eine Regelung für den Fall, dass die Satzung eine (zulässige) Verhältniswahl vorsieht.[590] Ungeklärt ist zudem die Handhabung der Nichtigkeitssanktion bei einer Simultanwahl, bei der die Wahl der Anteilseignervertreter zwar einzeln, aber gleichzeitig erfolgt.[591] Ein Rückgriff auf das Prioritätsprinzip, wie bei einer Einzelwahl, scheidet denknotwendig aus, so dass als Alternative das von den Bewerbern jeweils erreichte Stimmergebnis herangezogen werden könnte.[592]

Über die Nichtigkeitsfolge kann es zu einer für beide Seiten ungewollten Störung der Parität, also zu einem Übergewicht entweder der Anteilseigner- oder der Arbeitnehmerseite, kommen.[593] Dies sowie die Gefahr einer Haftung bei nichtigen Wahlvorschlägen[594] führt dazu, dass der Aufsichtsrat alles daransetzen wird, die Quote zu erfüllen. Die Nichtigkeitsfolge wirkt demnach „verhaltenssteuernd", wie es schon im Referentenentwurf zum FüPoG vorgesehen war.[595]

---

585 *Stüber*, DStR 2015, 947, 949; *Wasmann/Rothenburg*, DB 2015, 291, 293. Die spätere Ausfertigung der Niederschrift hat auf die Beurteilung keinen Einfluss: *Grobe*, AG 2015, 289, 295.

586 RegBegr. zum FüPoG, BT-Drs. 18/3784, S. 122.

587 RegBegr. zum FüPoG, BT-Drs. 18/3784, S. 122.

588 Stellungnahme des DAV zum RefE.: NZG 2014, 1214, 1224.

589 Stellungnahme des DAV zum RefE.: NZG 2014, 1214, 1224.

590 Stellungnahme des DAV zum RefE.: NZG 2014, 1214, 1224.

591 *Oetker*, ZHR 179 (2015) 707, 727.

592 *Oetker*, ZHR 179 (2015) 707, 727, der als Argument § 18a Abs. 2 S. 1 Nr. 1 MitbestG heranzieht.

593 *Henssler*, in: Henssler/Strohn, AktG, § 96 Rn. 13. Zur Möglichkeit einer gerichtlichen Bestellung vgl. § 104 Abs. 3 Nr. 2 i.V.m. Abs. 5.

594 DAI, Positionspapier vom 15.10.2014, S. 14; abgerufen am 18.10.2019 unter: https://www.dai.de/files/dai_usercontent/dokumente/positionspapiere/2014-10-15%20Stellungnahme%20Geschlechterquote.pdf. Zur Haftung siehe Kapitel 4., A., IV. der Arbeit.

595 RegBegr. zum FüPoG, BT-Drs. 18/3784, S. 44.

Das Deutsche Aktieninstitut[596] weist insofern darauf hin, dass dies der *Corporate Governance* nicht förderlich sei: Weil die Nichtigkeitsfolge die stärkste Bedrohung für das Unternehmensinteresse sein dürfte, würden sonstige berechtigte Erwägungen für die richtige Aufsichtsratsbesetzung dahinter zurücktreten.[597] Anfänglichen Bedenken[598] zur Rechtssicherheit der Wahlen ist der Gesetzgeber mit § 96 Abs. 2 S. 7 AktG entgegengekommen. Dieser regelt den Fall, dass eine Wahl aus anderen, also nicht quotenrelevanten Gründen *ex tunc* für nichtig erklärt worden ist. Dann verstoßen zwischenzeitlich erfolgte Wahlen nicht gegen das Mindestanteilsgebot. Die „Kettenreaktion", die eine solche Nichtigkeitserklärung nach sich ziehen kann, soll vermieden werden.[599] Auch wenn sich also die recht drastisch wirkende Anordnung der Nichtigkeit *ex lege* als nicht unproblematisch darstellt, wird dadurch dem gesetzgeberischen Ziel, das unterrepräsentierte Geschlecht in der Verwaltung einer Aktiengesellschaft zu fördern, immens Nachdruck verliehen.[600] Ihre Normierung zeigt, wie viel Gewicht der Gesetzgeber der Verwirklichung dieses Ziels beimisst.

4. *Zwischenergebnis zu I.*

Eine Nichtigkeit der Aufsichtsrätewahl ergibt sich bei Verstoß gegen §§ 100 Abs. 1, Abs. 2, 105 Abs. 1, 96 Abs. 2, Abs. 3 AktG.

II. Anfechtbarkeit der Aufsichtsrätewahl, § 251 AktG

Neben einer Nichtigkeit kommt eine Anfechtbarkeit der Aufsichtsrätewahl nach § 251 AktG in Betracht. Das Thema Wahlanfechtung ist von stetiger Relevanz. Denn auch wenn die Anzahl an Anfechtungsklagen von Aktionären gegen Hauptversammlungsbeschlüsse grundsatzlich gesunken ist,[601] ist doch bei der Wahl von Aufsichtsräten ein Anstieg der Anfechtungen zu verzeichnen.[602] Dies

596 DAI, Positionspapier vom 15.10.2014, S. 14; abgerufen am 18.10.2019 unter: https://www.dai.de/files/dai_usercontent/dokumente/positionspapiere/2014-10-15%20Stellungnahme%20Geschlechterquote.pdf.

597 DAI, Positionspapier vom 15.10.2014, S. 14; abgerufen am 18.10.2019 unter: https://www.dai.de/files/dai_usercontent/dokumente/positionspapiere/2014-10-15%20Stellungnahme%20Geschlechterquote.pdf.

598 *Lutter*, K, die erste Seite sowie mit Bezug darauf *Seibt*, ZIP 2015, 1193, 1199.

599 *Simons*, in: Hölters, AktG, § 96 Rn. 67.

600 RegBegr. zum FüPoG, BT-Drs. 18/3784, S. 44, 122; *Koch*, in: MüKo-AktG, § 250 Rn. 20a.

601 *Baums/Drinhausen/Keinath*, ILF 130/2011, S. 16.

602 *Baums/Drinhausen/Keinath*, ILF 130/2011, S. 47, 50.

ist sicherlich auch auf die dargestellten neueren Entwicklungen zurückzuführen, die naturgemäß eine gestiegene Fehleranfälligkeit, mithin ein höheres Anfechtungsrisiko mit sich bringen. Im Unterschied zur Nichtigkeitsklage handelt es sich bei der Anfechtungsklage um eine Gestaltungsklage.[603] Bei einem stattgebenden Urteil wird die materielle Rechtslage insofern verändert, als der angefochtene Hauptversammlungsbeschluss mit Eintritt der formellen Rechtskraft nichtig wird.[604] Die Nichtigkeit – auch hier *ex tunc* – ergibt sich aus §§ 250 Abs. 1, 241 Nr. 5 AktG.[605]

1. Das Relevanzkriterium

Bei Mängeln, die nur zur Anfechtbarkeit und nicht zur direkten Nichtigkeit führen, besteht Einigkeit darüber, dass der Mangel von einer gewissen Bedeutung für die Beschlussfassung sein muss, diese also auf dem Mangel „beruhen" muss.[606] Die Rechtsprechung hat deshalb zunächst auf die Kausalität des Mangels für das Zustandekommen des Beschlusses abgestellt,[607] so dass der Beschlussmangel nur für erheblich erachtet wurde, wenn sich ohne ihn das Beschlussergebnis anders dargestellt hätte.[608] Um den klagenden Aktionären entgegenzukommen, wurde die Beweislast für die Unerheblichkeit des Beschlussmangels den Gesellschaften auferlegt („potenzielle Kausalität").[609] Vor allem vor dem Hintergrund des Minderheitenschutzes hat sich die Relevanztheorie als inzwischen herrschend herausgebildet.[610] Die Kausalitätslehre ermöglichte es der Mehrheit, die für den

---

603 H.M.: *Weber/Kersjes*, Hauptversammlungsbeschlüsse vor Gericht, § 1 Rn. 579; *Koch*, in: MüKo-AktG, § 252 Rn. 8.

604 *Weber/Kersjes*, Hauptversammlungsbeschlüsse vor Gericht, § 1 Rn. 579.

605 *Koch*, in: MüKo-AktG, § 252 Rn. 10; *Drygala*, in: K. Schmidt/Lutter, AktG, § 101 Rn. 33; *Marsch-Barner*, in: FS K. Schmidt, S. 1109, 1117; *Noack/Zetzsche*, in: KölnerKomm-AktG, § 248 Rn. 10.

606 *Drescher*, in: Spindler/Stilz, AktG, § 243 Rn. 66.

607 BGH, Urteil vom 09.11.1972 – II ZR 63/71 = BGHZ 59, 369; LG München I, Urteil vom 26.04.2007 – 5 HK O 12848/06 = Der Konzern 2007, 448, 452.

608 *Drescher*, in: Spindler/Stilz, AktG, § 243 Rn. 67; Noack/Zetzsche, in: KölnerKomm-AktG, § 243 Rn. 59.

609 BGH, Urteil vom 09.11.1972 – II ZR 63/71 = BGHZ 59, 369; Darstellend: *Drescher*, in: Spindler/Stilz, AktG, § 243 Rn. 67; *Noack/Zetzsche*, in: KölnerKomm-AktG, § 243 Rn. 60.

610 Für die Literatur: *Noack/Zetzsche*, in: KölnerKomm-AktG, § 243 Rn. 64 ff. (ursprünglich von *Zöller* entwickelt); *Drinhausen*, in: Hölters, AktG, § 124 Rn. 19; *Koch*, in: Hüffer/Koch, AktG, § 243 Rn. 12, 13; *Drescher*, in: Spindler/Stilz, AktG, § 243 Rn. 69 ff.; Inzwischen auch der BGH, Urteil vom 12.11.2001 – II ZR 225/99 = NJW 2002, 1128,

Beschluss gestimmt hat, Beweis anzutreten, dass ihr Entschluss von dem Verfahren in der Hauptversammlung unabhängig gewesen war.[611] Zudem war sie in ihrem Anwendungsbereich zu weit, da aufgrund der Beweislastverteilung schon die bloße Möglichkeit abweichender Entscheidungen zur Anfechtung führte.[612]

Die Relevanztheorie besagt, dass, wenn der (materielle) Beschlussinhalt als solcher gegen Gesetz oder Satzung verstößt, dem Beschluss die Normwidrigkeit als solche also anhafte, stets Anfechtbarkeit vorliege und es keiner weiteren Kausalitätsprüfung mehr bedürfe.[613] Kausalitätsüberlegungen kommen mithin von vornherein nur bei (formellen) Verfahrensverstößen in Betracht.[614] Dabei werden diese (die Kausalitätsüberlegungen) nur hinsichtlich der fehlerhaften Feststellung des Beschlussergebnisses anerkannt.[615] Im Übrigen führen Gesetzes- oder Satzungsverletzungen in (formellen) Verfahrensfragen dann nicht zur Anfechtbarkeit, wenn keine Partizipationsinteressen der Gesellschafter, vor allem das Informationsinteresse, verletzt worden sind.[616] Das Relevanzkriterium gewichtet also den Verstoß im Rahmen einer zweckorientierten Auslegung der zugrundeliegenden Norm unter dem Aspekt der Wesentlichkeit für die Durchsetzung der Teilhabe- und Mitwirkungsrechte.[617] Bestimmte Verstöße müssen *per se* relevant sein, um der verletzten Norm zur Durchsetzung zu verhelfen.[618] Auch wenn im Ergebnis noch nicht alle Einzelfragen geklärt sein mögen, kommt die Relevanztheorie doch zu einer differenzierteren Beurteilung als die Kausalitätserwägungen.

1129; BGH, Urteil vom 20.09.2004 – II ZR 288/02 = NJW 2004, 3561, 3562; BGH, Urteil vom 10.10.2017 – II ZR 375/15 = BGHZ 216, 112.

611 *Noack/Zetzsche*, in: KölnerKomm-AktG, § 243 Rn. 61. In die gleiche Richtung: *Hüffer/Schäfer*, in: MüKo-AktG, § 243 Rn. 30.

612 *Noack/Zetzsche*, in: KölnerKomm-AktG, § 243 Rn. 61; *Hüffer/Schäfer*, in: MüKo-AktG, § 243 Rn. 30.

613 *Drescher*, in: Spindler/Stilz-AktG, § 243 Rn. 69.

614 *Drescher*, in: Spindler/Stilz-AktG, § 243 Rn. 69.

615 Ausführlicher: *Noack/Zetzsche*, in: KölnerKomm-AktG, § 243 Rn. 83; *Drescher*, in: Spindler/Stilz-AktG, § 243 Rn. 69.

616 *Noack/Zetzsche*, in: KölnerKomm-AktG, § 243 Rn. 64 ff.; *Drescher*, in: Spindler/Stilz-AktG, § 243 Rn. 69.

617 *Noack/Zetzsche*, in: KölnerKomm-AktG, § 243 Rn. 65.

618 *Noack/Zetzsche*, in: KölnerKomm-AktG, § 243 Rn. 65. In diesem Zusammenhang ist auch § 243 Abs. 4 S. 1 AktG zu sehen.

2. *Wahlanfechtung im Bereich des Anforderungsprofils an Aktionärsvertreter im Aufsichtsrat*

Damit die Wahl eines Aufsichtsratsmitglieds anfechtbar ist, müsste eine Verletzung des Gesetzes oder der Satzung vorliegen, § 251 Abs. 1 S. 1 AktG. Da zum einen die persönlichen Voraussetzungen in der Satzung je nach Art und Normierungseifer des einzelnen Unternehmens stark variieren und zum anderen Thema der Arbeit das über unternehmensexterne Faktoren wie den Gesetzgeber verschärfte Anforderungsprofil an Aufsichtsräte ist, wird eine Anfechtbarkeit bei Verstoß gegen die Satzung nicht weiter thematisiert. Fraglich ist jedoch, welche der in Kapitel 3 der Arbeit dargestellten gesetzlichen Anforderungen bei Nichterfüllen zu einer Anfechtbarkeit des Wahlbeschlusses führen.

a. *Verstoß gegen die Ausschlusstatbestände des KWG und VAG*

Eine Gesetzesverletzung kann sich nicht nur aus dem AktG ergeben. Ausreichend ist auch eine Verletzung der *leges speciales*, also des KWG, KAGB und des VAG. Ausschlusstatbestände finden sich nur im KWG und VAG. Im Unterschied zu den Rechtsfolgen bei Verstoß gegen das AktG führt eine Verletzung dieser (§ 25d Abs. 3 S. 1 Nr. 1 bis Nr. 4, Abs. 3a Nr. 1 bis Nr. 3 KWG, § 24 Abs. 4 S. 1, S. 2 Hs. 1 VAG) nicht zur Nichtigkeit *ipso iure.*[619] Dies gilt vor allem auch für den § 25d Abs. 3 S. 1 KWG.[620] Dieser ist zwar seiner Formulierung nach („kann nicht") dem § 100 Abs. 2 S. 1 AktG nachgebildet.[621] Allerdings verweist § 250 AktG nicht auf Vorschriften des KWG, so dass – auch unter Berücksichtigung des Grundsatzes, dass Regelungen, welche eine Nichtigkeitsfolge anordnen, eher eng auszulegen sind – eine Nichtigkeit *ipso iure* des Wahlbeschlusses bei einem Verstoß gegen § 25d Abs. 3 S. 1 KWG abzulehnen ist.[622]

Wird den genannten Ausschlusstatbeständen in den Sondervorschriften zuwidergehandelt, verstößt der (materielle) Beschlussinhalt als solcher gegen das Gesetz. Ihm haftet also die Normwidrigkeit als solche an. Damit liegt nach der Relevanztheorie stets Anfechtbarkeit vor. Es bedarf keiner weiteren

---

619 *Koch*, in: Hüffer/Koch, AktG, § 250 Rn. 9 („Beginn der Amtszeit").

620 *Weber/Kersjes*, Hauptversammlungsbeschlüsse vor Gericht, § 1 Rn. 228, noch für den ehemaligen § 36 Abs. 3 S. 5 KWG.

621 *Weber/Kersjes*, Hauptversammlungsbeschlüsse vor Gericht, § 1 Rn. 228.

622 *Weber/Kersjes*, Hauptversammlungsbeschlüsse vor Gericht, § 1 Rn. 228.

Kausalitätsprüfung mehr. Mithin stellt ein Verstoß einen Gesetzesverstoß im Sinne des § 251 Abs. 1 S. 1 AktG dar, so dass der jeweilige Wahlbeschluss anfechtbar ist.[623]

b. Nichterfüllen der Vorschriften des Merkmals „Sachkunde"

aa. Nichtvorliegen der gesetzlichen Mindestkenntnisse

Obwohl als „*conditio sine qua non*" effizienter Aufsichtsratsarbeit bezeichnet, ist Erfüllung der gesetzlichen Mindestqualifikationen keine Bestellungsvoraussetzung.[624] Eine „Eingangsprüfung" der Aufsichtsräte, die im Rahmen einer Anfechtungsklage gegen den Wahlbeschluss gerichtlich überprüft werden könnte, gibt es nicht[625] und ließe sich auch schwerlich gesetzlich und praktisch bewerkstelligen.[626] Damit kann ein Fehlen der gesetzlichen Mindestkenntnisse auch nicht zu einer Anfechtbarkeit führen.[627] Einzig eine gerichtliche Abberufung aus wichtigem Grund nach § 103 Abs. 3 AktG kommt in Betracht.[628]

Semler[629] geht von einer Anfechtbarkeit der Wahl in besonders krassen Ausnahmefällen aus, wenn nämlich die fehlende Eignung zur Amtsführung für jeden Teilnehmer in der Hauptversammlung offenkundig und damit unübersehbar sei. Durch die Wahl eines ganz offenkundig ungeeigneten Kandidaten würden die Interessen der Gesellschaft verletzt.[630] Ein Beschluss, der ganz offensichtlich die Interessen der Gesellschaft verletzt, könne wegen einer Verletzung des Gesetzes angefochten werden.[631] Gegen eine solche Anfechtungsmöglichkeit spricht jedoch Folgendes: Zunächst lässt es sogar der BGH[632] ausreichen,

---

623 Beispielhaft für § 25d Abs. 3 S. 1 Nr. 2 KWG (ehemals § 36 Abs. 3 S. 5 KWG): *Weber/Kersjes*, Hauptversammlungsbeschlüsse vor Gericht, § 1 Rn. 480.

624 Zur Bezeichnung: *Simons*, in: Hölters, AktG, § 100 Rn. 21. Keine Bestellvoraussetzung: *Hopt/Roth*, in: Großkomm-AktG, § 100 Rn. 32; *Hoffmann-Becking*, in: Münchener Hdb GesellR 4, § 30 Rn. 4; *Langenbucher*, ZGR 2012, 314, 326, 338.

625 *Hoffmann-Becking*, in: Münchener Hdb GesellR 4, § 30 Rn. 4.

626 *Lieder*, Der Aufsichtsrat im Wandel der Zeit, S. 227, der von einem „Zulassungsverfahren/besonderen Befähigungsnachweis" spricht.

627 *Hopt/Roth*, in: Großkomm-AktG, § 100 Rn. 32.

628 *Simons*, in: Hölters, AktG, § 100 Rn. 21; *Hopt/Roth*, in: Großkomm-AktG, § 100 Rn. 32.

629 *Semler*, in: FS K. Schmidt, S. 1489, 1496. Nach § 243 Abs. 1 AktG.

630 *Semler*, in: FS K. Schmidt, S. 1489, 1496.

631 *Semler*, in: FS K. Schmidt, S. 1489, 1496.

632 BGH, Urteil vom 15.11.1982 – II ZR 27/82 = NJW 1983, 991; OLG Düsseldorf, Beschluss vom 23.02.2015 – I-26 W 14/14 = NJW-RR 2015, 1518; aufgegriffen von *Hopt/Roth*, in: Großkomm-AktG, § 100 Rn. 30.

dass sich ein Aufsichtsrat die Mindestkenntnisse erst „aneignet". Auch einem im Zeitpunkt der Bestellung ganz offenkundig ungeeigneten Kandidaten muss mithin die Möglichkeit verbleiben, die Mindestkenntnisse bis zum Zeitpunkt des Amtsantritts zu erwerben. Die Tatsache, dass ein solcher Kandidat im Zeitpunkt der Wahl gänzlich ungeeignet ist, heißt nicht, dass dieser Zustand so andauert. Es ist im Gegenteil wahrscheinlicher, dass ein Aufsichtsratsmitglied nach Bestellung, aber noch vor Amtsantritt versuchen wird, sich die nötigen Kenntnisse zu verschaffen. Denn nur dann ist sowohl sein Verbleib im Aufsichtsrat (wegen § 103 Abs. 3 AktG) als auch seine Reputation bezüglich weiterer, in der Regel vergüteter Mandate gesichert. Schließlich muss Beachtung finden, dass die gesetzlichen Voraussetzungen für die Zugehörigkeit zum Aufsichtsrat weniger eng sind als die zum Vorstand.[633] Wenn also weder die Eröffnung des Insolvenzverfahrens über das Vermögen eines Kandidaten noch eine rechtskräftige Verurteilung nach §§ 283 ff. StGB Einfluss auf die Bestellung zum Aufsichtsrat haben,[634] kann für eine offenkundige Ungeeignetheit des Kandidaten nichts anderes gelten. *Semler* ist mithin nicht zu folgen. Selbst bei offenkundiger Unqualifikation in der Hauptversammlung ist ein Aufsichtsrat zunächst wirksam bestellt. Sein Verbleib im Amt hängt sodann davon ab, ob er sich die nötigen Kenntnisse bis Amtsantritt verschafft oder nicht.

bb. Nichterfüllung von § 100 Abs. 5 AktG

(1) Fehlen eines Finanzexperten nach § 100 Abs. 5 Hs. 1 AktG

(a) Wirksame Bestellung

Fehlt ein Finanzexperte, ist der Aufsichtsrat objektiv rechtswidrig besetzt.[635] Möglichkeiten, den gesetzwidrigen Zustand zu beenden, sind die Wahl oder die gerichtliche Bestellung eines solchen.[636] Ebenso könnte ein bereits amtierendes Mitglied, auch der Arbeitnehmerseite, die erforderliche Sachkunde ausweisen oder zumindest nachträglich erwerben.[637] Entgegen der Überschrift des § 100 AktG enthält der Absatz 5 Halbsatz 1 gerade keine „persönliche Voraussetzung" für die Wahl einzelner Aufsichtsratsmitglieder, sondern eine objektive Anforderung an die Zusammensetzung des Aufsichtsrats insgesamt, mithin

633 *Spindler*, in: Spindler/Stilz, AktG, § 100 Rn. 42, der diesen Zustand als „rechtspolitisch fragwürdig" bezeichnet. Zum Vorstand vgl. § 76 Abs. 3 AktG.

634 *Spindler*, in: Spindler/Stilz, AktG, § 100 Rn. 42.

635 *Simons*, in: Hölters, AktG, § 100 Rn. 73.

636 *Staake*, ZIP 2010, 1013, 1019 f.

637 *Simons*, in: Hölters, AktG, § 100 Rn. 73.

eine organbezogene Besetzungsregel.[638] Aufsichtsratsmitglied kann weiterhin jeder sein, der die Voraussetzungen des § 100 Abs. 1 AktG erfüllt und bei dem kein Ausschlusstatbestand nach § 100 Abs. 2 AktG vorliegt.[639] Analog § 100 Abs. 5 Hs. 2 AktG ist Regelungsadressat nicht das einzelne Mitglied an sich, sondern der Aufsichtsrat in seiner Gesamtheit.[640] Damit ist eine fehlende Kompetenz kein Bestellungshindernis, noch führt sie zum Erlöschen des Mandats oder ist Grund für eine gerichtliche Abberufung nach § 103 Abs. 3 AktG beziehungsweise Ergänzungsbestellung nach § 104 AktG.[641] Das Aufsichtsratsmitglied ist wirksam bestellt.

(b) Möglichkeit der Wahlanfechtung

Trotz der zunächst wirksamen Bestellung sind die Rechtsfolgen bei Verstoß gegen § 100 Abs. 5 Hs. 1 AktG umstritten. Fest steht, dass die Wahl nicht nichtig ist.[642] § 250 Abs. 1 Nr. 4 AktG kann nicht analog angewendet werden, da keine vergleichbare Interessenlage vorliegt.[643] § 100 Abs. 5 Hs. 1 AktG schließt bei Nichtvorliegen, im Gegensatz zu § 100 Abs. 1, Abs. 2 AktG (und § 105 Abs. 1 AktG) die Mitgliedschaft nicht komplett aus,[644] es handelt sich nicht um eine persönliche Voraussetzung an Aufsichtsratsmitglieder.

Fraglich ist, ob eine Anfechtbarkeit gegeben ist. Dies wird zum Teil in Gänze abgelehnt.[645] Eine Verletzung der für das Gesamtorgan geltenden

---

638 *Staake*, NZG 2016, 853; *ders.*, ZIP 2010, 1013, 1018 f.; *Koch*, in: Hüffer/Koch, AktG, § 100 Rn. 27, 31; *Kropff*, in: FS K. Schmidt, S. 1023, 1033, *Habersack*, in: MüKo-AktG, § 100 Rn. 70.

639 *Staake*, ZIP 2010, 1013, 1018 f.

640 *Gruber*, NZG 2008, 12, 14.

641 *Koch*, in: Hüffer/Koch, AktG, § 100 Rn. 31. Bei einem nachträglichen Wegfall eventuell Abberufung: *Kropff*, in: FS K. Schmidt, S. 1023, 1034.

642 LG München I, Urteil vom 26.02.2010 – 5 HKO 14083/09 = BeckRS 2010, 6551; *Habersack*, AG 2008, 98, 106; *Gruber*, NZG 2008, 12, 14; *Kropff*, in: FS K. Schmidt, S. 1023, 1032; *Habersack*, in: MüKo-AktG, § 100 Rn. 75. Einschränkend: *Diekmann/Bidmon*, NZG 2009, 1087, 1091, die von einer analogen Anwendung des § 250 Abs. 1 Nr. 4 AktG ausgehen, wenn bereits in der Einladung zur Hauptversammlung auf den entsprechenden Finanzexperten hingewiesen wurde und dieser die Vorgaben nicht erfüllt.

643 *Habersack*, in: MüKo-AktG, § 100 Rn. 75.

644 *Habersack*, in: MüKo-AktG, § 100 Rn. 75.

645 *Koch*, in: Hüffer/Koch, AktG, § 100 Rn. 32; *Drygala*, in: K. Schmidt/Lutter, AktG, § 100 Rn. 62 f.; *Grigoleit/Tomasic*, in: Grigoleit, AktG, § 100 Rn. 32; *Simons*, in: Hölters, AktG, § 100 Rn. 74; *Gruber*, NZG 2008, 12, 14; *Gesell*, ZGR 2011, 361, 392 f.

Organisationsanforderung könne nicht auf die Wahl einzelner Aufsichtsräte durchschlagen.[646] Es fehle insoweit an der erforderlichen Verknüpfung von Rechtsverstoß und Bestellungsakt.[647] Die mangelnde Erfüllung sei keinem bestimmten Aufsichtsratsmitglied zuzuordnen.[648] Nach einer einschränkenden Ansicht wird die Anfechtbarkeit grundsätzlich verneint, jedoch für den Fall, dass nur ein Aufsichtsratssitz neu zu besetzen ist, der Kandidat die erforderliche Qualifikation nicht mitbringt und keines der übrigen Mitglieder die erforderliche Qualifikation aufweist, eine Ausnahme gemacht.[649] Teilweise wird darauf abgestellt, ob der Aufsichtsrat in seinem Beschlussvorschlag einen Kandidaten als Finanzexperten bezeichnet hat.[650] Weise dieser (und auch sonst kein Kandidat) die erforderliche Qualifikation nicht auf, soll, um das Anfechtungsrisiko zu minimieren, von der Anfechtbarkeit ausschließlich seiner Wahl ausgegangen werden.[651] In dieselbe Richtung geht *Kropff*[652], der vorschlägt, das Problem der Identifizierung des angreifbaren Wahlakts darüber zu lösen, dass der Wahlvorschlag des Aufsichtsrats oder einer Aktionärsminderheit ausdrücklich ein bestimmtes Mitglied als den vorgesehenen Finanzexperten bezeichnen müsse. Er will mithin die Wahlvorschlagspflicht um eine Pflicht, den vorgesehenen Finanzexperten im Vorschlag zu bezeichnen, erweitern.[653]

Diesen einschränkenden Ansichten soll allesamt nicht gefolgt werden. Eine Aufsichtsratswahl, die zu einem Verstoß gegen § 100 Abs. 5 Hs. 1 AktG führt, ist wegen einer Verletzung des Gesetzes nach § 251 Abs. 1 AktG anfechtbar.[654] Ein solcher Verstoß liegt immer dann vor, wenn ein Wahlbeschluss zu einer § 100 Abs. 5 Hs. 1 AktG widersprechenden Zusammensetzung führt,[655] wenn

---

646 *Koch*, in: Hüffer/Koch, AktG, § 100 Rn. 32.

647 *Drygala*, in: K. Schmidt/Lutter, AktG, § 100 Rn. 62.

648 *Koch*, in: Hüffer/Koch, AktG, § 100 Rn. 32; *Gesell*, ZGR 2011, 361, 393 f.

649 *Gesell*, ZGR 2011, 361, 392 f.

650 *Bröcker/Mosel*, GWR 2009, 132, 134. In die gleiche Richtung: *von Falkenhausen/Kocher*, ZIP 2009, 1601, 1602 f.

651 *Bröcker/Mosel*, GWR 2009, 132, 134.

652 *Kropff*, in: FS K. Schmidt, S. 1023, 1032 ff.

653 *Kropff*, in: FS K. Schmidt, S. 1023, 1032 ff.

654 So die h.L.: *Spindler*, in: Spindler/Stilz, AktG, § 100 Rn. 73; *Habersack*, in: MüKo-AktG, § 100 Rn. 75; *Mertens/Cahn*, KölnerKomm-AktG, § 100 Rn. 79; *Wind/Klie*, DStR 2010, 1339, 1340; *Bröcker/Mosel*, GWR 2009, 132, 133; *Diekmann/Bidmon*, NZG 2009, 1087, 1091; *Langenbucher*, ZGR 2012, 314, 334. *Staake*, ZIP 2010, 1013, 1020, geht von einer Anfechtbarkeit nach § 243 Abs. 1 AktG aus.

655 *Habersack*, in: MüKo-AktG, § 100 Rn. 75.

also kein Finanzexperte im Aufsichtsrat sitzt. Für die mitbestimmte Gesellschaft ist die Anfechtbarkeit nicht etwa wegen der Mitverantwortung der Wahl(Gremien) der Arbeitnehmer ausgeschlossen.[656] Zwar können diese grundsätzlich auch einen Finanzexperten stellen. Das Gesetz lässt es aber nicht zu, dass in mitbestimmten Gesellschaften beide Seiten einander die Verantwortung für die Erfüllung der Voraussetzungen zuschieben mit der Folge, dass die Missachtung ohne Auswirkung auf die Zusammensetzung bliebe.[657] Die Tatsache, dass in mitbestimmten Gesellschaften der Finanzexperte auch von der Arbeitnehmerbank gestellt werden kann, ändert nichts an der Mitverantwortung der Hauptversammlung, die Voraussetzungen des § 100 Abs. 5 AktG zu erfüllen.[658] Alles andere würde zu einem Abwälzen der Verantwortung auf die andere Bank und damit zu einer Umgehung des § 100 Abs. 5 Hs. 1 AktG führen.

Fraglich ist die Zuordnung des Gesetzesverstoßes zu einem konkreten Wahlbeschluss und damit eine Identifizierung des angedachten Finanzexperten.[659] Dies bereitet in der Regel, entgegen häufig geäußerten Zweifeln, keine Schwierigkeiten. Aufgrund Ziffer C.15 S. 1 DCGK werden Aufsichtsratswahlen in der Regel als Einzelwahlen durchgeführt. Zwar ist der Gegenansicht, die eine Anfechtbarkeit komplett ablehnt, zuzugestehen, dass jede dieser Einzelwahlen für sich genommen nicht gegen das Gesetz, mithin gegen § 100 Abs. 5 Hs. 1 AktG, verstößt.[660] Die Wahlbeschlüsse insgesamt führen jedoch zu einer § 100 Abs. 5 Hs. 1 AktG widersprechenden, mithin rechtswidrigen Zusammensetzung.[661] Der § 100 Abs. 5 Hs. 1 AktG stellt eine zwingende gesetzliche Vorgabe dar.[662] Anfechtbar ist dann die Wahl des letzten Kandidaten, sofern nicht der Aufsichtsrat in seinem Wahlvorschlag einen bestimmten Finanzexperten benennt und nicht ein anderes Mitglied die Voraussetzungen des § 100 Abs. 5 Hs. 1 AktG bereits erfüllt.[663] Ist nur ein Kandidat zu wählen, der die Voraussetzungen nicht erfüllt, und gehört dem Aufsichtsrat bislang auch

656 *Habersack*, in: MüKo-AktG, § 100 Rn. 75.
657 *Mertens/Cahn*, KölnerKomm-AktG, § 100 Rn. 80.
658 *Habersack*, in: MüKo-AktG, § 100 Rn. 75.
659 *Habersack*, in: MüKo-AktG, § 100 Rn. 76.
660 *Bröcker/Mosel*, GWR 2009, 132, 134.
661 *Bröcker/Mosel*, GWR 2009, 132, 134.
662 *Bröcker/Mosel*, GWR 2009, 132, 134.
663 *Habersack*, in: MüKo-AktG, § 100 Rn. 76; *Diekmann/Bidmon*, NZG 2009, 1087, 1091, die eine solche Benennung für nützlich erachten.

kein Finanzexperte an, ist dessen Wahl ebenso anfechtbar.[664] Wird im Wege der Listenwahl gewählt, ist der Wahlbeschluss in seiner Gesamtheit anfechtbar, wenn keiner der Liste und auch kein anderer Aufsichtsrat die Voraussetzung erfüllt.[665]

(2) Fehlen der Sektorvertrautheit nach § 100 Abs. 5 Hs. 2 AktG

Zu klären bleiben die Rechtsfolgen bei Fehlen der Sektorvertrautheit, § 100 Abs. 5 Hs. 2 AktG. Wie bereits erörtert, ist bei der Prüfung, ob von einer solchen auszugehen ist, eine Gesamtschau aller Mitglieder vorzunehmen. Auch § 100 Abs. 5 Hs. 2 AktG ist keine persönliche Voraussetzung des einzelnen Aufsichtsratsmitglieds, sondern eine organbezogene Besetzungsregel.[666] Der ohne Sektorkompetenz bestehende Aufsichtsrat ist mithin zwar objektiv rechtswidrig zusammengesetzt.[667] Jedoch gilt auch hier, dass die fehlende Sektorkenntnis kein Bestellungshindernis darstellt, der spätere Wegfall nicht zum Amtsverlust führt und eine gerichtliche Abberufung aus wichtigem Grund ausscheidet.[668]

Fraglich ist, ob sich die dargestellte Ansicht zur Frage der Anfechtbarkeit bei Fehlen eines Finanzexperten auf den Fall fehlender Sektorkenntnis übertragen lässt. Dies wird zum Teil in Anlehnung an die Argumente, die für eine Verneinung der Anfechtbarkeit bei Fehlen eines Finanzexperten herangezogen werden, abgelehnt.[669] Dem ist auch hier nicht zu folgen.[670] Zwar spricht der Wortlaut bei § 100 Abs. 5 Hs. 2 AktG, im Gegensatz zu § 100 Abs. 5 Hs. 1 AktG, von der „Gesamtheit" der Mitglieder des Aufsichtsrats. Thematisch ist jedoch kein Unterschied zwischen den beiden Halbsätzen des § 100 Abs. 5 AktG zu erkennen. Beide stellen organbezogene Besetzungsregeln mit Vorgaben bezüglich der fachlichen Qualifikation einzelner Aufsichtsräte dar. Gründe, weshalb das bei dem ersten Halbsatz gefundene Ergebnis nicht auf die Sektorvertrautheit des zweiten Halbsatzes übertragen werden kann, sind nicht ersichtlich. Vor allem kann nicht auf etwaige Beweisschwierigkeiten bei Feststellung der nötigen

---

664 *Spindler*, in: Spindler/Stilz, AktG, § 100 Rn. 73; *Habersack*, in: MüKo-AktG, § 100 Rn. 76.

665 *Habersack*, in: MüKo-AktG, § 100 Rn. 76.

666 *Simons*, in: Hölters, AktG, § 100 Rn. 78; *Schilha*, ZIP 2016, 1316, 1323.

667 *Simons*, in: Hölters, AktG, § 100 Rn. 78; *Schilha*, ZIP 2016, 1316, 1323.

668 *Simons*, in: Hölters, AktG, § 100 Rn. 78; *Schilha*, ZIP 2016, 1316, 1323. Angedacht von *Nodoushani*, AG 2016, 381, 387.

669 So entgegen der h.L. auch für den Finanzexperten: *Koch*, in: Hüffer/Koch, AktG, § 100 Rn. 32; *Simons*, in: Hölters, AktG, § 100 Rn. 78.

670 *Behme/Zickgraf*, AG 2016, R.132, R.135. *Habersack*, in: MüKo-AktG, § 100 Rn. 79. Zögernd: *Schilha*, ZIP 2016, 1316, 1323.

Sektorvertrautheit abgestellt werden.[671] Ihrer Natur nach sind Beweisprobleme auf tatsächlicher Seite einzuordnen und eignen sich somit nicht, rechtliche Probleme zu lösen.[672]

Damit ist auch im Fall des § 100 Abs. 5 Hs. 2 AktG von einer Anfechtbarkeit auszugehen. Entsprechend den geschilderten Fallkonstellationen kann sich eine solche beispielsweise dann ergeben, wenn nur ein Aufsichtsratsmitglied neu gewählt wird, dieses über keine Sektorkenntnis verfügt und der Aufsichtsrat auch bislang kein derartig fachlich qualifiziertes Mitglied hatte.[673]

cc. Verstoß gegen die Sachkunderegelungen in den Sondergesetzen

Alle drei Sondergesetze lassen die Wirksamkeit der Bestellung eines nicht hinreichend qualifizierten Mitglieds unberührt und erschöpfen sich in der Regelung aufsichtsrechtlicher Befugnisse der BaFin.[674] Über § 36 Abs. 3 S. 1 Nr. 2 KWG kann diese bei Verstößen gegen § 25d Abs. 1 KWG die Abberufung der betroffenen Person verlangen oder dieser die Ausübung der Tätigkeit untersagen. Im VAG finden sich derartige Vorschriften in § 11 Abs. 1 Nr. 2 VAG und § 303 Abs. 2 Nr. 1 VAG.[675] Danach kann die Aufsichtsbehörde die Erlaubnis versagen, wenn Tatsachen vorliegen, die die Annahme rechtfertigen, dass die Mitglieder des Aufsichtsrats die Voraussetzungen des § 24 VAG nicht erfüllen, § 11 Abs. 1 Nr. 2 VAG. Unter den gleichen Voraussetzungen kann die betroffene Person abberufen und ihr die Ausübung ihrer Tätigkeit untersagt werden, § 303 Abs. 2 Nr. 1 VAG. Für das KAGB sei auf § 18 Abs. 6 S. 1, S. 2, S. 3 KAGB verwiesen. Dieser normiert eine Unterrichtungspflicht für die externe Kapitalverwaltungsgesellschaft bei Nichteinhaltung des KAGB sowie mögliche Befugnisse der BaFin in einem solchen Fall.

---

671 Angesprochen von *Schilha*, ZIP 2016, 1316, 1323.

672 *Schilha*, ZIP 2016, 1316, 1323.

673 In Anlehnung an *Schilha*, ZIP 2016, 1316, 1323. Aufgenommen von *Habersack*, in: MüKo-AktG, § 100 Rn. 79.

674 *Habersack*, in: MüKo-AktG, § 100 Rn. 15.

675 *Habersack*, in: MüKo-AktG, § 100 Rn. 15.

c. *Nichterfüllen der Vorschriften zur Unabhängigkeit/Vorliegen von Interessenkonflikten*

aa. *Verstoß gegen das Aktiengesetz*

Ausdrücklich normiert das Aktiengesetz keine Unabhängigkeit. Damit ist eine solche keine gesetzliche Wählbarkeitsvoraussetzung.[676]

bb. *Verstoß gegen das KWG und VAG*

Bei dem Merkmal „Zuverlässigkeit" in § 25d Abs. 1 S. 1 KWG und § 24 Abs. 1 S. 1 VAG sind mögliche Interessenkonflikte zu berücksichtigen. Mithin kann auf die Ausführungen dazu verwiesen werden.[677]

cc. *Verstoß gegen das KAGB*

Das KAGB normiert Unabhängigkeit in § 18 Abs. 3 S. 1 (ggf. i.V.m. §§ 119 Abs. 3 S. 2, 147 Abs. 3 S. 2) KAGB. Fraglich ist, wie sich ein Verstoß dagegen auswirkt. Ein Bestellhindernis liegt nicht vor. Lediglich ein Mitglied des Aufsichtsrats muss unabhängig sein. Vergleichbar dem § 100 Abs. 5 AktG handelt es sich nicht um eine persönliche Anforderung an Aufsichtsratsmitglieder.

Jedoch ist eine Anfechtbarkeit zu bejahen. Bei der Vorschrift des § 18 Abs. 3 S. 1 KAGB handelt es sich um eine Spezialvorschrift zu § 101 Abs. 1 S. 1 AktG.[678] Die Einhaltung der Vorschrift ist verpflichtend.[679] Für eine Anfechtbarkeit spricht ebenso folgende Überlegung: Eine externe Kapitalverwaltungsgesellschaft in der Rechtsform einer GmbH oder einer GmbH & Co. KG war vor Änderung des § 100 Abs. 5 AktG verpflichtet, sowohl das Unabhängigkeitskonzept des § 18 Abs. 2 S. 3, S. 4 KAGB (i.V.m. § 100 Abs. 5 Hs. 1 AktG a. F.) als auch das des § 18 Abs. 3 S. 1, S. 2 KAGB zu erfüllen.[680] Wie herausgearbeitet, führt ein Verstoß gegen § 100 Abs. 5 AktG zu einer Anfechtbarkeit. Es wäre

---

676 *Simons*, in: Hölters, AktG, § 100 Rn. 23; *Habersack*, in: MüKo-AktG, § 100 Rn. 78; *Grigoleit/Tomasic*, in: Grigoleit, AktG, § 100 Rn. 21.

677 Vgl. Kapitel 4., A., II., 2., d.

678 *Winterhalder*, in: Weitnauer/Boxberger/Anders, KAGB, § 18 Rn. 18; *v. Schücking*, in: Moritz/Klebeck/Jesch, KAGB, § 18 Rn. 101.

679 H.M.: *Winterhalder*, in: Weitnauer/Boxberger/Anders, KAGB, § 18 Rn. 18; *v. Schücking*, in: Moritz/Klebeck/Jesch, KAGB, § 18 Rn. 101. Zum außer Kraft getretenen InvG: *Steck/Gringel*, in. Berger/Steck/Lübbehüsen, InvG, § 6 Rn. 18; *Thole*, in: Emde/Dornseifer/Dreibus/Hölscher, InvG, § 6 Rn. 19. A.A. nur: *Zetzsche*, ZBB 2007, 438, 440, der lediglich von einer Dokumentationspflicht ausgeht.

680 *v. Schücking*, in: Moritz/Klebeck/Jesch, KAGB, § 18 Rn. 99.

ein Wertungswiderspruch entstanden, wäre man nur bei einem der beiden Unabhängigkeitskonzepte, nämlich bei einem Verstoß gegen § 18 Abs. 2 S. 3, S. 4 KAGB i.V.m. § 100 Abs. 5 AktG a. F., zu einer Anfechtbarkeit gekommen.[681] Mithin musste auch bei einem Verstoß gegen § 18 Abs. 3 KAGB eine Anfechtbarkeit angenommen werden.[682] Nach nunmehr neuer Rechtslage, das heißt nach Wegfall des Unabhängigkeitskriteriums in § 100 Abs. 5 AktG, kann nichts anderes gelten.[683] Wählt die Hauptversammlung mithin kein unabhängiges Mitglied im Sinne des § 18 Abs. 3 KAGB, ist die Wahl nach § 251 Abs. 1 S. 1 AktG wegen einer Verletzung des Gesetzes anfechtbar. Bezüglich der Frage, welcher konkrete Wahlbeschluss anfechtbar ist, kann auf die im Rahmen der Anfechtbarkeit bei Verstoß gegen § 100 Abs. 5 AktG dargelegten Grundsätze rekurriert werden.

d. Nichterfüllen der Vorschriften der Merkmale „Zuverlässigkeit" und „zeitliche Verfügbarkeit"

Im KWG und im VAG finden sich Vorschriften zur Zuverlässigkeit von Aufsichtsräten. Das Merkmal „zeitliche Verfügbarkeit" findet sich lediglich im KWG. Beide Merkmale finden sich neben dem der erforderlichen Sachkunde. Insofern gilt das gefundene Ergebnis: Bei Nichtvorliegen liegt kein Bestellungshindernis vor, jedoch kann die BaFin im Rahmen ihrer aufsichtsrechtlichen Befugnisse tätig werden.

e. Zwischenergebnis zu 2.

Es bleibt festzuhalten, dass eine Wahlanfechtung im Bereich des Anforderungsprofils an Aktionärsvertreter im Aufsichtsrat wegen eines Verstoßes gegen einen der genannten Ausschlusstatbestände des KWG und des VAG, gegen § 100 Abs. 5 AktG sowie gegen § 18 Abs. 3 S. 1 KAGB möglich ist.

III. Rechtsfolgen der Wahlnichtigkeit

Sowohl bei einer Nichtigkeit qua Gesetz als auch bei erfolgreicher Anfechtungsklage ist der eigentlich Gewählte – *ex tunc* – nicht wirksam Mitglied des Aufsichtsrats geworden; daran ändert auch seine Annahme der Wahl nichts.[684]

---

681 *v. Schücking*, in: Moritz/Klebeck/Jesch, KAGB, § 18 Rn. 99.

682 *v. Schücking*, in: Moritz/Klebeck/Jesch, KAGB, § 18 Rn. 99.

683 *v. Schücking*, in: Moritz/Klebeck/Jesch, KAGB, § 18 Rn. 99.

684 *Weber/Kersjes*, Hauptversammlungsbeschlüsse vor Gericht, § 1 Rn. 233; *Koch*, in: Hüffer/Koch, AktG, § 250 Rn. 16.

Das Aktiengesetz sieht einige Mechanismen vor, um dem „räuberischen Aktionär", der versucht, die Gesellschaft durch Anfechtungs- und Nichtigkeitsklagen unter Druck zu setzen, zuvorzukommen.[685] Diese greifen bei Klagen gegen die Wahl von Aufsichtsräten jedoch nur bedingt: Das Freigabeverfahren nach § 246a AktG ist schon tatbestandlich nicht einschlägig. Eine Bestätigung nach §§ 251 Abs. 1 S. 3, 244 AktG kann nur Verfahrensfehler heilen.[686] Bei den in dieser Arbeit dargestellten Anforderungen, die zu einer Anfechtbarkeit führen können, handelt es sich indes um materielle Fehler. Eine gerichtliche Bestellung nach § 104 Abs. 1 AktG kommt nur in Betracht, wenn dem Aufsichtsrat die zur Beschlussfähigkeit nötige Anzahl von Mitgliedern nicht angehört. Sind mithin so viele Aufsichtsräte nichtig bestellt, dass die zur Beschlussfähigkeit nötige Anzahl nicht mehr vorliegt, kann davon Gebrauch gemacht werden. In der Regel wird jedoch nicht von der Nichtigkeit derart vieler Bestellbeschlüsse auszugehen sein, so dass ein solches Vorgehen eine Ausnahme darstellt. Eine Bestellung bei bloßer Unvollständigkeit kommt gemäß § 104 Abs. 2, Abs. 3 AktG grundsätzlich erst nach drei Monaten in Betracht. Bei paritätischer Mitbestimmung kann davon jedoch abgewichen werden.[687] Auf die Möglichkeit einer gerichtlichen Bestellung parallel zum laufenden Anfechtungs- beziehungsweise Nichtigkeitsverfahren wird noch eingegangen.[688] Schließlich stellt auch die Wahl von Ersatzmitgliedern nach § 101 Abs. 3 AktG keine praxistaugliche Lösung zur Bekämpfung „räuberischer Aktionäre" dar.[689] Bis zum Zeitpunkt des Nachrückens gehört das Ersatzmitglied dem Aufsichtsrat nicht an; es hat weder ein Recht auf Teilnahme noch auf Mitentscheidung im Gremium.[690] Die aktive Mitarbeit des nichtig bestellten Aufsichtsrats, die zu Rückabwicklungsproblemen führt, wird mithin nicht verhindert. Es zeigt sich also, dass es kaum eine effiziente Möglichkeit gibt, die Rechtsfolge der Wahlnichtigkeit bei einmal erfolgter fehlerhafter Bestellung und anschließender Klagerhebung zu vermeiden. Damit lohnt sich ein genauerer Blick auf diese.

---

685 *Happ*, in: FS Hüffer, S. 293 f.

686 *Happ*, in: FS Hüffer, S. 293, 294; *Vetter/van Laak*, ZIP 2008, 1806, 1808.

687 Siehe § 104 Abs. 2, Abs. 3 Nr. 2 AktG.

688 Siehe Kapitel 4., A., III., 1., b. der Arbeit.

689 *Vetter/van Laak*, ZIP 2008, 1806, 1808 f.

690 *Vetter/van Laak*, ZIP 2008, 1806, 1808 f.

1. *Rechtsfolgen der Wahlnichtigkeit auf die Beschlussfassung*

Zu prüfen sind die Auswirkungen der Mitwirkung fehlerhaft bestellter Aufsichtsräte an organinternen Beschlüssen. Dabei ist zu unterscheiden, ob der Aufsichtsrat insgesamt nichtig bestellt worden ist oder ob die Wahl einzelner Mitglieder nichtig ist. Sind sämtliche Aufsichtsratsmitglieder nichtig bestellt, kann das Gremium keine wirksamen Beschlüsse mehr fassen; die Beschlussfassungen sind allesamt nichtig.[691] Wahrscheinlicher ist hingegen der Fall, dass nur einzelne Mitglieder nichtig bestellt worden sind. Die Auswirkungen einer solch fehlerhaften Bestellung mit anschließender Nichtigkeitsfeststellung beziehungsweise erklärung auf die Wirksamkeit von organinternen Beschlüssen können von hoher Relevanz für die gesamte Gesellschaft sein. Dies gilt vor allem, wenn die Beschlussfassung notwendige Grundlage für weitere Maßnahmen ist.[692] Dabei ist zunächst an den Beschlussvorschlag des Aufsichtsrats nach § 124 Abs. 3 S. 1 AktG zu denken. Ist dieser fehlerhaft, sind alle darauf beruhenden Wahlbeschlüsse der Hauptversammlung fehlerhaft, mithin anfechtbar. Wird (erfolgreich) Klage erhoben, ist dies mit nicht unerheblichen finanziellen Folgen für die Gesellschaft verbunden. Auch kann eine solche Klagerhebung mit einem Reputationsverlust der Gesellschaft einhergehen. Dies kann zu weiteren finanziellen Einbußen der Gesellschaft führen.[693] Sodann ist an die Vorstandsbestellung nach § 84 Abs. 1 S. 1 AktG zu denken. Wirkt sich eine fehlerhafte Aufsichtsratsbestellung auf diese aus, könnte dies wiederum Auswirkungen auf die Feststellung des Jahresabschlusses haben, § 256 Abs. 2 AktG.[694]

Problematisch ist vor allem die gesetzliche Wertung der *ex-tunc*-Wirkung der Nichtigkeitsfeststellung und -erklärung. Es verwundert folglich wenig, dass sowohl das Schrifttum als auch die Praxis versucht haben, Möglichkeiten zu entwickeln, diese *ex-tunc*-Wirkung und damit die Auswirkungen der fehlerhaften Bestellung von Aufsichtsräten auf die organinterne Beschlussfassung abzumildern.

---

691 BGH, Urteil vom 16.12.1953 – II ZR 167/52 = BGHZ 11, 231; *Weber/Kersjes*, Hauptversammlungsbeschlüsse vor Gericht, § 1 Rn. 234; *Koch*, in: MüKo-AktG, § 250 Rn. 23; *Bayer/Lieder*, NZG 2012, 1, 2. Eher kritisch: *Happ*, in: FS Hüffer, S. 293, 297. Siehe auch Kapitel 4., A., III., 2. der Arbeit.

692 *Bayer/Lieder*, NZG 2012, 1, 2.

693 Vgl. Kapitel 4., B., II., 1., b., dd. der Arbeit.

694 *Fortun/Knies*, DB 2007, 1451 für den Fall der Beschlussunfähigkeit des Aufsichtsrats, weil die gesetzliche Begrenzung der Amtszeit überschritten wurde. Zu beachten ist jedoch die Heilungsmöglichkeit nach § 256 Abs. 6 S. 1 AktG.

a. *Die Lehre vom fehlerhaft bestellten Organ*

Die Lehre vom fehlerhaft bestellten Organmitglied plädiert dafür, unwirksam bestellte Aufsichtsratsmitglieder in Anlehnung an die Lehre vom fehlerhaften Verband bis zu ihrer Amtsniederlegung beziehungsweise bis zum Widerruf ihrer Bestellung im Innen- wie im Außenverhältnis als wirksam bestellte Organmitglieder zu behandeln.[695] Hat das fehlerhaft bestellte Organmitglied seine Bestellung angenommen und das Mandat auch tatsächlich ausgeübt, wird das Bestellungsverhältnis für die Vergangenheit als vollumfänglich wirksam betrachtet.[696] Nichtigkeits- und Anfechtungsgründe machen das Bestellungsverhältnis mithin nur *ex nunc* vernichtbar.[697]

aa. *Dogmatische Herleitung*

Begründet wird die Lehre mit denselben Wertungsgesichtspunkten, die auch für die Begründung der Lehre von der fehlerhaften Gesellschaft herangezogen werden:[698] Es sollen Schwierigkeiten vermieden werden, die eine Rückabwicklung des fehlerhaft bestellten Organwalters mit sich bringt.[699] Indem die Maßnahmen als wirksam behandelt werden, sind sowohl im Außenverhältnis die Interessen des redlichen Rechtsverkehrs geschützt als auch im Innenverhältnis die Interessen der Mitgesellschafter, Organe sowie der Gesellschaft selbst.[700] Es wird somit ein hohes Maß an Bestandsschutz und damit an Rechtssicherheit erzeugt. Im Rahmen einer typisierten Abwägung müssen also die individuellen Interessen derjenigen, zu deren Gunsten bestimmte Anfechtungs- und Nichtigkeitsgründe bestehen, hinter den überindividuellen Interessen des redlichen Rechtsverkehrs sowie der Funktions- und Handlungsfähigkeit der Gesellschaft und ihrer Organe zurücktreten.[701]

---

695 *Bayer/Lieder*, NZG 2012, 1, 2 ff.; *Lieder*, ZHR 178 (2014), 314 ff.; *Rieckers*, AG 2013, 383, 384; *Höpfner*, ZGR 2016, 505, 508 ff.; *Happ*, in: FS Hüffer, S. 293, 307.

696 Beispielhaft für alle: *Höpfner*, ZGR 2016, 505, 509.

697 Im Ergebnis gleich aber von einer Nichtigkeit *ex tunc* ausgehend: *Habersack*, in: MüKo-AktG, § 101 Rn. 70 ff.

698 *Bayer/Lieder*, NZG 2012, 1, 2. Zur fehlerhaften Gesellschaft z.B: *Ulmer*, in: FS Flume, S. 301, 304; *Schäfer*, in: MüKo-BGB, § 705 Rn. 333 ff.

699 *Bayer/Lieder*, NZG 2012, 1, 2. So auch für die Begründung der Lehre vom faktischen Organ: *Stein*, Das faktische Organ, S. 126 ff.

700 *Bayer/Lieder*, NZG 2012, 1, 2.

701 *Lieder*, ZHR 178 (2014), 282, 290.

bb. Tatbestandsvoraussetzungen

Ebenso in Anlehnung an die Lehre vom fehlerhaften Verband setzt die Lehre vom fehlerhaften Bestellungsverhältnis Folgendes voraus:[702] Zunächst muss ein fehlerhafter Bestellungsakt vorliegen.[703] In Abgrenzung zur Lehre vom faktischen Organ[704] liegt eine fehlerhafte Bestellung nur dann vor, wenn von der Hauptversammlung ein auf die Bestellung gerichteter, wenngleich fehlerhafter Willensakt ausging und aus dem Verhalten des designierten Organ, mithin Aufsichtsratsmitglieds unmissverständlich auf seinen Willen zur Übernahme des Amts geschlossen werden kann.[705] Fehlt es hingegen an einem (fehlerhaften) Bestellungsakt, übt der Organwalter seine organschaftlichen Rechte und Pflichten also nur auf einer rein tatsächlichen, faktischen Grundlage aus, kommt die Anwendung der Lehre vom faktischen Organ in Betracht.[706] Die vorliegende Arbeit knüpft an den (fehlerhaften) Bestellungsakt durch die Hauptversammlung an, so dass lediglich die Lehre vom fehlerhaft bestellten Organ Anwendung finden kann.

Als zweite Tatbestandsvoraussetzung muss das Organverhältnis tatsächlich in Vollzug gesetzt worden sein, das Aufsichtsratsmitglied muss mithin begonnen haben, seine Tätigkeit auszuüben.[707] Wirkt ein fehlerhaft bestellter Aufsichtsrat an einem organinternen Beschluss mit, übt er zweifellos seine Tätigkeit als Aufsichtsratsmitglied aus. Es gehört zu den Kernaufgaben eines jeden Aufsichtsrats, an der inneren Willensbildung des Organs teilzunehmen.

Schließlich darf kein Ausnahmetatbestand vorliegen.[708] Solche macht die Lehre, wiederum in Anlehnung an die Lehre von der fehlerhaften Gesellschaft, wenn höherrangige rechtlich geschützte Interessen der Allgemeinheit oder besonders schutzwürdiger Personen entgegenstehen.[709] Unstreitig gilt dies im Fall geschäftsunfähiger Aufsichtsratsmitglieder.[710] Umstritten sind Fälle, in welchen

702 *Lieder*, ZHR 178 (2014), 282, 314 ff.

703 *Lieder*, ZHR 178 (2014), 282, 314.

704 *Stein*, Das faktische Organ, S. 126 ff.

705 *Lieder*, ZHR 178 (2014), 282, 314; *Bayer/Lieder*, NZG 2012, 1, 3.

706 *Lieder*, ZHR 178 (2014), 282, 295.

707 BGH, Urteil vom 20.02.1995 – II ZR 143/93 = BGHZ 129, 30, 32; *Lieder*, ZHR 178 (2014), 282, 315.

708 *E. Vetter*, ZIP 2012, 701, 704.

709 *Habersack*, in: MüKo-AktG, § 101 Rn. 73; *Schürnbrand*, Organschaft im Recht der privaten Verbände, S. 290; *Spindler*, in: Spindler/Stilz, AktG, § 101 Rn. 115; OLG Frankfurt am Main, Urteil vom 20.10.2010 – 23 U 121/08 = NZG 2010, 1426.

710 *Bayer/Lieder*, NZG 2012, 1, 7; *Lieder*, ZHR 178 (2014), 282, 316, 317.

Aufsichtsratsmitglieder im Widerspruch zu §§ 100 Abs. 2, 105, 250 Abs. 1 Nr. 1, Nr. 2, Nr. 3, Nr. 5 AktG bestellt werden. Teilweise wird dann von einem Ausnahmetatbestand ausgegangen.[711] Es sei aufgrund der höherrangigen Interessen, die über die Normen geschützt werden sollen, und der Evidenz der Mängel kein Raum für eine Anwendung der Lehre vom fehlerhaft bestellten Organ.[712] Die Gewichtigkeit der Mängel zeige sich insofern, als der Gesetzgeber den Fortbestand des Beschlusses nicht zur Disposition der Beteiligten (über Klagerhebung) gestellt, sondern ohne Rücksicht auf deren Willen selbst dessen Unwirksamkeit angeordnet hat.[713] Ebenso spreche die enumerative Aufzählung der Fälle dafür, dass der Gesetzgeber ihnen eine solche Bedeutung beimesse, dass ein auch nur zeitweise bestehender Fortbestand derartiger Beschlüsse von der Rechtsordnung nicht toleriert werden könne.[714]

Der Ansicht ist zuzugestehen, dass der Gesetzgeber den Mängeln durch die Nichtigkeitsfolge *ipso iure* eine hohe Gewichtigkeit einräumt. Auf der anderen Seite stehen jedoch die überindividuellen Interessen des redlichen Rechtsverkehrs an einer Bestands- und Verkehrssicherheit also vor allem daran, Rückabwicklungskosten zu vermeiden. Zudem muss die Funktions- und Handlungsfähigkeit der Gesellschaft und ihrer Organe berücksichtigt werden. Aufgrund dieser hohen Regelungsziele (der Lehre) erscheint eine restriktive Handhabung der Ausnahmen von der Lehre geboten.[715] Damit wird auch ein Einklang mit der Lehre vom fehlerhaften Verband geschaffen, die ebenfalls für eng gezogene Anwendungsszenarien eintritt.[716] Dass ein Fall der §§ 100 Abs. 2, 105 AktG vorliegt, steht in keinem Zusammenhang mit dem Bestands- und Verkehrsinteresse der Gesellschaft oder des Rechtsverkehrs. Die Schutzbedürftigkeit der Gesellschafter sowie der Gläubiger ist keineswegs gemindert.[717] Vielmehr sind beide Gruppen vor allem auch in diesen Fällen daran interessiert, dass die

---

711 Für §§ 100 Abs. 1, 2, 105, 250 Abs. 1 Nr. 1, 2, 3, 5 AktG: *Habersack*, in: MüKo-AktG, § 101 Rn. 73; *Happ*, in: FS Hüffer, S. 293, 308; *Schürnbrand*, Organschaft im Recht der privaten Verbände, S. 290; OLG Frankfurt am Main, Urteil vom 20.10.2010 – 23 U 121/08 = = NZG 2010, 1426. Ohne Erwähnung von § 250 AktG: *Koch*, in: Hüffer/Koch, AktG, § 101 Rn. 21. A.A.: *Lieder*, ZHR 178 (2014), 282, 317 ff.; *Bayer/Lieder*, NZG 2012, 1, 7.

712 *Habersack*, in: MüKo-AktG, § 101 Rn. 73.

713 *Schürnbrand*, Organschaft im Recht der privaten Verbände, S. 290.

714 *Happ*, in: FS Hüffer, S. 293, 308.

715 *Lieder*, ZHR 178 (2014), 282, 316.

716 *K. Schmidt*, AcP 186 (1986) 421, 444 ff.; *Lieder*, ZHR 178 (2014), 282, 316.

717 *Bayer/Lieder*, NZG 2012, 1, 7.

vorgenommenen Maßnahmen Bestand haben und keine kostspielige Rückabwicklung droht.[718] Damit sprechen die schutzwürdigen Interessen des Rechtsverkehrs und der Gesellschaft also auch in diesen Fällen für die Anwendung der Lehre des fehlerhaft bestellten Organs.[719] Angemerkt sei, dass damit auch kein gesetzeswidriger Zustand perpetuiert wird,[720] die Rechtsordnung also nicht ein von ihr verbotenes und für nichtig erklärtes Rechtsverhältnis auf unbestimmte Zeit anerkennt.[721] Die Verwaltungsorgane sind nämlich verpflichtet, auf eine ordnungsgemäße Zusammensetzung des Überwachungsorgans hinzuwirken.[722] Sobald sie von der fehlerhaften Bestellung Kenntnis erlangt haben, müssen sie eine Abberufung durch die Hauptversammlung (§ 103 Abs. 1 AktG) oder das Gericht (§ 103 Abs. 3 AktG), eventuell verbunden mit einer gerichtlichen Ersatzbestellung nach § 104 AktG,[723] vorantreiben.[724] Gleiches muss für § 250 Abs. 1 Nr. 1, Nr. 2, Nr. 3, Nr. 5 AktG gelten.[725] Besonders hoch zu bewerten sind dabei die über Nummer 2 geschützten Arbeitnehmerinteressen[726] sowie die über Nummer 5 geschützten geschlechtlichen Gleichstellungsinteressen. Jedoch fällt selbst bei diesen eine Abwägung zugunsten des Bestandsinteresses des Rechtsverkehrs und der Gesellschaft aus.[727] Beide Gruppen wären durch Annahme eines Ausnahmetatbestandes aufgrund der kostspieligen Rückabwicklung der fehlerhaften Bestellung nachhaltig getroffen.[728] Ihre Schutzbedürftigkeit ist auch in diesen Fällen keineswegs gemindert. Dies gilt umso mehr, als dass den Arbeitnehmer- und Gleichstellungsinteressen durch die Möglichkeit der Einleitung eines Statusverfahrens angemessen Rechnung getragen wird.[729] Neben dem Vorstand, der zur Einleitung eines solchen verpflichtet ist,

---

718 *Bayer/Lieder*, NZG 2012, 1, 7.

719 *Bayer/Lieder*, NZG 2012, 1, 7; *Lieder*, ZHR 178 (2014), 282, 317, 318.

720 *Lieder*, ZHR 178 (2014), 282, 317, 318.

721 So *Schürnbrand*, Organschaft im Recht der privaten Verbände, S. 281, 282.

722 *Habersack*, in: MüKo-AktG, § 101 Rn. 74; *Spindler*, in: Spindler/Stilz, AktG, § 101 Rn. 112; *Hopt/Roth*, in: Großkomm-AktG, § 101 Rn. 269, 270; *Schürnbrand*, NZG 2013, 481, 483; *Lieder*, ZHR 178 (2014), 282, 317, 318.

723 *Hopt/Roth*, in: Großkomm-AktG, § 101 Rn. 270.

724 Zu § 103 Abs. 3 AktG: *Bayer/Lieder*, NZG 2012, 1, 7; *Lieder*, ZHR 178 (2014), 282, 318.

725 Für § 250 Abs. 1 Nr. 1, Nr. 2, Nr. 3 AktG: *Bayer/Lieder*, NZG 2012, 1, 7; *Lieder*, ZHR 178 (2014), 282, 319.

726 *Bayer/Lieder*, NZG 2012, 1, 7; *Lieder*, ZHR 178 (2014), 282, 318, 319.

727 *Bayer/Lieder*, NZG 2012, 1, 7; *Lieder*, ZHR 178 (2014), 282, 319.

728 *Bayer/Lieder*, NZG 2012, 1, 7.

729 *Bayer/Lieder*, NZG 2012, 1, 7; *Lieder*, ZHR 178 (2014), 282, 319.

sind ebenso Aufsichtsratsmitglieder, Aktionäre und Vertreter von Arbeitnehmerinteressen antragsberechtigt.[730] Damit steht fest, dass weder die Fälle der §§ 100 Abs. 2, 105 AktG noch die des § 250 Abs. 1 Nr. 1, Nr. 2, Nr. 3, Nr. 5 AktG Ausnahmen von der Lehre vom fehlerhaft bestellten Organ statuieren.

b. Gerichtliche Bestellung nach § 104 Abs. 2 AktG

Neben der vor allem in der Literatur vorherrschenden Lehre vom fehlerhaft bestellten Organ existieren praktische Bemühungen, die negativen Rechtsfolgen der *ex-tunc*-Nichtigkeit abzuschwächen. Ansatzpunkt ist die gerichtliche Bestellung über § 104 Abs. 2 AktG.

aa. § 104 Abs. 2 AktG analog

In dem vom OLG Köln[731] im Jahr 2007 in dritter Instanz entschiedenen Fall hatte eine Gesellschaft nach erhobener Anfechtungs- und Nichtigkeitsklage gegen die Wahl einiger Aufsichtsratsmitglieder beantragt, die durch die Hauptversammlung in den Aufsichtsrat gewählten Personen, deren Wahl angefochten wurde, in analoger Anwendung des § 104 Abs. 2 AktG durch das Registergericht bis zur Entscheidung über die Klagen zu Mitgliedern des Aufsichtsrats zu bestellen. Dies hat das OLG abgelehnt. § 104 Abs. 2 AktG sei weder direkt erfüllt noch lägen die Voraussetzungen einer Analogie vor.[732] Die angenommene Regelungslücke sei jedenfalls nicht planwidrig.[733] Dem Gesetzgeber seien die Probleme, die sich aus der Rückwirkung der Anfechtungs- und Nichtigkeitsklagen ergeben können, bewusst.[734] Gleichwohl sei er nicht tätig geworden.[735] Ebenso fehle es an einer vergleichbaren Interessenlage.[736] § 104 AktG diene dem Erhalt der Handlungs- und Funktionsfähigkeit des Aufsichtsrats.[737] Er habe gerade nicht den Sinn, die Rückwirkung einer Anfechtungs- oder Nichtigkeitsklage der Sache

730 Für den Vorstand siehe § 97 Abs. 1 AktG. Im Übrigen: § 98 Abs. 2 AktG. *Lieder*, ZHR 178 (2014), 282, 319.

731 OLG Köln, Beschluss vom 29.03.2007 – 2 Wx 4/07 = BeckRS 2007, 8237.

732 OLG Köln, Beschluss vom 29.03.2007 – 2 Wx 4/07 = BeckRS 2007, 8237.

733 OLG Köln, Beschluss vom 29.03.2007 – 2 Wx 4/07 = BeckRS 2007, 8237.

734 OLG Köln, Beschluss vom 29.03.2007 – 2 Wx 4/07 = BeckRS 2007, 8237. Tätig wurde der Gesetzgeber demgegenüber bei der Einführung des Freigabeverfahrens in § 246a AktG: *Vetter/van Laak*, ZIP 2008, 1806, 1810. A.A.: *Happ*, in: FS Hüffer, S. 293, 302.

735 OLG Köln, Beschluss vom 29.03.2007 – 2 Wx 4/07 = BeckRS 2007, 8237.

736 OLG Köln, Beschluss vom 29.03.2007 – 2 Wx 4/07 = BeckRS 2007, 8237.

737 OLG Köln, Beschluss vom 29.03.2007 – 2 Wx 4/07 = BeckRS 2007, 8237.

nach zu beseitigen.[738] Die Erhebung einer solchen Klage ändere nichts daran, dass der Aufsichtsrat bestellt ist und für die Aktiengesellschaft handeln kann,[739] die Funktionsfähigkeit des Gremiums mithin nicht gefährdet ist. Zudem liege bei § 104 AktG die Entscheidung, wen, also welche Person das Gericht bestelle, in seinem Ermessen.[740] Im Fall einer erhobenen Anfechtungs- oder Nichtigkeitsklage käme § 104 AktG analog aber nur insofern in Betracht, als das Gericht exakt die Person, deren Wahl angefochten wurde, bestellte.[741] Das Ermessen wäre auf null reduziert.[742] Es käme zu einem Automatismus, der weit über die Berücksichtigung des Willens der Hauptverhandlung hinausginge.[743]

bb. § 104 Abs. 2 AktG unter aufschiebender Bedingung

Zum Teil wird angenommen, dass es auf eine solche analoge Anwendung nicht ankäme. Möglich sei es, parallel zum laufenden Anfechtungs- oder Nichtigkeitsverfahren den Antrag zu stellen, dass das Aufsichtsratsmitglied, dessen Wahl angefochten wurde, für den Fall gerichtlich bestellt werde, dass seine Wahl für nichtig erklärt wird oder nichtig ist.[744] Ziel einer solchen, aufschiebend bedingten, rückwirkenden Bestellung sei es, die Bestandskraft der vom Aufsichtsrat getroffenen Beschlüsse unabhängig vom Ausgang des Anfechtungsverfahrens herbeizuführen.[745] Wird die Klage nämlich abgewiesen, handelt das Aufsichtsratsmitglied, dessen Wahl angefochten wurde, aufgrund wirksamer Bestellung durch die Hauptversammlung.[746] Bei erfolgreicher Klage tritt die Bedingung ein und das Aufsichtsratsmitglied, dessen Wahl angefochten wurde, handelt aufgrund dann wirksamer Bestellung durch das Gericht.[747]

---

738 OLG Köln, Beschluss vom 29.03.2007 – 2 Wx 4/07 = BeckRS 2007, 8237.
739 OLG Köln, Beschluss vom 29.03.2007 – 2 Wx 4/07 = BeckRS 2007, 8237.
740 OLG Köln, Beschluss vom 29.03.2007 – 2 Wx 4/07 = BeckRS 2007, 8237.
741 OLG Köln, Beschluss vom 29.03.2007 – 2 Wx 4/07 = BeckRS 2007, 8237.
742 *Schäfer*, in: FD-HGR 2007, 238096.
743 OLG Köln, Beschluss vom 29.03.2007 – 2 Wx 4/07 = BeckRS 2007, 8237.
744 *Vetter/van Laak*, ZIP 2008, 1806, 1809. Eher kritisch: *Schürnbrand*, NZG 2013, 481, 484.
745 *Vetter/van Laak*, ZIP 2008, 1806, 1809.
746 *Vetter/van Laak*, ZIP 2008, 1806, 1809.
747 *Vetter/van Laak*, ZIP 2008, 1806, 1809.

cc. § 104 Abs. 2 AktG nach Teilanerkenntnis

Im Zusammenhang mit § 104 AktG zeigt sich die Praxis rechtskreativ. In einem von *Happ*[748] geschilderten Fall hat eine Gesellschaft in einem Anfechtungsprozess den die Fehlerhaftigkeit der Aufsichtsratswahl betreffenden Teil der Klaganträge im Wege des Teilanerkenntnisses anerkannt mit der Folge, dass das Gericht durch Teilanerkenntnisurteil die Unwirksamkeit der Wahl der Aufsichtsratsmitglieder feststellen konnte und musste. Damit war der Weg frei für eine direkte Anwendung des §104 Abs. 2 AktG.[749] Nach *Happ*[750] stellt dies keinen Verstoß gegen den Grundsatz dar, dass der Vorstand verpflichtet ist, die von der Hauptversammlung im Rahmen ihrer Zuständigkeit beschlossenen Maßnahmen auszuführen. Über den Umweg des Anerkenntnisses werde nämlich genau die Rechtsfolge herbeigeführt, die die Hauptversammlung mit ihrem Beschluss bewirken wollte:[751] die Bestellung des Aufsichtsrats, dessen Wahl angefochten wurde. Dieselbe Wirkung wie bei einem Teilanerkenntnis kann durch Niederlegung des oder der Aufsichtsmandate erzielt werden.[752] Jedoch erfordert dies ein Handeln der gewählten Personen, nicht nur der Gesellschaft.

dd. Stellungnahme

Keine der dargestellten Strategien zur Überwindung der Rückwirkungsprobleme bei Anfechtung von Aufsichtsratswahlen überzeugt. Dem OLG Köln, das § 104 Abs. 2 AktG analog ablehnt, ist zu folgen.[753] Methoden, um die negativen Auswirkungen der *ex-tunc*-Wirkung abzuschwächen, werden schon lange und ausführlich diskutiert. Exemplarisch kann auf die Lehre vom fehlerhaft bestellten Organ verwiesen werden. Allgemeine Grundsätze zu dieser finden sich schon in der Rechtsprechung des Reichsgerichts[754] und setzen sich bis heute fort.[755] Die negativen Auswirkungen, die mit der *ex-tunc*-Wirkung einhergehen, sind also

---

748 *Happ*, in: FS Hüffer, S. 293, 302 mit Bezug auf LG Frankenthal, Urteil vom 03.11.2008 – 2 HK O 84/08.

749 *Happ*, in: FS Hüffer, S. 293, 302.

750 *Happ*, in: FS Hüffer, S. 293, 302. Siehe § 83 Abs. 2 AktG.

751 *Happ*, in: FS Hüffer, S. 293, 302.

752 *Happ*, in: FS Hüffer, S. 293, 302.; *Marsch-Barner*, in: FS K. Schmidt, S. 1109, 1122.

753 Im Ergebnis ebenso: *Happ*, in: FS Hüffer, S. 293, 301 ff.; *Vetter/van Laak*, ZIP 2008, 1806, 1809 ff.; *Schäfer*, in: FD-HGR 2007, 238096.

754 Vgl. z.B. für den Vorstand: RG, Urteil vom 14.10.1887 – IV 846/87 = RGSt 16, 269 sowie RG, Urteil vom 06.02.1930 – II 22/29 = RGSt 64, 8.

755 BGH, Beschluss vom 18.12.2014 – 4 StR 323/14 = NJW 2015, 712; BGH, Beschluss vom 27.09.2011 – II ZR 225/08 = NZG 2011, 1383.

sowohl in Rechtsprechung als auch im Schrifttum längst hinlänglich bekannt. Die Aktienrechtsreformen der vergangenen Jahre hätten genügend Möglichkeiten für ein gesetzgeberisches Tätigwerden geboten. Jedoch ist ein solches nicht erfolgt. Mithin liegt keine planwidrige Regelungslücke vor, so dass eine analoge Anwendung des § 104 Abs. 2 AktG scheitert.

Auch die übrigen Ansätze können nicht überzeugen. Beide scheitern an der schon vom OLG Köln angesprochenen fehlenden Möglichkeit der Ermessensausübung des Gerichts. Zwar ist den Ansichten zuzugestehen, dass dem Gericht bei der Personenauswahl vorbehaltlich der § 104 Abs. 4 S. 1 bis S. 4 AktG nur ein pflichtgemäßes Ermessen zusteht.[756] Ebenso ist richtig, dass die Entscheidung an den Interessen der Gesellschaft auszurichten ist.[757] Aus diesem – eingeschränkten – Ermessen kann jedoch nicht abgeleitet werden, dass das Gericht, soweit keine gewichtigen Gegenargumente ersichtlich sind, sein Ermessen pflichtgemäß regelmäßig nur durch Bestellung gerade der vorgeschlagenen Personen ausüben könne, das Ermessen insofern auf null reduziert sei.[758] Die für eine Ermessensreduzierung auf null nötigen Voraussetzungen liegen nicht vor. Eine solche kommt vor allem dann in Betracht, wenn ansonsten eine Beeinträchtigung hochrangiger Rechtsgüter, wie beispielsweise der Grundrechte, droht.[759] Dies ist nicht zu erkennen. Vor allem droht bei Nichtbestellung kein Eingriff in die Grundrechte desjenigen Kandidaten, über dessen Wahl die Nichtigkeit schwebt. Er wird nicht im Vergleich zu den anderen, wirksam gewählten Mitgliedern ungleich behandelt (Art. 3 GG). Denn zum einen sind diese von der Hauptversammlung und nicht durch das Gericht bestellt worden. Zum anderen wurde deren Wahl aufgrund einer etwaigen fehlerhaften Bestellung nicht angefochten. Damit ist das Gericht im Rahmen seines eingeschränkten Ermessens frei, einen Kandidaten seiner Wahl zu bestellen.

Sodann ist fraglich, ob der Klagantrag der Bestellung unter aufschiebender Bedingung sowie ein Teilanerkenntnis mit § 83 Abs. 2 AktG in Einklang zu bringen sind. Der Wille der Hauptversammlung bezog sich zwar auf die Bestellung des Kandidaten, dessen Wahl angefochten wurde. Dieser Wille beruhte jedoch

---

756 OLG Bamberg, Beschluss vom 19.02.2014 – 8 W 2/14 = NZG 2014, 497; OLG Stuttgart, Beschluss vom 24.02.2017 – 20 W 8/16 = BeckRS 2017, 105058 Rn. 20; OLG Hamm, Beschluss vom 28.05.2013 – 27 W 35/13 = NZG 2013, 1099; *Oetker*, in: ErfurterKomm-AktG, § 104 Rn. 5.

757 OLG Schleswig, Beschluss vom 26.04.2004 – 2 W 46/04 = NZG 2004, 669, 670; OLG Hamm, Beschluss vom 28.05.2013 – 27 W 35/13 = NZG 2013, 1099.

758 So aber *Vetter/van Laak*, ZIP 2008, 1806, 1812.

759 *Riese*, in: Schoch/Schneider, VWGO, § 114 Rn. 40.

auf der Annahme einer ordnungsgemäßen Wahl. Ist die Wahl fehlerbehaftet, kann nicht davon ausgegangen werden, dass sich der Wille der Hauptversammlung noch pauschal auf die wirksame Bestellung der Mitglieder bezieht, deren Wahl angefochten wurde.

Schließlich ist allen Ansichten entgegenzuhalten, dass das Anfechtungsrecht eines jeglichen Anwendungsbereichs im Bereich der Wahlanfechtung beraubt wäre. Eine erfolgreiche Klage hätte kaum noch Konsequenz. Im Fall der analogen Anwendung des § 104 Abs. 2 AktG und bei erfolgreicher Klage wären die angefochtenen Wahlen zwar nichtig, eine Rückwirkung wäre wegen der analogen Bestellung bis zur Entscheidung jedoch nicht gegeben. Bei den beiden anderen Ansätzen sind die Aufsichtsräte, deren Wahlen angefochten wurden, über Bedingungseintritt bei erfolgreicher Klage beziehungsweise über Teilanerkenntnis gerichtlich bestellt. Eine beklagte Gesellschaft würde mit hoher Wahrscheinlichkeit eine der drei Möglichkeiten in Anspruch nehmen. Zwar ist keine Vorrangstellung des Klagverfahrens gegenüber dem Verfahren nach § 104 AktG gegeben.[760] Die Durchführung des einen kann jedoch nicht dazu führen, dass das andere redundant wird. Eine derartige Vorrangstellung des gerichtlichen Bestellungsverfahrens ergibt sich weder aus dem Aktiengesetz noch aus übergeordneten Gesichtspunkten.

c. *Die Relevanztheorie*

Vor allem in der Rechtsprechung herrschend ist die Relevanztheorie.[761] Danach bleibt das fehlerhafte Bestellungsverhältnis *ex tunc* nichtig.[762] Die fehlerhaft gewählten Aufsichtsräte sind als Nichtmitglieder zu behandeln, die an der Beschlussfassung nicht mitwirken dürfen.[763] Sofern ihre Stimmen für die Beschlussfassung ursächlich (relevant) waren, sind die vom Aufsichtsrat vorgenommenen Rechtsgeschäfte und sonstigen Maßnahmen als unwirksam anzusehen und müssen rückabgewickelt werden.[764] Es kommt also darauf an, ob die für den Beschluss erforderliche Mehrheit auch ohne die Stimme des nichtig bestellten Aufsichtsrats erreicht worden wäre.[765] Ist dies der Fall, war die Mitwirkung

760 *Vetter/van Laak*, ZIP 2008, 1806, 1812.

761 Ungleich der in Kapitel 4., A., II., 1. dargestellten Relevanztheorie. Für die Rspr.: BGH, Urteil vom 17.02.1954 – II ZR 63/53 = BGHZ 12, 327.

762 *Lieder*, ZHR 178 (2014), 282, 284.

763 *Lieder*, ZHR 178 (2014), 282, 284; *Habersack*, in: MüKo-AktG, § 101 Rn. 69 (im Ergebnis aber nicht der h.M. folgend).

764 *Lieder*, ZHR 178 (2014), 282, 284.

765 *Habersack*, in: MüKo-AktG, § 101 Rn. 69.

des nichtig bestellten Aufsichtsrats also nicht relevant, ist der Beschluss rechtswirksam. Im umgekehrten Fall, wenn also die Stimme des nichtig bestellten Aufsichtsrats relevant war, ist der Beschluss nichtig und muss rückabgewickelt werden.

aa. BGH, Urteil vom 19.02.2013

Auch das BGH-Grundsatzurteil vom 19. Februar 2013[766] bricht nicht mit der bisherigen Rechtsprechungstradition. Darin erteilt der BGH der Lehre vom fehlerhaft bestellten Organ bei der Frage der Wirksamkeit von Aufsichtsratsbeschlüssen unter Mitwirkung fehlerhaft bestellter Aufsichtsräte eine klare Absage. Dem Urteil lag die Problematik zugrunde, ob das Rechtsschutzinteresse einer Anfechtungs- beziehungsweise Nichtigkeitsklage entfalle, wenn alle neu- oder wiedergewählten Aufsichtsräte ihr Amt nach Erhebung der Klage niederlegten.[767] Der BGH entschied,[768] dass von einem solchen Wegfall dann auszugehen sei, wenn die Nichtigerklärung keinen Einfluss mehr auf die Rechtsbeziehungen der Gesellschaft, der Aktionäre sowie der Mitglieder des Vorstands und des Aufsichtsrats haben kann. Solche Auswirkungen habe grundsätzlich die Nichtigerklärung oder -feststellung eines Wahlbeschlusses, wenn die Beschlussfähigkeit oder das Zustandekommen eines Aufsichtsratsbeschlusses von der Stimme des Aufsichtsratsmitglieds abhänge, dessen Wahl nichtig ist oder für nichtig erklärt wird.[769] Das Aufsichtsratsmitglied, dessen Wahl nichtig ist oder für nichtig erklärt wird, sei für die Stimmabgabe und Beschlussfassung wie ein Nichtmitglied zu behandeln.[770] Damit steht fest, dass der BGH an der *ex-tunc*-Wirkung der Anfechtungs- und Nichtigkeitsklage unter gleichzeitiger Geltung der Relevanztheorie festhält.

Zur Begründung führt er aus, dass sich eine *ex-nunc*-Wirkung weder mit § 250 Abs. 1 AktG, wonach Wahlbeschlüsse von Anfang an nichtig sein können, noch mit der Verweisung in § 250 Abs. 1 AktG auf § 241 Nr. 5 AktG, wonach ein Wahlbeschluss *ex tunc* nichtig ist, wenn er für nichtig erklärt wird, in Einklang bringen ließe.[771] Zudem würden bei einer *ex-nunc*-Wirkung andere Organe gehindert, sich auf die Unwirksamkeit von Beschlüssen des Aufsichtsrats zu

766 BGH, Urteil vom 19.02.2013 – II ZR 56/12 = BeckRS 2013, 05862.
767 BGH, Urteil vom 19.02.2013 – II ZR 56/12 = BeckRS 2013, 05862.
768 BGH, Urteil vom 19.02.2013 – II ZR 56/12 (Leitsatz) = BeckRS 2013, 05862.
769 BGH, Urteil vom 19.02.2013 – II ZR 56/12 (Leitsatz) = BeckRS 2013, 05862.
770 BGH, Urteil vom 19.02.2013 – II ZR 56/12 (Leitsatz) = BeckRS 2013, 05862.
771 BGH, Urteil vom 19.02.2013 – II ZR 56/12 = BeckRS 2013, 05862 Rn. 20.

berufen, obwohl sie daran gerade ein Interesse haben könnten oder sogar rechtlich dazu verpflichtet seien.[772] Der Vorstand beispielsweise könne daran gehindert werden, da der nicht gewählte Aufsichtsrat aufgrund der *ex-nunc*-Wirkung trotzdem in der Lage sei, ihn wirksam abzuberufen.[773] Gerade bei der Bestellung eines Vorstands ergäben sich interessengerechtere Ergebnisse, da es im Interesse der Gesellschaft sei, an einem fehlerhaft bestellten Vorstand nicht festhalten zu müssen.[774] Schließlich betreffe der Zweck der Gleichbehandlung der fehlerhaften mit der ordnungsgemäßen Bestellung eines Organs, das Vertrauen unbeteiligter Dritter zu schützen und den Schwierigkeiten einer Rückabwicklung eines Dauerschuldverhältnisses zu begegnen, Aufsichtsratsbeschlüsse nicht in jedem Fall.[775] Soweit eine Rückabwicklung den berechtigten Interessen der Beteiligten widerspräche, sei dem im Einzelfall zu begegnen.[776] Dies könne bei Beschlüssen, die Anknüpfungspunkt für eine Entscheidung der Hauptversammlung seien (wie beispielsweise der Beschluss gemäß § 124 Abs. 3 S. 1 AktG), und solchen, die an die jeweils aktuelle Funktion im Gremium anknüpften, der Fall sein.[777]

bb. Stellungnahme

Einer der Hauptkritikpunkte an den Ausführungen des BGH ist die Ungleichbehandlung zwischen fehlerhafter Bestellung des Vorstands und des besonderen Vertreters einerseits und des Aufsichtsrats andererseits.[778] Bei der fehlerhaften Bestellung des Vorstands sowie eines besonderen Vertreters anerkennt der BGH nämlich die Grundsätze des fehlerhaften Organs.[779] In die gleiche Richtung gehend wird die Ungleichbehandlung des fehlerhaft bestellten Aufsichtsratsmitglieds zwischen Pflichten und Haftung einerseits und Mitwirkung an der organinternen Beschlussfassung andererseits kritisiert.[780] Bezüglich Pflichten

---

772 BGH, Urteil vom 19.02.2013 – II ZR 56/12 = BeckRS 2013, 05862 Rn. 23.

773 BGH, Urteil vom 19.02.2013 – II ZR 56/12 = BeckRS 2013, 05862 Rn. 23.

774 BGH, Urteil vom 19.02.2013 – II ZR 56/12 = BeckRS 2013, 05862 Rn. 24.

775 BGH, Urteil vom 19.02.2013 – II ZR 56/12 = BeckRS 2013, 05862 Rn. 21.

776 BGH, Urteil vom 19.02.2013 – II ZR 56/12 = BeckRS 2013, 05862 Rn. 21.

777 BGH, Urteil vom 19.02.2013 – II ZR 56/12 = BeckRS 2013, 05862 Rn. 25.

778 Für den Vergleich mit dem Vorstand: *Habersack*, in: MüKo-AktG, § 101 Rn. 70 ff. Mit dem besonderen Vertreter: *Schürnbrand*, NZG 2013, 481, 482; allgemein dazu vgl. § 30 BGB.

779 Für den Vorstand: BGH, Urteil vom 03.07.2000 – II ZR 282/98 = NJW 2000, 2983. Für den besonderen Vertreter: BGH, Beschluss vom 27.09.2011 – II ZR 225/08 = NJW-RR 2012, 106.

780 *Rieckers*, AG 2013, 383, 384 f.

und Haftung des fehlerhaft bestellten Aufsichtsratsmitglieds ist nämlich ebenso anerkannt, dass die Lehre vom fehlerhaft bestellten Organ gilt.[781]

Beide Kritikpunkte können nicht überzeugen. Zunächst ist zu begrüßen, dass das Urteil Klarheit in die umstrittene Frage der Wirksamkeit von Beschlüssen unter Mitwirkung fehlerhaft bestellter Aufsichtsräte bringt.[782] Sodann ist es systematisch stimmig.[783] Eine *ex-tunc*-Wirkung ist zwar gesetzlich nicht ausdrücklich geregelt, entspricht aber der Intention des Gesetzgebers.[784] Für die kritisierten Ungleichbehandlungen gilt, dass diese jedenfalls dann gerechtfertigt sind, wenn die Interessen des Rechtsverkehrs im Fall der Anwendung der Lehre vom fehlerhaften Organ stärker betroffen sind, mithin vorgehen. Für den ersten Fall der Ungleichbehandlung von Vorstand/besonderem Vertreter einerseits und Aufsichtsrat andererseits gilt, dass sowohl der Vorstand als auch der besondere Vertreter im Gegensatz zum Aufsichtsratsmitglied umfassend am Rechtsverkehr teilnehmen. Beide vertreten das Unternehmen nach außen. Schutzwürdige, redliche Dritte stehen mit beiden häufiger und intensiver in Geschäftsbeziehung als mit Aufsichtsräten. Eine Rückabwicklung jedweder Rechtshandlung eines Vorstands oder eines besonderen Vertreters bei fehlerhafter Bestellung wäre mit einem immensen Aufwand und Kosten verbunden. Dies ist dem Rechtsverkehr nicht zuzumuten. Die Rechtshandlungen eines Aufsichtsrats nach außen sind demgegenüber seltener und weniger intensiv. Ein Rückabwicklung ist zwar auch problembehaftet, kann dem Rechtsverkehr jedoch zugemutet werden. Insofern ist die Ungleichbehandlung, dass bei fehlerhafter Bestellung des Vorstands sowie eines besonderen Vertreters die Grundsätze des fehlerhaften Organs anerkannt werden, bei der fehlerhaften Bestellung des Aufsichtsrats jedoch nicht, aufgrund der stärker betroffenen Interessen des Rechtsverkehrs im ersten Fall gerechtfertigt.

Auch die Ungleichbehandlung des fehlerhaft bestellten Aufsichtsrats zwischen Pflichten und Haftung einerseits und Mitwirkung an der organinternen Beschlussfassung andererseits ist gerechtfertigt. Aufsichtsräte sollen ihren schuldrechtlichen und organschaftlichen Pflichtenkanon unabhängig von der

---

781 BGH, Urteil vom 19.02.2013 – II ZR 56/12 = BeckRS 2013, 05862 Rn. 19; *Habersack*, in: MüKo-AktG, § 101 Rn. 69; *Hopt/Roth*, in: Großkomm-AktG, § 101 Rn. 250; *Mertens/Cahn*, in: Kölner-Komm, AktG, § 101 Rn. 108; *Spindler*, in: Spindler/Stilz, AktG, § 101 Rn. 111; *Drygala*, in: K. Schmidt/Lutter, § 101 Rn. 35; *Oetker*, in: Erfurter-Komm, AktG, § 101 Rn. 5; *Marsch-Barner*, in: FS K. Schmidt, S. 1109, 1126.

782 *Tielmann/Struck*, BB 2013, 1548, 1549.

783 *Priester*, GWR 2013, 175, 176.

784 *Priester*, GWR 2013, 175, 176. Vgl. § 250 Abs. 1 AktG.

Wirksamkeit ihrer Bestellung erfüllen. Nur so ist ein Handeln im Interesse der Gesellschaft sichergestellt. Nur so sind die schutzwürdigen Interessen der Organe, Aktionäre und sonstigen *Stakeholder* gesichert. Ebenso muss sichergestellt sein, dass sich Aufsichtsräte einer Haftung nicht durch fehlerhafte Bestellung entziehen können. Eine solche Haftungsentziehungsmöglichkeit würde Fehlanreize setzen und eine Möglichkeit zum Missbrauch eröffnen.

cc. Der Beschlussvorschlag nach § 124 Abs. 3 S. 1 AktG

Für die Arbeit ist vor allem der Beschlussvorschlag des Aufsichtsrats nach § 124 Abs. 3 S. 1 AktG relevant. Auf diesen geht das Grundsatzurteil explizit ein. Demnach sei dort, wo das Vorliegen eines Aufsichtsratsbeschlusses, wie bei den Vorschlägen nach § 124 Abs. 3 S. 1 AktG, Anknüpfungspunkt für eine Entscheidung der Hauptversammlung ist, der fehlerhafte Aufsichtsratsbeschluss bei der ursächlichen Mitwirkung eines Mitglieds, dessen Wahl zum Aufsichtsrat angefochten, aber noch nicht für nichtig erklärt worden ist, trotz einer späteren Nichtigerklärung des Wahlbeschlusses für die Entscheidung der Hauptversammlung nicht relevant.[785] Dem liegt folgende Argumentationskette zugrunde: Fehle ein nach § 124 Abs. 3 S. 1 AktG notwendiger Beschlussvorschlag, liege ein Verfahrensfehler für die Entscheidung der Hauptversammlung vor, der zur Anfechtung führen könne, wenn er relevant sei.[786] Relevant sei der Beschlussvorschlag eines nicht ordnungsgemäß besetzten Organs, weil damit ein Bekanntmachungsmangel vorliege und Bekanntmachungsmängel nach der gesetzlichen Wertung für das Teilhaberecht des Aktionärs grundsätzlich von Bedeutung seien.[787] Im Zeitpunkt der Beschlussfassung durch den Aufsichtsrat sei ein Aufsichtsrat mit einem anfechtbar gewählten Mitglied aber ordnungsgemäß besetzt, weil der Wahlbeschluss bis zur Nichtigerklärung wirksam sei und erst rückwirkend unwirksam werde.[788] Der Aufsichtsrat hätte zum Zeitpunkt der Beschlussfassung keinen Vorschlag in anderer „richtiger" Besetzung machen können.[789] Eine Rückabwicklung sei nicht nur unmöglich, sondern stehe auch im Gegensatz zu

785 BGH, Urteil vom 19.02.2013 – II ZR 56/12 = BeckRS 2013, 05862 Rn. 25; *Marsch-Barner*, in: FS K. Schmidt, S. 1109, 1126.

786 BGH, Urteil vom 19.02.2013 – II ZR 56/12 = BeckRS 2013, 05862 Rn. 25. Gemeint ist das in Kapitel 4., A., II., 1. der Arbeit dargestellte Relevanzkriterium.

787 BGH, Urteil vom 19.02.2013 – II ZR 56/12 = BeckRS 2013, 05862 Rn. 25 mit Verweis auf BGH, Urteil vom 12.11.2001 – II ZR 225/99 = BGHZ 149, 158.

788 BGH, Urteil vom 19.02.2013 – II ZR 56/12 = BeckRS 2013, 05862 Rn. 25.

789 BGH, Urteil vom 19.02.2013 – II ZR 56/12 = BeckRS 2013, 05862 Rn. 25.

dem Interesse der Gesellschaft und ihrer Aktionäre, eine Hauptversammlung einzuberufen und dort wirksam Beschlüsse fassen zu können.[790] Damit scheide ein Mangel, der für das Teilhaberecht eines Aktionärs von Bedeutung ist, aus.[791] Nach dem BGH kann eine Aufsichtsratswahl mithin nicht wegen der Mitwirkung eines fehlerhaft bestellten Aufsichtsrats an dem Beschlussvorschlag erfolgreich angefochten werden. Für diesen für die vorliegende Arbeit relevanten Fall kann mithin von der Frage abgesehen werden, ob der Lehre vom fehlerhaft bestellten Organ oder der Relevanztheorie des BGH gefolgt werden soll.

2. *Rechtsfolgen der Wahlnichtigkeit auf die Beschlussfähigkeit*

Sodann ist zu klären, wie sich eine Wahlnichtigkeit auf die Beschlussfähigkeit des Aufsichtsrats auswirkt. Grundsätzlich ist der Aufsichtsrat nur beschlussfähig, wenn mindestens die Hälfte der Mitglieder, aus denen er nach Gesetz oder Satzung insgesamt zu bestehen hat, an der Beschlussfassung teilnimmt.[792] Maßgeblich ist also die Sollstärke des Aufsichtsrats.[793] Ist nun die Wahl eines Aufsichtsrats nichtig oder wird für nichtig erklärt, ist davon auszugehen, dass die Beschlussfähigkeit bestehen bleibt. Wird die Wahl so vieler Aufsichtsratsmitglieder angefochten, dass im Erfolgsfalle die Beschlussfähigkeit des Aufsichtsrats nicht mehr gegeben ist, ist der Aufsichtsrat beschlussunfähig. Dies gleicht der Situation, dass sämtliche Aufsichtsratsmitglieder nichtig bestellt sind. In beiden Situationen ist nicht länger eine Beschlussfähigkeit gegeben; die erlassenen Beschlüsse, wie beispielsweise der Beschlussvorschlag nach § 124 Abs. 3 S. 1 AktG, sind unwirksam. Ist der Beschlussvorschlag unwirksam, sind zugleich auch alle Wahlbeschlüsse der Hauptversammlung, die darauf beruhen, anfechtungsgefährdet.[794] Mit der Anfechtung der Wahlen könnten mithin vorsorglich auch alle Wahlbeschlüsse der nachfolgenden Hauptversammlung angefochten werden.[795]

---

790 BGH, Urteil vom 19.02.2013 – II ZR 56/12 = BeckRS 2013, 05862 Rn. 25; *E. Vetter*, ZIP 2012, 701, 708.

791 BGH, Urteil vom 19.02.2013 – II ZR 56/12 = BeckRS 2013, 05862 Rn. 25.

792 § 108 Abs. 2 S. 2 AktG. Ausnahmen können sich spezialgesetzlich oder aus der Satzung ergeben.

793 *Habersack*, in: MüKo-AktG, § 108 Rn. 43. Die Beschlussfähigkeit des (quasi-) paritätisch mitbestimmten Aufsichtsrats ist zudem spezialgesetzlich in den §§ 10 MontanMitbestG, 11 MitbestErgG und § 28 MitbestG geregelt, wobei auch bei diesen die Sollstärke des Aufsichtsrats ausschlaggebend ist.

794 BGH, Urteil vom 19.02.2013 – II ZR 56/12 = BeckRS 2013, 05862; *Marsch-Barner*, in: FS K. Schmidt, S. 1109, 1127.

795 *Marsch-Barner*, in: FS K. Schmidt, S. 1109, 1127.

3. *Zwischenergebnis zu III.*

Die Auswirkungen der fehlerhaften Bestellung von Aufsichtsräten auf die Wirksamkeit von organinternen Beschlüssen sind umstritten. Für den Beschlussvorschlag nach § 124 Abs. 3 S. 1 AktG kann bei der Mitwirkung eines fehlerhaft bestellten Aufsichtsrats jedoch von der Frage abgesehen werden, ob der Lehre vom fehlerhaft bestellten Organ (*ex-nunc*-Wirkung) oder der Relevanztheorie des BGH (*ex-tunc*-Wirkung) gefolgt werden soll. Beide gehen davon aus, dass eine Anfechtung des Wahlbeschlusses der Hauptversammlung deswegen keine Aussicht auf Erfolg haben wird.

Bei den Auswirkungen der Wahlnichtigkeit auf die Beschlussfähigkeit kommt es darauf an, wie viele Wahlbeschlüsse angefochten wurden.

IV. Haftung eines Aufsichtsratsmitglieds

Im Folgenden wird die Frage der Haftung des einzelnen Aufsichtsratsmitglieds erörtert. Ein durch das verschärfte Anforderungsprofil erhöhtes Haftungsrisiko könnte zu negativen Anreizen führen. Kandidaten, die eigentlich alle Anforderungen erfüllen, sich dessen aber nicht sicher oder bewusst sind und eine Haftung deswegen fürchten, könnten abgehalten werden zu kandidieren. Dies könnte dazu führen, dass weniger geeignete Kandidaten gewählt werden (müssten). Es käme zu einer negativen Personalauslese („*adverse selection*") zulasten der Gesellschaft sowie der Aktionäre. Das mit dem gestiegenen Anforderungsprofil einhergehende Ziel einer Verbesserung der Effizienz der Überwachung und Beratung des Vorstands durch den Aufsichtsrat wäre konterkariert.

1. *Wirksam bestellte Aufsichtsratsmitglieder*

a. *Innenhaftung nach §§ 116 S. 1, 93 Abs. 2 S. 1 AktG*

Nach §§ 116 S. 1, 93 Abs. 2 S. 1 AktG entsteht bei Pflichtverletzung eines Aufsichtsrats ein Schadensersatzanspruch der Gesellschaft gegen den Handelnden. Sinn und Zweck ist neben einem Ausgleich der Schäden eine Verhaltenssteuerung der Aufsichtsratsmitglieder, die bei persönlicher Haftung eine größere Sorgfalt bei der Ausübung ihrer Tätigkeit walten lassen werden.[796] Die Aufsichtsräte haben bei ihrer Überwachungsaufgabe die Sorgfalt eines ordentlichen und gewissenhaften Überwachers anzuwenden, § 93 Abs. 1 S. 1 AktG. Diesem kommt

---

796 *Spindler*, in: Spindler/Stilz, AktG, § 116 Rn. 124; *Paal*, DStR 2005, 382, 384.

eine Doppelfunktion zu:[797] Zum einen stellt er einen typisierten Verschuldensmaßstab auf.[798] Zum anderen umschreibt er objektive Verhaltenspflichten, die Sorgfaltspflichten, in Form einer Generalklausel, aus der sich durch Konkretisierung Einzelpflichten ergeben können, soweit sie nicht schon anderweitig tatbestandlich umschrieben sind.[799] Die Sorgfaltspflichten unterscheiden sich von den Treuepflichten.[800] Diese resultieren aus der Tatsache, dass die Aufsichtsratsmitglieder als Verwalter fremden Vermögens einer organschaftlichen Treubindung unterliegen, die sie zur Wahrung der Gesellschaftsinteressen im Verhältnis zu den eigenen Interessen verpflichtet.[801] Verstöße gegen Sorgfaltspflichten betreffen die Frage, ob ein von Interessenkonflikten unbeeinflusster Aufsichtsrat den Gesellschaftszweck „richtig" verfolgt hat, während es bei Verstößen gegen Treuepflichten um Fälle geht, in denen der Aufsichtsrat von dem Gesellschaftszweck abweichende Interessen verfolgt hat, also den Gesellschaftszweck überhaupt „nicht" verfolgt hat.[802] Der Haftungstatbestand des § 93 Abs. 2 S. 1 AktG umfasst sowohl Sorgfalts- als auch Treuepflichtverletzungen.[803] Die Unterscheidung ist jedoch insofern relevant, als ein unternehmerischer Ermessensspielraum („*Business Judgment Rule*") im Sinne des § 93 Abs. 1 S. 2 AktG nur anzuerkennen ist, wenn kein Interessenkonflikt vorliegt,[804] also nur im Rahmen der Sorgfaltspflichten. Nach § 116 S. 1 AktG gilt für Aufsichtsratsmitglieder der § 93 Abs. 1 S. 1 AktG „sinngemäß". Methodisch soll damit den Besonderheiten des Aufsichtsratsamts im Vergleich zur Vorstandstätigkeit Rechnung getragen werden.[805] Zu berücksichtigen ist mithin der zurückgenommene Funktionskreis und der Nebenamtscharakter der Aufsichtsratstätigkeit.[806]

---

797 Ganz h.M.: *Oetker*, in: ErfurterKomm-AktG, § 116 Rn. 1; *Koch*, in: Hüffer/Koch, AktG, § 93 Rn. 5; *Mertens/Cahn*, in: KölnerKomm-AktG, § 93 Rn. 11; *Spindler*, in: MüKo-AktG, § 93 Rn. 21; *Hopt/Roth*, in: Großkomm-AktG, § 93 Rn. 43.

798 Für alle: *Koch*, in: Hüffer/Koch, AktG, § 93 Rn. 5.

799 Ebenso für alle: *Koch*, in: Hüffer/Koch, AktG, § 93 Rn. 5.

800 *Hopt/Roth*, in: Großkomm-AktG, § 93 Rn. 52, § 116 Rn. 57 ff.; *Sailer-Coceani*, in: K. Schmidt/Lutter, AktG, § 93 Rn. 6 ff.; die Verschwiegenheitspflicht des § 93 Abs. 1 S. 3 AktG ist Unterfall der Treuepflichten.

801 *Grigoleit/Tomasic*, in: Grigoleit, AktG, § 116 Rn. 11; *Koch*, in: Hüffer/Koch, AktG, § 116 Rn. 7.

802 *Grigoleit/Tomasic*, in: Grigoleit, AktG, § 93 Rn. 34.

803 *Koch*, in: Hüffer/Koch, AktG, § 93 Rn. 4.

804 *Grigoleit/Tomasic*, in: Grigoleit, AktG, § 93 Rn. 34.

805 *Koch*, in: Hüffer/Koch, AktG, § 116 Rn. 1; *Hopt/Roth*, in: Großkomm-AktG, § 116 Rn. 19.

806 *Grigoleit/Tomasic*, in: Grigoleit, AktG, § 116 Rn. 2.

aa. Verstoß gegen die Vorschlagsverantwortung

(1) Sorgfaltspflichtverletzung

Eine Sorgfaltspflichtverletzung könnte darin gesehen werden, dass ein Aufsichtsrat an einem inhaltlich fehlerhaften Beschlussvorschlag nach § 124 Abs. 3 S. 1 AktG mitabstimmt. Im Sinne des §§ 116 S. 1, 93 Abs. 1 S. 1 AktG müssen Aufsichtsratsmitglieder bei ihrem Beschlussvorschlag die Sorgfalt eines ordentlichen und gewissenhaften Aufsichtsratsmitglieds anwenden.[807] Fraglich ist, ob dem nicht nachgekommen wird, also eine Sorgfaltspflichtverletzung vorliegt, wenn der Beschlussvorschlag fehlerhaft ist, weil er das verschärfte Anforderungsprofil nicht berücksichtigt und der einzelne Aufsichtsrat positiv über ihn abstimmt.

Zunächst ist zu klären, ob und wenn ja, wieweit der Beschlussvorschlag das Anforderungsprofil berücksichtigen muss. Der Aufsichtsrat hat die Ausübung seines Vorschlagsrechts am Interesse der Gesellschaft und damit an dem Gebot einer möglichst effektiven Überwachung auszurichten.[808] Aufgrund dieser sogenannten „Vorschlagsverantwortlichkeit"[809] ist der Aufsichtsrat gehalten, auf das Vorliegen der Mindestqualifikationen des einzelnen Mitglieds, die Beachtung der Vorgaben der §§ 100, 105 AktG, der Satzung, spezialgesetzlicher Vorgaben sowie auf das Fehlen dauerhafter Interessenkonflikte zu achten.[810] Schon aufgrund der strengen Rechtsfolge des „leeren Stuhls" in § 96 Abs. 2 S. 6 AktG hat ein ordentlicher und gewissenhafter Überwacher zudem darauf zu achten, dass die aktienrechtlichen Vorschriften zur Förderung des unterrepräsentierten Geschlechts eingehalten werden. Zwar erfolgt die eigentliche Wahl der künftigen Aufsichtsräte durch die Aktionärsschaft. Der einzelne Aktionär, der in der Regel ein diversifiziertes Aktienportfolio besitzt, ist jedoch nicht in der Lage, sich derart mit den einzelnen Kandidaten auseinanderzusetzen, wie es die aktuell gewählten Aufsichtsräte können. Der mit einer derartigen Auseinandersetzung verbundene Kosten- und Zeitaufwand wäre ihm nicht zuzumuten. Er muss auf die Vorschläge des amtierenden Aufsichtsrats vertrauen können. Wählen die Aktionäre trotz eines ordnungsgemäßen Wahlvorschlags unqualifizierte Kandidaten, können die Aufsichtsräte für ein solches Auswahlverschulden nicht zur Verantwortung gezogen werden.[811] Damit steht fest, dass die Aufsichtsratsmitglieder bei ihrer Beschlussfassung das gesetzliche Anforderungsprofil zu beachten

---

807 *Semler*, in: FS K. Schmidt, S. 1489, 1495.

808 *Habersack*, in: MüKo-AktG, § 116 Rn. 22, § 101 Rn. 17.

809 *Habersack*, in: MüKo-AktG, § 116 Rn. 22, § 101 Rn. 17.

810 *Habersack*, in: MüKo-AktG, § 101 Rn. 18.

811 *Habersack*, in: MüKo-AktG, § 116 Rn. 22.

haben. Kommt ein Aufsichtsrat dieser Verantwortung nicht nach und stimmt positiv über einen Beschlussvorschlag ab, der das gesetzliche Anforderungsprofil nicht berücksichtigt, kann also eine Pflichtverletzung vorliegen. Wird im weiteren Verlauf der Arbeit von einem inhaltlich fehlerhaften Beschlussvorschlag gesprochen, meint dies einen solchen, der gegen die Vorschlagsverantwortung verstößt.

(2) Business Judgment Rule, *§ 93 Abs. 1 S. 2 AktG*

Nach §§ 116 S. 1, 93 Abs. 1 S. 2 AktG liegt eine Pflichtverletzung nicht vor, wenn das Aufsichtsratsmitglied bei einer unternehmerischen Entscheidung vernünftigerweise annehmen durfte, auf der Grundlage angemessener Informationen zum Wohle der Gesellschaft zu handeln. Obwohl erst durch das UMAG[812] im Jahr 2005 eingeführt, war die *Business Judgment Rule* bereits zuvor in Rechtsprechung[813] und Lehre[814] anerkannt. Das Bedürfnis einer derartigen Regel ergibt sich daraus, dass bei konsequenter Anwendung des strengen Pflichtenmaßstabs des § 93 Abs. 1 S. 1 AktG und angesichts der Neigung, Fehleinschätzungen über die Zukunft im Nachhinein als Ergebnis unzulänglicher Entscheidungsfindung einzustufen (sogenannte „Rückschaufehler")[815], die Gefahr besteht, dass unternehmerische Misserfolge *ex post* als Sorgfaltspflichtverstöße sanktioniert werden.[816] Dies würde im Ergebnis einer Erfolgshaftung gleichkommen.[817] Eine solche soll aber gerade ausgeschlossen werden.[818] Da wirtschaftlicher Erfolg in der Regel auf einer Vielzahl von Faktoren beruht, wäre eine solche Haftung für den Einzelnen mit unvorhersehbaren Risiken verbunden. Dies gilt umso mehr,

---

812 Durch Art. 1 Nr. 1a des Gesetzes zur Unternehmensintegrität und Modernisierung des Anfechtungsrechts (UMAG) in der Fassung der Bekanntmachung vom 22.09.2005 (BGBl. I S. 2802).

813 BGH, Urteil vom 21.04.1997 – II ZR 175/95 = DStR 1997, 880 (*ARAG/Garmenbeck*-Entscheidung) sowie BGH, Urteil vom 23.06.1997 – II ZR 132/93 = DNotI-Report 1997, 198 (*Siemens/Nold*-Entscheidung).

814 Für alle: *Paefgen*, AG 2004, 245 ff.; *Henze*, BB 2001, 53, 57; *Henze*, NJW 1998, 3309, 3311.

815 *Lieder*, ZGR 2018, 523, 528, spricht von dem Phänomen, dass Personen, die um die Folgen einer bestimmten Handlung wissen, schwerlich in der Lage sind, nachträglich erlangte Kenntnis im Rahmen der vom Gesetz geforderten Betrachtung *ex ante* vollends auszublenden.

816 *Cahn*, ILF 141/2013, S. 2.

817 RegBegr. zum UMAG, BT-Drs. 15/5092, S. 11; *Cahn*, ILF 141/2013, S. 2.

818 *Lieder*, ZGR 2018, 523, 527.

als dass unternehmerische Entscheidungen häufig ein hohes Maß an Komplexität aufweisen sowie unter Unsicherheiten und vielfach unter Zeitdruck getroffen werden müssen.[819] Schließlich soll der „sichere Hafen" der *Business Judgment Rule* dazu beitragen, dass das Haftungsrisiko nicht zu einer Lähmung der unternehmerischen Initiative des Vorstands und des Aufsichtsrats, die sowohl für die Gesellschaft als auch für die Aktionäre von Nachteil wäre, führt.[820]

Zu untersuchen ist, ob der Aufsichtsratsbeschluss über den Vorschlag nach § 124 Abs. 3 S. 1 AktG unter die Voraussetzungen der *Business Judgment Rule* fällt, ob sich also der einzelne Aufsichtsrat in diesem Fall auf den sicheren Hafen des § 93 Abs. 1 S. 2 AktG berufen kann.

(a) Unternehmerische Entscheidung

Voraussetzung ist zunächst eine unternehmerische Entscheidung. Obwohl der Aufsichtsrat nicht in die Leitungsmaßnahmen der Gesellschaft eingebunden ist, ist inzwischen anerkannt, dass auch er innerhalb seiner Organfunktion unternehmerische Entscheidungen zu treffen hat.[821] Fraglich ist, was unter einer „unternehmerischen Entscheidung" zu verstehen ist. Nach der Regierungsbegründung zum UMAG sind unternehmerische Entscheidungen infolge ihrer Zukunftsbezogenheit durch Prognosen und nicht durch justiziable Entscheidungen geprägt.[822] Einigkeit besteht in der Literatur,[823] dass es Entscheidungen mit Handlungsalternativen sein müssen. Fest steht ebenso, dass unternehmerische Entscheidungen den Gegensatz zu rechtlich gebundenen Entscheidungen bilden.[824] Auf rechtlich gebundene Entscheidungen findet § 93 Abs. 1 S. 2 AktG keine Anwendung.[825] Für illegales Verhalten soll es keinen „*safe harbor*" im

---

819 *Lieder*, ZGR 2018, 523, 527.

820 *Cahn*, ILF 141/2013, S. 2; *Paefgen*, AG 2004, 245, 247; *Fleischer*, in: Handbuch des Vorstandsrechts, § 7 Rn. 46; *Lieder*, ZGR 2018, 523, 527.

821 *Lieder*, ZGR 2018, 523, 524.

822 RegBegr. zum UMAG, BT-Drs. 15/5092, S. 11.

823 *Spindler*, in: Spindler/Stilz, AktG, § 116 Rn. 43; *Schneider*, DB 2005, 707 ff. verlangt zudem, dass zum *ex-ante*-Zeitpunkt der Entscheidung Informationen über den weiteren Geschehensablauf nicht zur Verfügung stehen, die *ex post* bekannt sein werden, und deshalb nicht mit ausreichender Wahrscheinlichkeit vorausgesagt werden kann, ob eine bestimmte Entscheidung sich positiver oder negativer als die anderen Entscheidungsmöglichkeiten auswirkt. Anders *Spindler*, in: Spindler/Stilz, AktG, § 116 Rn. 43 der auch auf eine *ex-ante*-Sicht abstellt, die Unsicherheit der Entwicklung aber nicht als notwendige Voraussetzung ansieht.

824 RegBegr. zum UMAG, BT-Drs. 15/5092, S. 11.

825 Für alle: *Spindler*, in: Spindler/Stilz, AktG, § 116 Rn. 44; *Holle*, AG 2011, 778 ff.

Sinne einer haftungstatbestandlichen Freistellung geben.[826] Eine Maßnahme ist mithin nicht unternehmerisch, wenn das jeweilige Organ kraft Gesetzes, Satzung, Geschäftsordnung oder in anderer Weise rechtlich zum Handeln in einer ganz bestimmten Art und Weise gezwungen ist, es sich also um eine rechtlich gebundene Entscheidung handelt, die keinen eigenständigen Handlungsspielraum gewährt.[827]

Umstritten ist, ob in Fällen, in denen der Gesetzgeber dem Pflichtigen bei der Erfüllung gesetzlicher Pflichten einen Handlungsspielraum belässt, ein Anrufen der *Business Judgment Rule* möglich ist. Dies ist zu bejahen.[828] Dem Pflichtigen steht lediglich kein Ermessen zu, „ob" er seine gesetzlichen Pflichten erfüllt.[829] Im Hinblick auf das „Wie" steht ihm dagegen ein mit dem Grundfall der unternehmerischen Entscheidung vergleichbarer Gestaltungsspielraum zu, so dass eine Berufung auf die *Business Judgment Rule* möglich sein muss. Die Ausgestaltung einer Pflichtaufgabe kann insofern unternehmerische Entscheidung sein, als die Pflichtaufgabe selbst nur Mittel zum Zweck ist, nämlich zur Erreichung der unternehmerisch gesetzten Ziele.[830]

Ist nun im vorliegenden Fall ein Anrufen der *Business Judgment Rule* möglich? Bei den hinter der Vorschlagsverantwortung stehenden Vorschriften handelt es sich um gesetzlich determinierte Anforderungen. Fraglich ist, ob der Aufsichtsrat derart gebunden ist, dass das Gesetz ihm keinen Beurteilungs- und Ermessensspielraum mehr einräumt.[831] Dann würde § 93 Abs. 1 S. 2 AktG ausscheiden. Ließe der Gesetzgeber dem Aufsichtsrat, wie zum Beispiel bei der Beurteilung unbestimmter Rechtsbegriffe oder bei der Frage, wie er den gesetzlichen Aufgaben nachkommt, einen Handlungsspielraum, wäre die *Business Judgment Rule* nicht ausgeschlossen.[832] Ein Vergleich mit § 87 Abs. 1 S. 1 AktG, der Pflicht des Aufsichtsrats eine angemessene Vergütung des Vorstands festzulegen, hilft weiter. Anerkannt ist, dass dem Aufsichtsrat dabei ein unternehmerischer

---

826 RegBegr. zum UMAG, BT-Drs. 15/5092, S. 11.

827 *Lieder*, ZGR 2018, 523, 529.

828 *Spindler*, in: FS Hüffer, S. 985, 993 f.; *Thole*, ZHR 173 (2009), 504, 523; *von Falkenhausen*, NZG 2012, 644, 647. A.A.: *Holle*, AG 2011, 778, 780 ff.

829 *von Falkenhausen*, NZG 2012, 644, 647.

830 So für die Vorstandsaufgabe nach § 91 Abs. 2 AktG: *Spindler*, in: FS Hüffer, S. 985, 994.

831 *Holle*, AG 2011, 778, 779.

832 *Holle*, AG 2011, 778, 779. „Unter Umständen" meint, dass auch die weiteren Voraussetzungen der BJR vorliegen müssen.

Beurteilungs- und Ermessensspielraum zusteht.[833] Im Gegensatz zur Beschlussvorschlagspflicht ist in der Vergütungsfestlegungspflicht jedoch der unbestimmte Rechtsbegriff „angemessen" im Wortlaut verankert. Ein solch unbestimmter Rechtsbegriff findet sich nicht in § 124 Abs. 3 S. 1 AktG. Dies spricht für eine gebundene Entscheidung ohne Handlungsspielraum. Auf der anderen Seite geben beide Normen, also § 87 Abs. 1 S. 1 AktG und § 124 Abs. 3 S. 1 AktG, dem Aufsichtsrat eine gesetzliche Handlungsanweisung zur Beschlussfassung, die die Rechte beziehungsweise das Handeln Dritter (des Vorstands/der Aktionäre) beeinflusst. Bei § 87 Abs. 1 S. 1 AktG hängt die Höhe der Vergütung, die der Vorstand verlangen kann, vom Beschluss des Aufsichtsrats ab. Bei § 124 Abs. 3 S. 1 AktG sind die Aktionäre in der Hauptversammlung zwar nicht verpflichtet, dem Vorschlag des Aufsichtsrats zu folgen, jedoch ist ihr Handeln in jedem Fall davon beeinflusst. Diese Vergleichbarkeit in den Auswirkungen spricht für eine gleichlaufende Handhabung der zwei Pflichten im Rahmen des § 93 Abs. 1 S. 2 AktG. Ebenso für einen Handlungsspielraum des Aufsichtsrats spricht, dass die vorgeschlagenen Kandidaten zwar die gesetzlichen Anforderungen, wie zum Beispiel die Mindestvoraussetzungen, erfüllen müssen. Der Aufsichtsrat ist aber insofern in seiner Entscheidung frei, als er unter denjenigen Personen, die allesamt die Voraussetzungen erfüllen und bereit wären zu kandidieren, diejenigen auswählt, die tatsächlich auf dem Beschlussvorschlag erscheinen. Ihm bleibt mithin ein gewisser Handlungsspielraum, den er nach eigenem Ermessen ausfüllen kann. Vergleichbar der Höhe der „angemessenen" Vergütung, sucht der Aufsichtsrat „angemessene" Kandidaten aus. Damit sind die Argumente, die für eine gebundene Entscheidung mit Handlungsspielraum sprechen, überzeugender.[834] Die *Business Judgment Rule* kann Anwendung finden.[835]

(b) Handeln zum Wohle der Gesellschaft

Das Aufsichtsratsmitglied muss im Weiteren annehmen dürfen, zum Wohle der Gesellschaft zu handeln, § 93 Abs. 1 S. 2 AktG. Der Handlungsbegriff ist dabei

---

833 *Holle*, AG 2011, 778, 779; BGH, Urteil vom 21.12.2005 – 3 StR 470/04 = NJW 2006, 522 (*Vodafone/Mannesmann*-Entscheidung); *Fleischer*, in: Spindler/Stilz, AktG, § 87 Rn. 39; *Hoffmann-Becking*, NZG 2006, 127, 128; *Hoffmann-Becking*, ZHR 169 (2005), 155, 157 f.; *Lieder*, ZGR 2018, 523, 534. A.A.: *Schäfer*, ZIP 2005, 1253, 1258.

834 *Cahn*, ILF 141/2013, S. 3; *von Falkenhausen*, NZG 2012, 644, 647.

835 *Lieder*, ZGR 2018, 523, 534; *Mertens/Cahn*, in: KölnerKomm-AktG, § 116 Rn. 68; *Cahn*, WM 2013, 1293.

weit zu verstehen und umfasst die Entscheidung selbst wie auch die Umsetzung derselben.[836] Vorliegend ist die Handlung im Mitabstimmen des einzelnen Aufsichtsrats am Aufsichtsratsbeschluss über den fehlerhaften Wahlvorschlag der Aufsichtsratskandidaten zu sehen.

Das Aufsichtsratsmitglied muss sodann annehmen dürfen, zum Wohle der Gesellschaft zu handeln. Aufgrund der Besonderheiten der Aufsichtsratstätigkeit im Vergleich zum Vorstandsamt herrscht über die Ausgestaltung des Merkmals „zum Wohle der Gesellschaft" Uneinigkeit.[837] Angeknüpft wird dabei vor allem an den Nebenamtscharakter der Tätigkeit, die originäre Nähe zu den Anteilseignern beziehungsweise zu den Arbeitnehmern sowie die Tatsache, dass Aufsichtsräte in mehreren Aufsichtsräten gleichzeitig sitzen können.[838] Dies berücksichtigend geht *Drygala*[839] davon aus, dass keine Voraussetzung sei, dass das betreffende Mitglied im Hinblick auf die betreffende Frage frei von Interessenkonflikten sei. Er will einen Ausschluss des § 93 Abs. 1 S. 2 AktG erst dann annehmen, wenn gegen die Treuepflicht verstoßen werde.[840] Dies sei in Bezug auf Interessenkonflikte dann der Fall, wenn das betroffene Mitglied den Konflikt nicht offenlege.[841] Es käme danach also nicht auf den Interessenkonflikt selbst, sondern auf seine Offenlegung an.[842] In die gleiche Richtung, wenn auch weniger weit, geht die Regierungsbegründung zum UMAG.[843] Nach dieser muss das Aufsichtsratsmitglied zwar bei seiner Entscheidungsfindung grundsätzlich frei von Fremdeinflüssen und Interessenkonflikten sein.[844] Ausnahmsweise könnte jedoch etwas anderes gelten, wenn das Organmitglied zuvor den Interessenkonflikt offengelegt hat und unter diesen Umständen die Annahme, gleichwohl zum Wohle der Gesellschaft zu handeln, vernünftig und nachvollziehbar erscheint.[845]

---

836 RegBegr. zum UMAG, BT-Drs. 15/5092, S. 11.

837 Zu den Einzelheiten: *Lieder*, ZGR 2018, 523, 569, Fußnote 246.

838 *Lieder*, ZGR 2018, 523, 569; *Habersack*, in: MüKo-AktG, § 116 Rn. 2; *Koch*, in: Hüffer/Koch, AktG, § 116 Rn. 1. Vgl. auch § 100 Abs. 2 S. 1 Nr. 1 AktG.

839 *Drygala*, in: K. Schmidt/Lutter, AktG, § 116 Rn. 16.

840 *Drygala*, in: K. Schmidt/Lutter, AktG, § 116 Rn. 16.

841 *Drygala*, in: K. Schmidt/Lutter, AktG, § 116 Rn. 16.

842 *Drygala*, in: K. Schmidt/Lutter, AktG, § 116 Rn. 16.

843 RegBegr. zum UMAG, BT-Drs. 15/5092, S. 11. In Anlehnung daran: *Hölters*, in: Hölters, AktG, § 93 Rn. 38.

844 RegBegr. zum UMAG, BT-Drs. 15/5092, S. 11; BGH, Urteil vom 21.04.1997 – II ZR 175/95 = DStR 1997, 880, 882; *Fleischer*, in: Handbuch des Vorstandsrecht, § 7 Rn. 57; *Paefgen*, AG 2004, 245, 252.

845 RegBegr. zum UMAG, BT-Drs. 15/5092, S. 11.

Beiden Meinungen ist zuzugestehen, dass sie die Besonderheiten des Aufsichtsratsamts berücksichtigen. *Drygala* geht jedoch zu weit über die gesetzgeberische Intention hinaus. Bei Einführung der *Business Judgment Rule* über das UMAG ging der Gesetzgeber nämlich unmissverständlich davon aus, dass der Handelnde bei seiner Entscheidungsfindung frei von Fremdeinflüssen und Interessenkonflikten sein muss.[846] Er muss „unbefangen und unabhängig" sein.[847] Auf diese Negativdefinition kann mithin nicht verzichtet werden. Zwar lässt auch die Regierungsbegründung zum UMAG Ausnahmen bei Offenlegung zu, sie führt jedoch kein Beispiel an, so dass eine rechtssichere Anwendung in der Praxis nahezu unmöglich ist. Rechtssicherheit wird am ehesten dann geschaffen, wenn mit der Regierungsbegründung zum UMAG davon ausgegangen wird, dass ein Handeln zum Wohle der Gesellschaft nur dann gegeben ist, wenn der Handelnde „unbeeinflusst von Interessenkonflikten, Fremdeinflüssen und ohne unmittelbaren Eigennutz" agiert.[848] Insofern ist auch ein Gleichlauf zum Vorstandshandeln und keine Privilegierung des handelnden Aufsichtsrats gegeben.

Für die Frage, wann Interessenkonflikte vorliegen, sowie für die Frage des Umgangs mit diesen sollte an den allgemeinen Grundsätzen Maß genommen werden.[849] Dabei reichen die Maßnahmen zur Bewältigung der Konflikte von einer bloßen Offenlegung bis hin zur obligatorischen Amtsniederlegung.[850] Den Besonderheiten der Aufsichtsratstätigkeit wird bei diesem Ansatz nicht generell Rechnung getragen. Sie finden aber dennoch bei der vorgelagerten Frage des Vorliegens eines Interessenkonflikts Eingang in die Bewertung. Handelt ein Aufsichtsrat mithin bei der Mitabstimmung an dem fehlerhaften Beschlussvorschlag frei von Interessenkonflikten, ist ihm ein Anrufen der *Business Judgment Rule* insoweit nicht verwehrt.

Das Merkmal muss zudem im Positiven erfüllt sein. Dies ist jedenfalls dann der Fall, wenn das Handeln der langfristigen Ertragsstärkung und Wettbewerbsfähigkeit des Unternehmens und seiner Produkte oder Dienstleistungen dient beziehungsweise dienen soll.[851] Dabei geht es nicht um das *ex post* ermittelte Wohl der Gesellschaft, sondern um ein von dem Aufsichtsrat *ex ante* angestrebtes

---

846 RegBegr. zum UMAG, BT-Drs. 15/5092, S. 11.

847 RegBegr. zum UMAG, BT-Drs. 15/5092, S. 11.

848 RegBegr. zum UMAG, BT-Drs. 15/5092, S. 11. *Lieder*, ZGR 2018, 523, 570 ff.

849 *Lieder*, ZGR 2018, 523, 570.

850 *Lieder*, ZGR 2018, 523, 570.

851 RegBegr. zum UMAG, BT-Drs. 15/5092, S. 11. Wann im Einzelfall ein Handeln im Unternehmensinteresse vorliegt, wird kontrovers diskutiert: *Hölters*, in: Hölters, AktG, § 93 Rn. 37.

Geschäftswohl.[852] Der Beschlussvorschlag dient der Funktionsfähigkeit des Organs Aufsichtsrat. Er unterstützt die Aktionärsschaft bei der Bestellung neuer Aufsichtsräte. Damit dient er mittelbar der effizienten Überwachung und Beratung des Vorstands durch den Aufsichtsrat. Von einer solchen profitiert die Gesellschaft insofern, als ein effizientes Überwachungs- und Beratungsorgan helfen kann, Fehler der Geschäftsleitung in der Vergangenheit zu erkennen sowie solche in der Zukunft zu vermeiden. Dadurch kann es zu einer Steigerung sowohl des Ertrags als auch der Wettbewerbsfähigkeit des Unternehmens kommen. Damit die *Business Judgment Rule* Anwendung finden kann, muss der Aufsichtsrat, der an dem fehlerhaften Beschlussvorschlag mitstimmt, also von einer derartigen Kette im Sinne eines Handelns zum Wohle der Gesellschaft ausgegangen sein.

(c) Angemessene Information als Grundlage des Handelns

Sodann muss geprüft werden, ob das Handeln auf der Grundlage angemessener Information erfolgte. Wichtig ist eine sorgfältige Ermittlung der Entscheidungsgrundlagen.[853] Daneben sind die konkrete Entscheidungssituation, die unternehmerischen Rahmenbedingungen, die Bedeutung und Komplexität der Entscheidung selbst, der zeitliche Druck der Entscheidungsfindung sowie die Kosten und Nutzen der Informationsbeschaffung zu berücksichtigen.[854] Je bedeutender, risikoreicher und komplexer sich die Maßnahme darstellt und je mehr Zeit zur Verfügung steht, desto breiter hat die Informationsgrundlage auszufallen.[855] Bei Aufsichtsratsmitgliedern ist zu beachten, dass sie eher an grundlegenden Entscheidungen, also nicht an alltäglichen Geschäftsvorfällen beteiligt sind und regelmäßig weniger Zeitdruck haben als Vorstandsmitglieder.[856] Letztlich unterliegt die Frage, ob die Informationsgrundlage angemessen war, einer Gesamtwürdigung sämtlicher Umstände des konkreten Einzelfalls.[857] Intention des Gesetzgebers[858] war dabei, nicht den Mut zum unternehmerischen Risiko zu nehmen, aber zugleich Unbesonnenheit und Leichtsinn auf Kosten der Kapitalgeber und der Arbeitnehmer keinen Vorschub zu leisten. Ob das Mitabstimmen

852 RegBegr. zum UMAG, BT-Drs. 15/5092, S. 11.
853 *Fleischer*, in: Handbuch des Vorstandsrecht, § 7 Rn. 58.
854 *Lieder*, ZGR 2018, 523, 554 f.
855 *Lieder*, ZGR 2018, 523, 555.
856 *Lieder*, ZGR 2018, 523, 555.
857 *Fleischer*, in: Spindler/Stilz, AktG, § 93 Rn. 71a; *Spindler*, in: MüKo-AktG, § 93 Rn. 57; *Lieder*, ZGR 2018, 523, 555.
858 RegBegr. zum UMAG, BT-Drs. 15/5092, S. 11 f.

am Beschlussvorschlag auf der Grundlage angemessener Information erfolgte, muss im Einzelfall bestimmt werden. Der Aufsichtsrat oder ein mit der Aufgabe der Kandidatenfindung betrauter Ausschuss wird im Vorfeld der Beschlussfassung Informationen über den oder die Kandidaten einholen. Er wird beispielsweise den oder die Kandidaten selbst befragen oder sich Abschlüsse/Arbeitszeugnisse zeigen lassen. Die erlangten Informationen werden mit dem Gesamtgremium bei der Beratung/Diskussion über den oder die Kandidaten geteilt. Stimmt ein Mitglied nach einer solchen informativen Beratung mit ab, wird man davon ausgehen dürfen, dass die Handlung auf der Grundlage angemessener Information erfolgte.

(d) Guter Glauben

Schließlich setzt die *Business Judgment Rule* – ungeschrieben – voraus, dass das Aufsichtsratsmitglied in gutem Glauben handelte.[859] Nach allgemeinen zivilrechtlichen Rechtsgrundsätzen gilt auch hier: Glaubt der Handelnde selbst nicht an die Richtigkeit seiner Entscheidung, verdient er keinen Schutz.[860] Die Erfüllung dieses Merkmals muss im Einzelfall geprüft werden.

(e) Zwischenergebnis zu (2)

Grundsätzlich scheint es möglich, dass sich ein Aufsichtsratsmitglied auf den sicheren Hafen der *Business Judgment Rule* im Rahmen einer etwaigen Sorgfaltspflichtverletzung wegen Mitabstimmens an einem inhaltlich fehlerhaften Beschlussvorschlag beruft. Im Einzelfall ist zu prüfen, ob die Voraussetzungen insgesamt vorliegen. Liegen diese nicht vor, ist zu prüfen, ob die weiteren Voraussetzungen einer Innenhaftung nach §§ 116 S. 1, 93 Abs. 2 S. 1 AktG gegeben sind.

(3) Verschulden

Weitere Voraussetzung eines solchen Schadensersatzanspruchs ist ein Verschulden des Handelnden. Bei dem Schuldmaßstab ist neben dem allgemeinen § 276 BGB § 93 Abs. 1 S. 1 AktG zu berücksichtigen. Ein schuldhaftes Verhalten ist demnach zu bejahen, wenn der Aufsichtsrat vorsätzlich oder fahrlässig die Sorgfalt eines ordentlichen und gewissenhaften Aufsichtsratsmitglieds nicht

---

859 RegBegr. zum UMAG, BT-Drs. 15/5092, S. 11. Für die Literatur für alle *Hölters*, in: Hölters, AktG, § 93 Rn. 40.

860 *Fleischer*, in: Handbuch des Vorstandsrecht, § 7 Rn. 57; *Paefgen*, AG 2004, 245, 255 f. *Hölters*, in: Hölters, AktG, § 93 Rn. 40.

beachtet hat, mithin auch schon bei leicht fahrlässigem Verhalten.[861] In der Regel wird bei dem Mitabstimmen über einen fehlerhaften Beschlussvorschlag von (leicht) fahrlässigem Verhalten auszugehen sein. Vorsatz wird kaum nachgewiesen werden können. Bei § 93 Abs. 1 S. 1 AktG handelt es sich um einen typisierten Verschuldensmaßstab, so dass individuelle Unfähigkeit nicht exkulpierend wirkt.[862] In der Praxis kommt dem Erfordernis nur geringe Bedeutung zu, da sich kaum Situationen finden lassen, in denen zwar eine objektive, aber keine subjektive Pflichtwidrigkeit vorliegt.[863] Hat ein Aufsichtsratsmitglied seine Pflichten objektiv verletzt, so wird es ihm gewöhnlich auch subjektiv zumutbar gewesen sein, sich wie ein ordentlicher und gewissenhafter Überwacher zu verhalten.[864] Auf ein Mitverschulden anderer Aufsichtsratsmitglieder, beispielsweise wegen einer Beeinflussung des Abstimmungsverhaltens bei der Diskussion im Vorfeld der Beschlussfassung oder auch wegen des Mitabstimmens am Beschluss selbst, aber auch des Vorstands oder der Aktionäre, die über den Vorschlag abstimmen, kann sich das Aufsichtsratsmitglied nicht berufen.[865] Dies folgt neben §§ 116 S. 1, 93 Abs. 4 S. 2 AktG auch aus der höchstpersönlichen Überwachungsaufgabe des Aufsichtsrats, über die weder der Vorstand noch die Aktionäre oder Arbeitnehmer disponieren können.[866]

(4) Kausaler Schaden der Gesellschaft

Schließlich muss ein kausaler Schaden bei der Gesellschaft entstanden sein. Dieser bemisst sich nach den §§ 249 ff. BGB.[867] Durch das positive Mitabstimmen am inhaltlich fehlerhaften Beschlussvorschlag muss sich die tatsächliche Vermögenslage der Gesellschaft im Vergleich zur hypothetischen, bei einem ordnungsgemäßen Vorschlag, verschlechtert haben. Eine solche Verschlechterung könnte darin liegen, dass die Wahlen der Kandidaten, die über den (fehlerhaften) Beschlussvorschlag von der Hauptversammlung bestellt worden sind, angefochten werden. Die Gesellschaft muss sich gegen solche Anfechtungsklagen

---

861 *Dauer/Lieb*, in: Henssler/Strohn, AktG, § 93 Rn. 32.

862 *Dauer/Lieb*, in: Henssler/Strohn, AktG, § 93 Rn. 32; *Koch*, in: Hüffer/Koch, AktG, § 93 Rn. 43; *Habersack*, in: MüKo-AktG, § 116 Rn. 75.

863 *Spindler*, in: Spindler/Stilz, AktG, § 116 Rn. 132; *Habersack*, in: MüKo-AktG, § 116 Rn. 75.

864 *Spindler*, in: Spindler/Stilz, AktG, § 116 Rn. 132.

865 *Habersack*, in: MüKo-AktG, § 116 Rn. 75; *Grigoleit/Tomasic*, in: Grigoleit, AktG, § 93 Rn. 91.

866 *Habersack*, in: MüKo-AktG, § 116 Rn. 75.

867 *Habersack*, in: MüKo-AktG, § 116 Rn. 73.

verteidigen. Nimmt sie dafür externe rechtliche Hilfe in Anspruch, entsteht ein Vergütungsanspruch gegen die Gesellschaft. Daneben wird die Verteidigung aber auch personelle Ressourcen der Gesellschaft binden, die sich wiederum in einem finanziellen Aufwand der Gesellschaft niederschlagen. In diesen finanziellen Einbußen der Gesellschaft ist ein materieller Schaden zu sehen. Ist die Anfechtungsklage erfolgreich, könnte ein Schaden zudem in den Kosten liegen, die mit der Wiederholung der Hauptversammlung und der Neuwahl von Aufsichtsratsmitgliedern einhergehen. Werden die Wahlen nicht angefochten, kann sich ein Schaden aus den Rückabwicklungskosten der fehlerhaften Bestellung ergeben. Dabei ist zum Beispiel an die mit einer gerichtlichen Abberufung aus wichtigem Grund nach § 103 Abs. 3 S. 1 AktG entstandenen Personal- beziehungsweise Gerichtskosten zu denken. Erlässt die BaFin Maßnahmen bei Verletzung des Aufsichtsrechts, kann sich aus dem mit der Erfüllung der gestellten Anforderungen einhergehenden Zeit- und Ressourcenaufwand der Gesellschaft schließlich im Einzelfall ein kausaler Schaden ergeben.

Der Schaden muss in jedem Fall kausal auf der Pflichtverletzung beruhen. Das heißt, die fehlerhafte Wahl, die angefochten oder rückabgewickelt wird, muss auf einem Beschlussvorschlag des Aufsichtsrats und nicht der Aktionäre beruhen. Sodann muss das Mitabstimmen des in Haftung genommenen Aufsichtsrats kausal für das Zustandekommen des Beschlussvorschlags gewesen sein.

(5) Zwischenergebnis zu aa.

Liegen die Voraussetzungen der *Business Judgment Rule* nicht vor, ist eine Haftung des einzelnen Aufsichtsratsmitglieds im Rahmen der Vorschlagsverantwortung möglich.

bb. Nichtvorliegen der Mindestkenntnisse

Liegen die Mindestkenntnisse nicht vor, ist der einzelne Aufsichtsrat trotzdem wirksam bestellt.

(1) Sorgfaltspflichtverletzung

Eine Sorgfaltspflichtverletzung könnte darin liegen, dass ein Aufsichtsratsmitglied die Wahl annimmt und sich somit zum Aufsichtsrat bestellen lässt, obwohl es die gesetzlichen Mindestvoraussetzungen nicht besitzt. Anerkannt ist, dass für das Vorliegen der Voraussetzungen der §§ 100 Abs. 1, Abs. 2, 105 AktG der Zeitpunkt des Amtsbeginns und nicht der Zeitpunkt der Wahl ausschlaggebend ist.[868] Auch wenn dies nicht gesetzlich normiert ist, kann für die Mindestkenntnisse nichts anderes gelten. Für die Gesellschaft und die Aktionäre ist entscheidend, dass das Aufsichtsratsmitglied bei Amtsantritt und nicht im Zeitpunkt der Wahl die nötigen Mindestqualifikationen besitzt. Auch sollte dem neu gewählten Mitglied Gelegenheit gegeben werden, sich diese Qualifikationen noch im Zeitraum zwischen Wahl und Amtsantritt anzueignen. Damit liegt in der Annahme der Wahl trotz Nichtvorliegen der Mindestkenntnisse keine Verletzung der Sorgfaltspflicht.

Eine solche liegt jedoch im Amtsantritt trotz Nichtvorliegen der gesetzlichen Mindestkenntnisse. Die Erfüllung der gesetzlichen Mindestqualifikationen ist keine Bestellvoraussetzung. Wohl aber hat jedes Aufsichtsratsmitglied für seine eigene Befähigung einzustehen.[869] Ein Mitglied, das nicht die erforderliche Sachkunde besitzt, haftet deshalb unter dem Gesichtspunkt des Übernahmeverschuldens.[870] Das heißt, jedes Aufsichtsratsmitglied muss sicherstellen, dass es diejenigen Mindestkenntnisse und fähigkeiten besitzt oder sich aneignet, die es braucht, um alle normalerweise anfallenden Geschäftsvorgänge auch ohne fremde Hilfe verstehen und sachgerecht beurteilen zu können.[871] Zu beachten ist auch hier, dass sich die nötigen Qualifikationen je nach Größe und Art des Unternehmens unterscheiden.[872]

(2) Business Judgment Rule, *§ 93 Abs. 1 S. 2 AktG*

(a) Unternehmerische Entscheidung

Beim Amtsantritt eines gewählten Aufsichtsrats trotz Nichtvorliegen der gesetzlichen Mindestkenntnisse handelt es sich um die Erfüllung einer gesetzlichen Pflicht mit Ermessensspielraum. Problematisch ist, dass die gesetzlichen Mindestkenntnisse nicht ausdrücklich im Aktiengesetz normiert sind. Sie werden jedoch aus dem Abwälzungsverbot des § 111 Abs. 6 AktG abgeleitet und durch den BGH hinreichend konkretisiert.[873] Bezüglich der Vorliegenspflicht liegt kein Handlungs- beziehungsweise Ermessensspielraum des einzelnen Aufsichtsrats

---

868 Siehe Kapitel 4., A., I., 1. der Arbeit.

869 *Habersack*, in: MüKo-AktG, § 116 Rn. 22.

870 *Habersack*, in: MüKo-AktG, § 116 Rn. 22.

871 BGH, Urteil vom 15.11.1982 – II ZR 27/82 = NJW 1983, 991; vgl. Kapitel 3., B., I., 1., a., der Arbeit (gesetzliche Mindestkenntnisse).

872 *Habersack*, in: MüKo-AktG, § 116 Rn. 24.

873 BGH, Urteil vom 15.11.1982 – II ZR 27/82 = NJW 1983, 991; vgl. wieder Kapitel 3., B., I., 1., a., der Arbeit (gesetzliche Mindestkenntnisse).

vor. Er hat dafür zu sorgen, dass die Mindestkenntnisse bei Amtsantritt vorliegen. Es ist jedoch davon auszugehen, dass ein Spielraum bezüglich der Erlangung und Ausgestaltung der Kenntnisse vorliegt. Die *Business Judgment Rule* ist insoweit anwendbar. Das Aufsichtsratsmitglied muss zwar sicherstellen, dass es die Mindestkenntnisse erfüllt. Wie es dieser Pflicht nachkommt, also auf welche Weise es die Kenntnisse erlangt, ist ihm jedoch selbst überlassen. Geht der gewählte Aufsichtsrat davon aus, die Mindestkenntnisse (noch) nicht zu erfüllen, kann er vor Amtsantritt beispielsweise professionelle Weiter- oder Fortbildungen besuchen. Auch die Ausgestaltung der Qualifikationen lässt Spielraum. Weder das Aktiengesetz noch der BGH geben vor, welche Kenntnisse genau benötigt werden. Es ist den Aufsichtsräten selbst überlassen, ob sie sich neben dem breiten Generalistenwissen, das verlangt ist, zum Beispiel fachliches Spezialwissen aneignen oder gerade nicht.

(b) Handeln zum Wohle der Gesellschaft

In dem Amtsantritt ist ein Handeln zu sehen. Dieses dient der Funktionsfähigkeit des Organs Aufsichtsrat und damit letztlich dem Wohle der Gesellschaft. Davon muss der Kandidat, der das Amt antritt, obwohl er die Mindestkenntnisse nicht besitzt, auch ausgegangen sein.

(c) Angemessene Information als Grundlage des Handelns

An der angemessenen Information als Grundlage des Handelns wird die *Business Judgment Rule* scheitern. Der Aufsichtsrat, der das Amt antritt, obwohl er die Mindestkenntnisse nicht besitzt, handelt nicht auf Grundlage angemessener Information. Hätte er sich im Vorfeld der Wahl angemessen informiert, hätte er erfahren, dass er die Mindestkenntnisse bei Amtsantritt zu erfüllen hat. Schon kurze Recherchen über die Aufsichtsratstätigkeit ergeben, dass die Mindestkenntnisse zu erfüllen sind. Das Erfordernis findet sich nicht nur in der Literatur an prominenten Stellen, sondern auch in der einschlägigen Rechtsprechung. Ebenso sollten sich die gewählten Aufsichtsräte untereinander austauschen und sich über wichtige Voraussetzungen informieren. Schließlich ist zu berücksichtigen, dass den Kandidaten im Vorfeld einer Wahl ausreichend Zeit für eine Ermittlung der nötigen Sachkunde zur Verfügung steht. Sie werden sich Wochen vor dem Wahltermin in der Hauptversammlung mit der Frage der Kandidatur beschäftigt haben.

(d) Zwischenergebnis zu (2)

Die Anwendung der *Business Judgment Rule* scheitert. Damit bleibt die Prüfung der weiteren Voraussetzungen eines Schadensersatzanspruchs.

(3) Verschulden

Der gewählte Aufsichtsrat wird zumindest fahrlässig handeln, wenn er das Amt antritt, die Mindestvoraussetzungen aber nicht erfüllt.

(4) Kausaler Schaden der Gesellschaft

Durch das Nichtvorliegen der Mindestkenntnisse bei Amtsantritt muss sich die tatsächliche Vermögenslage der Gesellschaft im Vergleich zur hypothetischen, bei ordnungsgemäßem Vorliegen der Mindestvoraussetzungen, verschlechtert haben. Ein aus einer Anfechtung resultierender Schaden ist an dieser Stelle abzulehnen. Ein Fehlen der gesetzlichen Mindestkenntnisse führt nicht zu einer Anfechtbarkeit.[874] Ein kausaler Schaden könnte sich jedoch aus einer Fehlentscheidung des haftbar zu machenden Aufsichtsrats im Gremium, die auf mangelnden individuellen Kenntnissen und Fähigkeiten beruht, ergeben. Kausal wäre ein solcher Schaden jedoch nur dann, wenn die Stimme des in Frage stehenden Aufsichtsrats verantwortlich war für das Zustandekommen beziehungsweise Nichtzustandekommen eines Beschlusses. Hätte der in Frage stehende Aufsichtsrat also anders abgestimmt, wäre der Beschluss nicht oder doch zustande gekommen. Ein solcher Schaden kann sich beispielsweise aus der fehlerhaften Bestellung eines Vorstands und den damit verbundenen Kosten der Rückabwicklung sowie der Neubestellung oder der fehlerhaften Zustimmung oder Nichtzustimmung zu Verträgen mit Aufsichtsratsmitgliedern und den damit verbundenen Zeit- und Personalkosten bei Rückgewähr nach § 114 Abs. 2 AktG ergeben.

Fraglich ist, ob sich eine Haftung auch daraus ergeben kann, dass das Aufsichtsratsmitglied, welches die Mindestvoraussetzungen nicht erfüllt, sich der Stimme enthält oder bei der Abstimmung nicht anwesend ist und im Ergebnis dadurch ein fehlerhafter Beschluss zustande kommt. Das ist zu bejahen. Bloße Stimmenthaltungen oder Abwesenheit bei Abstimmungen können das Aufsichtsratsmitglied nicht einer Haftung entbinden.[875] Aufsichtsratsmitglieder

---

874 Vgl. Kapitel 4., A., II., 2., b., aa.

875 *Spindler*, in: Spindler/Stilz, AktG, § 116 Rn. 37. Eine Ausnahme gilt bei nicht dauerhaften Interessenkollisionen.

müssen alles ihnen Zumutbare unternehmen, um zu verhindern, dass der Gesellschaft durch einen gesetzes- oder satzungswidrigen Aufsichtsratsbeschluss ein Schaden entsteht.[876] Eine Enthaltung oder ein Fernbleiben an der Sitzung wird dem insofern nicht gerecht, als das Aufsichtsratsmitglied damit keinesfalls deutlich macht, dass es von der Fehlerhaftigkeit des Beschlusses ernstlich überzeugt ist.[877] Nötig ist, dass das Mitglied seine Bedenken mit Nachdruck und unmissverständlich zum Ausdruck bringt und bei der Beschlussfassung mit Nein stimmt.[878] Weitergehende Maßnahmen, wie die Androhung der Niederlegung des Mandats oder die Einleitung rechtlicher Schritte, sind nur dann erforderlich, wenn der fehlerhafte Aufsichtsratsbeschluss zu einem erheblichen Schaden der Gesellschaft oder zur Verletzung von Strafgesetzen führt.[879]

(5) Zwischenergebnis zu bb.

Bei Nichtvorliegen der Mindestkenntnisse im Zeitpunkt des Amtsantritts kann sich eine Haftung des einzelnen Aufsichtsrats gegenüber der Gesellschaft ergeben. Bei der Prüfung sollte besonderes Augenmerk auf das Vorliegen eines kausalen, ersatzfähigen Schadens gelegt werden.

cc. Verstöße im Rahmen der festzulegenden Zielgröße/Zielfrist für den Frauenanteil im Aufsichtsrat

Eine Sanktion wie die des „leeren Stuhls“ für den Fall des Nichterreichens der gesetzlichen Mindestquote sieht weder § 111 Abs. 5 AktG noch § 250 Abs. 1 AktG für den Fall des Nichterreichens der festzusetzenden Zielgröße vor. Trotzdem ist eine Haftung des einzelnen Aufsichtsrats im Zusammenhang mit der festzulegenden Zielgröße beziehungsweise Zielfrist nicht ausgeschlossen. Dabei ist zunächst zu klären, worin die Pflichtverletzung liegen kann.

---

876 BGH, Zwischenurteil vom 29.01.2013 – II ZB 1/11 = BeckRS 2013, 03334 Rn. 13; *Spindler*, in: Spindler/Stilz, AktG, § 116 Rn. 37.

877 *Spindler*, in: Spindler/Stilz, AktG, § 116 Rn. 37; *Vetter*, DB 2004, 2623, 2625.

878 *Spindler*, in: Spindler/Stilz, AktG, § 116 Rn. 37; *Vetter*, DB 2004, 2623.

879 *Vetter*, DB 2004, 2623, 2626, der bei den rechtlichen Schritten an eine Klage auf Feststellung der Nichtigkeit des Beschlusses nach § 256 ZPO denkt.

(1) *Unterlassene oder fehlerhafte Berichterstattung über die festgelegte Zielgröße/Zielfrist*

(a) *Sorgfaltspflichtverletzung*

Gemäß § 289f Abs. 2 Nr. 4 HGB sind bei börsennotierten Aktiengesellschaften in die Erklärung zur Unternehmensführung die Festlegungen nach § 111 Abs. 5 AktG und die Angabe, ob die festgelegte Zielgröße während des Bezugszeitraums erreicht worden ist, und wenn nicht, Angaben zu den Gründen, aufzunehmen. Andere Unternehmen haben gemäß § 289f Abs. 4 S. 1 Hs. 1 HGB in ihrem Lagebericht als gesonderten Abschnitt eine Erklärung zur Unternehmensführung, die die gleichen Offenlegungspflichten zu der Zielgröße nach § 111 Abs. 5 AktG enthält, aufzunehmen. Beide Veröffentlichungspflichten wurden durch das FüPoG[880] eingeführt. Aufgegriffen wird das *comply-or-explain*-Prinzip des § 161 AktG.[881] Vorgesehen ist also lediglich eine Offenlegung und Begründung, jedoch keine weiteren Sanktionen bei Verfehlen der festgelegten Zielgröße. Diese grundsätzliche Sanktionslosigkeit basiert auf dem Vertrauen des Gesetzgebers, dass die Veröffentlichungspflicht gewährleistet, dass die Entwicklung der Frauenquote bei den einzelnen Unternehmen durch eine breite Öffentlichkeit wahrgenommen wird und sich die Unternehmen daran messen lassen müssen.[882] Es soll bekannt werden, welche Unternehmen sich ambitioniert für ein ausgeglichenes zahlenmäßiges Verhältnis von Frauen und Männern einsetzen und welche sich diesem versperren.[883]

Eine Haftung eines Aufsichtsratsmitglieds aus einer unterlassenen oder fehlerhaften Berichterstattung kann sich grundsätzlich nicht ergeben. Der Aufsichtsrat ist nämlich nicht erklärungspflichtig im Sinne der § 289f Abs. 2 Nr. 4, Abs. 4 S. 1 HGB. Die Erklärung zur Unternehmensführung ist Teil des Lageberichts.[884] Dieser ist nach § 264 Abs. 1 S. 1 HGB zwar nicht Teil des Jahresabschlusses. Beide, also den Jahresabschluss und den Lagebericht, haben jedoch die gesetzlichen Vertreter einer Kapitalgesellschaft, mithin die Vorstände

880 Damals noch § 289a Abs. 2 Nr. 4 HGB a. F. Über Art. 1 Nr. 4, Nr. 5 des Gesetzes zur Stärkung der nichtfinanziellen Berichterstattung der Unternehmen in ihren Lage- und Konzernlageberichten (CSR-Richtlinie-Umsetzungsgesetz) vom 11.04.2017, BGB I, S. 802, geändert.

881 *Ohmann-Sauer/Langemann*, NZA 2014, 1120, 1125.

882 RegBegr. zum FüPoG, BT-Drs. 18/3784, S. 46; *Fromholzer/Simons*, AG 2015, 457, 465.

883 RegBegr. zum FüPoG, BT-Drs. 18/3784, S. 132.

884 Vgl. § 289f Abs. 1 S. 1 AktG für börsennotierte Unternehmen, § 289f Abs. 4 S. 1 Hs. 1 AktG für andere Unternehmen.

aufzustellen.[885] Fraglich ist, ob sich ausnahmsweise eine Sorgfaltspflichtverletzung eines Aufsichtsrats bei freiwilliger Beteiligung an der Erklärung zur Unternehmensführung und Verstoß gegen § 289f Abs. 2 Nr. 4 HGB ergeben kann. In der Praxis ist eine gemeinsame Erklärung von Vorstand und Aufsichtsrat verbreitet.[886] Sie folgen damit Grundsatz 22 DCGK, wonach Aufsichtsrat und Vorstand jährlich in der Erklärung zur Unternehmensführung über die *Corporate Governance* der Gesellschaft berichten. Wird eine solche gemeinsame Erklärung abgegeben und verstößt diese gegen § 289f Abs. 2 Nr. 4 HGB, kann sich daraus für den Aufsichtsrat eine Ordnungswidrigkeit ergeben, § 334 Abs. 1 Nr. 3 HGB. Täter des § 334 Abs. 1 HGB kann nämlich ausdrücklich auch ein Mitglied des Aufsichtsrats sein. Nötig ist jedoch ein vorsätzlicher Verstoß.[887] In schwerwiegenden Fällen kann es nach § 331 Nr. 1 HGB sogar zu einer Strafbarkeit kommen,[888] wobei auch hier Vorsatz vorauszusetzen ist. Wird gegen § 334 Abs. 1 Nr. 3 HGB sowie eventuell gegen § 331 Nr. 1 HGB verstoßen, ist ebenso von einem Sorgfaltspflichtverstoß im Sinne des § 93 Abs. 1 S. 1 AktG auszugehen. Kardinalpflicht der Gesellschaftsorgane ist, sich bei der Amtsführung gesetzestreu zu verhalten.[889] Diese Legalitätspflicht, die Unterfall der Sorgfaltspflicht ist, umfasst auch Rechtsvorschriften außerhalb des Aktiengesetzes,[890] mithin auch das HGB. Bei freiwilliger Beteiligung eines Aufsichtsrats an der Erklärung zur Unternehmensführung und Verstoß gegen § 289f Abs. 2 Nr. 4 HGB liegt mithin eine Pflichtverletzung vor.

(b) Business Judgment Rule, *§ 93 Abs. 1 S. 2 AktG*

Bei Einhaltung der Vorschriften des HGB handelt es sich um rechtlich gebundene Entscheidungen. Den Aufsichtsräten verbleibt kein Handlungs- und Ermessensspielraum. Damit ist die Anwendung der *Business Judgment Rule* ausgeschlossen.

---

885 Vgl. § 264 Abs. 1 S. 1 HGB. Für die Erklärung selbst: *v. Kanitz/Hoffmann*, in: BeckOK, HGB, § 289f Rn. 2.

886 *v. Kanitz/Hoffmann*, in: BeckOK, HGB, § 289f Rn. 2.

887 *Fromholzer/Simons*, AG 2015, 457, 465 sowie § 10 OWiG.

888 *Fromholzer/Simons*, AG 2015, 457, 465; *Ohmann-Sauer/Langemann*, NZA 2014, 1120, 1125.

889 *Fleischer*, in: Spindler/Stilz, AktG, § 93 Rn. 14.

890 *Fleischer*, in: Spindler/Stilz, AktG, § 93 Rn. 14.

(c) Verschulden

Der Aufsichtsrat müsste durch seinen Verstoß gegen § 334 Abs. 1 Nr. 3 HGB (eventuell auch gegen § 331 Nr. 1 HGB) vorsätzlich oder fahrlässig die Sorgfalt eines ordentlichen und gewissenhaften Aufsichtsratsmitglieds nicht beachtet haben. Der Aufsichtsrat wird den Verstoß gegen die Offenlegungspflichten, der zu dem Verstoß gegen § 334 Abs. 1 Nr. 3 HGB (eventuell auch gegen § 331 Nr. 1 HGB) führt, fahrlässig zu vertreten haben. Von einem Vorsatz wird regelmäßig nicht auszugehen sein.

(d) Kausaler Schaden der Gesellschaft

Schließlich müsste ein kausaler Schaden der Gesellschaft vorliegen. An diesem wird der Anspruch scheitern. Für Vorstände kann ein solcher in der gegen die Gesellschaft verhängten Geldbuße liegen, § 30 Abs. 1 Nr. 1 OWiG.[891] Dies gilt jedoch nicht für Aufsichtsräte. Ein Bußgeld gegen die Gesellschaft aus § 30 Abs. 1 Nr. 1 OWiG kommt tatbestandlich nur bei Verstößen des Vorstands als vertretungsberechtigtem Organ in Betracht.

(e) Zwischenergebnis zu (1)

Eine Haftung des einzelnen Aufsichtsrats gegenüber der Gesellschaft wegen unterlassener oder fehlerhafter Berichterstattung ist abzulehnen. Zunächst ist er nicht Erklärungspflichtiger der Erklärung zur Unternehmensführung. Partizipiert er freiwillig an einer solchen, scheitert eine Haftung am kausalen Schaden der Gesellschaft.

(2) Unterlassene oder fehlerhafte Festlegung der Zielgröße/Zielfrist

(a) Sorgfaltspflichtverletzung

Die Festlegung der Zielgröße ist gesetzliche Pflicht des Aufsichtsrats, § 111 Abs. 5 S. 1 AktG. Diese Pflicht wird dem Aufsichtsrat selbst auferlegt, da eine derartige Verbindlichkeit der Hauptversammlung nicht aufgebürdet werden kann.[892] Dass der Aufsichtsrat für sich selbst zuständig ist, also seine eigenen Ziele festlegt, entspricht seiner Verantwortlichkeit für die Auswahl seiner Mitglieder.[893] Der Gesetzgeber geht unmissverständlich davon aus, dass, wenn der Aufsichtsrat

---

891 *Fromholzer/Simons*, AG 2015, 457, 466.

892 RegBegr. zum FüPoG, BT-Drs. 18/3784, S. 123.

893 Vgl. § 124 Abs. 3 S. 1 AktG; RegBegr. zum FüPoG, BT-Drs. 18/3784, S. 123. RegBegr. zum FüPoG, BT-Drs. 18/3784, S. 123.

diese Pflicht verletzt, er es also unterlässt, eine Zielgröße festzulegen, dies eine Schadensersatzpflicht im Sinne der §§ 116 S. 1, 93 Abs. 2 S. 1 AktG nach sich ziehen kann.[894] Das Gleiche muss für die unterlassene Festlegung einer Zielfrist beziehungsweise für das Festlegen einer unzulässigen Zielgröße oder -frist, wie zum Beispiel bei einem Verstoß gegen das Höchstfristgebot des § 111 Abs. 5 S. 4 AktG, gelten.[895] Damit liegt in der Nichtfestlegung beziehungsweise Falschfestlegung der Zielgröße beziehungsweise -frist eine Sorgfaltspflichtverletzung.

Nicht umfasst ist die Situation, dass eine zulässig festgesetzte und veröffentlichte Quote nachträglich verändert wird.[896] Ein Hochsetzen bis zu einer paritätischen Geschlechterverteilung ist sicherlich möglich.[897] Schwieriger ist jedoch der Fall, wenn eine zunächst festgesetzte und veröffentlichte Quote auf einen Wert, der zwar über dem *Status quo*, aber niedriger als zunächst festgesetzt, herabgesetzt wird.[898] Analog dem Vorgehen bei Nichterreichung der Zielgröße sollten die Gründe für die Herabsetzung angegeben werden.[899] Aufgrund einer mangelnden gesetzlichen Regelung ist von einer Pflichtverletzung aber nicht auszugehen.

(b) Business Judgment Rule, *§ 93 Abs. 1 S. 2 AktG*

Eine Berufung auf die *Business Judgment Rule* ist nicht möglich. Bei Entscheidungen aufgrund des § 111 Abs. 5 AktG handelt es sich um rechtlich gebundene. Nach dem eindeutigen Wortlaut „legt" der Aufsichtsrat für den Frauenanteil im Aufsichtsrat eine Zielgröße fest. Ebenso „sind" Fristen zur Erreichung der Zielgröße festzulegen. Ein Beurteilungs- beziehungsweise Ermessensspielraum verbleibt dem Aufsichtsrat lediglich bei der Frage, wie hoch die Zielgröße angesetzt wird beziehungsweise innerhalb welcher Frist sie erreicht werden soll. Das Gleiche gilt bei Festlegung einer unzulässigen Zielgröße oder -frist. Die gesetzlichen Voraussetzungen, zum Beispiel § 111 Abs. 5 S. 4 AktG, sind starr.

---

894 RegBegr. zum FüPoG, BT-Drs. 18/3784, S. 123.
895 *Fromholzer/Simons*, AG 2015, 457, 466; *Schulz/Ruf*, BB 2015, 1155, 1162.
896 *Grottel*, in: Beck'scher Bilanzkommentar, HGB, § 289f Rn. 83.
897 *Grottel*, in: Beck'scher Bilanzkommentar, HGB, § 289f Rn. 83.
898 *Grottel*, in: Beck'scher Bilanzkommentar, HGB, § 289f Rn. 83.
899 *Grottel*, in: Beck'scher Bilanzkommentar, HGB, § 289f Rn. 83.

(c) Verschulden

Das Nichtfestlegen beziehungsweise das Falschfestlegen einer Zielgröße beziehungsweise -frist wird der Aufsichtsrat in der Regel fahrlässig zu vertreten haben. Ein Vorsatz wird sich auch hier nur schwerlich nachweisen lassen.

(d) Kausaler Schaden der Gesellschaft

Schließlich stellt sich die Frage, welcher Schaden der Gesellschaft durch das Unterlassen beziehungsweise die fehlerhafte Festsetzung verursacht worden ist. Ein solcher wird in der Praxis selten vorkommen.[900] Zwar führt eine unterlassene Festsetzung automatisch zu einem Verstoß gegen die Berichtspflichten des § 289f AktG und damit zu einer Ordnungswidrigkeit gemäß § 334 Abs. 1 Nr. 3 HGB (bzw. eventuell auch zu einer Strafbarkeit nach § 331 Nr. 1 HGB). Ein Bußgeld (§ 30 Abs. 1 OWiG), das den kausalen Schaden darstellen könnte, kann jedoch wiederum nur bei einem Vorstand als Täter bejaht werden.

(e) Zwischenergebnis zu (2)

Eine Haftung bei unterlassener oder fehlerhafter Festsetzung einer Zielgröße beziehungsweise -frist wird am Erfordernis des kausalen Schadens auf Seiten der Gesellschaft scheitern.

(3) Nichterreichen der Zielgröße

Schließlich bleibt die Frage, ob sich eine Haftung aus dem Nichterreichen der festgesetzten und veröffentlichten Zielgröße nach Ablauf der Erreichensfrist ergibt. Dies ist abzulehnen.[901] Im Gegensatz zum Nichterreichen der festen, gesetzlichen Mindestanteilsquote ist gerade keine gesetzliche Sanktion für das Nichterreichen des selbst festgesetzten Ziels vorgesehen. Eine Nichterreichung hat, abgesehen von den eventuell negativen Auswirkungen, die sich aus der Offenlegungspflicht in der Erklärung zur Unternehmensführung ergeben können, keine Konsequenzen.[902] In der Regierungsbegründung zum FüPoG wird ausgeführt, dass eine Nichterreichung zwar nicht erwünscht, aber auch nicht

900 *Fromholzer/Simons*, AG 2015, 457, 466; *Schulz/Ruf*, BB 2015, 1155, 1162; *Hambloch-Gesinn/Gesinn*, in: Hölters, AktG, § 111 Rn. 83g; Ebenso *Drygala*, NZG 2015, 1129, 1133. Dieser will zudem einen Anspruch von vornherein am Schutzzweck der Norm scheitern lassen.

901 Eindeutig: RegBegr. zum FüPoG, BT-Drs. 18/3784, S. 120.

902 *Schulz/Ruf*, BB 2015, 1155, 1162.

undenkbar ist.[903] Scharfe gesetzliche Sanktionen für diesen Fall oder ein Verbot der späteren Abweichung von Zielen wären kontraproduktiv, weil sie den Unternehmen Fehlanreize gäben, sich vorsichtige und wenig ehrbare Ziele zu setzen.[904]

Vor allem von *Drygala*[905] wird dieser Ansatz kritisiert: Seiner Ansicht nach setze eine völlig sanktionslose Pflicht gerade im Gegenteil einen Fehlanreiz zur vollmundigen Verkündung von Zielen, die in der Unternehmenswirklichkeit nicht gelebt würden. Denn nur konsequente und glaubwürdige Handlungsanweisungen der Unternehmensführung könnten zu einem Kulturwandel führen.[906] Zudem würden die Ziele der Frauenförderung bagatellisiert.[907] Denn ein Vorstand, der dem Vertrieb Umsatz- oder Marktanteilsziele vorgebe, diese Zielerreichung aber nicht überwache beziehungsweise keine Maßnahmen zu deren Erreichung vorgebe, würde schwerlich seiner Sorgfaltspflicht gerecht.[908] Da die Ziele zur Frauenförderung aber sichtlich anders behandelt werden, würde der Eindruck entstehen, es handle sich um Ziele minderer Qualität.[909] Als Ergebnis leitet *Drygala* die Frage ab, ob nicht doch eine Organpflicht zur aktiven Zielverfolgung angenommen werden könne.[910] Gehe man von einer solchen aus,[911] weist er darauf hin, dass der Aufsichtsrat bei dem Beschlussvorschlag eine Abwägung zwischen seinem Willen zur Zielerreichung und sonstigen wichtigen Aspekten, wie zum Beispiel der Qualifikation der Kandidaten, vorzunehmen habe.[912] Pflichtwidriges Handeln wird man seiner Ansicht nach[913] also nur annehmen können, wenn der Aufsichtsrat die Erreichung des Ziels der Gleichberechtigung von Frau und Mann nicht ernsthaft genug verfolgt habe oder wenn der Entscheidung sachfremde, nicht dem Unternehmenswohl dienende Erwägungen zugrunde lägen.

---

903 RegBegr. zum FüPoG, BT-Drs. 18/3784, S. 120.
904 RegBegr. zum FüPoG, BT-Drs. 18/3784, S. 120.
905 *Drygala*, NZG 2015, 1129, 1133 f.
906 *Drygala*, NZG 2015, 1129, 1133 (sog. „*tone from the top*").
907 *Drygala*, NZG 2015, 1129, 1133.
908 *Drygala*, NZG 2015, 1129, 1133.
909 *Drygala*, NZG 2015, 1129, 1133.
910 *Drygala*, NZG 2015, 1129, 1134.
911 *Drygala*, in: K. Schmidt/Lutter, AktG, § 111 Rn. 75, der von der Verpflichtung spricht, auf die Erreichung hinzuwirken.
912 *Drygala*, in: K. Schmidt/Lutter, AktG, § 111 Rn. 75.
913 *Drygala*, in: K. Schmidt/Lutter, AktG, § 111 Rn. 75.

Den Ansichten von *Drygala* ist nicht zu folgen. Der Gesetzgeber war im Fall der Festlegung von Zielgrößen zur Erhöhung des Frauenanteils im Aufsichtsrat nach § 111 Abs. 5 AktG eindeutig. Er hat gerade keine Sanktion wie die des „leeren Stuhls" im Gesetz vorgesehen. Insofern besteht kein Auslegungs- beziehungsweise Interpretationsspielraum. Es bleibt bei der Hoffnung des Gesetzgebers, dass die Berichtspflichten den nötigen Druck zur Einhaltung der Zielgrößen auf die Unternehmen ausüben. Sollte sich die Wirkungslosigkeit dieser Rechnung in der Praxis herausstellen, steht es dem Gesetzgeber frei, nachzubessern und Sanktionen bei Nichterreichung der Zielgrößen einzuführen.

(4) Zwischenergebnis zu cc.

Eine Haftung einzelner Aufsichtsräte gegenüber der Gesellschaft aufgrund von Verstößen im Rahmen der Zielgröße/Zielfrist des § 111 Abs. 5 AktG ist abzulehnen. Bei unterlassener oder fehlerhafter Berichterstattung ist der Aufsichtsrat selbst nicht Erklärungspflichtiger des § 289f AktG. Partizipiert er freiwillig an der Erklärung zur Unternehmensführung, scheitert eine Haftung am kausalen Schaden der Gesellschaft. Ebenso wird ein Haftungsanspruch der Gesellschaft gegenüber einem Aufsichtsratsmitglied bei unterlassener oder fehlerhafter Festsetzung einer Zielgröße oder -frist am Erfordernis des kausalen Schadens scheitern. Bei Nichterreichen der festgesetzten Zielgröße liegt schließlich schon keine Pflichtverletzung vor.

dd. Nichterfüllen der Vorschriften zur Unabhängigkeit/Vorliegen von Interessenkonflikten

Unabhängigkeit ist keine Bestellungsvoraussetzung.[914] Das Aufsichtsratsmitglied ist (zunächst) wirksam gewählt.

(1) Nichtoffenlegung des Interessenkonflikts

Zunächst könnte sich ein Schadensersatzanspruch aus einer Nichtoffenlegung des Konflikts (verdeckter Interessenkonflikt)[915] ergeben. In einer solchen Situation besteht ein Interessenkonflikt und das betroffene Mitglied hat darüber auch Kenntnis, es legt diesen Konflikt aber nicht offen.

---

914 *Habersack*, in: MüKo-AktG, § 100 Rn. 9. Siehe Kapitel 3., B., III., 1.

915 *Spindler*, in: MüKo-AktG, § 93 Rn. 71.

(a) Treuepflichtverletzung

Eine Treuepflichtverletzung könnte in dem Unterlassen der Offenlegung des Interessenkonflikts liegen. Fraglich ist, ob eine Pflichtverletzung im Sinne des § 93 Abs. 1 S. 1 AktG auch durch Unterlassen begangen werden kann. Dies ist grundsätzlich möglich.[916] Betrachtet man das Recht der Schuldverhältnisse, ist Voraussetzung einer Schadensersatzhaftung, dass der Schuldner hinter dem Pflichtenprogramm seines Schuldverhältnisses zurückgeblieben ist.[917] Nichts anderes kann bei körperschaftlichen Verhältnissen gelten. Eine Pflicht zur Offenlegung des Konflikts ergibt sich aus der organschaftlichen Treubindung des Aufsichtsrats zur Gesellschaft.[918] Dabei reicht eine Offenlegung gegenüber dem Vorsitzenden aus.[919] Wird dieser Pflicht nicht nachgekommen, der Konflikt also nicht offengelegt, bleibt das Organmitglied hinter seinem Pflichtenprogramm zurück. Es liegt eine Treuepflichtverletzung vor.

(b) Business Judgment Rule, *§ 93 Abs. 1 S. 2 AktG*

Auf die *Business Judgment Rule* kann sich das Aufsichtsratsmitglied nicht berufen. Zunächst ergibt sich die Offenlegungspflicht aus der Treuepflicht des Organs Aufsichtsrat gegenüber der Gesellschaft. Bei dieser ist der Anwendungsbereich der *Business Judgment Rule per se* nicht eröffnet.[920] Sodann wird in einem solchen Fall auch die weitere Voraussetzung, nämlich dass das Aufsichtsratsmitglied vernünftigerweise annehmen durfte, zum Wohle der Gesellschaft zu handeln, nicht erfüllt sein.[921] Vernünftigerweise muss das Mitglied annehmen, eine Offenlegung und gerade nicht eine Nichtoffenlegung des Konflikts diene dem Wohle der Gesellschaft.

(c) Verschulden

Weiß der Aufsichtsrat, der einem Interessenkonflikt unterliegt, von diesem, wird er auch wissen, dass er den Konflikt offenzulegen hat. Er wird das Nichtoffenlegen mithin fahrlässig oder gar vorsätzlich zu vertreten haben.

---

916 *Hölters*, in: Hölters, AktG, § 93 Rn. 337.

917 Entwurf eines Gesetzes zur Modernisierung des Schuldrechts, BT-Drs. 14/6040, S. 134 zur Kritik am Begriff „Pflichtverletzung".

918 *Habersack*, in: MüKo-AktG, § 100 Rn. 100.

919 *Habersack*, in: MüKo-AktG, § 100 Rn. 100. Siehe auch Ziffer E.1 DCGK.

920 *Habersack*, in: MüKo-AktG, § 116 Rn. 41.

921 *Habersack*, in: MüKo-AktG, § 116 Rn. 42 für das Vorliegen von Interessenkonflikten, unabhängig von der Offenlegungspflicht.

(d) Kausaler Schaden der Gesellschaft

Sodann müsste ein kausaler Schaden der Gesellschaft entstanden sein. Je nach Interessenkonflikt sind – bei Offenlegung – mögliche Sanktionen des Gremiums gegen das befangene Mitglied: Stimmverbot, Stimmenthaltung, Amtsniederlegung oder Abberufung.[922] Bei Nichtoffenlegung behält das betroffene Mitglied sein Amt und stimmt regulär im Aufsichtsrat mit ab. Abzustellen ist also auf den Schaden, der sich aus dem Mitabstimmen ergeben kann. Wird das befangene Mitglied von den übrigen Mitgliedern überstimmt, ist kein Schaden ersichtlich. Dem Gesellschaftszweck wird durch den Mehrheitsbeschluss Genüge getan. Folgt jedoch die Mehrheit dem Abstimmungsverhalten des betroffenen Mitglieds, weil dieses beispielsweise im Vorfeld Überzeugungsarbeit geleistet hat, könnte sich ein kausaler Schaden für die Gesellschaft aus den Folgen des erlassenen Beschlusses ergeben. Spricht sich beispielsweise das befangene Mitglied bei einer Diskussion im Vorfeld eines Beschlussvorschlags nach § 124 Abs. 3 S. 1 AktG für einen Kandidaten aus, der nicht alle Voraussetzungen des § 100 Abs. 1, Abs. 2 AktG erfüllt, wird dieser in der Hauptversammlung gewählt und die Wahl sodann angefochten, kann sich ein kausaler Schaden der Gesellschaft aus den mit der Anfechtung verbundenen Kosten ergeben.

(e) Zwischenergebnis zu (1)

Aus der Nichtoffenlegung eines Interessenkonflikts kann sich eine Haftung des einzelnen Aufsichtsrats gegenüber der Gesellschaft ergeben. Dabei sollte auch hier die Aufmerksamkeit auf die Voraussetzung eines kausalen Schadens gerichtet werden.

(2) Fehlerhaftes Abstimmungsverhalten

(a) Treuepflichtverletzung

Sodann könnte eine Pflichtverletzung in dem einzelnen Abstimmungsverhalten des befangenen Aufsichtsrats liegen. Diesem Fall wird in der Regel der eben geschilderte Fall einer Pflichtverletzung durch Nichtoffenlegung vorausgehen. Im Einzelfall ist zu untersuchen, ob dem Gesellschaftszweck zuwider abgestimmt worden ist. Ist dies zu bejahen, liegt auch dadurch eine Pflichtverletzung in Form einer Treuepflichtverletzung vor.

Zu beachten ist der Unterschied zu der Sorgfaltspflichtverletzung bei Verstoß gegen die Vorschlagsverantwortung. Bei dieser liegt die Pflichtverletzung in dem

922 *Habersack*, in: MüKo-AktG, § 100 Rn. 100 ff.

Mitabstimmen an einem fehlerhaften Beschluss. Nunmehr, bei Vorliegen eines nichtoffengelegten Interessenkonflikts, liegt die Pflichtverletzung in dem fehlerhaften Abstimmungsverhalten selbst.

(b) Business Judgment Rule, *§ 93 Abs. 1 S. 2 AktG*

Wird der Gesellschaftszweck bei der Abstimmung nicht verfolgt, wird die Treuepflicht des Aufsichtsrats gegenüber der Gesellschaft verletzt. Bei dieser ist ein Anrufen der *Business Judgment Rule* nicht möglich.[923] Zudem ist auch in diesem Fall die weitere Voraussetzung, dass das Aufsichtsratsmitglied annehmen durfte, zum Wohle der Gesellschaft zu handeln, nicht erfüllt.[924] Stimmt das Aufsichtsratsmitglied dergestalt ab, kann es allein aus dem Abstimmungsverhalten der übrigen Mitglieder ablesen, dass sein Handeln nicht dem Wohl der Gesellschaft dient. Ein Berufen auf die *Business Judgment Rule* ist mithin nicht möglich.

Wirkt ein an einem Interessenkonflikt betroffenes Mitglied an einer Entscheidung im Gremium mit und ist dieser Konflikt nicht offengelegt, ist umstritten, ob sich die übrigen Mitglieder des Organs noch auf die *Business Judgment Rule* berufen können. Dies wird zum Teil abgelehnt.[925] Vertreter dieser Theorie argumentieren, dass einer Entscheidung, an der das befangene Mitglied mitgewirkt hat, eine Beratung beziehungsweise Diskussion mit den übrigen Organmitgliedern vorangegangen sei.[926] Dabei ließe sich nicht mehr feststellen, welchen Einfluss die Argumente des vom Interessenkonflikt Betroffenen auf die übrigen Mitglieder gehabt hätten.[927] Das vom Interessenkonflikt betroffene Mitglied „infiziere" also das gesamte Gremium mit dem Ergebnis, dass sich kein Mitglied auf den sicheren Hafen des § 93 Abs. 2 AktG mehr berufen könne.[928] Diese Argumentation ist abzulehnen.[929] Die *Business Judgment Rule* bezieht sich auf die individuelle Pflichtenlage eines jeden Aufsichtsratsmitglieds und muss daher individuell

---

923 *Habersack*, in: MüKo-AktG, § 116 Rn. 41.

924 *Hopt/Roth*, in: Großkomm-AktG, § 100 Rn. 151; *Habersack*, in: MüKo-AktG, § 116 Rn. 42.

925 Für den Vorstand und nur für den Fall des nicht offengelegten Konflikts: *Lutter*, in: FS Canaris, 245, 248 ff.; *Blasche*, AG 2010, 692, 695 ff. In die gleiche Richtung: *Paefgen*, AG 2004, 245, 253. A.A.: *Spindler*, in: MüKo-AktG, § 93 Rn. 71.

926 *Lutter*, in: FS Canaris, S. 245, 248.

927 *Lutter*, in: FS Canaris, S. 245, 248.

928 *Lutter*, in: FS Canaris, S. 245, 248.

929 *Spindler*, in: MüKo-AktG, § 93 Rn. 71; *Lieder*, ZGR 2018, 523, 575.

angewendet werden.[930] Eine Zurechnung entbehrt jeglicher Rechtsgrundlage.[931] Mit der über eine „Infizierung“ und damit „Kollektivierung“ vorgenommenen unzulässigen Zurechnung des Interessenkonflikts wird im Ergebnis außerdem die Anwendung der *Business Judgment Rule* zu sehr beschränkt.[932]

(c) Verschulden

Das fehlerhafte Abstimmen im Gremium wird der Aufsichtsrat in der Regel fahrlässig zu vertreten haben.

(d) Kausaler Schaden

Bezüglich des Vorliegens eines kausalen Schadens kann auf den Fall der Nichtoffenlegung eines Interessenkonflikts verwiesen werden. Dort wurde schon der mögliche Schaden bei fehlerhaftem Abstimmungsverhalten erörtert.

(e) Zwischenergebnis zu (2)

Aus einem fehlerhaften Abstimmungsverhalten kann sich eine Innenhaftung eines einzelnen Aufsichtsrats gegenüber der Gesellschaft ergeben.

(3) Zwischenergebnis zu dd.

Sowohl aus der Nichtoffenlegung eines Interessenkonflikts als auch aus dem fehlerhaften Abstimmungsverhalten eines befangenen Mitglieds kann sich eine Haftung des einzelnen Aufsichtsrats gegenüber der Gesellschaft ergeben.

ee. Zwischenergebnis zu a.

Eine Innenhaftung wirksam bestellter Aufsichtsräte kann sich bei einem Verstoß gegen die Vorschlagsverantwortung, bei Nichtvorliegen der Mindestkenntnisse bei Amtsantritt und schließlich im Fall einer Pflichtverletzung durch Nichtoffenlegung eines Interessenkonflikts beziehungsweise durch ein fehlerhaftes Abstimmungsverhalten des befangenen Mitglieds ergeben. Eine Haftung im Zusammenhang mit § 111 Abs. 5 AktG ist abzulehnen.

---

930 *Spindler*, in: MüKo-AktG, § 93 Rn. 71; *Lieder*, ZGR 2018, 523, 575 mit Bezugnahme auf den Wortlaut von § 93 Abs. 1 S. 2 AktG: „Das Vorstandsmitglied“.

931 *Lieder*, ZGR 2018, 523, 575.

932 *Spindler*, in: MüKo-AktG, § 93 Rn. 71.

b. Außenhaftung

Vorliegende Arbeit konzentriert sich auf die Haftung einzelner Aufsichtsräte gegenüber einzelnen Aktionären. Eine Haftung gegenüber sonstigen *Stakeholdern* des Unternehmens erscheint insofern unwahrscheinlich, als Aufsichtsräte in der Regel nicht nach außen tätig sind.

aa. Mögliche Pflichtverletzungen

Die Haftung eines Aufsichtsrats gegenüber Aktionären erscheint dann möglich, wenn durch das Handeln des Aufsichtsrats der Aktienkurs beeinträchtigt wird und es somit zu materiellen Einbußen auf Seiten der Aktionärsschaft kommt. Bei den im Rahmen der Innenhaftung geprüften Pflichtverletzungen erscheint dies zunächst möglich bei einem Mitabstimmen über einen fehlerhaften Beschlussvorschlag. Verstößt der Beschlussvorschlag gegen die Vorschlagsverantwortung und werden die in dem Beschluss genannten Kandidaten in der Hauptversammlung gewählt und wird schließlich diese Wahl angefochten, kann es zu einem Kursverlust der Gesellschaft kommen. Teilnehmer des Kapitalmarkts wissen nämlich, dass Anfechtungsprozesse mit einem Zeit- und vor allem finanziellen Aufwand für die beklagte Gesellschaft verbunden sind. Dies schlägt sich in ihrem Kauf- und Verkaufsverhalten nieder.

Etwas anderes gilt für die Pflichtverletzung des Amtsantritts trotz Nichtvorliegen der Mindestvoraussetzungen. Liegen diese nicht vor, ist eine Anfechtbarkeit, die sich im Aktienkurs widerspiegeln könnte, abzulehnen.

Bei den Verstößen im Rahmen der festzulegenden Zielgröße des § 111 Abs. 5 AktG könnte sich vor allem ein Nichterreichen dieser Zielgröße negativ am Kapitalmarkt niederschlagen. Dies könnte nämlich implizieren, dass sich das Unternehmen zu wenig mit der Frage der Geschlechtergleichstellung auseinandersetzt. Dies stellt jedoch keine Pflichtverletzung dar, so dass darauf nicht abgestellt werden kann.

Schließlich könnte sich im Sinne eines „weiterfressenden Mangels“ ein nicht offengelegter Interessenkonflikt beziehungsweise ein befangenes Abstimmungsverhalten negativ auf den Aktienkurs auswirken. Legt ein Aufsichtsrat seinen Interessenkonflikt nicht offen und stimmt befangen mit ab und folgt die Mehrheit im Aufsichtsrat dem Abstimmungsverhalten des betroffenen Mitglieds, kann es zu einem fehlerhaften Aufsichtsratsbeschluss kommen. Handelt es sich bei diesem um einen Beschluss über Wahlvorschläge und wählt die Hauptversammlung die darin genannten Kandidaten und wird diese Wahl schließlich angefochten, gleicht die Situation der bei einem Verstoß gegen die Vorschlagsverantwortung. Der Prozess kann vom Kapitalmarkt über einen sinkenden Aktienkurs abgestraft werden. Ein solches Szenario ist in der Theorie zwar möglich, in der Praxis wird eine Haftung jedoch aller Voraussicht nach an der schwierigen Beweisbarkeit der Kausalkette der Ereignisse scheitern. Damit bleibt festzuhalten, dass als mögliche Pflichtverletzungen ein Mitabstimmen an einem fehlerhaften Beschlussvorschlag sowie ein fehlerhaftes Abstimmen aufgrund eines nicht offengelegten Interessenkonflikts in Betracht kommen.

bb. Haftung nach §§ 280 Abs. 1, 241 Abs. 2 BGB

Anknüpfend an diese möglichen Pflichtverletzungen könnte sich ein Schadensersatzanspruch eines in der Hauptversammlung mitwählenden Aktionärs gegen ein Aufsichtsratsmitglied aus §§ 280 Abs. 1, 241 Abs. 2 BGB ergeben. Voraussetzung einer solchen Haftung ist zunächst ein Schuldverhältnis zwischen dem Aktionär und dem wirksam gewählten Aufsichtsrat. Ein solches könnte sich aus dem Bestellungsakt selbst, der Wahl durch die Hauptversammlung nach § 101 Abs. 1 S. 1 AktG, ergeben. Wie schon aufgezeigt[933] entsteht durch die Wahl, die Bekanntgabe und die zumindest konkludent erklärte Annahme ein organschaftliches Verhältnis des gewählten Aufsichtsrats zur Gesellschaft. Ein daneben bestehendes Anstellungsverhältnis des neu gewählten Aufsichtsrats zu der Gesellschaft[934] ist ebenso wie ein schuldrechtliches Verhältnis des neu gewählten Aufsichtsrats zu dem wählenden Aktionär abzulehnen. Ein solches schuldrechtliches Verhältnis zum Aktionär entsteht nicht kraft Gesetzes. In Frage kommt mithin nur eine rechtsgeschäftliche Entstehung. Dazu wiederum ist ein Rechtsbindungswille auf beiden Seiten nötig. Ein solcher ist zumindest auf Seiten des Aufsichtsrats nicht ersichtlich. Die Aktionärsschaft ist gerade bei großen Gesellschaften geprägt von einer erheblichen Diversifikation. Das bei Bejahung eines Rechtsbindungswillens entstehende Haftungsrisiko für den einzelnen Aufsichtsrat wäre aufgrund der Unübersichtlichkeit dieser Streuung immens. Von einem derartigen Willen kann nicht ausgegangen werden. Damit liegt auch keine rechtsgeschäftliche Entstehung vor. Ein Schadensersatzanspruch nach §§ 280 Abs. 1, 241 Abs. 2 BGB scheitert mithin schon am nötigen Schuldverhältnis.

cc. Haftung nach §§ 280 Abs. 1, 311 Abs. 3 S. 2 BGB

Fraglich ist, ob sich aus §§ 280 Abs. 1 i.V.m. 311 Abs. 3 S. 2 BGB eine Haftung unter dem Aspekt der Inanspruchnahme besonderen persönlichen Vertrauens

---

933 Vgl. Kapitel 2., B., II., 1.; *Oetker*, in: ErfurterKomm-AktG, § 101 Rn. 2.

934 So inzwischen die ganz h.M.: Siehe Kapitel 2., B., II., 1.

ergeben kann. Dabei könnte der einzelne Aufsichtsrat ein solches persönliches Vertrauen im Vorfeld der Wahl, beispielsweise bei der Aussprache in der Hauptversammlung, erzeugt haben. Er könnte beispielsweise auf seinen (tatsächlich nicht vorhandenen) Sachverstand auf den Gebieten Rechnungslegung oder Abschlussprüfung hingewiesen haben. Ein Schuldverhältnis kann nach § 311 Abs. 3 S. 2 BGB auch dadurch entstehen, dass ein Dritter, der nicht selbst Vertragspartei werden soll, in besonderem Maße Vertrauen für sich in Anspruch nimmt und dadurch die Vertragsverhandlungen oder den Vertragsschluss erheblich beeinflusst. Zunächst müssten also Vertragsverhandlungen oder ein Vertragsschluss gegeben sein, an denen der Aufsichtsrat unbeteiligt ist. Solche sind nicht ersichtlich. Die Aktionäre könnten höchstens mit der Gesellschaft selbst, vertreten durch den Vorstand, bei der Aussprache in der Hauptversammlung über die Kandidaten der Aufsichtsratswahl „verhandeln". Dies ist jedoch nicht der Fall. Die Wahl durch die Hauptversammlung stellt keinen Vertragsschluss dar, mithin können die Beratungen im Vorfeld auch keine Vertragsverhandlungen sein. Durch die Wahl werden die Aufsichtsräte organschaftlich bestellt. Damit scheidet eine Haftung der Aufsichtsräte aus §§ 280 Abs. 1 i.V.m. 311 Abs. 3 S. 2 BGB gegenüber einzelnen Aktionären aus.

dd. Deliktische Haftung

(1) Haftung nach § 823 Abs. 1 BGB

Für einen Schadensersatzanspruch nach § 823 Abs. 1 BGB eines Aktionärs gegenüber einem wirksam gewählten Aufsichtsratsmitglied müsste zunächst eine Rechtsgutsverletzung vorliegen. Ein Kursverlust ist mit finanziellen Einbußen auf Seiten der Aktionäre verbunden. Sie können ihre Aktien nur noch mit Verlust am Markt verkaufen. Unstreitig anerkannt ist jedoch, dass § 823 Abs. 1 BGB keinen unmittelbaren Vermögensschutz gewährt.[935] Würde man dies zulassen, drohte eine unübersehbare Ausuferung der Haftung.[936] Damit ist kein Anspruch nach § 823 Abs. 1 BGB gegeben.

(2) Haftung nach § 823 Abs. 2 BGB

Ein Schadensersatzsatzanspruch könnte sich über einen Verstoß gegen ein Schutzgesetz ergeben, § 823 Abs. 2 BGB. Dem Absatz kann eine Öffnungsfunktion bei reinen Vermögensschäden zukommen.[937] Voraussetzung ist ein

---

935 *Förster*, in: Bamberger/Roth/Hau/Poseck, BeckOK, BGB, § 823 Rn. 3.
936 *Förster*, in: Bamberger/Roth/Hau/Poseck, BeckOK, BGB, § 823 Rn. 3.
937 *Wagner*, in: MüKo-BGB, § 823 Rn. 534, 535.

Schutzgesetz im Sinne des § 823 Abs. 2 S. 1 BGB. Einzig ersichtliche Norm, die ein solches darstellen könnte, ist § 124 Abs. 3 S. 1 AktG. Nach dem BGH[938] ist Schutzgesetz eine Rechtsnorm, die nach Zweck und Inhalt zumindest auch dazu dienen soll, den Einzelnen oder einzelne Personenkreise gegen die Verletzung eines bestimmten Rechtsguts zu schützen. Dafür kommt es nicht auf die Wirkung, sondern auf Inhalt und Zweck des Gesetzes sowie darauf an, ob der Gesetzgeber bei Erlass gerade einen Rechtsschutz, wie er wegen der behaupteten Verletzung in Anspruch genommen wird, zu Gunsten von Einzelpersonen oder bestimmten Personenkreisen gewollt oder doch mitgewollt hat.[939] Der Beschlussvorschlag des Aufsichtsrats fand sich schon im Aktiengesetz des Jahres 1965.[940] Normzweck war und ist bis heute die sachgerechte Vorbereitung der Hauptversammlung und die Wahrnehmung der Mitgliedschaftsrechte der Aktionäre.[941] Im Sinne einer sachgerechten Vorbereitung sollen die Vorschläge zum einen die Grundlage für die Meinungsbildung der Aktionäre darstellen, zum anderen sollen sie die Aktionäre instand setzen, ihren Vertretern sachgemäße Weisungen für die Ausübung des Stimmrechts zu geben.[942] Die Aktionäre beziehungsweise ihre Vertreter sollen ihre Mitgliedschaftsrechte gut vorbereitet in der Hauptversammlung, über die Aufsichtsrätewahl, ausüben können. Der Gesetzgeber hat über § 124 Abs. 3 S. 1 AktG also zwar die mitgliedschaftlichen Rechte Dritter, der Aktionäre, geschützt. Was er hingegen nicht (mit) bezwecken wollte, war ein Vermögensschutz dieser Gruppe bei Kursverlust. Insofern stellt § 124 Abs. 3 S. 1 AktG kein Schutzgesetz im Sinne des § 823 Abs. 2 BGB dar. Eine Schadensersatzpflicht scheidet aus.

(3) Haftung nach § 826 BGB

Öffnungsfunktion für Vermögensschäden hat schließlich auch § 826 BGB. Dazu müsste eine vorsätzliche sittenwidrige Schädigung vorliegen. Dann wären die Aufsichtsratsmitglieder zum Ersatz des daraus entstandenen Schadens verpflichtet. Im Gesellschaftsrecht hat § 826 BGB als Auffangnorm in letzter Zeit an Bedeutung gewonnen.[943] Angenommen wurde er beispielsweise bei der

---

938 Z.B.: BGH, Urteil vom 14.05.2013 – VI ZR 255/11 = BeckRS 2013, 11098 Rn. 7; BGH, Urteil vom 13.12.2011 – XI ZR 51/10 = NJW 2012, 1800 Rn. 21.

939 BGH, Urteil vom 13.12.2011 – XI ZR 51/10 = NJW 2012, 1800 Rn. 21

940 AktG, bei Kropff, S. 173.

941 *Herrler*, in: Grigoleit, AktG, § 124 Rn. 13.

942 Begründung zum RegE., bei Kropff, S. 174.

943 *Teichmann*, in: Jauernig, BGB, § 826 Rn. 2.

Existenzvernichtung der Gesellschaft durch kompensationslosen Entzug von Mitteln,[944] bei Anfechtungsklagen gegen strukturelle Gesellschaftsbeschlüsse mit dem Ziel, sich die Rücknahme der Klage abkaufen zu lassen,[945] sowie bei der Täuschung von (potenziellen) Anlegern über die wirtschaftliche Lage eines Unternehmens.[946] Daraus lässt sich jedoch keine Anwendbarkeit für die dargelegten möglichen Pflichtverletzungen ableiten. Die Auswirkungen der aufgezählten Fälle sind um ein Vielfaches gravierender als die in vorliegender Arbeit diskutierten. Weder steht die Existenz der Gesellschaft auf dem Spiel noch sollen etwaige Nachahmereffekte, sowohl auf Seiten der Aktionäre als auch auf Seiten der Gesellschaft, verhindert werden.

Vor allem werden die Tatbestandsvoraussetzungen des § 826 BGB nicht erfüllt sein. Den Aufsichtsräten wird kein Vorsatz nachgewiesen werden können. Sowohl ein Mitabstimmen an einem fehlerhaften Beschlussvorschlag als auch ein fehlerhaftes Abstimmen aufgrund eines Interessenkonflikts werden aller Voraussicht nach unter Außerachtlassung der erforderlichen Sorgfalt, mithin fahrlässig im Sinne des § 276 Abs. 2 BGB, erfolgen. Zudem wird nicht von einer Sittenwidrigkeit, also einem Verstoß „gegen das Anstandsgefühl aller billig und gerecht Denkenden“,[947] auszugehen sein.

ee. Zwischenergebnis zu b.

Eine Außenhaftung einzelner Aufsichtsräte gegenüber einzelnen Aktionären scheidet aus.

c. Strafrechtliche Haftung

aa. Strafrechtliche Haftung vor wirksamer Bestellung

Eine Strafbarkeit eines Aufsichtsratskandidaten erscheint lediglich wegen falscher Angaben im Vorfeld seiner Bestellung, mithin bei der persönlichen Vorstellung der Kandidaten in der Hauptversammlung vor der Wahl möglich. Dabei ist zu beachten: Trotz fehlerhafter Angaben, also trotz Nichtvorliegen entgegen seiner Aussage, ist ein Kandidat wirksam bestellt bei Nichterfüllen der gesetzlichen Mindestkenntnisse, einer Finanzexpertise und Sektorvertrautheit sowie der Merkmale „Sachkunde“, „Zuverlässigkeit“, „zeitliche Verfügbarkeit“ und „Unabhängigkeit“ in den Sondergesetzen.

---

944 BGH, Urteil vom 16.07.2007 – II ZR 3/04 = BGHZ 173, 246.

945 OLG Frankfurt, Urteil vom 13.01.2009 – 5 U 183/07 = NZG 2009, 222.

946 BGH, Urteil vom 21.10.2003 – XI ZR 453/02 = NJW-RR 2004, 203.

947 St. Rspr. z.B. BGH, Urteil vom 15.10.2013 – VI ZR 124/12 = NJW 2014, 1380.

(1) Straftatbestände des AktG und des HGB

Eine Strafbarkeit nach den § 399 AktG (falsche Angaben), § 400 AktG (unrichtige Darstellung), § 404 AktG (Verletzung der Geheimhaltungspflicht) scheitert am Nichtvorliegen der Tatbestandsvoraussetzungen. Die Ordnungswidrigkeitstatbestände des § 405 AktG liegen ebenso nicht vor.

Eine Strafbarkeit aus § 331 HGB (unrichtige Darstellung) sowie aus § 333 HGB (Verletzung der Geheimhaltungspflicht) scheitert gleichfalls am Nichtvorliegen der Tatbestandsvoraussetzungen.

(2) Straftatbestände des StGB

(a) Strafbarkeit nach § 266 Abs. 1 StGB

Eine Strafbarkeit wegen Untreue nach § 266 Abs. 1 StGB scheidet aus. Der Aufsichtsratskandidat, der noch nicht gewählt, mithin noch nicht von der Hauptversammlung bestellt ist, unterliegt noch keiner Vermögensbetreuungspflicht gegenüber der Gesellschaft.

(b) Strafbarkeit nach § 263 Abs. 1 StGB

(aa) Objektiver Betrugstatbestand

Indem ein Aufsichtsratskandidat vor seiner Bestellung vorsätzlich oder fahrlässig unzutreffende Angaben gemacht hat, könnte er sich gemäß § 263 Abs. 1 StGB eines Betrugs an der Aktionärsschaft zum Nachteil der Gesellschaft strafbar gemacht haben. Voraussetzung ist zunächst eine Täuschung über Tatsachen. Tatsachen sind alle gegenwärtigen oder vergangenen Ereignisse oder Zustände, die dem Beweis zugänglich sind.[948] Dies ist bei unzutreffenden Angaben, beispielsweise über eine in Wahrheit nicht vorliegende Sachkunde in Form einer Finanzexpertise, der Fall. Eine Täuschung ist ein zur Irreführung bestimmtes und damit der Einwirkung auf die Vorstellung eines anderen dienendes Gesamtverhalten.[949] Der Kandidat, der unzutreffende Angaben macht, wirkt auf die an der Hauptversammlung anwesenden Aktionäre ein. Sie werden mithin getäuscht. Sie werden auch dem sodann nötigen Irrtum unterliegen. Ein solcher liegt bei einem Widerspruch zwischen einer subjektiven Vorstellung und der

---

948 Für alle *Beukelmann*, in: BeckOK, StGB, § 263 Rn. 3.

949 H.M. z.B.: BGH, Urteil vom 26.04.2001 – 4 StR 439/00 = NJW 2001, 2187, 2188; *Kühl*, in: Lackner/Kühl, StGB, § 263 Rn. 6; *Kindhäuser/Hilgendorf*, in: LPK-StGB, § 263 Rn. 3.

Wirklichkeit vor.[950] Die anwesenden Aktionäre werden davon ausgehen, dass der Kandidat zutreffende Angaben macht, das heißt beispielsweise die behauptete Sachkunde in Form einer Finanzexpertise besitzt.

Schließlich ist auf objektiver Seite eine Vermögensverfügung sowie ein Vermögensschaden nötig. Eine Vermögensverfügung ist jedes rechtliche Tun, Dulden oder Unterlassen, das unmittelbar zu einer Vermögensminderung führt.[951] Der Bestellungsakt der Hauptversammlung könnte eine solche Vermögensverfügung der Aktionärsschaft darstellen. Hat das Unternehmen eine Vergütung in der Satzung festgesetzt oder ist eine solche von der Hauptversammlung bewilligt worden, entsteht nämlich nach Bestellung ein Anspruch des neu bestellten Aufsichtsrats gegenüber der Gesellschaft auf Vergütung. Fraglich ist, ob die Entstehung dieses Anspruchs das Vermögen der Gesellschaft unmittelbar schmälert. Der Begriff des Vermögens ist umstritten.[952] Teilweise wird auf eine juristische, teilweise auf eine wirtschaftliche Betrachtung abgestellt.[953] Überwiegend wird der „juristisch-ökonomischen" Vermittlungslehre gefolgt, die bei grundsätzlicher Anerkennung wirtschaftlicher Bewertungsmaßstäbe rechtliche Zuordnungskriterien einbezieht.[954] Unabhängig davon, welcher Lehre gefolgt wird, erhöht ein derartiger Anspruch das Vermögen des neu bestellten Aufsichtsrats. Dem Anspruch kann ein wirtschaftlicher Wert in Form der festgesetzten Höhe der Vergütung beigemessen werden. Er steht dem Bestellten auch unter einer juristischen Betrachtung rechtmäßig zu. Rechtsgrund der Vergütung ist das Organverhältnis in Verbindung mit der Satzung oder dem Bewilligungsbeschluss der Hauptversammlung.[955] Steigert ein solcher Anspruch also das Vermögen des bestellten Aufsichtsrats auf der einen Seite, muss er denklogisch das Vermögen der Gesellschaft auf der anderen Seite schmälern. Diese Vermögensminderung tritt unmittelbar durch die Bestellung ein. Mithin ist in dem Bestellungsakt der Hauptversammlung eine Vermögensverfügung der Aktionärsschaft zu sehen.

---

950 Für alle wieder *Beukelmann*, in: BeckOK, StGB, § 263 Rn. 23.

951 *Beukelmann*, in: BeckOK, StGB, § 263 Rn. 31; *Kindhäuser/Hilgendorf*, in: LPK-StGB, § 263 Rn. 110; *Kühl*, in: Lackner/Kühl, StGB, § 263 Rn. 22.

952 *Perron*, in: Schönke/Schröder, StGB, § 263 Rn. 78b ff.

953 *Perron*, in: Schönke/Schröder, StGB, § 263 Rn. 79 f.; *Kühl*, in: Lackner/Kühl, StGB, § 263 Rn. 33.

954 *Perron*, in: Schönke/Schröder, StGB, § 263 Rn. 84; *Kühl*, in: Lackner/Kühl, StGB, § 263 Rn. 34,

955 *Koch*, in: Hüffer/Koch, AktG, § 113 Rn. 3. Vgl. auch § 113 Abs. 1 S. 2 AktG. Ein schuldrechtliches Verhältnis ist abzulehnen: vgl. Kapitel 2., B., II., 1.

Damit ein Vermögensschaden vorliegt, muss eine Gesamtsaldierung ergeben, dass der wirtschaftliche Gesamtwert des Vermögens des Geschädigten durch die Verfügung des Getäuschten vermindert ist.[956] Durch die Verfügung wird der Aufsichtsratskandidat bestellt. Nimmt dieser seine Tätigkeit ordnungsgemäß wahr, ist kein Schaden, vor allem auch nicht in der Vergütung des Aufsichtsrats, der Gesellschaft ersichtlich. Trifft der neu bestellte Aufsichtsrat jedoch Fehlentscheidungen aufgrund mangelnder, aber vorgegebener Qualifikation, könnten sich daraus wirtschaftliche Einbußen für die Gesellschaft ergeben. Bei Fehlangaben über § 100 Abs. 5 AktG ist ebenso vorstellbar, dass die Wahl angefochten wird. Dann können sich negative finanzielle Folgen für die Gesellschaft durch die Kosten, die mit der Verteidigung gegen die Klage sowie mit einer etwaigen Neubestellung einhergehen, ergeben. Zu beachten ist, dass eine solche Klage nur dann Aussicht auf Erfolg hat, wenn kein anderer Aufsichtsrat die Anforderungen des § 100 Abs. 5 AktG erfüllt. Maßgeblicher Zeitpunkt für die Gesamtsaldierung ist jedoch der Stand des Vermögens vor und nach der Vermögensverfügung.[957] In beiden Fällen realisiert sich der Schaden erst nach Ablauf einer gewissen Zeit und nicht direkt nach der Vermögensverfügung, der Bestellung. Zu diesem Zeitpunkt kommt also höchstens ein Gefährdungsschaden in Betracht. Dieser setzt voraus, dass das Vermögen des Opfers durch die Verfügung bereits konkret gefährdet wird.[958] Eine solche konkrete Gefährdung soll wiederum gegeben sein, wenn der Eintritt wirtschaftlicher Nachteile naheliegend beziehungsweise mit solchen ernstlich zu rechnen sei.[959] Nach dem Bundesverfassungsgericht[960] muss der Schaden bezifferbar sein, wobei er unter Umständen auch geschätzt werden kann. Für den Fall, dass der neu bestellte Aufsichtsrat Fehlentscheidungen trifft, ist eine solche negative Prognose schwerlich zu erstellen. Vor allem die Schadenshöhe ist kaum zu ermitteln. Ausschlaggebende Faktoren, wie vor allem Inhalt und Reichweite der Fehlentscheidungen des neu bestellten Aufsichtsrats, sind noch nicht bekannt. Ob eine Wahl angefochten wird, hängt ebenso von unterschiedlichen Faktoren, wie beispielsweise der Zusammensetzung der Aktionärsschaft, ab. Grundsätzlich lässt sich jedoch ein Anfechtungstrend gerade im Bereich der Wahlanfechtung beobachten.[961] Im Einzelfall wird

---

956 *Kühl*, in: Lackner/Kühl, StGB, § 263 Rn. 36.

957 *Kühl*, in: Lackner/Kühl, StGB, § 263 Rn. 53.

958 Z.B.: BGH, Beschluss vom 24.04.2007 – 4 StR 558/06 = BeckRS 2007, 9384; BGH, Beschluss vom 21.11.2001 – 2 StR 260/01 = BGHSt 47, 160.

959 BGH, Urteil vom 09.07.1987 – 4 StR 216/87 = BGHSt 34, 394.

960 BVerfG, Beschluss vom 23.06.2010 – 2 BvR 2559/08 = BVerfGE 126, 170.

961 *Baums/Drinhausen/Keinath*, ILF 130/2011, S. 47, 50.

es für eine Anfechtung darauf ankommen, wie relevant die Angaben sind, über die der Kandidat getäuscht hat, beziehungsweise wie stark die Abweichung der fehlerhaften Angaben von der Wirklichkeit ist. Die Schadenshöhe kann anhand der Kosten vergleichbarer Anfechtungsprozesse und Neubestellungen geschätzt werden.

(bb) Subjektiver Betrugstatbestand

Der subjektive Tatbestand erfordert Vorsatz und die Absicht, sich oder einem Dritten einen rechtswidrigen, stoffgleichen Vermögensvorteil zu verschaffen.[962] Der Vorsatz, ein bedingter reicht aus, muss sämtliche Merkmale des objektiven Tatbestands umfassen.[963] Der zur Wahl antretende Kandidat weiß um seine Qualifikation und um deren Stellenwert bei der Vorstellung, das heißt letztlich um deren Relevanz für die Wahlentscheidung. Er wird die fehlerhaften Angaben gerade in der Hoffnung machen, deswegen gewählt und schließlich vergütet zu werden. Im Sinne eines *dolus eventualis* wird er sich mit dem Risiko möglicher Fehlentscheidungen abfinden, auch wenn er hoffen wird, es werde sich nicht realisieren.

Der Anspruch wird jedoch an der Absicht, sich oder einem Dritten einen rechtswidrigen, stoffgleichen Vermögensvorteil zu verschaffen, scheitern. Der Vermögensvorteil des Kandidaten ist sein Anspruch auf Vergütung. Dieser Vorteil muss stoffgleich zum Schaden sein. Das bedeutet, Vorteil und Schaden müssen auf ein und derselben Verfügung beruhen,[964] der erstrebte Vorteil muss gerade die Kehrseite des Schadens bilden.[965] Dies ist bei bloßen Folgeschäden der Vermögensverfügung zu verneinen.[966] Gerade um solche handelt es sich jedoch bei den dargestellten möglichen Schäden. Aus der Vermögensverfügung, der Bestellung des Kandidaten, resultiert zwar dessen Vergütungsanspruch, mithin dessen Vermögensvorteil. Der Vermögensschaden tritt jedoch, wenn überhaupt, erst zeitlich verzögert und herbeigeführt über mögliche Fehlentscheidungen oder einen Anfechtungsprozess ein.

---

962 *Perron*, in: Schönke/Schröder, StGB, § 263 Rn. 164.

963 *Perron*, in: Schönke/Schröder, StGB, § 263 Rn. 165. Zum bedingten Vorsatz: BGH, Beschluss vom 04.12.2002 – 2 StR 332/02 = BeckRS 2003, 978.

964 *Kindhäuser/Hilgendorf*, in: LPK-StGB, § 263 Rn. 230.

965 *Kühl*, in: Lackner/Kühl, StGB, § 263 Rn. 59; *Schlitt*, DB 2007, 326, 329; *Perron*, in: Schönke/Schröder, StGB, § 263 Rn. 168.

966 *Kühl*, in: Lackner/Kühl, StGB, § 263 Rn. 59.

(3) Zwischenergebnis zu aa.

Eine strafrechtliche Haftung eines Aufsichtsratskandidaten wegen der Angabe unzutreffender Informationen vor Bestellung scheidet aus.

bb. Strafrechtliche Haftung nach wirksamer Bestellung

Nach wirksamer Bestellung komm einzig eine strafrechtliche Haftung nach § 266 Abs. 1 Alt. 2 StGB, der Untreue zulasten der Gesellschaft in Form des Treuebruchtatbestands, wegen eines Verstoßes gegen die Vorschlagsverantwortung in Betracht. Das Treueverhältnis zwischen der Gesellschaft und ihrem Organ Aufsichtsrat ergibt sich über das Aktiengesetz. Wie schon die §§ 93 Abs. 1, 116 S. 1 AktG zeigen, sind Aufsichtsräte im Rahmen einer Treuepflicht den Interessen der Gesellschaft verpflichtet.[967] Sodann ist die Verletzung einer dem Täter obliegenden, aus dem rechtlich begründeten Treueverhältnis fließenden Vermögensbetreuungspflicht nötig.[968] Für die Vermögensbetreuungspflicht ist eine besonders qualifizierte Pflichtenstellung des Täters zu dem fremden Vermögen erforderlich.[969] Der Täter muss selbstständig fremde Vermögensinteressen von einiger Bedeutung im Interesse des Geschäftsherrn wahrnehmen.[970] So verhält es sich bei dem Aufsichtsrat gegenüber der Gesellschaft.[971] Im Rahmen ihrer Aufgaben nehmen Aufsichtsräte fremde Vermögensinteressen selbstständig wahr: Sie setzen beispielsweise Bezüge der Vorstandsmitglieder fest (§ 87 AktG) oder beschließen über zustimmungspflichtige Geschäfte, die oft einen Vermögensbezug aufweisen (§ 111 Abs. 4 AktG). Sodann ist eine taugliche Treuebruchshandlung, also die Verletzung dieser Vermögensbetreuungspflicht, nötig. Handelt es sich bei der Person, deren Vermögensinteressen man zu betreuen hat, um eine Aktiengesellschaft, so wird der Pflichtenmaßstab wesentlich durch die §§ 116, 93 Abs. 1 S. 1 AktG konkretisiert.[972] Bei einem Verstoß gegen die Vorschlagsverantwortung wird nicht gegen die Legalitätspflicht, wegen Übertretung des § 124 Abs. 3 S. 1 AktG, verstoßen. Verstößt der Beschlussvorschlag

967 *Dierlamm*, in: MüKo-StGB, § 266 Rn. 79.

968 *Wittig*, in: BeckOK, StGB, § 266 Rn. 35.

969 BGH, Urteil vom 07.09.2017 – 2 StR 24/16 = BGHSt 62, 288; *Wittig*, in: BeckOK, StGB, § 266 Rn. 35.

970 *Wittig*, in: BeckOK, StGB, § 266 Rn. 35; *Kindhäuser/Hilgendorf*, in: LPK-StGB, § 266 Rn. 21 („Eigenverantwortlichkeit und Selbständigkeit“).

971 BGH, Urteil vom 21.12.2005 – 3 StR 470/04 = NJW 2006, 522; *Wittig*, in: BeckOK, StGB, § 266 Rn. 40.8.

972 *Lutter*, in: KölnerKomm-AktG, § 161 Rn. 196; *Schlösser/Dörfler*, wistra 2007, 326, 327.

nämlich gegen die Vorschlagsverantwortung, ist zu beachten, dass nicht gegen § 124 Abs. 3 S. 1 AktG selbst verstoßen wurde. Denn es wurde, wie von § 124 Abs. 3 S. 1 AktG verlangt, ein Vorschlag zur Beschlussfassung gemacht. Dieser hält nur inhaltlich nicht den Anforderungen an die Vorschlagsverantwortung stand. Jedoch ist zu beachten, dass auch die Einhaltung der Vorschlagsverantwortung vom Pflichtenkanon des § 93 Abs. 1 S. 1 AktG mitumfasst ist. Wird dagegen verstoßen, liegt eine Sorgfaltspflichtverletzung vor. Voraussetzung einer tauglichen Treuebruchhandlung ist aber, dass zwischen der Pflichtverletzung und der durch das Merkmal der „Vermögensbetreuungspflicht" definierten Pflichtenstellung ein „sachlich-inhaltlicher Zusammenhang" besteht.[973] Der Täter muss also gerade eine solche Pflicht verletzt haben, die Bestandteil seiner spezifischen Pflichtenstellung ist.[974] Dieser Bezug fehlt bei Verletzung sonstiger aus dem Treueverhältnis fließender allgemeiner Pflichten.[975] Um eine solche allgemeine aus dem Treueverhältnis des § 93 Abs. 1 S. 1 AktG fließende Pflicht handelt es sich hier.[976] Nur wenn die Aufsichtsratsmitglieder ordnungsgemäß ihrer Vorschlagsverantwortung nachkommen, wenden sie die Sorgfalt eines ordentlichen und gewissenhaften Geschäftsleiters an. Verletzen sie diese Pflicht, steht dies in keinem Zusammenhang mit der durch das Merkmal der „Vermögensbetreuungspflicht" definierten Pflichtenstellung der Aufsichtsräte gegenüber der Gesellschaft. Diese betrifft vermögensbezogene Aufgaben wie die der Festsetzung der Vorstandsbezüge. Damit ist der erforderliche „sachlich-inhaltliche Zusammenhang" zwischen Pflichtverletzung und Pflichtenstellung bei Verstoß gegen die Vorschlagsverantwortung nicht gegeben. Es liegt keine taugliche Tathandlung vor, so dass eine Strafbarkeit der wirksam bestellten Aufsichtsräte nach Bestellung wegen Untreue nach § 266 Abs. 1 Alt. 2 StGB ausscheidet.

d. Zwischenergebnis zu 1.

Eine Innenhaftung des einzelnen, wirksam gewählten Aufsichtsrats gegenüber der Gesellschaft kann sich aus einem Mitabstimmen an einem inhaltlich fehlerhaften Beschlussvorschlag (Verstoß gegen die Vorschlagsverantwortung), bei

---

973 *Wittig*, in: BeckOK, StGB, § 266 Rn. 42; *Dierlamm*, in: MüKo-StGB, § 266 Rn. 185. *Schlitt*, DB 2007, 326, 330 „Auswirkungen auf das Vermögen". *Schlösser/Dörfler*, wistra 2007, 326, 329 „Schutzzweckzusammenhang".

974 *Wittig*, in: BeckOK, StGB, § 266 Rn. 42; *Dierlamm*, in: MüKo-StGB, § 266 Rn. 185.

975 BGH, Urteil vom 30.10.1985 – 2 StR 383/85 = BeckRS 9998, 85430; *Wittig*, in: BeckOK, StGB, § 266 Rn. 42.

976 Vgl. auch die Ausführungen in Kapitel 4., A., IV., 1., a., aa. der Arbeit.

Nichtvorliegen der Mindestkenntnisse bei Amtsantritt, bei Nichtoffenlegung eines Interessenkonflikts sowie durch ein fehlerhaftes Abstimmen bei Befangenheit ergeben.

Eine Außenhaftung der Aufsichtsräte sowie eine strafrechtliche Sanktion scheiden aus.

2. Fehlerhaft bestellte Aufsichtsratsmitglieder

a. Innenhaftung nach §§ 116 S. 1, 93 Abs. 2 S. 1 AktG

aa. Anwendbarkeit auf fehlerhaft bestellte Aufsichtsräte

Überschrift und Wortlaut des § 116 S. 1 AktG machen deutlich, dass dieser von wirksam bestellten Aufsichtsräten ausgeht („der Aufsichtsratsmitglieder"). Was gilt nun aber, wenn Aufsichtsräte fehlerhaft bestellt sind, wenn ihre Wahl mithin nichtig ist oder für nichtig erklärt werden kann? Sind diese ebenso, über § 116 S. 1 AktG, an § 93 AktG gebunden? Im Gegensatz zu der umstrittenen Frage der Auswirkungen einer fehlerhaften Bestellung auf die organinterne Beschlussfassung ist anerkannt, dass bezüglich Pflichten und Haftung des fehlerhaft bestellten Aufsichtsratsmitglieds die Lehre vom fehlerhaft bestellten Organ gilt.[977] Damit haftet auch das fehlerhaft bestellte Aufsichtsratsmitglied nach Maßgabe der §§ 116 S. 1, 93 Abs. 2 S. 1 AktG, sofern es sein Amt tatsächlich wahrgenommen hat.[978] Als Korrelat für diese Haftung hat das fehlerhaft bestellte Aufsichtsratsmitglied Anspruch auf eine Vergütung, sollte eine solche festgesetzt sein.[979] Ist ein Aufsichtsrat fehlerhaft bestellt, geht er aber trotzdem seiner Aufsichtsratstätigkeit nach, gelten mithin zunächst die gefundenen Ergebnisse der Untersuchung der Innenhaftung wirksam gewählter Aufsichtsräte gegenüber der Gesellschaft. Zudem könnte sich eine Innenhaftung aus einer rechtswidrigen Annahme der Wahl ergeben.

---

977 BGH, Urteil vom 19.02.2013 – II ZR 56/12 = BeckRS 2013, 05862 Rn. 19; *Habersack*, in: MüKo-AktG, § 101 Rn. 69; *Hopt/Roth*, in: Großkomm-AktG, § 101 Rn. 250; *Mertens/Cahn*, in: Kölner-Komm, AktG, § 101 Rn. 108; *Spindler*, in: Spindler/Stilz, AktG, § 101 Rn. 111; *Drygala*, in: K. Schmidt/Lutter, § 101 Rn. 35; *Oetker*, in: Erfurter-Komm, AktG, § 101 Rn. 5; *Marsch-Barner*, in: FS K. Schmidt, S. 1109, 1126.

978 *Drygala*, in: K. Schmidt/Lutter, § 101 Rn. 35; *Habersack*, in: MüKo-AktG, § 101 Rn. 69; *Marsch-Barner*, in: FS K. Schmidt, S. 1109, 1126. A.A.: *Stein*, Das faktische Organ, 183, 184.

979 BGH, Urteil vom 03.07.2006 – II ZR 151/04 = BGHZ 168, 188; *Drygala*, in: K. Schmidt/Lutter, § 101 Rn. 35; *Spindler*, in: Spindler/Stilz, AktG, § 101 Rn. 111; *Marsch-Barner*, in: FS K. Schmidt, S. 1109, 1126.

bb. Rechtswidriger Amtsantritt

(1) Sorgfaltspflichtverletzung

Eine Sorgfaltspflichtverletzung könnte in der (konkludenten) Annahme der Wahl trotz Verstoß gegen die Vorschriften, die persönliche Anforderungen an Aufsichtsräte normieren und deren Nichtvorliegen zu einer fehlerhaften Bestellung führt, liegen. Zu denken ist an §§ 100 Abs. 1, Abs. 2, 105 Abs. 1 AktG sowie an die spezialgesetzlichen Ausschlusstatbestände des KWG und des VAG. Bei einem Verstoß gegen diese Normen ist eine Nichtigkeit oder Anfechtbarkeit des Wahlbeschlusses gegeben, so dass das Aufsichtsratsmitglied, bei dem der Verstoß vorliegt, fehlerhaft bestellt ist. Die (konkludente) Annahme erfolgt in der Regel noch am Tag der Hauptversammlung. Anerkannt ist, dass für das Vorliegen der Voraussetzungen der §§ 100 Abs. 1, Abs. 2, 105 AktG der Zeitpunkt des Amtsbeginns und nicht der Zeitpunkt der Wahl ausschlaggebend ist. Somit kann, im Gleichlauf zur Prüfung einer Pflichtverletzung bei Nichtvorliegen der Mindestkenntnisse,[980] auch hier die Annahme zum Zeitpunkt der Wahl trotz Nichtvorliegen der Voraussetzungen noch keine Pflichtverletzung darstellen.

Fraglich ist, ob dies auch für die Ausschlusstatbestände des KWG und des VAG, also für § 25d Abs. 3 S. 1 Nr. 1 bis Nr. 4, Abs. 3a Nr. 1 bis Nr. 3 KWG und für § 24 Abs. 4 S. 1, S. 2 Hs. 1 VAG, gilt. Dies ist zu verneinen. Für diese ist der Zeitpunkt der Bestellung, also der Zeitpunkt der Wahl durch die Hauptversammlung und nicht der des Amtsantritts relevant. Zunächst wird das Abstellen auf den Amtsbeginn nämlich hauptsächlich mit dem Wortlaut des § 250 Abs. 1 Nr. 4 AktG („bei Beginn ihrer Amtszeit") begründet. Dieser gilt jedoch weder für das KWG noch für das VAG. Zudem bezieht sich der Wortlaut des § 24 Abs. 4 VAG („nicht bestellt werden") gerade auf den Zeitpunkt der Bestellung. Ebenso nahm der § 36 Abs. 3 S. 5, S. 6 KWG a. F.,[981] die Vorgängerregelungen des § 25d Abs. 3 S. 1 Nr. 2 und Nr. 4 KWG, auf die Bestellung Bezug. Fraglich ist dann weiter, ob eine Annahme der Wahl unter Verletzung der genannten Ausschlusstatbestände des KWG und des VAG eine Sorgfaltspflichtverletzung darstellen kann. Dies ist ebenso zu verneinen. Erst durch die Annahme der Wahl kommt nämlich ein (fehlerhaftes) organschaftliches Verhältnis des Aufsichtsrats mit der Gesellschaft zustande. Erst dann greift § 93 Abs. 1 S. 1 AktG.

980 Siehe Kapitel 4., A., II., 2., b., aa. der Arbeit.

981 In der vor dem 01.01.2014 geltenden Fassung, also vor Änderung über das CRD-IV-Umsetzungsgesetz.

Wieder im Gleichlauf zur Prüfung einer Sorgfaltspflichtverletzung bei Nichtvorliegen der Mindestkenntnisse bleibt die Möglichkeit einer solchen durch Verstoß gegen §§ 100 Abs. 1, Abs. 2, 105 AktG bei Amtsantritt. Vorstellbar ist beispielsweise, dass ein gewählter Aufsichtsrat nicht rechtzeitig zum Amtsantritt seinen Vorstandsposten aufgibt (§ 105 AktG) oder noch immer die zulässige Mandatshöchstzahl nach § 100 Abs. 2 S. 1 Nr. 1 AktG überschreitet. In diesen Fällen liegt ein Verstoß gegen die Legalitätspflicht, also gegen die Pflicht der Organe, sich gesetzestreu zu verhalten,[982] vor. Diese ist Unterfall der Sorgfaltspflicht aus § 93 Abs. 1 S. 1 AktG. Sie gilt, weil bei Amtsantritt, also nach Annahme der Wahl, ein (fehlerhaftes) Bestellungsverhältnis vorliegt.

(2) Business Judgment Rule, *§ 93 Abs. 1 S. 2 AktG*

Auf die *Business Judgment Rule* kann sich das Aufsichtsratsmitglied nicht berufen. Bei Einhaltung der §§ 100 Abs. 1, Abs. 2, 105 AktG handelt es sich um rechtlich gebundene Entscheidungen

(3) Verschulden

Das Aufsichtsratsmitglied wird die §§ 100 Abs. 1, Abs. 2, 105 AktG fahrlässig nicht eingehalten haben.

(4) Kausaler Schaden

Wird die Wahl des fehlerhaft bestellten Aufsichtsrats angefochten, kann in den mit der Anfechtungsklage beziehungsweise der Verteidigung dagegen verbundenen Kosten ein kausaler Schaden der Gesellschaft liegen.

cc. Zwischenergebnis zu a.

Als besonderer Haftungstatbestand kann sich eine Innenhaftung einzelner, fehlerhaft bestellter Aufsichtsräte wegen Verletzung der §§ 100 Abs. 1, Abs. 2, 105 AktG bei Amtsantritt ergeben.

b. Außenhaftung

Bezüglich der Haftung nach §§ 280 Abs. 1, 241 Abs. 2 BGB und §§ 280 Abs. 1, 311 Abs. 3 S. 2 BGB kann auf die Ausführungen zu wirksam bestellten Aufsichtsräten verwiesen werden. Wie erwähnt ist anerkannt, dass betreffend Pflichten und Haftung des fehlerhaft bestellten Aufsichtsrats die Lehre vom fehlerhaft

---

982 *Fleischer*, in: Spindler/Stilz, AktG, § 93 Rn. 14.

bestellten Organ gilt, so dass sich keine Unterschiede aus einer wirksamen und einer fehlerhaften Bestellung ergeben. Jedoch könnte sich die deliktische Haftung fehlerhaft bestellter Aufsichtsräte unterscheiden. Untersucht wird wieder ausschließlich die Haftung gegenüber Aktionären. Eine Rechtsgutsverletzung kommt nämlich höchstens in Form einer Vermögenseinbuße aufgrund eines fallenden Aktienkurses bei einem Aktionär in Betracht. Da dies nicht von § 823 Abs. 1 BGB umfasst ist, bleibt die Prüfung von § 823 Abs. 2 BGB und § 826 BGB.

aa. Haftung nach § 823 Abs. 2 BGB

Für einen Schadensersatzanspruch aus § 823 Abs. 2 BGB müssten §§ 100 Abs. 1, Abs. 2, 105 Abs. 1 AktG Schutzgesetze darstellen. Darauf abzustellen ist, ob die jeweilige Norm nach Zweck und Inhalt zumindest auch dazu dienen soll, den Einzelnen oder einzelne Personenkreise gegen die Verletzung eines bestimmten Rechtsguts zu schützen. Zweck und Inhalt des § 100 Abs. 1, Abs. 2 AktG ist eine effektive Überwachungstätigkeit.[983] So soll beispielsweise die Höchstzahl an Aufsichtsratssitzen (§ 100 Abs. 2 S. 1 Nr. 1 AktG) einer übermäßigen Konzentration an Aufsichtsratsmandaten bei wenigen Personen entgegenwirken.[984] Auf den Schutz Einzelner oder einzelner Personenkreise gegen die Verletzung eines bestimmten Rechtsguts kommt es nicht an. Damit stellen § 100 Abs. 1, Abs. 2 AktG keine Schutzgesetze dar. § 105 AktG soll die dem deutschen dualistischen System innewohnende personelle Trennung zwischen dem Überwachungs- und dem Geschäftsführungsorgan absichern.[985] Dieses Trennungsprinzip wiederum dient dazu, die bei einer personellen Verschränkung zwangsläufig entstehenden Interessenkonflikte zu vermeiden.[986] Auch hier lässt der *Telos* keinen Rückschluss auf den Schutz, zumindest auch von Individualinteressen, zu, so dass nicht von einem Schutzgesetz ausgegangen werden kann.

bb. Haftung nach § 826 BGB

Ansprüche wegen vorsätzlicher, gegen die guten Sitten verstoßender Schädigung kommen nicht in Betracht. Zunächst wird bei dem Aufsichtsrat, der gegen §§ 100 Abs. 1, Abs. 2, 105 Abs. 1 AktG verstößt, das Amt aber trotzdem antritt, kein Vorsatz vorliegen. Das gewählte Aufsichtsratsmitglied wird davon

983 *Habersack*, in: MüKo-AktG, § 100 Rn. 1.
984 *Habersack*, in: MüKo-AktG, § 100 Rn. 1; Ausschussbericht, bei Kropff, S. 136.
985 *Grigoleit/Tomasic*, in: Grigoleit, AktG, § 105 Rn. 1.
986 *Grigoleit/Tomasic*, in: Grigoleit, AktG, § 105 Rn. 1.

ausgehen, das Anforderungsprofil zu erfüllen. Zumindest wird ihm ein gegenteiliger Vorsatz nur schwer nachzuweisen sein. Zudem werden die hohen Anforderungen an das Merkmal der „sittenwidrigen Schädigung" nur schwerlich zu erfüllen sein.

cc. Zwischenergebnis zu b.

Eine Außenhaftung fehlerhaft bestellter Aufsichtsräte scheidet aus.

c. Strafrechtliche Haftung

aa. Strafrechtliche Haftung vor fehlerhafter Bestellung

(1) Haftung nach allgemeinen strafrechtlichen Gesichtspunkten

Vor (fehlerhafter) Bestellung haftet der Aufsichtsratskandidat nach allgemeinen strafrechtlichen Gesichtspunkten. Damit kann zunächst bei der Frage der strafrechtlichen Haftung vor fehlerhafter Bestellung auf die Ausführungen zur strafrechtlichen Haftung vor wirksamer Bestellung verwiesen werden.[987] Zudem muss im Rahmen der Prüfung der Betrugsstrafbarkeit nach § 263 Abs. 1 AktG zweierlei Beachtung finden: Bezüglich der fehlerhaften Angaben im Vorfeld der Bestellung kommen nunmehr Fehlangaben über §§ 100 Abs. 1, Abs. 2, 105 AktG sowie die Ausschlusstatbestände des KWG und des VAG in Betracht. Diese stellen Bestellhindernisse dar. Bezüglich eines Vermögensschadens der Gesellschaft erscheint ein Schaden aufgrund einer Anfechtung nun wahrscheinlicher als in dem geprüften Fall der Haftung vor wirksamer Bestellung. Denn Fehlangaben über §§ 100 Abs. 1, Abs. 2, 105 AktG sowie die Ausschlusstatbestände des KWG und des VAG führen zu einer anfechtbaren Bestellung.

(2) Strafbarkeit nach §§ 263 Abs. 1, 13 Abs. 1 StGB

Im Gegensatz zu den Fehlangaben im Vorfeld einer wirksamen Bestellung ergibt sich vor fehlerhafter Bestellung die Besonderheit, dass zusätzlich ein Betrug durch Unterlassen möglich erscheint, §§ 263 Abs. 1, 13 Abs. 1 StGB. Ein solcher könnte vorliegen, indem ein Aufsichtsratskandidat es unterlässt, über besondere persönliche Merkmale aufzuklären, die eine Nichtigkeit oder Anfechtbarkeit begründen und die somit – bei positiver Kenntnis der Hauptversammlung – voraussichtlich dazu geführt hätten, dass der Kandidat nicht gewählt worden wäre. Problematisch und im Ergebnis abzulehnen ist jedoch eine nötige Garantenpflicht. Selbst nach Bestellung kann eine solche nicht nur aus den

987 Kapitel 4., IV., 1., c., aa. der Arbeit.

gesellschaftsinternen Organisationspflichten abgeleitet werden.[988] Notwendig ist das Hinzutreten weiterer Merkmale, die ein besonderes Vertrauen Dritter auf die Wahrnehmung dieser Pflichten begründen können.[989] Vor Bestellung könnte allein auf die unsichere Kandidatenposition auf dem Beschlussvorschlag abgestellt werden. Nur weil ein Kandidat auf dem Beschlussvorschlag genannt ist, heißt das nicht, dass er von der Hauptversammlung auch gewählt wird. Wenn jedoch schon die mit Rechten und Pflichten einhergehende Organstellung nach Bestellung allein nicht ausreicht, kann erst recht die unsichere Kandidatenposition auf dem Beschlussvorschlag vor Bestellung, die mit keinerlei Rechten und Pflichten verbunden ist, nicht ausreichen.

bb. Strafrechtliche Haftung nach fehlerhafter Bestellung

Sofern und soweit fehlerhaft bestellte Aufsichtsräte ihr Amt tatsächlich ausüben, trifft sie nicht nur die volle zivilrechtliche, sondern auch die volle strafrechtliche Verantwortung.[990] Insoweit kann vollumfassend auf die Ausführungen zum wirksam bestellten Aufsichtsratsmitglied verwiesen werden.[991]

d. Zwischenergebnis zu 2.

Ist ein Aufsichtsrat fehlerhaft bestellt, geht er aber trotzdem seiner Aufsichtsratstätigkeit nach, gelten zunächst die gefundenen Ergebnisse der Untersuchung der Innenhaftung wirksam gewählter Aufsichtsräte. Als besonderer Haftungstatbestand kann sich eine Innenhaftung wegen Verletzung der §§ 100 Abs. 1, Abs. 2, 105 AktG bei Amtsantritt ergeben.

Eine Außenhaftung sowie eine strafrechtliche Haftung scheiden aus.

3. Zwischenergebnis zu IV.

Unabhängig davon, ob wirksam bestellt oder nicht, kann sich eine Innenhaftung des einzelnen Aufsichtsrats aus einem Mitabstimmen an einem inhaltlich fehlerhaften Beschlussvorschlag (Verstoß gegen die Vorschlagsverantwortung), bei Nichtvorliegen der Mindestkenntnisse bei Amtsantritt, bei Nichtoffenlegung eines Interessenkonflikts sowie durch ein fehlerhaftes Abstimmen bei Befangenheit ergeben. Bei fehlerhaft bestellten Aufsichtsräten ist zusätzlich eine

---

988 *Spindler*, in: Spindler/Stilz, AktG, § 116 Rn. 227.
989 *Spindler*, in: Spindler/Stilz, AktG, § 116 Rn. 227.
990 *Hopt/Roth*, in: Großkomm-AktG, § 101 Rn. 274.
991 Kapitel 4., IV., 1., c., bb. der Arbeit.

Innenhaftung wegen Verletzung der §§ 100 Abs. 1, Abs. 2, 105 AktG bei Amtsantritt möglich. Ebenso unabhängig davon, ob wirksam bestellt oder nicht, scheiden eine Außenhaftung sowie eine strafrechtliche Haftung aus.

Hat sich das Haftungsrisiko mithin derart erhöht, dass sich eigentlich geeignete Kandidaten im Vorfeld der Wahl abhalten lassen zu kandidieren? Dabei ist zu beachten, dass sich lediglich die Haftung bei Mitabstimmen an einem inhaltlich fehlerhaften Beschlussvorschlag (Verstoß gegen die Vorschlagsverantwortung) sowie die Möglichkeit, wegen eines Verstoßes gegen § 100 Abs. 2 AktG bei Amtsantritt belangt zu werden, verschärft haben, mithin auf die Verschärfung des Anforderungsprofils zurückgehen. Die Verschärfung beider Haftungsmöglichkeiten ist nicht derart gravierend, dass sich Aufsichtsratskandidaten deswegen abhalten lassen zu kandidieren. Von einer negativen Personalauslese zulasten der Gesellschaft und der Aktionäre ist mithin nicht auszugehen.

V. Anfechtbarkeit der Entlastung eines Aufsichtsratsmitglieds

Erfüllt ein Aufsichtsrat die persönlichen Voraussetzungen des Anforderungsprofils nicht, wird seine Wahl jedoch nicht angefochten und ihm schließlich in der Hauptversammlung sogar Entlastung erteilt, stellt sich die Frage, ob dieser Entlastungsbeschluss anfechtbar ist. Mit der Entlastung billigt die Hauptversammlung das Handeln des Aufsichtsrats im abgelaufenen Geschäftsjahr.[992] Über die Billigung hinaus liegt in der Entlastung auch eine Vertrauenskundgabe für künftiges Handeln.[993] Dadurch, dass gemäß § 120 Abs. 2 S. 2 AktG mit der Entlastung kein Verzicht auf Ersatzansprüche verbunden ist, ist ihre rechtliche Bedeutung geschmälert. Damit kann auch die Diskussion um ihre dogmatische Einordnung dahinstehen.[994] Inzwischen ist anerkannt, sie als aktienrechtliches Institut *sui generis* einzuordnen.[995] Trotz der abzulehnenden Präklusionswirkung darf der

---

992 Vgl. § 120 Abs. 2 S. 1 AktG sowie zum Vergangenheitsbezug: BGH, Urteil vom 20.05.1985 – II ZR 165/84 = BGHZ 94, 324; *Herrler*, in: Grigoleit, AktG, § 120 Rn. 13; *Koch*, in: Hüffer/Koch, AktG, § 120 Rn. 2.

993 H.M. z.B.: BGH, Urteil vom 10.02.1977 – II ZR 79/75 = BeckRS 1977, 31003329; BGH, Urteil vom 20.05.1985 – II ZR 165/84 = BGHZ 94, 324; *Koch*, in: Hüffer/Koch, AktG, § 120 Rn. 2.

994 *Hoffmann*, in: Spindler/Stilz, AktG, § 120 Rn. 24 („Bedeutung verloren").

995 *Herrler*, in: Grigoleit, AktG, § 120 Rn. 3; *Koch*, in: Hüffer/Koch, AktG, § 120 Rn. 3; *Hoffmann*, in: Spindler/Stilz, AktG, § 120 Rn. 24; *Kubis*, in: MüKo-AktG, § 120 Rn. 14; *Mülbert*, in: Großkomm-AktG, § 120 Rn. 32.

Effekt einer Entlastungsanfechtung, vor allem wegen des prestigeschädigenden Charakters, aber nicht unterschätzt werden.[996]

1. *BGH, Urteil vom 25.11.2002*

Haben sich die Aufsichtsräte im Entlastungszeitraum gesetzes- und satzungskonform verhalten, bleibt der Entlastungsbeschluss einer gerichtlichen Kontrolle entzogen.[997] Fraglich war jedoch lange Zeit, ob eine Entlastungsentscheidung angefochten werden kann, wenn die Verwaltung gegen Gesetz und/oder Satzung verstoßen hat.[998] In seiner *Macrotron*-Entscheidung[999] hat der BGH Klarheit geschaffen: Danach sei ein Entlastungsbeschluss dann anfechtbar, wenn Gegenstand der Entlastung ein Verhalten ist, das eindeutig einen schwerwiegenden Gesetzes- oder Satzungsverstoß darstellt.[1000] Dem stehe die Vorschrift des § 120 Abs. 2 S. 2 AktG nicht entgegen.[1001] Denn würde man keine Überprüfung zulassen, könne die zur Billigung rechtsbrechenden Verhaltens entschlossene Mehrheit gegen den Widerstand einer gesetzes- und satzungstreuen Minderheit eine Entlastung der Verwaltung jederzeit durchsetzen.[1002] Dies widerspräche nicht nur der Regelung des § 243 Abs. 1 AktG, sondern wäre auch mit dem Gesichtspunkt der Treuepflicht der Mehrheit gegenüber der Minderheit nicht vereinbar.[1003]

2. *Nichterfüllen der persönlichen Voraussetzungen*

Damit die Anfechtungsklage Aussicht auf Erfolg hat, müsste mithin ein eindeutiger, schwerwiegender Gesetzesverstoß vorliegen. An der Eindeutigkeit des Verstoßes fehlt es dann, wenn sich der zu Entlastende, mithin der Aufsichtsrat, nicht über eine zweifelsfreie Gesetzeslage hinweggesetzt hat.[1004] Wie das Merkmal

---

996 Zur prestigeschädigenden Wirkung: *Koch*, in: Hüffer/Koch, AktG, § 120 Rn. 2; *Kubis*, in: MüKo-AktG, § 120 Rn. 2 spricht von einer „psychologischen Bedeutung".

997 *Kubis*, in: MüKo-AktG, § 120 Rn. 15.

998 *Kubis*, in: MüKo-AktG, § 120 Rn. 15.

999 BGH, Urteil vom 25.11.2002 – II ZR 133/01 = BeckRS 2003, 1797 (*Macrotron*-Entscheidung). Klarstellung durch BGH, Urteil vom 30.03.1967 – II ZR 245/63 = NJW 1967, 1462.

1000 BGH, Urteil vom 25.11.2002 – II ZR 133/01 = BeckRS 2003, 1797.

1001 BGH, Urteil vom 25.11.2002 – II ZR 133/01 = BeckRS 2003, 1797.

1002 BGH, Urteil vom 25.11.2002 – II ZR 133/01 = BeckRS 2003, 1797.

1003 BGH, Urteil vom 25.11.2002 – II ZR 133/01 = BeckRS 2003, 1797.

1004 *Herrler*, in: Grigoleit, AktG, § 120 Rn. 15.

„schwerwiegend" ausgestaltet sein soll, lässt der BGH offen. Richtig ist, eine wertende Betrachtung vorzunehmen.[1005] Ein eindeutiger, schwerwiegender Verstoß wird zum Beispiel bei Straftaten zulasten der Gesellschaft bejaht.[1006] Eine Strafbarkeit einzelner Aufsichtsräte im Zusammenhang mit der Nichterfüllung des Anforderungsprofils wurde jedoch bereits verneint. Damit kann sich auch eine Anfechtbarkeit des Entlastungsbeschlusses nicht darauf stützen.

Das OLG Stuttgart[1007] bejaht einen solchen Verstoß bei Nichtvorliegen der gesetzlich geforderten Mindestkenntnisse. Es hatte im Nachgang zu der Fusion zwischen Porsche und Volkswagen über eine Entlastungsanfechtungsklage einer Aktionärin der Porsche Automobile Holding SE zu entscheiden.[1008] *Ferdinand Piëch*, Mitglied des Porsche-Aufsichtsrats, hatte sich im Rahmen eines Interviews auf Sardinien zu den Derivatgeschäften von Porsche auf Volkswagen Aktien derart geäußert, dass er nicht wisse, wie hoch die Risiken sind, und es ihm auch nicht gelungen sei, sich Klarheit darüber zu verschaffen.[1009] Diese „Sardinien-Äußerung" wertet das OLG als Pflichtverletzung: Herr *Piëch* wäre verpflichtet gewesen, das mit den Derivatgeschäften der Beklagten (der Porsche SE) verbundene Risiko selbstständig einzuschätzen.[1010] Art und Umfang der vom Aufsichtsrat geschuldeten Überwachung seien im Einzelfall zu bestimmen, eine gesteigerte Intensität der Überwachung sei jedoch bei Entscheidungen außerhalb der gewöhnlichen Geschäftstätigkeit geboten.[1011] Solche Geschäfte lägen vor, wenn diese wegen ihres Umfangs, der mit ihnen verbundenen Risiken oder ihrer strategischen Funktion für die Gesellschaft besonders bedeutsam seien.[1012] Besonders bedeutsam in diesem Sinne seien die Derivativgeschäfte der Beklagten im Entlastungszeitraum.[1013] Die Bedeutung ergäbe sich dabei aus der Beteiligung der Beklagten an Volkswagen sowie aus dem erheblichen

1005 OLG Stuttgart, Urteil vom 29.02.2012 – 20 U 3/11 = BeckRS 2012, 5280; *Herrler*, in: Grigoleit, AktG, § 120 Rn. 15.

1006 *Herrler*, in: Grigoleit, AktG, § 120 Rn. 15.

1007 OLG Stuttgart, Urteil vom 29.02.2012 – 20 U 3/11 = BeckRS 2012, 5280.

1008 OLG Stuttgart, Urteil vom 29.02.2012 – 20 U 3/11 = BeckRS 2012, 5280; *Selter*, NZG 2012, 660.

1009 OLG Stuttgart, Urteil vom 29.02.2012 – 20 U 3/11 = BeckRS 2012, 5280; *Selter*, NZG 2012, 660.

1010 OLG Stuttgart, Urteil vom 29.02.2012 – 20 U 3/11 = BeckRS 2012, 5280.

1011 OLG Stuttgart, Urteil vom 29.02.2012 – 20 U 3/11 = BeckRS 2012, 5280.

1012 OLG Stuttgart, Urteil vom 29.02.2012 – 20 U 3/11 = BeckRS 2012, 5280.

1013 OLG Stuttgart, Urteil vom 29.02.2012 – 20 U 3/11 = BeckRS 2012, 5280.

Umfang der Geschäfte.[1014] Im Sinne einer gesteigerten Überwachungspflicht hätte der Aufsichtsrat bei solchen bedeutsamen Geschäften den relevanten Sachverhalt vollständig sowie richtig zu erfassen und sich ein eigenes Urteil darüber zu bilden.[1015] Ist der Aufsichtsrat nicht in der Lage, den Sachverhalt eigeständig zu erfassen, müsse er seine Informationsrechte aktivieren, das heißt, er müsse beispielsweise nach § 90 Abs. 3 S. 2 AktG Vorstandsberichte anfordern oder sogar auf die Hinzuziehung externer Hilfe durch das Gesamtorgan (§ 111 Abs. 2 S. 2 AktG) hinwirken.[1016] Im Fall der Derivativgeschäfte hätte eine sorgsame Sachverhaltserfassung auch beinhaltet, im Rahmen einer eigenständigen Risikoanalyse die Risiken dieser Geschäfte zu erfassen und zu beurteilen.[1017] Dabei trifft diese Pflicht nicht nur das Gesamtorgan, sondern auch den einzelnen Aufsichtsrat persönlich.[1018]

Die Entscheidung des OLG ist insofern wegweisend, als sie die vorausgesetzten Mindestkenntnisse konkretisiert. Auch sie geht von einer Einzelfallbetrachtung von Art und Umfang der vom Aufsichtsrat geschuldeten Kenntnisse aus. Darüber hinaus macht sie deutlich, wann von einer gesteigerten Überwachungspflicht auszugehen ist und wie diese ausgestaltet sein muss. Wird gegen eine solche gesteigerte Überwachungspflicht im Rahmen der Mindestkenntnisse verstoßen, muss von einem eindeutigen, schwerwiegenden Gesetzesverstoß, mithin von einer Anfechtbarkeit des Entlastungsbeschlusses ausgegangen werden. Wenn nun schon bei einem Verstoß gegen die nicht normierten Mindestkenntnisse von einer Anfechtbarkeit ausgegangen wird, spricht einiges dafür, dass auch bei Verstoß gegen die übrigen, normierten, persönlichen Anforderungen ein eindeutiger, schwerwiegender Gesetzesverstoß vorliegt und somit eine Anfechtbarkeit der Entlastungsentscheidung gegeben ist. Davon ist jedenfalls bei Verstoß gegen §§ 100 Abs. 1, Abs. 2, 105 Abs. 1 AktG auszugehen. Es handelt sich um eindeutige Verstöße, da sich der die Vorschriften nicht erfüllende Aufsichtsrat über eine zweifelsfreie Gesetzeslage hinwegsetzt. Diese Verstöße sind auch schwerwiegend. Dafür streitet die Rechtsfolge der Wahlnichtigkeit. Wäre der Gesetzgeber nicht von einem schwerwiegenden Gesetzesverstoß bei

---

1014 OLG Stuttgart, Urteil vom 29.02.2012 – 20 U 3/11 = BeckRS 2012, 5280; *Lieder*, EWiR 2012, 303, 304.

1015 OLG Stuttgart, Urteil vom 29.02.2012 – 20 U 3/11 = BeckRS 2012, 5280.

1016 OLG Stuttgart, Urteil vom 29.02.2012 – 20 U 3/11 = BeckRS 2012, 5280; *Lieder*, EWiR 2012, 303, 304.

1017 OLG Stuttgart, Urteil vom 29.02.2012 – 20 U 3/11 = BeckRS 2012, 5280.

1018 OLG Stuttgart, Urteil vom 29.02.2012 – 20 U 3/11 = BeckRS 2012, 5280.

Nichterfüllen der Vorschriften ausgegangen, hätte er nicht diese strenge Rechtsfolge angeordnet. Bei den Ausschlusstatbeständen des KWG und VAG liegt jedenfalls auch ein eindeutiger Verstoß vor. Ob dieser auch schwerwiegend ist, ist im Einzelfall anhand einer wertenden Betrachtung zu untersuchen. Bei den persönlichen Zuverlässigkeitsanforderungen der Sondergesetze ist schon die Eindeutigkeit des Verstoßes fraglich. Selbst unter Hinzuziehung der BaFin-Merkblätter ist nämlich die Gesetzeslage nicht zweifelsfrei.

VI. Zwischenergebnis zu A.

Zu den Folgen bei Nichterfüllung gesetzlicher Vorgaben lässt sich festhalten: Eine Nichtigkeit gemäß § 250 Abs. 1 AktG der Aufsichtsrätewahl ergibt sich bei Verstoß gegen §§ 100 Abs. 1, Abs. 2, 105 Abs. 1, 96 Abs. 2, Abs. 3 AktG. Eine Anfechtbarkeit gemäß § 251 Abs. 1 S. 1 AktG der Aufsichtsrätewahl kommt wegen Verstoßes gegen einen der genannten Ausschlusstatbestände des KWG und des VAG, wegen Verletzung des § 100 Abs. 5 AktG sowie wegen Verletzung des § 18 Abs. 3 S. 1 KAGB in Betracht.

Die aus §§ 250, 251 AktG resultierende Wahlnichtigkeit wirkt sich sowohl auf die Beschlussfassung als auch auf die Beschlussfähigkeit des Organs Aufsichtsrat aus. Dabei sind die Konsequenzen der fehlerhaften Bestellung von Aufsichtsräten auf die Wirksamkeit von organinternen Beschlüssen umstritten. Für den Beschlussvorschlag nach § 124 Abs. 3 S. 1 AktG kann bei der Mitwirkung eines fehlerhaft bestellten Aufsichtsrats jedoch von der Frage abgesehen werden, ob der Lehre vom fehlerhaft bestellten Organ oder der Relevanztheorie des BGH gefolgt werden soll. Beide gehen davon aus, dass eine Anfechtung des Wahlbeschlusses der Hauptversammlung deswegen keine Aussicht auf Erfolg haben wird. Bezüglich der Frage der Beschlussfähigkeit kommt es darauf an, wie viele Wahlbeschlüsse angefochten wurden.

Sodann wurde auf die Haftung einzelner Aufsichtsratsmitglieder eingegangen. Unabhängig davon, ob wirksam bestellt oder nicht, kann sich eine Innenhaftung des einzelnen Aufsichtsrats aus einem Mitabstimmen an einem inhaltlich fehlerhaften Beschlussvorschlag (Verstoß gegen die Vorschlagsverantwortung), bei Nichtvorliegen der Mindestkenntnisse bei Amtsantritt, bei Nichtoffenlegung eines Interessenkonflikts sowie durch ein fehlerhaftes Abstimmen bei Befangenheit ergeben. Bei fehlerhaft bestellten Aufsichtsräten ist zusätzlich eine Innenhaftung wegen Verletzung der §§ 100 Abs. 1, Abs. 2, 105 AktG bei Amtsantritt möglich. Ebenso unabhängig davon, ob wirksam bestellt oder nicht, scheiden eine Außenhaftung sowie eine strafrechtliche Haftung aus.

Schließlich wurde die Anfechtbarkeit der Entlastung eines Aufsichtsratsmitglieds diskutiert. Im Ergebnis ist von einer solchen jedenfalls bei Verstoß gegen die Mindestkenntnisse sowie gegen §§ 100 Abs. 1, Abs. 2, 105 Abs. 1 AktG auszugehen.

B. Nichterfüllen der Anforderungen des DCGK

I. Der Deutsche Corporate Governance Kodex

Hätte man noch in den 1980er Jahren in der Verwaltung deutscher Aktiengesellschaften von *Corporate Governance* gesprochen, hätte man vermutlich in viele fragende Gesichter geblickt. Dies hat sich radikal geändert. Seit erstmaligem Erscheinen im Jahr 2002 ist der DCGK nicht mehr aus inhaltlichen Diskussionen in Verwaltungsgremien deutscher Aktiengesellschaften wegzudenken. Unter dem Begriff *Corporate Governance* versteht man Grundsätze guter beziehungsweise verantwortungsvoller Unternehmensführung, genauer den Mechanismus der Führung und Überwachung einer Aktiengesellschaft einschließlich der Beziehungen zwischen den Organen, den Aktionären und sonstigen Akteuren.[1019] In diesem Sinne enthält der DCGK Grundsätze, Empfehlungen und Anregungen zur Leitung und Überwachung deutscher börsennotierter Gesellschaften, die national und international als Standards guter und verantwortungsvoller Unternehmensführung anerkannt sind.[1020] Fest steht, dass sich gute beziehungsweise verantwortungsvolle Unternehmensführung positiv sowohl auf die Nachhaltigkeit als auch auf die Wettbewerbsfähigkeit des jeweiligen Unternehmens auswirkt und damit seinen *Stakeholdern* dient.[1021]

II. Verstoß gegen den DCGK: Haftung eines Aufsichtsrats

Untersucht man Rechtsfolgen im Zusammenhang mit dem DCGK, muss stets darauf geachtet werden, ob gegen den Kodex selbst oder gegen die Entsprechenserklärung des § 161 AktG verstoßen wurde. Im Falle einer Zuwiderhandlung unterscheiden sich die Rechtsfolgen erheblich. Werden gesetzliche Normen wie § 161 AktG missachtet, kann dies in einer Anfechtbarkeit münden. Gesetzliche Regelungen zeichnen sich durch eine Bindungswirkung aus. Noch nicht einmal die Empfehlungen des Kodex entfalten jedoch eine solch unmittelbare

---

1019 *Bayer*, NZG 2013, 1, 2.

1020 Präambel Abs. 3 S. 2 DCGK.

1021 *Bayer*, NZG 2013, 1, 2. Der Begriff *Stakeholder* umfasst auch die *Shareholder*.

Bindungswirkung.[1022] Damit scheidet eine Anfechtbarkeit als Rechtsfolge bei Verstoß gegen den DCGK aus.[1023] Möglich ist jedoch eine Haftung einzelner Aufsichtsräte.

1. Innenhaftung nach §§ 116 S. 1, 93 Abs. 2 S. 1 AktG

Bei einer Erörterung der Innenhaftung des einzelnen Aufsichtsrats ist zwischen der erklärungskonformen und der erklärungswidrigen Nichtbefolgung des DCGK zu unterscheiden. Erklärungskonform meint den Fall, dass das Nichtbefolgen ordnungsgemäß nach § 161 AktG erklärt, begründet und bekannt gegeben worden ist. Erklärungswidrig ist eine Nichtbefolgung dann, wenn das Nichtbefolgen nicht ordnungsgemäß erklärt, begründet oder bekannt gegeben worden ist.

a. Erklärungskonforme Nichtbefolgung des DCGK

aa. Empfehlungen als Teil des objektiven Sorgfaltsrahmens

Trotz der fehlenden Bindungswirkung drängt sich der Gedanke auf, dass eine Nichtbeachtung des DCGK ein unsorgfältiges Verhalten im Sinne der §§ 116 S. 1, 93 Abs. 1 S. 1 AktG darstellen könnte.[1024] Geht man davon aus, dass die Abweichung ordnungsgemäß erklärt, begründet und bekannt gegeben worden ist, muss eine Abwägung des Rechts auf Ablehnung (§ 161 Abs. 1 S. 1 AktG) auf der einen Seite mit dem Sorgfaltsgebot (§ 93 Abs. 1 S. 1 AktG) auf der anderen Seite vorgenommen werden.[1025]

Für das Recht auf Ablehnung spricht gerade das Recht selbst, also die Tatsache, dass der Gesetzgeber ein Recht auf Ausstieg von der Beachtungspflicht der Empfehlungen des DCGK geschaffen hat.[1026] Diese Möglichkeit würde durch die Bejahung einer Haftung bei Wahrnehmung des Rechtes *ad absurdum* geführt.[1027] In dieselbe Richtung streiten die hinter dieser Ausstiegsmöglichkeit

---

1022 *Mutter*, in: Semler/v. Schenck, Der Aufsichtsrat, § 161 AktG Rn. 57; *Hölters*, in: Hölters, AktG, § 161 Rn. 41 ff.; *Lutter*, in: KölnerKomm-AktG, § 161 Rn. 164; Abram, NZG 2003, 307, 308.

1023 *Koch*, in: Hüffer/Koch, AktG, § 161 Rn. 31.

1024 Dieselbe Frage wirft *Lutter*, in: FS Hopt, S. 1025, 1033 auf.

1025 *Lutter*, in: FS Hopt, S. 1025, 1033.

1026 *Runte/Eckert*, in: Bürgers/Körber, AktG, § 161 Rn. 53; *Hölters*, in: Hölters, AktG, § 161 Rn. 43.

1027 *Runte/Eckert*, in: Bürgers/Körber, AktG, § 161 Rn. 53; *Hölters*, in: Hölters, AktG, § 161 Rn. 43.

stehenden Gründe: So erklärt die Präambel des DCGK,[1028] dass der *comply-or-explain*-Mechanismus den Gesellschaften ermöglicht, branchen- oder unternehmensspezifische Besonderheiten zu berücksichtigen. Eine gut begründete Abweichung kann somit gerade im Interesse einer guten Unternehmensführung liegen.[1029] Sodann ist die Frage der Ablehnung beziehungsweise Anwendung der DCGK-Empfehlungen eine unternehmerische Entscheidung der Organe Vorstand und Aufsichtsrat, auf die die *Business Judgment Rule* Anwendung findet.[1030] Ginge man von einem unsorgfältigen Verhalten bei Nichtbeachtung der Empfehlungen des DCGK aus, würde diese umgangen. Da der Kodex lediglich von einer Expertenkommission erstellt wird, aber nicht gesetzgeberisch legitimiert ist, müssen schließlich verfassungsrechtliche Aspekte Berücksichtigung finden.[1031] Denn würde ein unsorgfältiges Verhalten bei Nichtbeachtung der DCGK-Empfehlungen angenommen, würde ein Verstoß gegen DCGK-Empfehlungen gleichbehandelt wie ein Verstoß gegen Normen, die vom Gesetzgeber durch ein langwieriges Gesetzgebungsverfahren legitimiert worden sind.

Auf der anderen Seite steht das Sorgfaltsgebot. *Lutter*[1032] will diesem insofern Vorrang einräumen, als einzelne Empfehlungen als Standards guter beziehungsweise verantwortungsvoller Unternehmensführung angesehen werden könnten, an denen das Verhalten des in Anspruch genommenen Organmitglieds gemessen werden könnte.[1033] Dies gelte sowohl unabhängig von der Entsprechenserklärung als auch für den Fall der Abweichung bei erklärter Nichtbeachtung der DCGK-Empfehlungen.[1034] Seiner Meinung nach[1035] lasse sich die gesetzliche Ablehnungsmöglichkeit nicht dahin interpretieren, dass sie den Ausstieg aus einer inhaltlich an den Kodexbestimmungen orientierten Haftung eröffne. Richtig sei, dass die Ausstiegsmöglichkeit des § 161 AktG nicht konterkariert werden dürfe.[1036] Jedoch dürfe sie auch nicht so weit interpretiert werden, dass eine

1028 Präambel Abs. 4 S. 4 DCGK.
1029 Präambel Abs. 4 S. 5 DCGK.
1030 *Lutter*, in: FS Hopt, S. 1025, 1033.
1031 *Spindler*, in: K. Schmidt/Lutter, AktG, § 161 Rn. 68.
1032 *Lutter*, in: KölnerKomm-AktG, § 161 Rn. 164 ff.
1033 In diese Richtung: BGH, Urteil vom 16.02.2004 – II ZR 316/02 = BGHZ 158, 122; BGH, Urteil vom 16.02.2009 – II ZR 185/07 = BeckRS 2009, 6133 (*Kirch/Deutsche Bank*-Entscheidung).
1034 *Lutter*, in: KölnerKomm-AktG, § 161 Rn. 164 ff.
1035 *Lutter*, in: KölnerKomm-AktG, § 161 Rn. 165.
1036 *Lutter*, in: KölnerKomm-AktG, § 161 Rn. 165.

inhaltlich am Kodex orientierte Haftung komplett ausgeschlossen werde.[1037] Der objektive Sorgfaltsrahmen des § 93 Abs. 1 S. 1 AktG stehe nicht zur Disposition der Organmitglieder.[1038] Entspreche also eine DCGK-Empfehlung der allgemeinen Sorgfaltspflicht, könne diese zur Konkretisierung des § 93 Abs. 1 S. 1 AktG herangezogen werden.[1039] Die Dispositionsfreiheit des § 161 AktG müsse in diesem Fall zurückstehen.[1040]

Lutter ist zuzugestehen, dass die Ausstiegsmöglichkeit nicht dazu führen kann, dass die Nichtbeachtung von Empfehlungen des DCGK ausnahmslos kein unsorgfältiges Verhalten darstellen kann.[1041] Der Kodex nimmt ausdrücklich für sich in Anspruch, national und international anerkannte Standards einer guten und verantwortungsvollen Unternehmensführung zu beinhalten.[1042] Entspricht im Einzelfall ein solcher Standard den inhaltlichen Anforderungen der Generalklausel des § 93 Abs. 1 S. 1 AktG, kann ein unsorgfältiges Verhalten bei Nichtbeachten des Standards nicht ausgeschlossen sein.[1043] Vielmehr sollten in einem solchen Fall einzelne Empfehlungen als Standards guter beziehungsweise verantwortungsvoller Unternehmensführung angesehen werden können, an denen das Verhalten des in Anspruch genommenen Organmitglieds gemessen werden kann.[1044] Dabei kann der fehlenden gesetzlichen Legitimation entgegengehalten werden, dass ein Verstoß gegen Empfehlungen des DCGK nicht zwangsweise zu einer unmittelbaren Haftung führt, sondern lediglich im Einzelfall geprüft wird, ob der objektive Rahmen der Generalklausel betroffen

---

1037 *Lutter*, in: KölnerKomm-AktG, § 161 Rn. 165.

1038 *Lutter*, in: KölnerKomm-AktG, § 161 Rn. 165.

1039 *Lutter*, in: KölnerKomm-AktG, § 161 Rn. 165.

1040 *Lutter*, in: KölnerKomm-AktG, § 161 Rn. 165.

1041 *Lutter*, in: KölnerKomm-AktG, § 161 Rn. 164 ff.; *Ulmer*, ZHR 166 (2002), 150, 166; *Schlösser/Dörfler*, wistra 2007, 326, 327; *Schüppen*, ZIP 2002, 1269, 1271; *Seibt*, AG 2002, 249, 250 f., der von einem „*Safe Haven*" spricht. Wohl auch bejahend: *Mutter*, in: Semler/v. Schenck, Der Aufsichtsrat, § 161 AktG Rn. 59. Wohl ablehnend: *Goette*, in: MüKo-AktG, § 161 Rn. 99.

1042 Präambel Abs. 3 S. 2 DCGK.

1043 *Schlösser/Dörfler*, wistra 2007, 326, 327; *Lutter*, ZHR 166 (2002), 523, 542; *Lutter*, in: KölnerKomm-AktG, § 161 Rn. 165; *Ulmer*, ZHR 166 (2002), 150, 166. A.A.: *Runte/Eckert*, in: Bürgers/Körber, AktG, § 161 Rn. 53; *Spindler*, in: K. Schmidt/Lutter, AktG, § 161 Rn. 68.

1044 In diese Richtung: BGH, Urteil vom 16.02.2004 – II ZR 316/02 = BGHZ 158, 122; BGH, Urteil vom 16.02.2009 – II ZR 185/07 = BeckRS 2009, 6133. Aufgegriffen von *Lutter*, in: KölnerKomm-AktG, § 161 Rn. 164. A.A.: *Hölters*, in: Hölters, AktG, § 161 Rn. 43; *Lutter*, in: FS Hopt, S. 1025, 1033.

ist.[1045] Auch ist zu berücksichtigen, dass die Kodexkommission „hochkarätig und ausgewogen“ besetzt ist.[1046] Erwähnt sei zudem, dass die Möglichkeit, dass Gerichte sich in ihren Entscheidungen an Standards orientieren, die in Fachkreisen erarbeitet worden sind, ein im Grundsatz nicht unbekanntes Phänomen ist.[1047] Das bekannteste Beispiel bildet die Aufstellung von DIN-Normen durch den Normenausschuss der Deutschen Wirtschaft und deren deliktische Relevanz.[1048] Schließlich muss und kann Voraussetzung einer Heranziehung immer nur der Einzelfall sein.[1049] Dies führt dazu, dass die Gefahr einer übermäßigen oder gar uferlosen Ausweitung der Inanspruchnahme eingedämmt wird.[1050] Bei dieser Heranziehung können auch die bei der erklärten Abweichung dargelegten Gründe Berücksichtigung finden. Damit steht fest, dass, wenn im Einzelfall eine Empfehlung den inhaltlichen Anforderungen der Generalklausel des § 93 Abs. 1 S. 1 AktG entspricht, ein unsorgfältiges Verhalten bei Nichtbeachtung nicht ausgeschlossen ist.

bb. Anwendung auf das Anforderungsprofil

Welche Empfehlungen des Anforderungsprofils fallen nun unter den objektiven Rahmen des § 93 Abs. 1 S. 1 AktG? Relevant sind ausschließlich solche, die nicht auch im Aktiengesetz oder den Sondervorschriften, mithin im *„hard law“*, sondern ausschließlich im *„soft law“* des DCGK geregelt sind. Bei einem Verstoß gegen „harte“ Gesetze liegt sowieso ein Verstoß gegen die Legalitätspflicht des § 93 Abs. 1 S. 1 AktG vor.

Zu den Höchstzahlen der Ziffern C.4 und C.5 DCGK existieren als gesetzliches Pendant sowohl der weiter gefasste § 100 Abs. 2 S. 1 Nr. 1 AktG als auch § 25d Abs. 3 S. 1 Nr. 4 KWG und § 25d Abs. 3a Nr. 3 KWG. Wählt die Hauptversammlung also einen Kandidaten, dessen Wahl zu einem Verstoß gegen den DCGK, aber noch nicht gegen das AktG führt, und ist das KWG nicht anwendbar, ist fraglich, ob der objektive Sorgfaltspflichtrahmen des § 93 Abs. 1 S. 1 AktG berührt wird. Dies wird zu verneinen sein. Der Gesetzgeber hat eine starre Maximalmandatszahl im Aktiengesetz vorgesehen. Immer wieder aufgekommene

---

1045 *Lutter*, in: KölnerKomm-AktG, § 161 Rn. 164 spricht von einem „Argument für die Auslegung des Pflichtenrahmens“.

1046 *Schüppen*, ZIP 2002, 1269, 1271.

1047 *Ulmer*, ZHR 166 (2002), 150, 166.

1048 *Ulmer*, ZHR 166 (2002), 150, 166. A.A.: *Bachmann*, WM 2002, 2137, 2139.

1049 *Ulmer*, ZHR 166 (2002), 150, 167.

1050 *Ulmer*, ZHR 166 (2002), 150, 166 f.

Bemühungen, diese zu reduzieren, liefen stets in Leere. Den gesetzlich vorgegebenen Rahmen nun über die Empfehlungen des DCGK zu reduzieren, liefe dieser eindeutigen Intention des Gesetzgebers, den Rahmen nicht reduzieren zu wollen, zuwider.

Bei einem Wechsel von einem Vorstands- in ein Aufsichtsratsamt gilt, dass sich das AktG (§ 100 Abs. 2 S. 1 Nr. 4) und der DCGK (Ziffer C.7 Abs. 2) bezüglich der zweijährigen Karenzperiode entsprechen. Der DCGK (Ziffer C.11), das KWG (§ 25d Abs. 3 S. 1 Nr. 2, Abs. 3a Nr. 2) sowie das VAG (§ 24 Abs. 4 S. 1) empfehlen beziehungsweise normieren zudem eine Höchstzahl von zwei ehemaligen Mitgliedern des Vorstands im Aufsichtsrat. Ist mithin das KWG oder das VAG nicht anwendbar, befinden sich aber trotzdem mehr als zwei ehemalige Geschäftsleiter im Aufsichtsrat, ist fraglich, ob darüber der objektive Rahmen des § 93 Abs. 1 S. 1 AktG beeinträchtigt wird. Auch dies ist im Hinblick auf die Intention des Gesetzgebers abzulehnen. Um einer übermäßigen Beeinflussung des Aufsichtsrats durch ehemalige Vorstände vorzubeugen, genügt dem Gesetzgeber offensichtlich der Mechanismus der zweijährigen Karenzzeit. Im Hinblick auf die Anzahl an ehemaligen Vorständen im Gremium lässt der Gesetzgeber den wählenden Aktionären im Übrigen weiten Spielraum.

Zu der in Ziffer C.1 DCGK geregelten Sachkunde in Form der Erstellung eines Kompetenzprofils existiert keine gesetzliche Entsprechung. Es wird jedoch ein Sorgfaltspflichtverstoß, wenn kein solches Kompetenzprofil erstellt wird, abzulehnen sein. Der Aufsichtsrat kann sich, auch ohne ein solches Profil zu erstellen, mit der Sachkunde seiner Mitglieder auseinandersetzen. Er kann über seinen Beschlussvorschlag sicherstellen, dass die vom AktG und den Sondervorschriften geforderte Sachkunde vorliegt.

Schließlich ist Unabhängigkeit ein Thema, welches sich allein im DCGK (Ziffer C.6 ff.) sowie im KAGB (§ 18 Abs. 3 S. 1) findet. Außerhalb des Anwendungsbereichs des KAGB ist mithin fraglich, ob ein Sorgfaltspflichtverstoß bei der Wahl eines Kandidaten, die zu einer der Empfehlungen der Ziffern C.6 bis C.12 DCGK widersprechenden Zusammensetzung führt, vorliegt. Auch dies ist abzulehnen. Möglich wäre zwar ein Verstoß gegen die Treuepflicht. Tritt im Verlauf des Mandats jedoch ein Interessenkonflikt auf, muss das betroffene Mitglied diesen offenlegen. Andernfalls droht ihm eine Inanspruchnahme.[1051] Dem Konflikt kann sodann durch Einzelmaßnahmen im Gremium begegnet werden. Damit ist auch den Interessen der Gesellschaft Genüge getan. Zu beachten ist zudem, dass nicht zwangsläufig ein Interessenkonflikt bei einem nicht

---

1051 Siehe Kapitel 4., IV., 1., a., dd., (1). der Arbeit.

unabhängigen Mitglied auftreten muss. Ebenso ist vorstellbar, dass das Mitglied die komplette Amtszeit über regulär seiner Tätigkeit nachgeht. Schließlich wäre ein „Generalverdacht“ aller nicht unabhängigen Mitglieder *ex ante* insofern nicht sachdienlich, als er die übrigen Eigenschaften des Kandidaten unberücksichtigt lässt. So kann dieser beispielsweise die nötige Finanz- und/oder Sektorkenntnis mitbringen.

Damit bleibt festzuhalten, dass der objektive Rahmen des § 93 Abs. 1 S. 1 AktG bei Nichtbeachtung der DCGK-Empfehlungen, die im Rahmen des Anforderungsprofils Beachtung finden müssen, nicht beeinträchtigt sein wird. Angerissen sei am Rande, dass auch umgekehrt, also in der Beachtung der DCGK-Empfehlungen, nicht automatisch ein sorgfaltspflichtgemäßes Verhalten gesehen werden kann.[1052] Die gesetzliche Beweislastregel in § 93 Abs. 2 S. 2 AktG, nach der die Organmitglieder nachzuweisen haben, dass sie die Sorgfaltspflicht eingehalten haben, kann nicht durch Einhaltung außergesetzlicher Vorgaben umgangen werden.[1053]

b. Erklärungswidrige Nichtbefolgung des DCGK

aa. Sorgfaltspflichtverletzung

Im Weiteren zu untersuchen ist die Situation, dass das Unternehmen von DCGK-Empfehlungen abweicht, dies aber nicht ordnungsgemäß erklärt, begründet oder bekannt gibt. Fraglich ist, ob in diesem Fall auf die allgemeine Sorgfaltspflicht des § 93 Abs. 1 S. 1 AktG rekurriert werden kann. Diese Generalklausel wird dahingehend konkretisiert, dass das Organmitglied zur Wahrung des Vorteils der Gesellschaft und vor allem zur Abwendung von Schäden verpflichtet ist.[1054] Wird nun intern der Beschluss gefasst, einzelne oder alle Kodex-Empfehlungen zu befolgen, und wird dies auch nach außen so erklärt, dann kann eine – erklärungswidrige – Nichteinhaltung einzelner oder aller Empfehlungen der Gesellschaft zum Schaden gereichen.[1055] Je nachdem, wie stark die Abweichung der Wirklichkeit von der Erklärung ist, kann sich nämlich ein Reputationsschaden der Gesellschaft ergeben.[1056] In der ökonomischen Reputationsforschung wird Reputation verstanden als die Erwartung der *Stakeholder* einer Gesellschaft, dass

1052 *Hölters*, in: Hölters, AktG, § 161 Rn. 43.

1053 *Hölters*, in: Hölters, AktG, § 161 Rn. 43.

1054 BGH, Urteil vom 27.09.1956 – II ZR 144/55 = NJW 1956, 1753, 1754; *Lutter*, ZHR 166 (2002), 523, 541; *Hopt/Roth*, in: Großkomm-AktG, § 93 Rn. 60 m.w.N.

1055 *Lutter*, ZHR 166 (2002), 523, 541.

1056 *Lutter*, ZHR 166 (2002), 523, 541.

das Management seine expliziten und impliziten Versprechen einhalten wird.[1057] Dementsprechend entsteht ein Reputationsschaden, wenn die *Stakeholder* die Bereitschaft oder Fähigkeit der Gesellschaft zur Einhaltung ihrer Versprechen in Frage stellen.[1058] Mit Veröffentlichung der Entsprechenserklärung geht ein explizites Versprechen einher, erklärungskonform zu handeln. Die Erwartung der *Stakeholder* ist auf dieses Versprechen gerichtet. Wird erklärungswidrig gehandelt, werden die *Stakeholder* an der Fähigkeit oder Bereitschaft des Unternehmens, ihre expliziten und impliziten Versprechen einzuhalten, zweifeln. Es wird ein Reputationsschaden der Gesellschaft entstehen.

Reputationsprägende Repräsentanten einer Aktiengesellschaft sind grundsätzlich die nach außen tätigen Vorstände.[1059] Daher ist zu fragen, ob bei Aufsichtsräten überhaupt auf den Reputationsschaden abgestellt werden kann. Zunächst ist zu beachten, dass sich auch bei Vorständen keine aktienrechtliche Verpflichtung im Sinne des § 93 Abs. 1 S. 1 AktG zu ethisch fundiertem Verhalten ergibt.[1060] Ethische Verhaltensstandards eignen sich wegen ihrer großen Unbestimmtheit und Diversität nicht als Richtmaß.[1061] Im Rahmen ihrer Leitungsfunktion obliegt den Vorständen gleichwohl eine Pflicht zum Reputationsmanagement.[1062] Ausschlaggebend ist, dass sich die Sorgfaltspflichtverletzung eben nicht aus einer „Moralisierung“ der Pflichten,[1063] sondern aus der Nichtabwendung von Schäden gegenüber der Gesellschaft ergibt. Dieser allgemein anerkannte[1064] Unterfall der Generalklausel des § 93 Abs. 1 S. 1 AktG umfasst über § 116 S. 1 AktG auch die Aufsichtsratsmitglieder. Damit steht eine Sorgfaltspflichtverletzung einzelner Aufsichtsräte bei einer erklärungswidrigen Nichtbefolgung des DCGK fest. Die Einhaltung der Pflicht kann dergestalt geschehen, dass der Aufsichtsrat Sorge dafür trägt, dass die Adressaten der jeweiligen Kodex-Empfehlung sich an diese, wie nach außen erklärt, auch halten.[1065]

1057 *Klöhn/Schmolke*, NZG 2015, 689, 690.

1058 *Klöhn/Schmolke*, NZG 2015, 689, 692.

1059 *Seibt*, DB 2015, 171; *Fleischer*, in: Spindler/Stilz, AktG, § 93 Rn. 25b; *derselbe*, DB 2017, 2015, 2020; *Klöhn/Schmolke*, NZG 2015, 689, 693.

1060 *Fleischer*, DB 2017, 2015, 2018.

1061 *Fleischer*, DB 2017, 2015, 2021.

1062 *Seibt*, DB 2015, 171 ff. spricht von einem „*Corporate Reputation Management*“; *Fleischer*, in: Spindler/Stilz, AktG, § 93 Rn. 25a; *derselbe*, DB 2017, 2015, 2022.

1063 *Fleischer*, DB 2017, 2015, 2021.

1064 Zum Beispiel *Fleischer*, DB 2017, 2015, 2020; BGH, Urteil vom 27.09.1956 – II ZR 144/55 = NJW 1956, 1753, 1754.

1065 *Lutter*, ZHR 166 (2002), 523, 541.

bb. Business Judgment Rule, *§ 93 Abs. 1 S. 2 AktG*

Ein Abstellen auf die *Business Judgment Rule* ist nicht möglich. Es liegt keine unternehmerische Entscheidung vor. Die Sorgfaltspflichtverletzung resultiert nicht aus der Frage über die zu erklärende Anwendung oder Nichtanwendung von DCGK-Empfehlungen. Vielmehr resultiert sie daraus, dass im Nachgang einer solchen Entscheidung dafür Sorge zu tragen ist, dass die Gesellschaft keinen Schaden erleidet. Jedoch ist gerade nur die Frage der Anwendung oder Nichtanwendung von DCGK-Empfehlungen eine unternehmerische Entscheidung[1066] und somit von der *Business Judgment Rule* umfasst.

cc. Verschulden

Ein schuldhaftes Verhalten ist zu bejahen, wenn ein Aufsichtsrat vorsätzlich oder fahrlässig seine Pflicht vernachlässigt hat, Schaden in Form eines Reputationsschadens von der Gesellschaft abzuwenden.

dd. Kausaler Schaden

Abzustellen ist auf den Reputationsschaden der Gesellschaft. Neben einem entstehenden immateriellen Schaden, der nicht erstattungsfähig ist (§ 253 Abs. 1 BGB), kann damit ein tatsächlicher finanzieller Verlust für die Gesellschaft verbunden sein. Dieser wiederum ist erstattungsfähig.[1067] Die *Corporate Reputation* eines Unternehmens stellt nämlich einen realen Vermögensgegenstand dar:[1068] Befürchten die *Stakeholder*, die Gesellschaft werde ihre impliziten und expliziten Versprechen nicht einhalten, verlangen Aktionäre eine höhere Rendite, bestehen Kreditgeber auf einen höheren Zins, passen Lieferanten ihre Handelsverträge an, kaufen Kunden weniger Produkte oder bestehen auf niedrigeren Preisen und wenden sich schließlich qualifizierte Arbeitnehmer vom Unternehmen ab.[1069] Der Reputationsvermögensschaden lässt sich daher auch als der abgezinste Wert aller künftigen Mehrkosten und Mindereinnahmen, die darauf beruhen, dass die *Stakeholder* an der Fähigkeit oder Bereitschaft der Gesellschaft zur Einhaltung ihrer expliziten und impliziten Versprechen zweifeln, definieren.[1070] Zur

---

1066 *Lutter*, ZHR 166 (2002), 523, 542. Zur Anwendung der *Business Judgment Rule* auf DCGK-Empfehlungen: *Ulmer*, ZHR 166 (2002), 150, 167.

1067 *Oechsler*, in: MüKo-AktG, § 71 Rn. 113; *Wieneke*, in: Bürgers/Körber, AktG, § 71 Rn. 8.

1068 *Klöhn/Schmolke*, NZG 2015, 689, 691, 692; *Seibt*, DB 2015, 171, 172.

1069 *Klöhn/Schmolke*, NZG 2015, 689, 69; *Seibt*, DB 2015, 171.

1070 *Klöhn/Schmolke*, NZG 2015, 689, 692.

Ermittlung dieses Schadens bei börsennotierten Unternehmen wird die Entwicklung des Aktienkurses vor und nach einem reputationsschädigenden Ereignis verglichen und sodann um marktweite und andere nicht mit dem Ereignis in Verbindung stehende Kurseinflüsse bereinigt.[1071] Um final den kausalen Schaden der Gesellschaft, also den Verlust an Börsenwert, zu bekommen, müssen schließlich noch diejenigen Verluste herausgerechnet werden, die nicht auf dem Reputationsverlust, sondern auf anderen Sanktionen basieren (beispielsweise rechtliche Sanktionen wie Geldbußen).[1072]

ee. Zwischenergebnis zu b.

Werden Empfehlungen des DCGK erklärungswidrig nicht befolgt, kann sich über einen Reputationsschaden der Gesellschaft eine Haftung des einzelnen Aufsichtsratsmitglieds gegenüber der Gesellschaft ergeben.

c. Zwischenergebnis zu 1.

Die Ergebnisse zeigen, dass einzelne Empfehlungen des DCGK Teil des objektiven Sorgfaltspflichtrahmens des § 93 Abs. 1 S. 1 AktG sein können. Bei Nichtbeachtung der DCGK-Empfehlungen, die im Rahmen des Anforderungsprofils Beachtung finden müssen, ist dieser jedoch nicht beeinträchtigt.

Bei einer erklärungswidrigen Nichtbefolgung der Empfehlungen des DCGK kann sich eine Haftung eines Aufsichtsratsmitglieds gegenüber der Gesellschaft daraus ergeben, dass im Nachgang der Frage über die zu erklärende Anwendung oder Nichtanwendung von DCGK-Empfehlungen nicht dafür Sorge getragen wird, dass ein Reputationsschaden von der Gesellschaft abgewendet wird.

2. Außenhaftung

Aufgrund der fehlenden Bindungswirkung des Kodex kommt keine Außenhaftung der Aufsichtsräte gegenüber Dritten in Betracht. Mangels Gesetzesqualität scheidet der Kodex vor allem auch als Schutzgesetz im Sinne des § 823 Abs. 2 S. 1 BGB aus.[1073] Sowohl die Empfehlungen als auch die Anregungen des Kodex sind unverbindlich.[1074] Auch wenn sie keine formellen Gesetze

---

1071 Diese Methode wird von *Klöhn/Schmolke*, NZG 2015, 689, 692 als *„event study"* bezeichnet.

1072 *Klöhn/Schmolke*, NZG 2015, 689, 692.

1073 Für alle: *Marsch-Barner*, in: HdB börsennotierte AG, § 2 Rn. 92; *Berg/Stöcker*, WM 2002, 1569, 1578.

1074 *Berg/Stöcker*, WM 2002, 1569, 1578.

darstellen müssen, zeichnen sich Normen im Sinne von § 823 Abs. 2 BGB aber gerade durch eine Verbindlichkeit aus.[1075] Bei den Grundsätzen des DCGK, die aus wesentlichen rechtlichen Vorgaben abgeleitet werden,[1076] kann bei der Schutzgesetzfrage auf die eigentliche Gesetzesverletzung abgestellt werden.[1077]

Von *Abram*[1078] andiskutiert wird eine Pflichtverletzung, die sich aus der Intensität der Nichtbefolgung der Empfehlungen und den damit verbundenen Folgen für die Gesellschaft ergibt. Dies ist im Ergebnis aber abzulehnen. Wie schon von ihm selbst vorgetragen[1079] und bei obigen Ausführungen zur Innenhaftung erwähnt,[1080] zählt das Ob und das Maß der Abweichung von DCGK-Empfehlungen zu den geschäftspolitischen Entscheidungen der Verwaltung der Gesellschaft, ist also in der Regel Sache des Vorstands. Es sind keine Situationen vorstellbar, in denen dieses Ermessen aufgrund der drastischen Konsequenzen einer Nichtbefolgung auf null reduziert sein könnte.[1081]

3. *Strafrechtliche Haftung*

Zu denken ist vor allem an § 266 Abs. 1 Alt. 2 StGB, Untreue in Form des Treuebruchtatbestands. Eine Vermögensbetreuungspflicht wird bei Aufsichtsräten gegenüber der Gesellschaft bejaht. Ebenso wurde bereits darauf hingewiesen, dass, wenn es sich bei der Person, deren Vermögensinteressen man zu betreuen hat, um eine Aktiengesellschaft handelt, der Pflichtenmaßstab wesentlich aus den §§ 116, 93 Abs. 1 S. 1 AktG konkretisiert wird.[1082] Fraglich ist, ob bei einem Verstoß gegen § 93 Abs. 1 S. 1 AktG aufgrund einer erklärungswidrigen Nichtbefolgung der Empfehlungen des DCGK ebenso ein Verstoß gegen die Vermögensbetreuungspflicht des § 266 StGB vorliegt. Problematisch könnte auch in diesem Zusammenhang der zwischen der Pflichtverletzung und der durch die Vermögensbetreuungspflicht definierten Pflichtenstellung nötige „sachlich-inhaltliche Zusammenhang" sein. Wie festgestellt, wird dieser Bezug bei der Verletzung

---

1075 *Berg/Stöcker*, WM 2002, 1569, 1578.

1076 Präambel Abs. 4 S. 1 DCGK

1077 *Berg/Stöcker*, WM 2002, 1569, 1578 f., die noch von der Wiederholung von Gesetzestexten vor der Novelle im Jahr 2019 ausgehen.

1078 *Abram*, NZG 2003, 307, 308.

1079 *Abram*, NZG 2003, 307, 308.

1080 Kapitel 4., B., II., 1., b., bb. der Arbeit.

1081 *Abram* selbst nennt keine solche Situation: NZG 2003, 307, 308.

1082 *Lutter*, in: KölnerKomm-AktG, § 161 Rn. 196; *Schlösser/Dörfler*, wistra 2007, 326, 327. Siehe Kapitel 4., A., IV., 1., c., bb. der Arbeit.

sonstiger aus einem Treueverhältnis fließender allgemeiner Pflichten verneint.[1083] Eine solche allgemeine Pflicht stellt die aus dem Treueverhältnis fließende Pflicht, Schaden in Form eines Reputationsschadens von der Gesellschaft abzuwenden, dar. Ein Verstoß gegen sie steht in keinem „sachlich-inhaltlichen Zusammenhang“ mit der Vermögensbetreuungspflicht der Aufsichtsräte. Ein solcher Zusammenhang könnte beispielsweise bei einem Verstoß gegen vermögensbezogene Ziffern wie Ziffer G.13 S. 1 DCGK (Abfindungs-Cap)[1084] bejaht werden. Damit liegt kein Verstoß gegen die Vermögensbetreuungspflicht des § 266 StGB vor. Eine strafrechtliche Haftung ist abzulehnen.

4. *Zwischenergebnis zu II.*

Wird gegen Empfehlungen des DCGK verstoßen, kann sich eine Haftung eines Aufsichtsratsmitglieds einzig in Form einer Innenhaftung bei erklärungswidriger Nichtbefolgung über einen Reputationsschaden der Gesellschaft ergeben.

III. Die Entsprechenserklärung in § 161 AktG: Das *comply-or-explain*-Prinzip

Die Abgabe einer Entsprechenserklärung, wie sie § 161 AktG vorsieht, ist ein dem deutschen Recht bisher eher fremdes Konzept.[1085] Üblicherweise enthalten Rechtsvorschriften zwingendes oder dispositives, also abdingbares Recht.[1086] Das *comply-or-explain*-Prinzip[1087] des § 161 Abs. 1 S. 1 AktG steht dazwischen:[1088] Es kann von den Empfehlungen des Kodex abgewichen werden, dies muss dann aber offengelegt (§ 161 Abs. 2 AktG) und begründet werden. Nach Satz 1 haben Vorstand und Aufsichtsrat der börsennotierten Gesellschaft jährlich zu erklären, dass den Empfehlungen der „Regierungskommission Deutscher Corporate Governance Kodex“ entsprochen wurde und wird oder welche Empfehlungen nicht angewendet wurden oder werden und warum nicht. Auch

---

1083 BGH, Urteil vom 30.10.1985 – 2 StR 383/85 = BeckRS 9998, 85430; *Wittig*, in: BeckOK, StGB, § 266 Rn. 42.

1084 *Schlösser/Dörfler*, wistra 2007, 326, 330 f.; *Schlitt*, DB 2007, 326, 330, bejahte dies auch für die ehemalige Ziffer 3.8 Abs. 3 DCGK 2017 (D&O-Versicherung für den Aufsichtsrat).

1085 *Krieger*, ZGR 2012, 202, 215.

1086 *Krieger*, ZGR 2012, 202, 221.

1087 So der DCGK selbst: Präambel Abs. 4 S. 3. Allgemein übernommen z.B.: *Bayer*, NZG 2013, 1, 3; *Bayer/Scholz*, in: Spindler/Stilz, AktG, § 161 Rn. 57.

1088 *Krieger*, ZGR 2012, 202, 215.

wenn die Vorschrift im Präsens („wird") formuliert ist, ist anerkannt, dass sie einen vergangenheitsbezogenen (Wissenserklärung)[1089] und einen zukunftsgerichteten Teil (Absichtserklärung)[1090] enthält.[1091] Satz 1 findet ausdrücklich nur auf börsennotierte Gesellschaften (§ 3 Abs. 2 AktG) Anwendung. Über das BilMoG wurde der Absatz um Satz 2 erweitert, so dass das Prinzip nun auch für kapitalmarktorientierte Gesellschaften im Sinne des § 264d HGB gilt. Daneben ist Voraussetzung, dass es sich um eine Empfehlung des DCGK handelt. Solche sind durch die Verwendung des Wortes „soll" gekennzeichnet.[1092] Sie grenzen sich von den ebenso im Kodex enthaltenen „Anregungen" ab, von denen ohne Offenlegung abgewichen werden kann.[1093] Der Kodex 2020 enthält neben Empfehlungen und Anregungen nunmehr auch „Grundsätze".[1094] Diese dienen der Information der Anleger, der sonstigen *Stakeholder* und der Öffentlichkeit über die wesentlichen rechtlichen Vorgaben für verantwortungsvolle Unternehmensführung und bilden die Basis für die daraus abgeleiteten Empfehlungen und Anregungen.[1095] Beziehen sich die Grundsätze auf gesetzliche Vorschriften, die bereits in Kapitel 3 der Arbeit erörtert wurden, kann bezüglich der Rechtsfolgen auf Kapitel 4.A der Arbeit verwiesen werden. Empfehlungen betreffend das Anforderungsprofil an Aufsichtsräte enthalten die Ziffern C.1 bis C.15 sowie E.1 bis E.3 DCGK.

IV. Verstoß gegen § 161 AktG

Unstreitig liegt ein Verstoß gegen § 161 AktG vor, wenn keine oder keine rechtzeitige Erklärung abgegeben worden ist.[1096] Wegen der Verzahnung der Erklärung

---

1089 *Lieder*, ZGR 2018, 523, 552.

1090 *Lieder*, ZGR 2018, 523, 552.

1091 *Hölters*, in: Hölters, AktG, § 161 Rn. 21, mit Bezug auf RegE. zum TransPuG, BT-Drs. 14/8769. Ganz unstreitig seit BGH, Urteil vom 16.02.2009 – II ZR 185/07 = BeckRS 2009, 6133.

1092 Präambel Abs. 4 S. 2 DCGK.

1093 Präambel Abs. 4 S. 6 Hs. 1 DCGK.

1094 Begründung DCGK in der Fassung vom 16.12.2019, S. 2; abgerufen am 18.03.2020 unter: https://www.dcgk.de/files/dcgk/usercontent/de/download/kodex/Begruendung%20DCGK%202020%20FINAL.pdf.

1095 Präambel Abs. 4 S. 1 DCGK; Begründung DCGK in der Fassung vom 16.12.2019, S. 2, 5; abgerufen am 18.03.2020 unter: https://www.dcgk.de/files/dcgk/usercontent/de/download/kodex/Begruendung%20DCGK%202020%20FINAL.pdf. Im Entwurf vom 25.10.2018 war noch ein „*apply and explain*"-Prinzip vorgesehen, das aber nicht übernommen worden ist.

1096 *Lutter*, in: FS Hopt, S. 1025, 1026; *Goette*, in: MüKo-AktG, § 161 Rn. 82.

mit dem Lagebericht ist davon jedoch nur in Ausnahmefällen auszugehen.[1097] Nach § 289f Abs. 2 Nr. 1 HGB ist die Erklärung gemäß § 161 AktG nämlich in die Erklärung zur Unternehmensführung aufzunehmen. Diese wiederum ist Teil des Lageberichts, § 289f Abs. 1 S. 1 HGB.

Im Vordergrund steht vielmehr die Erörterung der fehlerhaften Entsprechenserklärung. Dies ist zunächst bei Fehlern im Zusammenhang mit dem jährlichen Turnus (§ 161 Abs. 1 i.V.m. Abs. 2 AktG) der Veröffentlichungspflicht der Fall.[1098] Sodann ist die Erklärung fehlerhaft, wenn keine vollständige Erklärung abgegeben wurde, wenn also zum Beispiel der zukunftsbezogene Teil fehlt. Schließlich kann sich eine Fehlerhaftigkeit aus einer unrichtigen Erklärung, also aus einem Widerspruch des erklärten Teils zur Wirklichkeit ergeben. Dies ist nur bezüglich des vergangenheitsbezogenen Teils möglich.[1099] Bezüglich des zukunftsbezogenen Teils ist zu unterscheiden, ob die Abweichung von der Wirklichkeit unterjährig berichtet wurde.[1100] Da der in die Zukunft gerichtete Teil keine Selbstbindungswirkung entfaltet, kann sich eine Pflichtverletzung nämlich lediglich aus der nicht vorgenommenen Berichtigung (und gegebenenfalls Begründung der Abweichung) der Erklärung ergeben.[1101] Nach einer Grundsatzentscheidung des BGH[1102] sind die nach dem Gesetz jährlich abzugebenden und bekanntzumachenden Erklärungen unterjährig zu aktualisieren, wenn Tatsachen eintreten, die eine Änderung zu einer bisher erklärungsgemäß umgesetzten Unternehmenspraxis begründen (Dauercharakter der Erklärung). Das heißt, die Gesellschaften können von ihrem einmal erklärten Verhalten abweichen, müssen dies aber offenlegen und begründen (Aktualisierung).[1103] Die Aktualisierung hat umgehend auf der Internetseite der Gesellschaft zu erfolgen.[1104]

1097 *Goette*, in: MüKo-AktG, § 161 Rn. 82. Der Lagebericht ist zwar nicht Teil des Jahresabschlusses, wird aber mit ihm aufgestellt: § 264 Abs. 1 S. 1 HGB.

1098 Näheres dazu: *Lutter*, in: FS Hopt, S. 1025, 1027.

1099 *Lutter*, in: FS Hopt, S. 1025, 1026; *Goette*, in: MüKo-AktG, § 161 Rn. 83.

1100 *Goette*, in: MüKo-AktG, § 161 Rn. 84.

1101 *Lutter*, in: FS Hopt, S. 1025, 1026; *Goette*, in: MüKo-AktG, § 161 Rn. 84; *Hölters*, in: Hölters, AktG, § 161 Rn. 48.

1102 BGH, Urteil vom 16.02.2009 – II ZR 185/07 = BeckRS 2009, 6133. Aufgenommen von dem LG Hannover, Urteil vom 17.03.2010 – 23 O 124/09 = BeckRS 2010, 10616 (*Continental/Schaeffler*-Entscheidung).

1103 BGH, Urteil vom 16.02.2009 – II ZR 185/07 = BeckRS 2009, 6133. *Mutter*, in: Semler/v. Schenck, Der Aufsichtsrat, § 161 AktG Rn. 57; *Hölters*, in: Hölters, AktG, § 161 Rn. 48.

1104 *Hölters*, in: Hölters, AktG, § 161 Rn. 48.

Eine unterjährige Einreichung der aktualisierten Erklärung bei dem Betreiber des Bundesanzeigers ist dagegen nicht erforderlich.[1105] Die dort veröffentlichte Erklärung zur Unternehmensführung informiert lediglich über die Verhältnisse zum Bilanzstichtag.[1106]

Was resultiert nun aber aus einer fehlerhaften Entsprechenserklärung? Nur in seltenen Ausnahmefällen wird dieser Verstoß zur Abberufung eines Aufsichtsrats nach § 103 Abs. 3 AktG führen.[1107] Denn weder hat sich der Umstand, aus dem die Unrichtigkeit hergeleitet wird, nur in der Person einzelner Organmitglieder verwirklicht noch handelt es sich um einen solch gravierenden Verstoß, dass der weitere Verbleib der betroffenen Personen als Organe ausgeschlossen ist.[1108] Ist also ein Verstoß gegen § 161 AktG sanktionslos? Oder verleiht § 161 AktG dem Kodex insofern Zähne, als es zu einer Anfechtbarkeit von Hauptversammlungsbeschlüssen bei Nichtbeachtung der Norm oder gar zu einer Haftung des einzelnen Aufsichtsrats kommen kann?

1. *Anfechtbarkeit von Hauptversammlungsbeschlüssen bei fehlerhafter Entsprechenserklärung*

Bei der Erörterung der Anfechtbarkeit von Beschlüssen der Hauptversammlung wegen fehlerhafter Entsprechenserklärung stand bislang der Entlastungsbeschluss im Vordergrund der gerichtlichen Arbeit und juristischen Diskussion. Nunmehr rückt als Anfechtungsziel der für die Praxis weitaus relevantere Wahlbeschluss in den Fokus. Bei diesem ist daran anzuknüpfen, ob der Beschlussvorschlag des Aufsichtsrats gegen Empfehlungen (beispielsweise gegen C.1, C.4, C.5, C.12, C.13 oder C.14) des DCGK verstößt. Für beide Fälle vorstellbar sind zwei Situationen: Bezüglich der schon veröffentlichten Entsprechenserklärung gilt, dass diese aktualisiert werden muss, sofern im zukunftsgerichteten Teil die Abweichung nicht schon dargelegt und begründet worden ist. Bezüglich der nächstfolgenden Erklärung gilt, dass im vergangenheitsbezogenen Teil die Abweichung dargelegt und begründet werden muss. Wird gegen eine der beiden Pflichten verstoßen, ist die Erklärung fehlerhaft und es ist fraglich, ob sich daraus eine Anfechtbarkeit ergibt.

1105 *Hölters*, in: Hölters, AktG, § 161 Rn. 48.

1106 BGH, Urteil vom 09.10.2018 – II ZR 78/17 = BeckRS 2018, 36989 Rn. 37.

1107 *Goette*, in: FS Hüffer, S. 225, 231.

1108 *Goette*, in: FS Hüffer, S. 225, 231.

a. *Unterlassene Aktualisierung der Entsprechenserklärung*

aa. *Anfechtbarkeit des Entlastungsbeschlusses*

Die Entlastungsanfechtung folgt den schon dargelegten Grundsätzen.[1109] Der Verstoß gegen § 161 AktG müsste einen schwerwiegenden, eindeutigen Gesetzesverstoß darstellen.

(1) BGH, Urteil vom 16.02.2009

Erstes bedeutsames Urteil in diesem Zusammenhang ist die *Kirch/Deutsche Bank*-Entscheidung des BGH aus dem Jahr 2009.[1110] Bei dieser hatte das Gericht über die Anfechtung des Entlastungsbeschlusses des Aufsichtsrats der Deutschen Bank zu entscheiden. Im Ergebnis hat es die Entlastung wegen unrichtiger Organerklärungen gemäß § 161 AktG für anfechtbar erklärt.[1111] Komme die Gesellschaft ihrer Aktualisierungspflicht nicht nach oder entspreche die Erklärung von vornherein in einem nicht unwesentlichen Punkt nicht der tatsächlichen Praxis der Gesellschaft, liege darin ein Gesetzesverstoß, der jedenfalls dem genannten Verstoß zuwider gefasste Entlastungsbeschlüsse anfechtbar mache.[1112] In dem zu entscheidenden Fall beruhte die Unrichtigkeit der Entsprechenserklärung darauf, dass der Aufsichtsrat die Empfehlung 5.5.3 DCGK 2017[1113] nicht befolgt hatte.[1114] Danach hätte der Aufsichtsrat in seinem Bericht an die Hauptversammlung über aufgetretene Interessenkonflikte und deren Behandlung informieren sollen. Dazu führt der BGH aus, dass das Fehlen des im DCGK empfohlenen Berichts zwar mangels Gesetzeskraft nicht unmittelbar gesetzwidrig sei, es aber dazu führe, dass die bis zur Hauptversammlung und darüber hinaus aufrechterhaltene Entsprechenserklärung in einer für die Organentlastung relevanten Hinsicht unrichtig sei.[1115] Darin läge ein Gesetzesverstoß, der zur Anfechtbarkeit der Entlastungsbeschlüsse insgesamt führe, da sämtliche Organmitglieder die für den Interessenkonflikt und für die Unrichtigkeit der Entsprechenserklärung maßgeblichen Tatsachen kannten

---

1109 Siehe Kapitel 4., A., V. der Arbeit.

1110 BGH, Urteil vom 16.02.2009 – II ZR 185/07 = BeckRS 2009, 6133.

1111 BGH, Urteil vom 16.02.2009 – II ZR 185/07 = BeckRS 2009, 6133 Rn. 18.

1112 BGH, Urteil vom 16.02.2009 – II ZR 185/07 = BeckRS 2009, 6133 Rn. 19.

1113 Entspricht der heutigen Ziffer E.1 S. 2 DCGK: Der Aufsichtsrat soll in seinem Bericht an die Hauptversammlung (schriftlich: § 171 Abs. 2 S. 1 AktG) über aufgetretene Interessenkonflikte und deren Behandlung informieren.

1114 BGH, Urteil vom 16.02.2009 – II ZR 185/07 = BeckRS 2009, 6133 Rn. 21.

1115 BGH, Urteil vom 16.02.2009 – II ZR 185/07 = BeckRS 2009, 6133 Rn. 26.

oder kennen müssten, sie aber gleichwohl nicht für eine Richtigstellung gesorgt hätten und die Erklärung von beiden Organen gemeinsam abgegeben worden sei.[1116]

Es wird deutlich, dass der BGH von einer Anfechtbarkeit der Entlastungsbeschlüsse des Aufsichtsrats bei Verstoß gegen die Entsprechenserklärung ausgeht. Er stellt dabei darauf ab, ob die Erklärung in einem „nicht unwesentlichen Punkt" fehlerhaft ist. Die Unrichtigkeit oder Unvollständigkeit muss also einen wesentlichen Punkt betreffen.[1117] Damit rücken die einzelnen Empfehlungen des DCGK in den Vordergrund. Eine solche Wesentlichkeit bejaht der BGH bei einem Verstoß gegen die Berichtspflicht des DCGK über aufgetretene Interessenkonflikte. Der Aufsichtsrat der verklagten Gesellschaft hätte im Vorfeld des schriftlichen Berichts an die Hauptversammlung (§ 171 Abs. 2 S. 1 AktG) in der bereits veröffentlichten Entsprechenserklärung seine geänderte Absicht, nicht über die Interessenkonflikte berichten zu wollen, aktualisieren müssen. Indem er dies nicht tat, verstieß er gegen die Aktualisierungspflicht, die Entsprechenserklärung wurde fehlerhaft.

(2) BGH, Urteil vom 21.09.2009

Noch im selben Jahr hatte der Senat Gelegenheit, die im *Kirch/Deutsche Bank*-Urteil aufgestellten Grundsätze zu konkretisieren.[1118] Anlass der Entscheidung war ebenso ein Streit um die Entlastung des Aufsichtsrats aufgrund eines gegenüber der Hauptversammlung nicht offengelegten Interessenkonflikts. In dem Urteil[1119] erklärte der BGH den Entlastungsbeschluss des Aufsichtsrats ebenso für nichtig. Dies wird auch hier damit begründet, dass die Entsprechenserklärung hinsichtlich der Einhaltung der Empfehlung der Ziffer 5.5.3 DCGK 2017 unrichtig geworden sei und nicht berichtigt wurde.[1120] Der Senat wiederholt die bereits aufgestellten Grundsätze, konkretisiert darüber hinaus aber auch die Anforderungen, die an den „nicht unwesentlichen Punkt" der Fehlerhaftigkeit der Entsprechenserklärung zu stellen sind: Wenn die Unrichtigkeit der Entsprechenserklärung nämlich, wie bei einem Verstoß gegen die Berichtspflichten über Interessenkonflikte, auf einer Informationspflichtverletzung beruhe, müsse

1116 BGH, Urteil vom 16.02.2009 – II ZR 185/07 = BeckRS 2009, 6133 Rn. 26, 27.

1117 *Goette*, in: FS Hüffer, S. 225, 233.

1118 *Habersack*, in: FS Goette, S. 121.

1119 BGH, Urteil vom 21.09.2009 – II ZR 174/08 = BeckRS 2009, 27786 (*Umschreibungsstop-Entscheidung*).

1120 BGH, Urteil vom 21.09.2009 = BeckRS 2009, 27786 Rn. 16.

die unterbliebene Information für einen objektiv urteilenden Aktionär für die sachgerechte Wahrnehmung seiner Teilnahme- und Mitgliedschaftsrechte relevant sein.[1121] Da nur eindeutige und schwerwiegende Gesetzesverstöße die Entlastungsentscheidung anfechtbar machten, müsse der in der unrichtigen Entsprechenserklärung liegende Verstoß über einen Formalverstoß hinausgehen und auch im konkreten Einzelfall Gewicht haben.[1122] Bei der unrichtigen oder unvollständigen Erteilung von Informationen sei auch in diesem Zusammenhang die Wertung des § 243 Abs. 4 AktG zu beachten.[1123]

Festzustellen ist, dass das bereits bei der Anfechtbarkeit von Hauptversammlungsbeschlüssen aufgrund von Informationsmängeln generell zugrunde gelegte Relevanzkriterium nunmehr auch in diesem Zusammenhang angewendet wird.[1124] Für die Kassation des Entlastungsbeschlusses kommt es auf die Vorenthaltung relevanter Informationen, die für eine sachgerechte Abstimmung erforderlich sind, an.[1125] Die Fehlerhaftigkeit der Entsprechenserklärung muss also zu einem Informationsdefizit der Abstimmenden führen, welches sich auf die Tragfähigkeit ihrer Entlastungsentscheidung auswirkt.[1126] Handelt es sich bei der Fehlinformation nicht um einen wesentlichen Punkt, fehlt es auch an der geforderten Relevanz, weil kein vernünftiger Aktionär hieraus Folgerungen für die Entlastungsentscheidung ziehen wird.[1127]

bb. Anfechtbarkeit von Wahlbeschlüssen

Die Rechtsprechung zur Anfechtbarkeit von Wahlbeschlüssen der Hauptversammlung bei Verstoß gegen die Aktualisierungspflicht der Entsprechenserklärung ist uneinheitlich. Einer sich abzeichnenden positiven Tendenz in der instanzlichen Rechtsprechung hat der BGH im Jahr 2018 jedoch eine klare Absage erteilt.

1121 BGH, Urteil vom 21.09.2009 = BeckRS 2009, 27786 Rn. 18.
1122 BGH, Urteil vom 21.09.2009 = BeckRS 2009, 27786 Rn. 18.
1123 BGH, Urteil vom 21.09.2009 = BeckRS 2009, 27786 Rn. 18.
1124 Siehe Kapitel 4., A., II., 1. der Arbeit sowie § 243 Abs. 4 S. 1 AktG.
1125 *Goette*, in: MüKo-AktG, § 161 Rn. 91.
1126 *Goette*, in: MüKo-AktG, § 161 Rn. 91.
1127 BGH, Urteil vom 16.02.2009 – II ZR 185/07 = BeckRS 2009, 6133 Rn. 19; *Goette*, in: MüKo-AktG, § 161 Rn. 92.

(1) OLG München, Urteil vom 06.08.2008

Im Rahmen einer Wahlanfechtung hat das OLG München[1128] entschieden, dass, wenn der Aufsichtsrat der Hauptversammlung einen Beschlussvorschlag unterbreitet, der inhaltlich im Widerspruch zu den Empfehlungen des DCGK steht, denen er sich durch veröffentlichte Erklärung uneingeschränkt unterworfen hatte, er verpflichtet sei, die geänderte Absicht auch unterjährig, zumindest gleichzeitig mit dem Beschlussvorschlag, bekannt zu machen.[1129] Dies gebiete der Vertrauensschutz der Aktionäre, die aufgrund der veröffentlichten Erklärung davon ausgehen dürften, dass sich der Aufsichtsrat und Vorstand bei Beschlussvorschlägen, die sie den Aktionären zur Entscheidung in der Hauptversammlung unterbreiteten, an die für die Zukunft abgegebene Erklärung hielten.[1130] Ein Aufsichtsratsbeschluss, der einen Vorschlag an die Hauptversammlung zur Wahl von Aufsichtsräten zum Gegenstand hat, der einer vom Aufsichtsrat anerkannten Empfehlung des Kodex widerspricht, leide unter einem inhaltlichen Mangel, wenn der Aufsichtsrat nicht zeitgleich mit dem Beschluss auch die Abweichung von der bisher abgegebenen Entsprechenserklärung und deren Bekanntmachung beschlossen habe.[1131] Es liege ein Verstoß gegen § 161 AktG vor, der sowohl die Nichtigkeit des Beschlussvorschlags als auch die Anfechtbarkeit der auf dieser Grundlage gefassten Beschlüsse der Hauptversammlung begründe.[1132]

(2) LG Hannover, Urteil vom 17.03.2010

Daran hat das *Continental/Schaeffler*-Urteil[1133] des LG Hannover angeknüpft. Hierbei ging es ebenso um die fehlende Ergänzung der Entsprechenserklärung und die daraus entstehenden Folgen. Das Gericht hat entschieden, dass ein Beschluss der Hauptversammlung, mit dem Aufsichtsräte gewählt wurden, bei denen entgegen der bekanntgegebenen Entsprechenserklärung Interessenkonflikte nicht ausgeschlossen sind, aufgrund einer nicht vorgenommenen Aktualisierung der Entsprechenserklärung anfechtbar sei.[1134] Das bestehende Wahlrecht

---

1128 OLG München, Urteil vom 06.08.2008 – 7 U 5628/07 = BeckRS 2009, 110. Vorausgegangen war die Entscheidung des LG München I, Urteil vom 22.11.2007 – 5 HK O 10614/07 = BeckRS 2007, 19417.

1129 OLG München, Urteil vom 06.08.2008 – 7 U 5628/07 = BeckRS 2009, 110.

1130 OLG München, Urteil vom 06.08.2008 – 7 U 5628/07 = BeckRS 2009, 110.

1131 OLG München, Urteil vom 06.08.2008 – 7 U 5628/07 = BeckRS 2009, 110.

1132 OLG München, Urteil vom 06.08.2008 – 7 U 5628/07 = BeckRS 2009, 110.

1133 LG Hannover, Urteil vom 17.03.2010 – 23 O 124/09 = BeckRS 2010, 10616.

1134 LG Hannover, Urteil vom 17.03.2010 – 23 O 124/09 = BeckRS 2010, 10616.

der Hauptversammlung werde zwar nicht durch die Empfehlungen des DCGK eingeschränkt.[1135] Die dort enthaltenen Grundsätze hätten weder Gesetzesqualität noch Satzungscharakter.[1136] Jedoch hätten sich Vorstand und Aufsichtsrat an § 161 AktG zu halten.[1137] Dabei sei auch die (inzwischen ergangene) grundlegende Entscheidung des BGH[1138] zur Aktualisierungspflicht der Unternehmen bei jährlich abzugebenden und bekanntzumachenden Erklärungen zu berücksichtigen.[1139] Somit sei die unterlassene Änderung der Entsprechenserklärung als Gesetzesverstoß im Sinne der §§ 243 Abs. 1, 251 Abs. 1 S. 1 AktG zu werten und habe die Anfechtbarkeit des Wahlbeschlusses zum Aufsichtsrat zur Folge, wenn ein solcher Verstoß festzustellen sei.[1140]

(3) BGH, Urteil vom 09.10.2018

Der BGH hat der bisherigen Rechtsprechungstendenz eine Absage erteilt und sich den kritischen Stimmen in der Literatur angeschlossen. Im Oktober 2018 entschied der II. Zivilsenat,[1141] dass eine Abweichung des Wahlvorschlags von den Empfehlungen des DCGK nicht die Wirksamkeit der Wahl eines Aufsichtsratsmitglieds beeinflusse. Sie mache den Wahlvorschlag weder unwirksam noch liege ein für die Wahlentscheidung der Hauptversammlung relevanter Verstoß gegen Informationspflichten vor.[1142] Zunächst verstoße der Wahlvorschlag selbst nicht gegen Gesetz oder Satzung, so dass er nicht nichtig sei.[1143] § 161 AktG regle nicht den Inhalt von Beschlüssen, sondern diene dem Informationsinteresse der Kapitalteilnehmer.[1144] Vor allem liege ein Inhaltsmangel des Aufsichtsratsbeschlusses auch zeitlich nicht vor.[1145] Denn vor Annahme der Wahl durch den

---

1135 LG Hannover, Urteil vom 17.03.2010 – 23 O 124/09 = BeckRS 2010, 10616.

1136 LG Hannover, Urteil vom 17.03.2010 – 23 O 124/09 = BeckRS 2010, 10616. Mit Verweis auf: LG München I, Urteil vom 22.11.2007 – 5 HK O 10614/07 = BeckRS 2007, 19417 (*MAN/Piëch*-Entscheidung).

1137 LG Hannover, Urteil vom 17.03.2010 – 23 O 124/09 = BeckRS 2010, 10616.

1138 BGH, Urteil vom 16.02.2009 – II ZR 185/07 = BeckRS 2009, 6133.

1139 LG Hannover, Urteil vom 17.03.2010 – 23 O 124/09 = BeckRS 2010, 10616.

1140 LG Hannover, Urteil vom 17.03.2010 – 23 O 124/09 = BeckRS 2010, 10616.

1141 BGH, Urteil vom 09.10.2018 – II ZR 78/17 = BeckRS 2018, 36989.

1142 BGH, Urteil vom 09.10.2018 – II ZR 78/17 = BeckRS 2018, 36989 (Leitsatz); *Krieger*, in: ZGR 2012, 202, 223; *Koch*, in: MüKo-AktG, § 251 Rn. 5; *Koch*, in: Hüffer/Koch, AktG, § 161 Rn. 33, 34; Stilz, in: Spindler/Stilz, AktG, § 251 Rn. 5a; *Tröger*, ZHR 175 (2011), 746, 772, 773; *Leyens*, in: Großkomm-AktG, § 161 Rn. 483, 494.

1143 BGH, Urteil vom 09.10.2018 – II ZR 78/17 = BeckRS 2018, 36989 Rn. 29.

1144 BGH, Urteil vom 09.10.2018 – II ZR 78/17 = BeckRS 2018, 36989 Rn. 29.

1145 BGH, Urteil vom 09.10.2018 – II ZR 78/17 = BeckRS 2018, 36989 Rn. 30.

Betroffenen verstoße die Gesellschaft nicht gegen Kodexempfehlungen und es bestehe auch noch keine Aktualisierungspflicht.[1146] Eine Aktualisierungspflicht gleichzeitig mit dem Aufsichtsratsbeschluss scheide auch deshalb aus, weil Vorstand und Aufsichtsrat, und nicht nur der Aufsichtsrat, die Entsprechenserklärung zu aktualisieren hätten.[1147] Die Bekanntmachung des Beschlussvorschlags und Erklärung nach § 161 AktG beziehungsweise deren Korrektur seien verschiedene Erklärungen.[1148] Die Entsprechenserklärung sei eine Erklärung für den Kapitalmarkt, die Bekanntmachung des Beschlussvorschlags sei demgegenüber auf die Hauptversammlung bezogen.

Schließlich liege auch kein Informationsmangel vor.[1149] Eine Informationspflicht ergebe sich weder aus § 161 AktG noch aus anderen Gründen.[1150] Die Erklärungspflicht diene der allgemeinen formalisierten Information des Kapitalmarkts und damit auch der Information der Aktionäre als Anleger.[1151] Sie sei aber gerade nicht hauptversammlungsbezogen ausgestaltet, das heißt, sie enthalte keine gesetzliche Informationspflicht der Gesellschaft gegenüber ihren Aktionären im Zusammenhang mit der Durchführung einer Hauptversammlung.[1152] Es finde sich auch keine andere aktienrechtliche Vorschrift, die eine Gesellschaft ausdrücklich verpflichte, den Aktionären Angaben zur Vereinbarkeit der Wahl eines Aufsichtsratsmitglieds mit den Empfehlungen des DCGK zu übermitteln.[1153] Vielmehr sei es neben den ausdrücklich geregelten Informationspflichten Sache des einzelnen Aktionärs, in der Hauptversammlung Auskunft über Angelegenheiten zu verlangen, die aus seiner Sicht zur sachgemäßen Beurteilung eines Gegenstands der Tagesordnung erforderlich seien.

cc. Stellungnahme

(1) Anfechtbarkeit des Entlastungsbeschlusses

Der dargelegten Rechtsprechung zur Anfechtbarkeit von Entlastungsbeschlüssen bei unterlassener Aktualisierung der Entsprechenserklärung ist zu folgen. Der Verstoß gegen § 161 AktG kann einen schwerwiegenden, eindeutigen

1146 BGH, Urteil vom 09.10.2018 – II ZR 78/17 = BeckRS 2018, 36989 Rn. 30.
1147 BGH, Urteil vom 09.10.2018 – II ZR 78/17 = BeckRS 2018, 36989 Rn. 31.
1148 BGH, Urteil vom 09.10.2018 – II ZR 78/17 = BeckRS 2018, 36989 Rn. 32.
1149 BGH, Urteil vom 09.10.2018 – II ZR 78/17 = BeckRS 2018, 36989 Rn. 33.
1150 BGH, Urteil vom 09.10.2018 – II ZR 78/17 = BeckRS 2018, 36989 Rn. 35, 42.
1151 BGH, Urteil vom 09.10.2018 – II ZR 78/17 = BeckRS 2018, 36989 Rn. 36.
1152 BGH, Urteil vom 09.10.2018 – II ZR 78/17 = BeckRS 2018, 36989 Rn. 36.
1153 BGH, Urteil vom 09.10.2018 – II ZR 78/17 = BeckRS 2018, 36989 Rn. 43.

Gesetzesverstoß darstellen. Dabei ist zu beachten, dass, wie vom BGH gefordert,[1154] die Abweichung von den DCGK-Empfehlungen bereits eingetreten ist. Der Zwischenschritt über die Annahme der Wahl der im fehlerhaften Beschlussvorschlag genannten Kandidaten fällt weg. Über die Einschränkung, dass die Unrichtigkeit einen wesentlichen Punkt betreffen muss, führt die dargelegte Rechtsprechung schließlich insofern zu vertretbaren Ergebnissen, als aus Sicht eines objektiv urteilenden Aktionärs eine unterschiedliche Gewichtung der DCGK-Empfehlungen vorgenommen wird.[1155]

(2) Keine Anfechtbarkeit von Wahlbeschlüssen

Von einer Anfechtbarkeit von Wahlbeschlüssen wegen eines Verstoßes gegen die Aktualisierungspflicht ist nicht auszugehen.[1156] Die Entscheidung des BGH ist dogmatisch überzeugend. Weder ist der Beschlussvorschlag des Aufsichtsrats fehlerhaft noch liegt ein Informationsmangel vor. Wie vom BGB richtig erkannt,[1157] ist kein Grund erkennbar, warum eine unrichtige Entsprechenserklärung Auswirkungen auf den Wahlvorschlag haben sollte. Die Entsprechenserklärung und der Aufsichtsratsbeschluss stellen inhaltlich, zeitlich und formell verschiedene Erklärungen dar. Die Entsprechenserklärung richtet sich an ein breites, diverses Anlegerpublikum. Sie wird gemeinsam mit dem Lagebericht entweder vom Vorstand alleine oder zusammen mit dem Aufsichtsrat veröffentlicht. Der Beschlussvorschlag demgegenüber richtet sich an den überschaubaren Aktionärskreis der Hauptversammlung. Er wird lediglich vom Aufsichtsrat zusammen mit der Tagesordnung im Vorfeld der Hauptversammlung bekannt gemacht. Damit kann dahinstehen, ob die Aktualisierungspflicht erst, wie vom BGH angenommen, mit Annahme der Wahl greift, ob ein Inhaltsmangel also auch zeitlich nicht vorliegt. Eine fehlerhafte Entsprechenserklärung wirkt sich nicht auf den Beschlussvorschlag aus. Angemerkt und dem BGH entgegenzuhalten ist, dass sich aus dem Rechtscharakter der Empfehlungen des DCGK keine einschränkende Auslegung des § 243 Abs. 1 AktG ergibt.[1158] Denn auch

---

1154 BGH, Urteil vom 09.10.2018 – II ZR 78/17 = BeckRS 2018, 36989 Rn. 30.

1155 *Goette*, in: MüKo-AktG, § 161 Rn. 92.

1156 *Krieger*, ZGR 2012, 202, 223 f.; *Marsch-Barner*, in: FS K. Schmidt, S. 1109, 1112, 1113; *Rieder*, NZG 2010, 737, 738 f.; *Thümmel*, CCZ 2008, 141, 142 f.; *Koch*, in: Hüffer/Koch, AktG, § 161 Rn. 31 ff. A.A.: *Goette*, in: MüKo-AktG, § 161 Rn. 94 ff.; *Habersack*, in: FS Goette, S. 121, 122 ff.; *E. Vetter*, NZG 2008, 121, 123 ff.; *Kirschbaum*, ZIP 2007, 2362, 2364.

1157 BGH, Urteil vom 09.10.2018 – II ZR 78/17 = BeckRS 2018, 36989 Rn. 32.

1158 BGH, Urteil vom 09.10.2018 – II ZR 78/17 = BeckRS 2018, 36989 Rn. 40.

wenn sich ein Verstoß gegen die Entsprechenserklärung erst mit Annahme der Wahl ergeben sollte, könnte eine Aktualisierung derselben auf der Homepage des Unternehmens zügig und unkompliziert durch das *Backoffice* im Anschluss der Wahl geschehen. Über diesen Ausweg könnten sich Gesellschaften vor einer Anfechtungsflut retten.

Ein Informationsmangel liegt ebenso nicht vor. Auf den ersten Blick spricht zwar gegen den BGH und die ihn flankierenden kritischen Stimmen aus der Literatur, dass es künstlich erscheine, einen Zusammenhang zwischen der Erklärung nach § 161 AktG und dem Wahlbeschluss abzulehnen:[1159] Der Aktionär, der sich in der Hauptversammlung an der Abstimmung über den Wahlvorschlag des Aufsichtsrats beteiligt und die Entsprechenserklärung kennt, könne erwarten, dass dieser Erklärung entsprechend auch bei der Fassung des Wahlvorschlags verfahren worden ist.[1160] Andernfalls müsse er davon ausgehen können, dass die Verwaltung ihrer Aktualisierungspflicht ordnungsgemäß nachgekommen ist und die nunmehr unrichtige Erklärung unverzüglich korrigiert hat.[1161] Ist jedoch eine Tatsache, wie das mögliche Vorliegen eines Interessenkonflikts, oder eine besondere Qualifikation eines Kandidaten für einen Aktionär derart bedeutend, dass er seine Wahlentscheidung davon abhängig macht beziehungsweise machen will, kann er von seinem Auskunftsrecht in der Hauptversammlung Gebrauch machen. Er kann die Verwaltung zu Angelegenheiten befragen, soweit diese zur sachgemäßen Beurteilung des Gegenstands der Tagesordnung erforderlich sind.[1162] Der Beschlussvorschlag wird mit der Bekanntmachung der Tagesordnung veröffentlicht. Mithin kann ein Aktionär im Vorfeld der Wahl zudem selbst Erkundigungen über für ihn relevante Informationen einholen. Der *Telos* des Beschlussvorschlags zielt gerade darauf ab, dass den Aktionären Gelegenheit gegeben wird, sich sachgerecht auf die Hauptversammlung vorzubereiten. Fest steht jedenfalls, dass die Bedeutung von *Corporate Governance* zunimmt. Vor den Konsequenzen einer derartigen Entwicklung wird auch der Oberste Gerichtshof des Bundes nicht gefeit sein. So kann für die sachgerechte Wahlentscheidung eines Aktionärs die Befolgung der Verhaltensempfehlungen

---

1159 *Goette*, in: MüKo-AktG, § 161 Rn. 92, 94; *Habersack*, in: FS Goette, S. 121, 123, 124; *Lutter*, in: FS Hopt, S. 1025, 1029; *Bayer/Scholz*, in: Spindler/Stilz, AktG, § 161 Rn. 91; *Hölters*, in: Hölters, AktG, § 161 Rn. 59; *Runte/Eckert*, in: Bürgers/Körber, AktG, § 161 Rn. 47 ff. A.A.: *Krieger*, ZGR 2012, 202, 221 ff.

1160 *Goette*, in: MüKo-AktG, § 161 Rn. 94; *Habersack*, in: FS Goette, S. 121, 123 f.

1161 *Goette*, in: MüKo-AktG, § 161 Rn. 94.

1162 Vgl. § 131 Abs. 1 S. 1 AktG.

des DCGK von hohem Gewicht sein. Gute und verantwortungsvolle Unternehmensführung kann auch bedeuten, in der Aussprache im Vorfeld der Wahl darauf hinzuweisen, dass spätestens durch die Annahme der Wahl eine Aktualisierung der Entsprechenserklärung nötig wird. Davon auszugehen, dass sich für den Aktionär nichts ändern würde,[1163] wüsste er, dass vom Kodex abgewichen wird, erscheint überkommen und nicht mehr zeitgemäß.

b. Fehlerhafter Vergangenheitsteil der Entsprechenserklärung

Für den Fall, dass der vergangenheitsbezogene Teil der Erklärung fehlerhaft ist, liegt keine Rechtsprechung vor. Problematisch ist, dass die Entlastung beziehungsweise Wahl in der Hauptversammlung und die in der Regel spätere, im jährlichen Turnus erfolgende Veröffentlichung der Entsprechenserklärung zwei sachlich und zeitlich völlig getrennte Maßnahmen darstellen.[1164] Die Berichtspflicht ist der Hauptversammlung in der Regel nachgelagert.[1165] Ein Verstoß gegen diese spätere Pflicht kann schon denklogisch nicht zur Nichtigkeit der früheren Beschlüsse führen.[1166] Bezüglich des Wahlbeschlusses ist theoretisch zwar eine Konstellation vorstellbar, bei der zwischen Beschlussvorschlag und Hauptversammlung eine neue Entsprechenserklärung gemäß dem jährlichen Turnus fällig ist. Dann könnte ein fehlerhafter vergangenheitsbezogener Teil zu einer Anfechtbarkeit der (dann späteren) Wahlbeschlüsse führen. Dies ist jedoch in der Praxis unwahrscheinlich. Ein Beschlussvorschlag des Aufsichtsrats wird im Vorfeld einer Hauptversammlung erlassen. Er dient der ordnungsgemäßen Vorbereitung dieser Versammlung. Die Entsprechenserklärung hingegen ist mit dem Lagebericht und damit mit dem Jahresabschluss verzahnt. Es ist nicht davon auszugehen, dass Gesellschaften ihre komplexe und vorbereitungsintensive Hauptversammlung kurz nach Abgabe des Lageberichts (und Jahresabschlusses) durchführen. Im Fall eines fehlerhaften vergangenheitsbezogenen Teils der Entsprechenserklärung ergibt sich mithin keine Anfechtbarkeit des Entlastungs- oder Wahlbeschlusses der Hauptversammlung.

c. Zwischenergebnis zu 1.

Es kann sich eine Anfechtbarkeit der Entlastung eines Aufsichtsrats bei einer Fehlerhaftigkeit der Entsprechenserklärung aufgrund unterlassener Aktualisierung

---

1163 *Krieger*, in: ZGR 2012, 202, 223 („was ändert sich").
1164 *Koch*, in: MüKo-AktG, § 251 Rn. 5.
1165 *Koch*, in: MüKo-AktG, § 251 Rn. 5.
1166 *Koch*, in: MüKo-AktG, § 251 Rn. 5.

ergeben. Voraussetzung ist, dass die Fehlerhaftigkeit einen nicht unwesentlichen (relevanten) Punkt der Entsprechenserklärung betrifft.

2. *Haftung des einzelnen Aufsichtsratsmitglieds bei fehlerhafter Entsprechenserklärung*

a. *Innenhaftung nach §§ 116 S. 1, 93 Abs. 2 S. 1 AktG*

aa. *Sorgfaltspflichtverletzung*

Liegt ein dargestellter Verstoß gegen § 161 AktG vor,[1167] handeln die Aufsichtsräte im Sinne der §§ 116 S. 1, 93 Abs. 1 S. 1 AktG sorgfaltspflichtwidrig.[1168] Die Einhaltung gesetzlicher Vorgaben, wie § 161 AktG, ist elementarer Bestandteil der Sorgfalts- beziehungsweise Legalitätspflicht des jeweiligen Organs.[1169]

bb. Business Judgment Rule, *§ 93 Abs. 1 S. 2 AktG*

Bei der Frage, ob die *Business Judgment Rule* einschlägig ist, ist zwischen dem vergangenheitsbezogenen und dem zukunftsgerichteten Teil der Entsprechenserklärung zu unterscheiden.[1170] Bezüglich der Erklärung des vergangenheitsbezogenen Teils liegt kein Handlungsspielraum vor. Der Aufsichtsrat hat wahrheitsgemäß zu erklären, ob die Empfehlungen angewandt worden sind oder nicht.[1171] Die *Business Judgment Rule* ist nicht einschlägig. Bei der Abgabe der zukunftsgerichteten Absichtserklärung ist zu unterscheiden:[1172] Hinsichtlich der strategisch-prospektiven Entscheidung der Anwendung oder Nichtanwendung der DCGK-Empfehlungen in der Zukunft steht dem Aufsichtsrat ein unternehmerischer Handlungsspielraum zu.[1173] Für den Aufsichtsrat gilt dies nur für die

---

1167 Siehe Kapitel 4., B., IV. der Arbeit.

1168 *Mutter*, in: Semler/v. Schenck, Der Aufsichtsrat, § 161 AktG Rn. 57; *Hölters*, in: Hölters, AktG, § 161 Rn. 45 ff.; *Lutter*, in: FS Hopt, S. 1025, 1028.

1169 *Wittmann/Kirschbaum*, in: NK-AktG, § 161 Rn. 80; *Lutter*, in: KölnerKomm-AktG, § 161 Rn. 155.

1170 *Lieder*, ZGR 2018, 523, 552.

1171 *Lieder*, ZGR 2018, 523, 552.

1172 *Lieder*, ZGR 2018, 523, 553; *Leyens*, in: Großkomm-AktG, § 161 Rn. 194, der zudem tatsächliche Anhaltspunkte eines Befolgungswillens fordert; *Lutter*, in: KölnerKomm-AktG, § 161 Rn. 79, der noch unterscheidet, ob die Empfehlung weitgehend bereits geltendem Recht entspricht.

1173 *Lieder*, ZGR 2018, 523, 553; *Leyens*, in: Großkomm-AktG, § 161 Rn. 194; *Lutter*, in: KölnerKomm-AktG, § 161 Rn. 79.

in seinen Zuständigkeitsbereich fallenden Empfehlungen.[1174] Bei diesen kann er jeweils entscheiden, ob es mehr einer guten und verantwortungsvollen Unternehmensführung entspricht, diese anzuwenden oder nicht. Erforderlich ist aber in jedem Fall, dass eine Auseinandersetzung erfolgt.[1175] Ansonsten handelt es sich um eine pflichtwidrige Nichtausübung des Ermessens.[1176] Vorliegend wird eine Haftung bei Verstoß gegen § 161 AktG geprüft. Der Verstoß, die Sorgfaltspflichtverletzung, kann sich im Hinblick auf den zukunftsgerichteten Teil der Erklärung nur aus einer nicht vorgenommenen Aktualisierung ergeben. Hinsichtlich dieser kommt dem Aufsichtsrat kein Handlungsspielraum zu. Zwar ergibt sich die Aktualisierungspflicht nicht direkt durch Gesetz. Die höchstinstanzliche Rechtsprechung hat jedoch den Pflichtenrahmen hinreichend konkretisiert. Wird, entgegen den Aussagen im zukunftsgerichteten Teil, von den Kodexempfehlungen abgewichen, muss die Entsprechenserklärung aktualisiert werden. Im Rahmen der möglichen Verstöße gegen § 161 AktG ist die *Business Judgment Rule* damit nicht anwendbar.

cc. Verschulden

§ 161 AktG müsste vorsätzlich oder fahrlässig verletzt worden sein.

dd. Kausaler Schaden

Hauptaugenmerk liegt auf dem Erfordernis eines kausalen Schadens der Gesellschaft. Der Nachweis eines solchen erweist sich auch in diesem Zusammenhang als schwierig.[1177] Der Schaden muss nämlich gerade durch die Pflichtverletzung eingetreten sein. Diese liegt nicht in einem Verstoß gegen DCGK-Empfehlungen, sondern in einem Verstoß gegen § 161 AktG. Ein solcher Verstoß kann zum einen das Ansehen der Gesellschaft mindern.[1178] Wie schon erwähnt ist ein solcher Reputationsverlust unter Umständen, beispielsweise wegen eines erhöhten Zinssatzes,[1179] erstattungsfähig. Zum anderen kann ein Verstoß gegen § 161 AktG

1174 *Lieder*, ZGR 2018, 523, 553; *Bayer/Scholz*, in: Spindler/Stilz, AktG, § 161 Rn. 39 f. Nach a.A. müssen beide Organe unabhängig von der Kompetenzverteilung entscheiden, z.B. *Runte/Eckert*, in: Bürgers/Körber, AktG, § 161 Rn. 6. Inzwischen wohl auch *Grigoleit/Zellner*, in: Grigoleit, AktG, § 161 Rn. 11.

1175 *Lutter*, in: KölnerKomm-AktG, § 161 Rn. 79.

1176 *Lutter*, in: KölnerKomm-AktG, § 161 Rn. 79.

1177 *Lutter*, in: FS Hopt, S. 1025, 1028; *Goette*, in: MüKo-AktG, § 161 Rn. 98.

1178 *Lutter*, in: FS Hopt, S. 1025, 1028.

1179 *Lutter*, in: FS Hopt, S. 1025, 1028. Siehe Kapitel 4., B., II., 1., b., dd. der Arbeit.

zur Anfechtbarkeit eines Entlastungsbeschlusses führen.[1180] Aufgrund mangelnder Rechtswirkung der Entlastung des Aufsichtsrats wird jedoch selbst bei Erfolg der Klage die Hauptversammlung nicht wiederholt werden. Damit können die damit verbundenen Kosten auch keinen kausalen Schaden darstellen.[1181]

Bei Schäden anderer Art wird der Nachweis der Kausalität nur schwerlich zu erbringen sein. Dies wird am Fall des überschrittenen Abfindungs-Caps, also der Zahlung an Vorstände bei vorzeitiger Beendigung der Tätigkeit, gemäß Ziffer G.13 DCGK deutlich.[1182] Überschreitet der Aufsichtsrat dieses trotz Vorliegen einer uneingeschränkten Entsprechenserklärung, liegt die Pflichtverletzung nicht im Überschreiten, sondern in der nicht vorgenommenen Aktualisierung.[1183] Die Mehrzahlung kann mithin nicht als materieller Schaden herangezogen werden.[1184]

ee. Zwischenergebnis zu a.

Eine Innenhaftung der Aufsichtsräte gegenüber der Gesellschaft bei Verstoß gegen § 161 AktG ist möglich. Aufgrund des schwer nachzuweisenden kausalen Schadens hält sich das Haftungsrisiko jedoch in Grenzen.

b. Außenhaftung

Sodann könnte eine Außenhaftung einzelner Aufsichtsräte bei Verletzung des § 161 AktG möglich sein. Auch in diesem Zusammenhang wird nur auf den wahrscheinlichsten Fall einer solchen Haftungsinanspruchnahme eingegangen, nämlich den eines durch Kursverfall geschädigten Aktionärs. Stellt sich heraus, dass die Entsprechenserklärung fehlerhaft ist, kann dies zu einem Vertrauensverlust der Anleger, mithin des Kapitalmarkts führen. Dies wiederum kann einen Kursverlust der Aktie der Gesellschaft zur Folge haben. Im unwahrscheinlichen Fall, dass neben dem Aktionär auch die Gesellschaft einen Schaden erleidet, konkurriert der Anspruch der Gesellschaft mit dem der Aktionäre.[1185] In

---

1180 Siehe Kapitel 4., B., IV., 1. der Arbeit.

1181 Für den Fall der Wahlanfechtung: *Tödtmann/Schauer*, ZIP 2009, 995, 999.

1182 *Lutter*, in: FS Hopt, S. 1025, 1034 noch zur Vorgängerregelung: Ziffer 4.2.3 Abs. 4 DCGK 2017.

1183 *Lutter*, in: FS Hopt, S. 1025, 1034.

1184 *Lutter*, in: FS Hopt, S. 1025, 1034.

1185 *Lutter*, in: KölnerKomm-AktG, § 161 Rn. 168.

diesem Fall können die Aktionäre allenfalls über § 147 AktG Schadensersatz, zahlbar an die Gesellschaft (nicht an sie selbst), verlangen.[1186]

Vertragliche Ansprüche scheiden aus. Die Entsprechenserklärung begründet keine vertraglichen Bindungen zwischen einem Aufsichtsrat und einem Aktionär.[1187] Bei einem Aktienkauf durch einen Investor werden nicht die Organmitglieder, sondern die Gesellschaft Vertragspartei.[1188]

aa. Haftung nach §§ 280 Abs. 1, 241 Abs. 2 BGB

Fraglich ist, ob eine vorvertragliche Haftung der Aufsichtsräte gegenüber Aktionären aus dem Rechtsinstitut der *culpa in contrahendo* (c.i.c.) in Betracht kommt. Für eine solche Haftung gemäß §§ 280 Abs. 1, 241 Abs. 2 BGB müsste ein vorvertragliches Schuldverhältnis zwischen einem Aktionär und einem Aufsichtsrat entstanden sein. Ein solches liegt nicht vor. Weder werden durch die Entsprechenserklärung Vertragsverhandlungen zwischen einem einzelnen Anleger und einem Aufsichtsrat aufgenommen (§ 311 Abs. 2 Nr. 1 BGB) noch bahnt sich ein Vertrag an (§ 311 Abs. 2 Nr. 2 BGB). Im Hinblick auf den immanenten Übergang der im Wertpapier verbrieften Mitgliedschaftsrechte zum Zeitpunkt des Aktienkaufs wird teilweise ein Schuldverhältnis gemäß § 311 Abs. 2 Nr. 3 BGB („ähnliche geschäftliche Kontakte) konstruiert.[1189] Ein solches kann aber wenn, höchstens mit der Gesellschaft selbst, deren Anteile erworben werden, entstehen.

Nach § 311 Abs. 3 BGB kann ein Schuldverhältnis auch zu Personen entstehen, die nicht selbst Vertragspartei werden sollen, aber in besonderem Maße Vertrauen für sich in Anspruch nehmen und dadurch die Vertragsverhandlungen oder den Vertragsschluss erheblich beeinflussen. Fraglich ist, ob einzelne Aufsichtsräte im Vorfeld einer Anlageentscheidung ein derartiges Vertrauen für sich in Anspruch nehmen können. Ein solches Vertrauen wird nur dann bejaht, wenn der Dritte, in diesem Fall der einzelne Aufsichtsrat, eine über das normale Verhandlungsvertrauen hinausgehende persönliche Gewähr für die Seriosität und die Erfüllung des Geschäfts übernommen hat.[1190] Dafür müsste das einzelne Aufsichtsratsmitglied aus seiner Rolle als Organmitglied heraustreten

---

1186 *Lutter*, in: KölnerKomm-AktG, § 161 Rn. 168; *Spindler*, in: K. Schmidt/Lutter, AktG, § 161 Rn. 69.

1187 Für den Vorstand: *Kort*, in: FS Raiser, S. 203, 217.

1188 *Lutter*, in: KölnerKomm-AktG, § 161 Rn. 171.

1189 *Becker*, Die Haftung für den deutschen Corporate Governance Kodex, S. 59 ff.

1190 BGH, Urteil vom 04.07.1987 – II ZR 220/82 = NJW 1983, 2696, 2697; *Sutschet*, in: BeckOK, BGB, § 311 Rn. 119.

und zu einer eigenen Person werden, auf deren Qualitäten sich das Vertrauen der Anleger beziehen kann.[1191] Davon ist nicht auszugehen. Zuerst wird die Entsprechenserklärung in der Regel von Vorstand und Aufsichtsrat zusammen als Kollegialorgan abgegeben, so dass ein auf das einzelne Organmitglied bezogener Vertrauenstatbestand per se nicht begründet werden kann.[1192] Darüber hinaus trifft die Entsprechenserklärung abstrakt-generelle Aussagen zur Unternehmensverfassung und ist somit rein inhaltlich nicht darauf ausgerichtet, für den Einzelnen ein besonderes Vertrauen zu erwecken.[1193] Schließlich ist sie an ein unbestimmtes Publikum gerichtet, so dass auch auf Seiten der Anleger nur schwer eine Konkretisierung erfolgen kann.[1194] Damit scheidet auch ein Schuldverhältnis nach § 311 Abs. 3 BGB und somit eine Haftung aus c.i.c. insgesamt aus.

bb. Prospekthaftung

Stellte die Entsprechenserklärung einen Prospekt, mit dem für eine Kapitalanlage geworben wird, dar, käme eine Haftung für die Richtigkeit und Vollständigkeit von diesem in Frage.[1195] Unterschieden wird zwischen der spezialgesetzlichen und der bürgerlich-rechtlichen Prospekthaftung.[1196] Die spezialgesetzlichen Vorschriften (wie beispielsweise §§ 44 ff. BörsG) sind allesamt nicht einschlägig: Sie nehmen auf konkret definierte Prospekte Bezug.[1197] Bei der bürgerlich-rechtlichen Prospekthaftung wird zwischen einer solchen im engeren und einer solchen im weiteren Sinne unterschieden.[1198] Die Prospekthaftung im weiteren Sinne wird auf § 311 Abs. 2 und Abs. 3 BGB gestützt.[1199] Wie aufgezeigt,[1200] ist

---

1191 *Lutter*, in: KölnerKomm-AktG, § 161 Rn. 171.

1192 *Spindler*, in: K. Schmidt/Lutter, AktG, § 161 Rn. 79.

1193 *Spindler*, in: K. Schmidt/Lutter, AktG, § 161 Rn. 79.

1194 *Spindler*, in: K. Schmidt/Lutter, AktG, § 161 Rn. 79.

1195 *Lutter*, in: FS Hopt, S. 1025, 1036; *ders.*, in: KölnerKomm-AktG, § 161 Rn. 172 ff. Allgemein zur Prospekthaftung: *Emmerich*, in: MüKo-BGB, § 311 Rn. 141 ff.

1196 *Emmerich*, in: MüKo-BGB, § 311 Rn. 141.

1197 *Spindler*, in: K. Schmidt/Lutter, AktG, § 161 Rn. 76; *Lutter*, in: KölnerKomm-AktG, § 161 Rn. 172; *Kort*, in: FS Raiser, S. 203, 223. Differenzierend: *Bachmann*, WM 2002, 2137, 2140, der von einem Prospekt im Sinne des § 44 BörsG ausgeht, wenn die Entsprechenserklärung ausdrücklich übernommen wurde.

1198 *Emmerich*, in: MüKo-BGB, § 311 Rn. 142.

1199 St. Rspr. z.B.: BGH, Urteil vom 09.07.2013 – II ZR 9/12 = NZG 2013, 980, 982; BGH, Urteil vom 23.04.2012 – II ZR 75/10 = NZG 2012, 789, 790; *Emmerich*, in: MüKo-BGB, § 311 Rn. 142.

1200 Siehe Kapitel 4., B., IV., 2., b., aa. der Arbeit.

im Falle eines Verstoßes gegen § 161 AktG weder § 311 Abs. 2 noch Abs. 3 BGB einschlägig. Damit liegt auch keine bürgerlich-rechtliche Prospekthaftung im weiteren Sinne vor.[1201]

Fraglich ist, ob ein Fall der bürgerlich-rechtlichen Prospekthaftung im engeren Sinne vorliegt. Diese knüpft nicht an ein konkretes persönliches Vertrauen an, sondern unterstellt ein typisiertes.[1202] Der einzelne Aufsichtsrat müsste also nicht direkt mit dem geschädigten Anleger in Vertragsverhandlungen getreten sein. Voraussetzung ist, dass die Entsprechenserklärung einen „Prospekt" darstellt. Nach dem BGH[1203] ist ein solcher Prospekt eine marktbezogene, schriftliche Erklärung, die für die Beurteilung der angebotenen Anlage erhebliche Angaben enthält oder den Anschein eines solchen Inhalts erweckt. Sie muss dabei tatsächlich oder zumindest dem von ihr vermittelten Eindruck nach den Anspruch erheben, eine das Publikum umfassend informierende Beschreibung der Anlage zu sein.[1204] Ebenso ist für die Qualifizierung als Prospekt maßgeblich, dass dieser die einzige oder wenigstens wichtigste Informationsquelle des Anlegers ist, um die Anlage objektiv zu beurteilen und das Risiko richtig einzuschätzen.[1205] Vor allem *Lutter*[1206] qualifiziert die Entsprechenserklärung als derartigen Prospekt. Seiner Ansicht nach[1207] werden durch die Entsprechenserklärung zumindest mittelbar neue Investoren gewonnen, wenn nämlich Anleger ihr Vertrauen in eine gute *Corporate Governance* zugleich mit der Erwartung unternehmerischen Erfolgs verbinden und sich in der Folge zu einem Engagement in die Gesellschaft entschließen.

Dem ist nicht zu folgen.[1208] Die Entsprechenserklärung ist weder eine das Publikum umfassend informierende Beschreibung einer Anlagemöglichkeit

---

1201 *Lutter*, in: KölnerKomm-AktG, § 161 Rn. 172 Fn. 478.

1202 *Berg/Stöcker*, WM 2002, 1569, 1580.

1203 BGH, Urteil vom 17.11.2011 – III ZR 103/10 = NJW 2012, 758, 759.

1204 BGH, Urteil vom 17.11.2011 – III ZR 103/10 = NJW 2012, 758, 759; BGH, Urteil vom 19.07.2004 – II ZR 218/03 = NJW 2004, 2664, 2665.

1205 BGH, Urteil vom 26.09.1991 – VII ZR 376/89 = BGHZ 115, 213; BGH, Urteil vom 31.05.1990 – VII ZR 340/88 = BGHZ 111, 314; *Hölters*, in: Hölters, AktG, § 161 Rn. 54; *Berg/Stöcker*, WM 2002, 1569, 1581.

1206 *Lutter*, in: KölnerKomm-AktG, § 161 Rn. 173. Im Ergebnis eine Prospekthaftung ebenso bejahend: *Ulmer*, ZHR 166 (2002), 150, 168 f.

1207 *Lutter*, in: KölnerKomm-AktG, § 161 Rn. 173.

1208 *Spindler*, in: K. Schmidt/Lutter, AktG, § 161 Rn. 76; *Hölters*, in: Hölters, AktG, § 161 Rn. 54; *Goette*, in: MüKo-AktG, § 161 Rn. 102; *Berg/Stöcker*, WM 2002, 1569, 1580 f.; *Bachmann*, in: WM 2002, 2137, 2140 f.; *Kort*, in: FS Raiser, S. 203, 219; *Körner*, NZG 2004, 1148, 1149; *Kiethe*, NZG 2003, 559, 565.

noch vermittelt sie einen solchen Eindruck. Ihr Informationsgehalt unterscheidet sich deutlich von dem eines Prospekts.[1209] Er ist nicht im selben Maße wie die Auskünfte eines Prospekts geeignet, Einfluss auf Anlageentscheidungen zu nehmen.[1210] Während nämlich ein Prospekt über die wirtschaftlichen Verhältnisse einer Gesellschaft, Renditeerwartungen und Anlagerisiken informiert, enthält die Entsprechenserklärung Informationen über die *Corporate Governance* des Unternehmens. Diese sind nicht geeignet, das Publikum umfassend über eine Anlagemöglichkeit zu informieren. Der Anleger weiß weder, mit welcher Rendite in welcher Zeit er rechnen kann, noch, welche Risiken die Anlage beinhaltet. Zudem unterscheiden sich ein Werbeprospekt und die Entsprechenserklärung auch hinsichtlich ihrer Konstanz.[1211] Die Verwaltungsorgane können jederzeit ihre Meinung bezüglich der zukünftigen Anwendung von DCGK-Empfehlungen ändern. Sie müssen die Entsprechenserklärung nur aktualisieren und erneut veröffentlichen. Demgegenüber lässt sich ein Werbeprospekt, der einmal an potenzielle Anleger verteilt wurde, nur schwer ändern. Allen Empfängern müsste ein neuer, geänderter Prospekt zugeschickt werden. Aufgrund der vielfältigen, oft unübersichtlichen Verbreitungskanäle ist nahezu ausgeschlossen, dass alle ursprünglichen Empfänger erneut informiert werden. Schließlich ist die Entsprechenserklärung auch nicht die einzige oder wenigstens wichtigste Informationsquelle des Anlegers.[1212] Ein informierter, risikoaverser Anleger wird seine Anlageentscheidung nicht ausschließlich oder hauptsächlich anhand der *Corporate-Governance*-Aussagen in der Entsprechenserklärung machen. Er wird zusätzliche Informationsquellen, wie die Bilanz oder die Gewinn- und Verlustrechnung der Gesellschaft, in die er eventuell investieren will, hinzuziehen, um vor allem den Unternehmenserfolg einschätzen zu können. Damit kann auch dahinstehen, ob eine Vertriebssituation vorliegen muss.[1213] Entscheidend ist, dass die Anlageentscheidung nicht allein auf die Erklärung nach § 161 AktG gestützt wird. Die Entsprechenserklärung stellt keinen Prospekt im aufgezeigten Sinne dar. Ein Anspruch aus bürgerlich-rechtlicher Prospekthaftung im engeren Sinne scheidet ebenso aus.

1209 *Spindler*, in: K. Schmidt/Lutter, AktG, § 161 Rn. 76.

1210 *Spindler*, in: K. Schmidt/Lutter, AktG, § 161 Rn. 76.

1211 *Goette*, in: MüKo-AktG, § 161 Rn. 102.

1212 *Hölters*, in: Hölters, AktG, § 161 Rn. 54; *Berg/Stöcker*, WM 2002, 1569, 1581.

1213 Dies wird teilweise gefordert: *Berg/Stöcker*, WM 2002, 1569, 1581. A.A.: *Lutter*, in: KölnerKomm-AktG, § 161 Rn. 174.

cc. Deliktische Haftung

(1) Haftung nach § 823 Abs. 1 BGB

Zwar ist eine Schädigung der Anleger auch hier insbesondere dann denkbar, wenn Aktionäre infolge fehlender oder fehlerhafter Entsprechenserklärung Aktien erworben haben, sich von den gehaltenen Aktien bei Kurseinbruch nicht bereits getrennt oder durch Verkauf nach Kursrückgang einen Wertverlust realisiert haben.[1214] Wie bereits erwähnt, ist ein solcher bloßer Vermögensschaden jedoch nicht von § 823 Abs. 1 BGB geschützt.

Es könnte aber ein sonstiges Recht im Sinne von § 823 Abs. 1 BGB verletzt sein. In Betracht kommt das Mitgliedschaftsrecht der Aktionäre.[1215] Die Mitgliedschaft in einer Kapitalgesellschaft ist als sonstiges Recht im Sinne des § 823 Abs. 1 BGB geschützt.[1216] Nach allgemeiner Ansicht sind jedoch lediglich der rechtliche Bestand des Mitgliedschaftsrechts sowie der Kernbestand der damit verbundenen Rechte, nicht aber die wirtschaftliche Werthaltigkeit geschützt.[1217] § 823 Abs. 1 BGB gewährt weder Vermögensschutz noch soll den Aktionären ein Recht auf rechtmäßiges Verhalten der Organmitglieder eingeräumt werden.[1218] Damit fällt eine Vermögenseinbuße, ausgelöst durch einen Aktienkursrückgang, nicht unter das Mitgliedschaftsrecht der Aktionäre als sonstiges Recht im Sinne des § 823 Abs. 1 BGB.[1219] Im Übrigen wird es an einem konkreten Eingriff fehlen, da die Folgen eines Verstoßes gegen § 161 AktG im Zweifel alle Aktionäre betreffen und die Erklärung keinen unmittelbaren Bezug zur individuellen Mitgliedschaft aufweist.[1220] Damit steht fest, dass die geschützten Rechtsgüter des § 823 Abs. 1 BGB nicht verletzt sind.[1221]

1214 *Mülbert/Sajnovits*, in: HdB der Kapitalmarktinformation, § 12 Rn. 119.

1215 *Lutter*, in: KölnerKomm-AktG, § 161 Rn. 178.

1216 Vgl. zum Verein: BGH, Urteil vom 12.03.1990 – II ZR 179/89 = BGHZ 110, 323; *Kort*, in: FS Raiser, S. 203, 205 f.; *Marsch-Barner*, in: HdB börsennotierte AG, § 2 Rn. 91. *Wagner*, in: MüKo-BGB, § 823 Rn. 351. Mittelbar: *Spindler*, in: K. Schmidt/Lutter, AktG, § 161 Rn. 72.

1217 BGH, Urteil vom 12.03.1990 – II ZR 179/89 = BGHZ 110, 323; h.M. z.B.: *Lutter*, in: KölnerKomm-AktG, § 161 Rn. 178; *Marsch-Barner*, in: HdB börsennotierte AG, § 2 Rn. 91.

1218 *Berg/Stöcker*, WM 2002, 1569, 1578.

1219 *Lutter*, in: KölnerKomm-AktG, § 161 Rn. 178.

1220 *Lutter*, in: KölnerKomm-AktG, § 161 Rn. 178.

1221 *Mülbert/Sajnovits*, in: HdB der Kapitalmarktinformation, § 12 Rn. 120 für Ansprüche gegen die Gesellschaft; *Becker*, Die Haftung für den deutschen Corporate Governance Kodex, S. 107.

(2) Haftung nach § 823 Abs. 2 BGB

Für eine Schadensersatzpflicht wegen einer Schutzgesetzverletzung müsste zunächst ein Schutzgesetz gemäß § 823 Abs. 2 S. 1 BGB vorliegen. Schutzgesetz nach dem BGH[1222] ist eine Rechtsnorm, die nach Zweck und Inhalt zumindest auch dazu dienen soll, den Einzelnen oder einzelne Personenkreise gegen die Verletzung eines bestimmten Rechtsguts zu schützen. Wie schon erwähnt, scheidet der Kodex mangels Gesetzesqualität als Schutzgesetz aus. Fraglich ist jedoch, ob § 161 AktG selbst oder ein Straftatbestand, der mit seiner Verletzung einhergeht, Schutzgesetze darstellen.

(a) Haftung nach §§ 823 Abs. 2 BGB, 161 AktG

Nach der Regierungserklärung zum TransPuG[1223], über das § 161 AktG eingeführt worden ist, soll die Entsprechenserklärung dem Kodex besonderen Nachdruck verleihen. Der Kodex selbst hat nach seiner Präambel[1224] zum Ziel, das deutsche *Corporate-Governance*-System transparent und nachvollziehbar zu machen. Zudem will er das Vertrauen der Anleger, der Kunden, der Belegschaft und der Öffentlichkeit in die Leitung und Überwachung deutscher börsennotierter Gesellschaften fördern.[1225] Mittelbar soll die Entsprechenserklärung mithin auch diese Ziele fördern. Damit richtet sie sich – mittelbar – zwar an einen abstrakten, hinreichend abgrenzbaren Personenkreis,[1226] nämlich den der Adressaten des DCGK. Sie hat aber gerade nicht zum Ziel, deren Rechtsgüter, also auch deren Vermögen zu schützen.[1227] Dieses Ziel soll weder unmittelbar über § 161 AktG noch mittelbar über die Ziele des DCGK erreicht werden. Im Vordergrund steht die Förderung von Transparenz des *Corporate-Governance*-Systems des einzelnen Unternehmens und das Vertrauen der Anleger in dieses.

1222 BGH, Urteil vom 14.05.2013 – VI ZR 255/11 = BeckRS 2013, 11098 Rn. 7; Siehe bereits die Ausführungen in Kapitel 4., A., IV., 1., b., cc., (2).

1223 RegE. zum TransPuG, BT-Drs. 14/8769, S. 21. Das TransPuG meint das Gesetz zur weiteren Reform des Aktien- und Bilanzrechts, zu Transparenz und Publizität (Transparenz- und Publizitätsgesetz – TransPuG) in der Fassung der Bekanntmachung vom 19.07.2002 (BGBl. I S. 2681).

1224 Präambel Abs. 3 S. 1 DCGK.

1225 Präambel Abs. 3 S. 3 DCGK.

1226 *Lutter*, in: KölnerKomm-AktG, § 161 Rn. 181; *Berg/Stöcker*, WM 2002, 1569, 1579.

1227 *Seibt*, AG 2002, 249, 256; *Spindler*, in: K. Schmidt/Lutter, AktG, § 161 Rn. 73, die von einem allenfalls reflexartig vermittelten Individualschutz sprechen; *Marsch-Barner*, in: HdB börsennotierte AG, § 2 Rn. 92.

Damit genügt die Entsprechenserklärung nicht den Anforderungen an ein Schutzgesetz.[1228] Ein Anspruch scheidet aus.

(b) Haftung nach §§ 823 Abs. 2 BGB, 331 Nr. 1 HGB

Zwar wird eigentlich die Haftbarkeit einzelner Aufsichtsräte bei Verstoß gegen § 161 AktG untersucht. Wird dieser verletzt, kann dies aber eine Strafbarkeit nach § 331 Nr. 1 HGB nach sich ziehen. Danach wird bestraft, wer als Mitglied des Aufsichtsrats die Verhältnisse der Kapitalgesellschaft im Lagebericht unrichtig wiedergibt oder verschleiert.

(aa) Schutzgesetzcharakter

Zunächst ist zu klären, ob § 331 Nr. 1 HGB ein Schutzgesetz darstellt. Wenn ja, könnte sich, wenn ein Verstoß gegen § 161 AktG zu einer Strafbarkeit nach § 331 Nr. 1 HGB führte, eine Außenhaftung der Aufsichtsräte bei Verstoß gegen § 161 AktG nach § 823 Abs. 2 BGB ergeben. Durch § 331 Nr. 1 HGB soll das Vertrauen der Aktionäre beziehungsweise Gesellschafter und potenzieller Anleger in die Richtigkeit und Vollständigkeit bestimmter Angaben und Informationen über die Verhältnisse der Kapitalgesellschaft geschützt werden.[1229] Damit dient die Vorschrift zumindest auch dem Schutz Einzelner beziehungsweise einzelner Personenkreise (der Aktionäre/potenzieller Anleger) gegen die Verletzung bestimmter Rechtsgüter und Interessen.[1230] Sie ist damit als Schutzgesetz zu qualifizieren.[1231]

(bb) Angaben in der Entsprechenserklärung als „Verhältnisse der Gesellschaft"

Sodann müsste ein Verstoß gegen § 161 AktG eine Strafbarkeit nach § 331 Nr. 1 HGB zur Folge haben. Zu prüfen sind also die Tatbestandsvoraussetzungen des § 331 Nr. 1 HGB bei Verstoß gegen § 161 AktG. Ein Aufsichtsratsmitglied ist

---

1228 Für alle *Lutter*, in: KölnerKomm-AktG, § 161 Rn. 180; *Berg/Stöcker*, WM 2002, 1569, 1579; *Mülbert/Sajnovits*, in: HdB der Kapitalmarktinformation, § 12 Rn. 121 für Ansprüche gegen die Gesellschaft; *Marsch-Barner*, in: HdB börsennotierte AG, § 2 Rn. 92; *Seibt*, AG 2002, 249, 256; *Schüppen*, ZIP 2002, 1269, 1273; *Spindler*, in: K. Schmidt/Lutter, AktG, § 161 Rn. 73; *Tödtmann/Schauer*, ZIP 2009, 995, 999.

1229 LG Bonn, Urteil vom 15.05.2001 – 11 O 181/00 = BeckRS 2010, 15367.

1230 LG Bonn BeckRS 2010, 15367.

1231 LG Bonn BeckRS 2010, 15367; *Merkt*, in: Baumbach/Hopt, HGB, § 331 Rn. 1; *Tödtmann/Schauer*, ZIP 2009, 995, 999.

zunächst tauglicher Täter. Sodann müssten bei einem Verstoß gegen § 161 AktG die Verhältnisse der Gesellschaft im Lagebericht unrichtig wiedergegeben oder verschleiert worden sein. Die Entsprechenserklärung ist Teil des Lageberichts: Gemäß § 289f Abs. 2 Nr. 1 HGB ist diese in die Erklärung zur Unternehmensführung, die Teil des Lageberichts ist, aufzunehmen. Vor allem aber müssten die Angaben in der Entsprechenserklärung „Verhältnisse der Gesellschaft" darstellen. Darunter sind sämtliche Tatsachen, Umstände, Daten, Vorgänge und sogar Schlussfolgerungen zu verstehen, die für eine Beurteilung der gegenwärtigen und zukünftigen Situation der Kapitalgesellschaft von Bedeutung sein können.[1232] Eine erste Restriktion erfährt diese sehr weite Definition durch ein Erfordernis der Erheblichkeit.[1233] Zur Abgrenzung von den Ordnungswidrigkeitsvorschriften des § 334 HGB ist nämlich zu fordern, dass nur eine erhebliche Verletzung von Rechnungslegungsvorschriften eine Strafbarkeit nach § 331 Nr. 1 HGB begründet.[1234] Erst wenn die Verletzung zur Unwahrheit oder zur Unklarheit des Lageberichts führt, das heißt, die Aussagekraft beeinträchtigt, ist die Grenze zur Strafbarkeit überschritten.[1235] Ein Bagatellverstoß, der das Gesamtbild der Lage der Gesellschaft nicht beeinträchtigt, genügt nicht für eine Strafbarkeit.[1236] Im Rahmen eines Verstoßes gegen § 161 AktG gilt, dass unvollständige Angaben innerhalb der Erklärung, fehlerhafte Darstellungen von Unternehmenspraktiken sowie der Arbeitsweise der Verwaltung regelmäßig keine erhebliche Verletzung darstellen werden.[1237] Der Aussagegehalt des Lageberichts ist in diesen Fällen nicht beeinträchtigt. Fehlt ein Teil der Erklärung jedoch ganz oder weicht der erklärte vergangenheitsbezogene Teil von der Realität ab, ist davon auszugehen, dass die Schwelle überschritten ist.[1238] Wird nämlich erklärt, dass DCGK-Empfehlungen entgegen der Wirklichkeit befolgt werden (oder *vice versa*), führt dies zu einer Unwahrheit oder zumindest zu einer Unklarheit über das *Corporate-Governance*-System des Unternehmens. Der Aussagegehalt des Lageberichts ist beeinträchtigt.

1232 *Klinger*, in: MüKo-HGB, § 331 Rn. 50; *Lutter*, in: KölnerKomm-AktG, § 161 Rn. 191.

1233 *Klinger*, in: MüKo-HGB, § 331 Rn. 52 f.; *Bachmann*, ZIP 2010, 1517, 1526.

1234 *Klinger*, in: MüKo-HGB, § 331 Rn. 52.

1235 BGH, Urteil vom 08.12.1981 – 1 StR 706/81 = BGHSt 30, 285; *Klinger*, in: MüKo-HGB, § 331 Rn. 53.

1236 *Grottel/H. Hoffmann*, in: Beck'scher Bilanz-Kommentar, § 331 Rn. 21.

1237 *Bachmann*, ZIP 2010, 1517, 1526.

1238 Wohl h.M.: *Lutter*, in: KölnerKomm-AktG, § 161 Rn. 191; *Bachmann*, ZIP 2010, 1517, 1526; *Tödtmann/Schauer*, ZIP 2009, 995, 999. Unentschieden: *Bayer/Scholz*, in: Spindler/Stilz: AktG, § 161 Rn. 104.

Zum Teil wird eine zweite Restriktion gefordert,[1239] nämlich dass, wenn der Schutzbereich einer strafrechtlichen Norm außer dem Schutz der Gesellschaft, das heißt ihrer Existenz, auch dem Schutz derer diene, die in wirtschaftlicher und rechtlicher Beziehung zu der Gesellschaft stehen oder in eine solche treten wollen, Verhältnisse der Gesellschaft nur solche sein könnten, die einen wirtschaftlichen Bezug haben und so für die Beurteilung der ökonomischen Situation relevant seien.[1240] Hintergrund sind verfassungsrechtliche Bedenken wegen des Bestimmtheitsgebots (Art. 103 Abs. 2 GG) aufgrund der Weite des strafrechtlichen Begriffs.[1241] Wie oben festgestellt, handelt es sich bei § 331 Nr. 1 HGB um ein Schutzgesetz. Damit wäre ein wirtschaftlicher Bezug der Entsprechenserklärung nötig, der für die Beurteilung der ökonomischen Situation der Gesellschaft relevant sei. Dieser wird schwerlich zu erbringen sein.[1242] Inhaltlich bezieht sich die Entsprechenserklärung auf die Anwendung oder Nichtanwendung von Empfehlungen über national und international anerkannte Standards guter und verantwortungsvoller Unternehmensführung.[1243] Diese umfassen vor allem Vorgaben über das Verhältnis der einzelnen Organe börsennotierter Unternehmen zueinander beziehungsweise zu Dritten. Ein wirtschaftlicher Bezug, wie ihn beispielsweise die Bilanz oder die Gewinn- und Verlustrechnung enthält, ist nicht auszumachen. Die Erklärung enthält keinerlei wirtschaftliche Kennziffern oder Auswertungen. Betrachtet man isoliert die Erklärung, lassen sich keine Rückschlüsse auf die ökonomische Situation der Gesellschaft ziehen. Damit wäre dem zweiten Restriktionsmerkmal nicht Genüge getan. Folgt man mithin dieser Ansicht, stellten die Angaben in der Entsprechenserklärung keine „Verhältnisse der Gesellschaft" im Sinne des § 331 Nr. 1 HGB dar; ein Schadensersatzanspruch wäre ausgeschlossen. Für eine solche zweite Restriktion ist jedoch kein Raum.[1244] Dafür streitet zunächst der klare Wortlaut der Norm. Nach diesem sind die Verhältnisse der Gesellschaft gerade nicht auf wirtschaftliche Verhältnisse beschränkt.[1245] Wäre eine solche Beschränkung im Sinne des Gesetzgebers,

---

1239 *Klinger*, in: MüKo-HGB, § 331 Rn. 50. Zu § 400 AktG vgl. OLG Frankfurt am Main, Beschluss vom 19.06.2002 – 2 Ws 36/02 = NJW 2002, 3564. A.A.: *Sorgenfrei*, in: MüKo-StGB, § 331 Rn. 47.

1240 *Klinger*, in: MüKo-HGB, § 331 Rn. 50.

1241 *Klinger*, in: MüKo-HGB, § 331 Rn. 50.

1242 *Lutter*, in: KölnerKomm-AktG, § 161 Rn. 191.

1243 Präambel Abs. 3 S. 2 DCGK.

1244 *Sorgenfrei*, in: MüKo-StGB, § 331 Rn. 47.

1245 *Sorgenfrei*, in: MüKo-StGB, § 331 Rn. 47.

hätte er eine der zahlreichen Novellen, zum Beispiel das BilReG[1246] im Jahr 2004 oder das BilMoG im Jahr 2009, zum Anlass einer Gesetzesänderung nehmen können.[1247] Dies hat er nicht getan. Im Gegenteil, er hat § 289 HGB insofern erweitert, als bei großen Kapitalgesellschaften nichtfinanzielle Leistungsindikatoren, wie Informationen über Umwelt- und Arbeitnehmerbelange, zu berücksichtigen sind.[1248]

(cc) Tathandlung

Die Verhältnisse der Kapitalgesellschaft müssen im Lagebericht unrichtig wiedergegeben oder verschleiert worden sein. Wird keine vollständige Erklärung veröffentlicht, könnte eine Strafbarkeit durch Unterlassen vorliegen.[1249] Dies ist ausnahmsweise dann möglich, wenn über Gesellschaftsverhältnisse Angaben in einer unvollständigen, aber den Eindruck vollständiger Wiedergabe erweckenden Erklärung gemacht werden.[1250] In der Regel wird durch ein (teilweises) Unterlassen der Entsprechenserklärung jedoch keine unrichtige Wiedergabe oder Verschleierung der Verhältnisse der Gesellschaft bewirkt werden.[1251] Die Abgabe einer vergangenheitsbezogenen Falscherklärung stellt jedoch eine taugliche Tathandlung dar.[1252] Es werden die Verhältnisse der Kapitalgesellschaft unrichtig wiedergegeben. Da die in den Lagebericht aufgenommene Entsprechenserklärung aber eine Stichtagsregelung ist, resultiert aus einer nachträglichen Unrichtigkeit keine Pflicht zur Aktualisierung des Lageberichts.[1253] Lediglich die Erklärung selbst muss aktualisiert werden. Mithin stellt ein Unterlassen der Aktualisierung der Erklärung im Lagebericht keine taugliche Tathandlung dar.

1246 Gesetz zur Einführung internationaler Rechnungslegungsstandards und zur Sicherung der Qualität der Abschlussprüfung (Bilanzrechtsreformgesetz – BilReG) in der Fassung der Bekanntmachung vom 04.12.2004 (BGBl. I S. 3166).

1247 *Sorgenfrei*, in: MüKo-StGB, § 331 Rn. 47.

1248 *Sorgenfrei*, in: MüKo-StGB, § 331 Rn. 47. Siehe auch Art. 1, 9., c) BilReG.

1249 *Schaal*, in: MüKo-AktG, § 161 Rn. 112, 109.

1250 *Schaal*, in: MüKo-AktG, § 161 Rn. 112, 109.

1251 *Schaal*, in: MüKo-AktG, § 161 Rn. 112, 109. Im Ergebnis so auch *Abram*, NZG 2003, 307, der auf eine fehlende Verpflichtung zur rechtzeitigen Publizität abstellt.

1252 *Schaal*, in: MüKo-AktG, § 161 Rn. 110.

1253 *Schaal*, in: MüKo-AktG, § 161 Rn. 112.

(dd) Verschulden

Sodann erfordert der Tatbestand des § 331 HGB zumindest bedingten Vorsatz.[1254] Vorsätzlich handelt der Täter also bereits dann, wenn er aufgrund konkreter Anhaltspunkte die Gefahr, dass er die Verhältnisse der Gesellschaft unrichtig wiedergibt oder verschleiert, erkennt, sich aber damit abfindet.[1255] Zwar wird vor allem dem Vorstand bekannt sein, ob die Empfehlungen des DCGK eingehalten wurden oder nicht.[1256] Aufgrund seiner Leitungsfunktion ist dieser besser über die organisatorischen Strukturen der Gesellschaft, die Hauptinhalt der DCGK-Empfehlungen sind, informiert.[1257] Nichtsdestotrotz kann auch einzelnen Aufsichtsräten beispielsweise über die Vorstandsberichte nach § 90 AktG bekannt sein, ob die Verhältnisse der Gesellschaft unrichtig wiedergegeben oder verschleiert worden sind.

(ee) Kausaler Schaden

Schließlich erfordert § 823 Abs. 2 BGB einen kausalen Schaden. Existenz und Nachweis eines solchen sind, vergleichbar dem Schaden im Rahmen der Innenhaftung, schwierig.[1258] Zwar kann ein Verstoß gegen § 161 AktG in einem materiellen Schaden in Form verschlechterter Kreditbedingungen oder in Form der Kosten der Wiederholung der Hauptversammlung münden. Der Nachweis dieser Kausalketten wird jedoch schwerlich zu erbringen sein.

(ff) Zwischenergebnis zu (b)

Einzig bei Abgabe einer vergangenheitsbezogenen Falscherklärung kommt ein Schadensersatzanspruch einzelner Aktionäre gegenüber einzelnen Aufsichtsräten nach § 823 Abs. 2 BGB i.V.m. § 331 Nr. 1 HGB in Betracht.

(c) Haftung nach §§ 823 Abs. 2 BGB, 400 Abs. 1 Nr. 1 AktG

Wird § 161 AktG verletzt, könnte dies eine Strafbarkeit nach § 400 Abs. 1 Nr. 1 AktG nach sich ziehen. Dieser ist subsidiär zu § 331 Nr. 1 HGB.[1259] Danach wird

---

1254 *Tödtmann/Schauer*, ZIP 2009, 995, 999.

1255 *Tödtmann/Schauer*, ZIP 2009, 995, 999.

1256 *Lutter*, in: KölnerKomm-AktG, § 161 Rn. 186; *Ettinger/Grützediek*, AG 2003, 353, 360; *Körner*, NZG 2004, 1148, 1150, die davon ausgeht, dass der Vorstand über die organisatorischen Strukturen der AG „sehr gut informiert" ist.

1257 *Körner*, NZG 2004, 1148, 1150.

1258 Vgl. die Ausführungen in Kapitel 4., B., IV., 2., a., dd. sowie *Lutter*, in: FS Hopt, S. 1025, 1028; *Goette*, in: MüKo-AktG, § 161 Rn. 98.

1259 Vgl. den eindeutigen Wortlaut des § 400 Abs. 1 Nr. 1 AktG bestraft, wer als Mitglied des Aufsichtsrats die Verhältnisse der Gesellschaft einschließlich ihrer Beziehungen zu verbundenen Unternehmen in Darstellungen oder Übersichten über den Vermögensstand, in Vorträgen oder Auskünften in der Hauptversammlung unrichtig wiedergibt oder verschleiert.

(aa) Schutzgesetzcharakter

Bei § 400 Abs. 1 AktG handelt es sich um ein Schutzgesetz.[1260] Es soll unstreitig das Vertrauen des interessierten (potenziellen) Anlegers in die Richtigkeit und Vollständigkeit bestimmter Angaben geschützt werden.[1261]

(bb) Angaben in der Entsprechenserklärung als „Verhältnisse der Gesellschaft"

Der weit auszulegende Begriff „Verhältnisse der Gesellschaft" ist erfüllt.[1262] Darunter erfasst werden alle wirtschaftlichen, sozialen und politischen Umstände, die als Beurteilungsfaktor für die Einschätzung der Lage, der Funktion, des Erscheinungsbilds oder der Entwicklung der Gesellschaft erheblich sein können.[1263] Bei den Angaben in der Entsprechenserklärung handelt es sich um Umstände, die als Beurteilungsfaktor zumindest des Erscheinungsbilds der Gesellschaft erheblich sein können.

(cc) Tathandlung

Zudem müssten die Verhältnisse der Gesellschaft nach Variante eins des § 400 Abs. 1 Nr. 1 AktG in Darstellungen oder Übersichten über den Vermögensstand unrichtig wiedergegeben oder verschleiert worden sein. Die Entsprechenserklärung müsste also zunächst eine Darstellung oder Übersicht über den Vermögensstand sein. Solche sind gegeben, wenn ein Bericht so umfassend ist, dass er ein Gesamtbild über die wirtschaftliche Lage des Unternehmens ermöglicht und den Eindruck der Vollständigkeit erweckt.[1264] Dies ist bei der Entsprechenserklärung, vergleichbar einer *Ad-hoc*-Mitteilung,[1265] zu

1260 BGH, Urteil vom 16.12.2004 – 1 StR 420/03 = NJW 2005, 445, 447; BGH, Beschluss vom 19.07.2004 – II ZR 402/02 = BGHZ 160, 149; BGH, Urteil vom 17.09.2001 – II ZR 178/99 = BGHZ 149, 10; *Schaal*, in: MüKo-AktG, § 161 Rn. 108; *Lutter*, in: KölnerKomm-AktG, § 161 Rn. 183.

1261 BGH, Urteil vom 16.12.2004 – 1 StR 420/03 = NJW 2005, 445, 447.

1262 *Schaal*, in: MüKo-AktG, § 161 Rn. 110; *Lutter*, in: KölnerKomm-AktG, § 161 Rn. 183.

1263 *Schaal*, in: MüKo-AktG, § 161 Rn. 110; *Lutter*, in: KölnerKomm-AktG, § 161 Rn. 183.

1264 BGH, Urteil vom 16.12.2004 – 1 StR 420/03 = NJW 2005, 445.

1265 BGH, Beschluss vom 19.07.2004 – II ZR 402/02 = BGHZ 160, 149.

verneinen.[1266] Beiden fehlt es am erforderlichen Gesamtbild des Unternehmens.[1267] Eine *Ad-hoc*-Mitteilung bezieht sich nur auf eine einzelne für das Unternehmen relevante Mitteilung, wie beispielsweise auf einen einzelnen relevanten Geschäftsabschluss. In der Entsprechenserklärung finden sich Informationen zur *Corporate Governance* des Unternehmens. Variante eins des § 400 Abs. 1 Nr. 1 AktG scheidet mithin aus.

Damit kommt eine Strafbarkeit nur nach der zweiten Variante in Betracht, wenn nämlich in Vorträgen oder Auskünften in der Hauptversammlung die Verhältnisse der Gesellschaft unrichtig wiedergegeben oder verschleiert worden sind.[1268] Allerdings wird auch diese Variante in der Regel nicht vorliegen.[1269] Die Entsprechenserklärung wird nämlich gemäß § 161 Abs. 2 AktG auf der Internetseite der Gesellschaft zugänglich gemacht. Ein fehlerhafter vergangenheitsbezogener Teil oder eine unterlassene Aktualisierung auf der Homepage erfüllt mithin schon den Tatbestand nicht.[1270] Sollte ausnahmsweise in Vorträgen oder Auskünften in der Hauptversammlung ein fehlerhafter vergangenheitsbezogener Teil der Erklärung wiedergegeben werden, wird dies meist durch den geschäftsführenden Vorstand erfolgen. Bei einer unwahrscheinlichen Wiedergabe durch einen Aufsichtsrat wäre wiederum der nötige Vorsatz und Schaden problematisch. Im Rahmen des Vorsatzes gilt auch hier, dass vor allem dem Vorstand, der die Geschäfte leitet, bekannt sein wird, ob die Empfehlungen des DCGK eingehalten wurden oder nicht. Im Rahmen des kausalen Schadens ist zu beachten, dass bei einer Wiedergabe in der Hauptversammlung der Kreis der Anwesenden begrenzt ist. Noch nicht einmal der vollständige Aktionärskreis wird versammelt sein. Die übrigen Teilnehmer am Kapitalmarkt werden über die falsche Wiedergabe, wenn überhaupt, nur zeitversetzt informiert. Ein Kursverlust, der einen materiellen Schaden eines Aktionärs darstellen könnte, realisiert sich indes nur dann, wenn eine Vielzahl an Aktionären ihre Aktien verkaufen oder verkaufen wollen. Ein solcher Ansturm auf den Markt erscheint bei einer solch zeitversetzten, schlechten Informationslage eher unwahrscheinlich.

1266 *Spindler*, in: K. Schmidt/Lutter, AktG, § 161 Rn. 73; *Kort*, in: FS Raiser, S. 203, 213; *Rieckers*, BB 2002, 1213, 1216. Nicht eindeutig: *Becker*, Die Haftung für den deutschen Corporate Governance Kodex, S. 127, 128.

1267 Für die *Ad-hoc*-Mitteilung: BGH, Beschluss vom 19.07.2004 – II ZR 402/02 = BGHZ 160, 149. Für § 161 AktG: *Schaal*, in: MüKo-AktG, § 161 Rn. 110.

1268 *Schaal*, in: MüKo-AktG, § 161 Rn. 110; *Kort*, in: FS Raiser, S. 203, 213.

1269 *Lutter*, in: KölnerKomm-AktG, § 161 Rn. 183.

1270 *Lutter*, in: KölnerKomm-AktG, § 161 Rn. 183; *Schaal*, in: MüKo-AktG, § 161 Rn. 110.

(dd) Zwischenergebnis zu (c)

Nach alledem ist ein Schadensersatzanspruch einzelner Aktionäre gegenüber einzelnen Aufsichtsräten gemäß § 823 Abs. 2 BGB i.V.m. § 400 Abs. 1 Nr. 1 AktG abzulehnen.

(d) Haftung nach §§ 823 Abs. 2 BGB, 263 Abs. 1 StGB

Es könnte sich eine Haftung aus § 823 Abs. 2 BGB i.V.m. § 263 Abs. 1 StGB, Betrug, ergeben. Dann müsste die Verletzung von § 161 AktG eine Strafbarkeit nach § 263 Abs. 1 StGB nach sich ziehen. Bei fehlerhafter vergangenheitsbezogener Erklärung kommt ein Betrug durch aktives Tun, bei einer nicht vorgenommenen Aktualisierung ein Betrug durch Unterlassen in Betracht.[1271] Die nötige Garantenpflicht wird sich vor allem dann herleiten lassen, wenn der Aufsichtsrat an der ursprünglichen Veröffentlichung der Entsprechenserklärung beteiligt war. In diesem Fall handelt es sich um eine Garantenpflicht aus Übernahme.[1272] Mit Unterschrift unter die ursprüngliche Veröffentlichung hat der Aufsichtsrat es übernommen, für die Richtigkeit der Entsprechenserklärung Sorge zu tragen. Dieser Sorge hätte er durch die Aktualisierung nachkommen müssen.

(aa) Schutzgesetzcharakter

Anerkannt ist, dass der Betrugstatbestand Schutzgesetz ist.[1273]

(bb) Objektiver Betrugstatbestand

Zunächst müsste über Tatsachen getäuscht worden sein. Der Inhalt der Entsprechenserklärung kann mit der Realität abgeglichen werden. Er ist also dem Beweis zugänglich. Damit liegt eine Tatsache vor.[1274] Indem ein Aufsichtsrat die Einhaltung oder Nichteinhaltung der Empfehlungen des Kodex fehlerhaft in der Entsprechenserklärung darstellt oder eine Aktualisierung unterlässt, wirkt er auf die

---

1271 *Schlitt*, DB 2007, 326, 329.

1272 Allgemein dazu: *Heuchemer*, in: BeckOK, StGB, § 13 Rn. 45 ff.; *Bosch*, in: Schönke/Schröder, StGB, § 13 Rn. 16. Ob sich direkt aus § 161 AktG eine Garantenstellung ableiten lässt, kann dahinstehen, wenn jedenfalls eine solche aus Übernahme vorliegt.

1273 BGH, Urteil vom 14.10.1971 – VII ZR 313/69 = BGHZ 57, 137; *Schaal*, in: MüKo-AktG, § 161 Rn. 104; *Abram*, ZBB-Report 2003, 41, 47; Becker, Die Haftung für den deutschen Corporate Governance Kodex, S. 134.

1274 *Schlitt*, DB 2007, 326, 329. Zur Definition „Tatsachen“: *Beukelmann*, in: BeckOK, StGB, § 263 Rn. 3.

Vorstellung der (potenziellen) Anleger ein, er täuscht diese also über Tatsachen. Diese unterliegen auch dem sodann nötigen Irrtum. Sie werden fälschlicherweise annehmen, die Gesellschaft folge in Gänze ihrer veröffentlichten Erklärung beziehungsweise werde eine Änderung ordnungsgemäß veröffentlichen.

Sodann ist eine Vermögensverfügung nötig. Eine solche ist jedes rechtliche Tun, Dulden oder Unterlassen, das unmittelbar zu einer (wirtschaftlichen) Vermögensminderung führt.[1275] Das Vermögen des Geschädigten muss also unmittelbar infolge einer täuschungsbedingten Verfügung geringer geworden sein.[1276] Bei einer falschen, zu weit gehenden, vergangenheitsbezogenen Erklärung kann auf eine positive Anlageentscheidung in Form eines Aktienkaufs abgestellt werden.[1277] Durch den Aktienkauf wird das Vermögen gemindert, denn um die Wertpapiere zu erwerben, muss der aktuelle Kurswert gezahlt werden. Bei unterlassener Berichtigung einer sich im Nachhinein als zu weit gehend erweisenden zukunftsbezogenen Entsprechenserklärung ist eine negative Verkaufsentscheidung denkbar.[1278] Das heißt, der Aktionär unterlässt den Verkauf zu einem Zeitpunkt, der sich *ex post* als für ihn günstiger herausstellt.

Das Ergebnis der Verfügung muss als Vermögensschaden des Geschädigten zu bewerten sein.[1279] Ein solcher liegt vor, wenn eine Gesamtsaldierung ergibt, dass der wirtschaftliche Gesamtwert des Vermögens durch die Verfügung des Getäuschten vermindert wird.[1280] Bei einer falschen vergangenheitsbezogenen Erklärung ist fraglich, ob im Zeitpunkt des Aktienkaufs die Leistung ihrer Gegenleistung entspricht. Der Anleger erwirbt die Aktien zum aktuellen Börsenwert. Dieser Preis könnte aufgrund der falschen Angaben in der Entsprechenserklärung zu hoch sein. Der Anleger könnte mithin zu viel für die erhaltenen Wertpapiere gezahlt haben. Der Vermögensschaden wäre dann in diesem Zuviel zu sehen. Jedoch ist zu beachten, dass die Anleger die Aktien unmittelbar nach Erwerb zum unverminderten Kurspreis am Markt wieder verkaufen könnten.[1281] Sie hätten dann keinerlei Wertverlust zu verzeichnen. Dies stellt einen gravierenden Unterschied zu sonstigen Betrugsfällen dar. Bei einem Sachbetrug

1275 *Beukelmann*, in: BeckOK, StGB, § 263 Rn. 31.

1276 *Schlitt*, DB 2007, 326, 329.

1277 *Schlitt*, DB 2007, 326, 329; *Steinhauer*, Insiderhandelsverbot und Ad-hoc-Publizität, S. 128.

1278 *Schlitt*, DB 2007, 326, 329.

1279 *Kühl*, in: Lackner/Kühl, StGB, § 263 Rn. 32.

1280 *Kühl*, in: Lackner/Kühl, StGB, § 263 Rn. 36.

1281 *Rieckers*, BB 2002, 1213, 1216; *Becker*, Die Haftung für den deutschen Corporate Governance Kodex, S. 134.

beispielsweise hat die übereignete, minderwertige Sache am regulären Markt nur noch einen verminderten Wert. An der Börse jedoch ist eine Aktie immer so viel wert, wie der Markt bereit ist zu zahlen. Dies gilt unabhängig davon, wie der Marktpreis zustande gekommen ist.[1282] Damit entspricht bei einer falschen vergangenheitsbezogenen Erklärung im Zeitpunkt des Aktienkaufs die Leistung ihrer Gegenleistung. Ein Vermögensschaden ist mithin zu diesem Zeitpunkt zu verneinen.[1283] Er tritt vielmehr erst bei einem (späteren) Bekanntwerden der Täuschung und dem dadurch verursachten Kursverlust ein.[1284] Bis zu diesem Moment hat der Anleger für seinen Kaufpreis das erhalten, was nach dem Kapitalmarkt diesem Wert entspricht.[1285] Sowohl bei fehlerhafter vergangenheitsbezogener Erklärung als auch bei einer nichtvorgenommenen Aktualisierung kommt also höchstens eine schadensgleiche Vermögensgefährdung im Zeitpunkt der Vermögensverfügung in Betracht.[1286] Diese setzt voraus, dass das Vermögen des Opfers durch die Verfügung bereits konkret gefährdet wird.[1287] Eine solche konkrete Gefährdung soll wiederum gegeben sein, wenn der Eintritt wirtschaftlicher Nachteile naheliegend beziehungsweise mit solchen ernstlich zu rechnen sei.[1288] Mit ernstlichen Nachteilen kann vor allem bei einer starken Abweichung des Kodex von der Wirklichkeit gerechnet werden.[1289] Bei dieser ist davon auszugehen, dass sich die Richtigstellung auf die Kursentwicklung auswirkt.[1290] Im Übrigen, also bei geringeren Abweichungen des Kodex von der Wirklichkeit, ist der Eintritt wirtschaftlicher Nachteile nicht naheliegend. Eine schadensgleiche Vermögensgefährdung scheidet in diesen Fällen aus. Im Fall

---

1282 *Rieckers*, BB 2002, 1213, 1216.

1283 *Rieckers*, BB 2002, 1213, 1216; *Schlitt*, DB 2007, 326, 329; *Becker*, Die Haftung für den deutschen Corporate Governance Kodex, S. 134; *Abram*, ZBB-Report 2003, 41, 47. A.A: *Steinhauer*, Insiderhandelsverbot und Ad-hoc-Publizität, S. 128, der von einer Unter- beziehungsweise Überbewertung spricht.

1284 *Schlitt*, DB 2007, 326, 329; *Rieckers*, BB 2002, 1213, 1216; *Becker*, Die Haftung für den deutschen Corporate Governance Kodex, S. 134.

1285 *Becker*, Die Haftung für den deutschen Corporate Governance Kodex, S. 134; *Abram*, ZBB-Report 2003, 41, 47.

1286 *Schlitt*, DB 2007, 326, 329; *Kühl*, in: Lackner/Kühl, StGB, § 263 Rn. 40. Im Ergebnis ebenso: *Becker*, Die Haftung für den deutschen Corporate Governance Kodex, S. 134, 135. A.A: *Abram*, ZBB-Report 2003, 41, 47.

1287 BGH, Beschluss vom 24.04.2007 – 4 StR 558/06 = BeckRS 2007, 9384; BGH, Beschluss vom 21.11.2001 – 2 StR 260/01 = NJW 2002, 905.

1288 BGH, Urteil vom 09.07.1987 – 4 StR 216/87 = BGHSt 34, 394.

1289 *Schlitt*, DB 2007, 326, 329.

1290 *Schlitt*, DB 2007, 326, 329.

einer starken Abweichung und damit einer möglichen schadensgleichen Vermögensgefährdung ergibt sich die Folgeproblematik der Schadenshöhe. Denn nach dem Bundesverfassungsgericht[1291] muss der Schaden bezifferbar sein, wobei er unter Umständen auch geschätzt werden kann. Um den Kursverlust abzuschätzen, kann zwar auf vergleichbare Fälle rekurriert werden. Aufgrund der Vielzahl an Einflussfaktoren auf den Aktienkurs bleiben aber auch dann noch erhebliche Unsicherheiten.

(cc) Subjektiver Betrugstatbestand

Der subjektive Tatbestand erfordert Vorsatz und die Absicht, sich oder einem Dritten einen rechtswidrigen, stoffgleichen Vermögensvorteil zu verschaffen.[1292] Als Vorsatz reicht ein *dolus eventualis* in dem Sinne aus, dass der Täter sich mit dem Risiko der Verwirklichung des objektiven Tatbestandes abfindet, auch wenn er hofft, letzten Endes werde alles gut gehen und das Risiko werde sich nicht realisieren.[1293] Im Falle einer schadensgleichen Vermögensgefährdung reicht die Kenntnis von den die Gefährdung begründenden Umständen aus.[1294] Ein informierter und qualifizierter Aufsichtsrat einer deutschen Aktiengesellschaft wird insofern ausreichendes Börsenkurswissen haben, als er weiß, dass sich ein fehlerhafter vergangenheitsbezogener Teil der Entsprechenserklärung bei Aufdeckung der wahren Tatsachen negativ auf den Börsenkurs und damit negativ auf das Vermögen der Aktionäre auswirken kann. Das Gleiche gilt für eine nichtvorgenommene Aktualisierung.

Sodann muss das Aufsichtsratsmitglied in der Absicht gehandelt haben, sich oder einem Dritten einen rechtswidrigen und stoffgleichen Vermögensvorteil zu verschaffen. Unmittelbar hat ein Aufsichtsratsmitglied keinen Vorteil aus einer fehlerhaften Entsprechenserklärung. Mittelbar könnte es jedoch die Steigerung oder Stabilisierung des Aktienkurses anstreben.[1295] Ein Vermögensvorteil stellt jede wirtschaftliche Verbesserung der Vermögenslage dar.[1296] Ein gestiegener oder stabiler Aktienkurs stellt sowohl für die Gesellschaft selbst als auch für das

---

1291 BVerfG, Beschluss vom 23.06.2010 – 2 BvR 2559/08 = BVerfGE 126, 170.

1292 *Perron*, in: Schönke/Schröder, StGB, § 263 Rn. 164.

1293 BGH, Beschluss vom 04.12.2002 – 2 StR 332/02 = BeckRS 2003, 978; *Perron*, in: Schönke/Schröder, StGB, § 263 Rn. 165.

1294 *Kühl*, in: Lackner/Kühl, StGB, § 263 Rn. 57; *Perron*, in: Schönke/Schröder, StGB, § 263 Rn. 165.

1295 *Schlitt*, DB 2007, 326, 329.

1296 *Kühl*, in: Lackner/Kühl, StGB, § 263 Rn. 59.

aktienhaltende Aufsichtsratsmitglied eine solche wirtschaftliche Verbesserung dar,[1297] ist mithin als Vermögensvorteil anzusehen. Für Aufsichtsräte, die keine Aktien halten, könnte der eigentliche, finale Zweck die Aussicht auf weitere – lukrative, weil vergütete – Aufsichtsratsmandate sein. Die Absicht, sich oder einem Dritten einen rechtswidrigen, stoffgleichen Vermögensvorteil zu verschaffen, ist der auf diesen Erfolg zielgerichtete Wille.[1298] Nicht erforderlich ist also, dass der Vorteil das Motiv des Täters ist.[1299] Die Vorteilserlangung braucht weder der einzige noch der in erster Linie verfolgte Zweck gewesen zu sein.[1300] Es reicht vielmehr aus, wenn der Vorteil vom Täter als notwendiges Mittel für einen dahinterliegenden weiteren Zweck erstrebt wird.[1301] Damit ist es unschädlich, dass Aufsichtsräte, die keine Aktien halten, als Zwischenziel die Steigerung beziehungsweise Stabilisierung des Aktienkurses anstreben, mit dem Endziel der Erlangung weiterer Mandate.

Vermögensvorteil und Schaden müssen stoffgleich sein. Dafür wird auf das Kriterium der Unmittelbarkeit abgestellt.[1302] Dieselbe Verfügung, die den Schaden herbeiführt, soll den Täter unmittelbar bereichern.[1303] Schaden und Vorteil müssen also auf derselben Vermögensverfügung beruhen.[1304] Vermögensverfügung ist die Vornahme/Nichtvornahme des Wertpapiergeschäfts. Aus ihr resultiert die schadensgleiche Vermögensgefährdung in Form der Gefahr eines zukünftigen Aktienkursverlusts. Der Vermögensvorteil, der für die Gesellschaft und das Aufsichtsratsmitglied über eine Steigerung oder Stabilisierung des Aktienkurses entsteht, ist jedoch nur mittelbare Folge dieser Verfügung. Auch der BGH geht in seiner *Infomatec*-Entscheidung[1305] von einer solchen Mittelbarkeit aus. In dieser bejaht das Gericht eine persönliche Haftung von Vorständen (über

1297 *Schlitt*, DB 2007, 326, 330.

1298 *Kühl*, in: Lackner/Kühl, StGB, § 263 Rn. 58; *Perron*, in: Schönke/Schröder, StGB, § 263 Rn. 176.

1299 *Perron*, in: Schönke/Schröder, StGB, § 263 Rn. 176.

1300 *Kindhäuser/Hilgendorf*, in: LPK-StGB, § 263 Rn. 225; *Perron*, in: Schönke/Schröder, StGB, § 263 Rn. 176.

1301 *Kindhäuser/Hilgendorf*, in: LPK-StGB, § 263 Rn. 225; *Perron*, in: Schönke/Schröder, StGB, § 263 Rn. 176.

1302 *Kindhäuser/Hilgendorf*, in: LPK-StGB, § 263 Rn. 228 ff.; *Perron*, in: Schönke/Schröder, StGB, § 263 Rn. 168.

1303 *Kühl*, in: Lackner/Kühl, StGB, § 263 Rn. 32.

1304 Der Vorteil als die „Kehrseite des Schadens“: *Perron*, in: Schönke/Schröder, StGB, § 263 Rn. 168; *Kühl*, in: Lackner/Kühl, StGB, § 263 Rn. 59; *Schlitt*, DB 2007, 326, 329.

1305 BGH, Urteil vom 19.07.2004 – II ZR 402/02 = NZG 2004, 907 (*Infomatec*-Entscheidung).

§ 826 BGB) wegen der Veröffentlichung fehlerhafter *Ad-hoc*-Mitteilungen. Zur Begründung führt es unter anderem aus, dass die beklagten Vorstände, die selbst Aktienpakete innehatten, von dem mit den unrichtigen Meldungen bezweckten „Pushen" der Kurse zumindest „mittelbar selbst profitierten".[1306] In der Regel fehlt es also an der Unmittelbarkeit zwischen Vorteil und Schaden; ein Anspruch scheitert an der nötigen Stoffgleichheit.[1307] Ausnahmsweise kann etwas anderes gelten, nämlich dann, wenn ein Aufsichtsratsmitglied persönlich mit einem Anleger handelt.[1308] Der Aufsichtsrat erstrebt in diesem Falle unmittelbar den Erlös aus einem Wertpapierverkauf zu einem für ihn günstigen Zeitpunkt. Der Anleger erleidet auch hier eine schadengleiche Vermögensgefährdung. Beides, Vorteil und Vermögensgefährdung, resultieren nun aus einer Verfügung.[1309] Diese Konstellation ist jedoch vernachlässigbar, da sie in der Praxis nur äußerst selten zu finden sein wird. In der Regel werden Aktien über die Börse am freien Markt und nicht zwischen zwei natürlichen Personen gehandelt. Für den Fall der unterlassenen Aktualisierung ist die Ausnahme, dass das Aufsichtsratsmitglied persönlich verhandelt, schon denklogisch nicht möglich, da der Aktionär den Verkauf zu einem Zeitpunkt, der sich *ex post* als für ihn günstiger herausstellt, unterlässt.

(dd) Zwischenergebnis zu (d)

§ 263 Abs. 1 StGB ist nicht erfüllt; ein Anspruch aus § 823 Abs. 2 BGB scheidet aus.

(e) Haftung nach §§ 823 Abs. 2 BGB, 264a Abs. 1 StGB

Eine Haftung aus § 823 Abs. 2 BGB i.V.m. § 264a Abs. 1 StGB, dem Kapitalanlagebetrug, scheidet aus. Zwar ist dieser Schutzgesetz.[1310] Er ist jedoch nicht einschlägig. Die Entsprechenserklärung lässt sich nicht als Prospekt, Darstellung oder

---

1306 BGH, Urteil vom 19.07.2004 – II ZR 402/02 = NZG 2004, 907.

1307 *Schaal*, in: MüKo-AktG, § 161 Rn. 104; *Spindler*, in: K. Schmidt/Lutter, AktG, § 161 Rn. 74; *Schlitt*, DB 2007, 326, 329; *Steinhauer*, Insiderhandelsverbot und Ad-hoc-Publizität, S. 129.

1308 *Steinhauer*, Insiderhandelsverbot und Ad-hoc-Publizität, S. 129 für den Fall eines Verstoßes gegen die Publizitätspflichten des WpHG.

1309 *Steinhauer*, Insiderhandelsverbot und Ad-hoc-Publizität, S. 129.

1310 *Rieckers*, BB 2002, 1213, 1215. Offengelassen aber auf Tatbestandsseite verneint und damit implizit den Schutzgesetzcharakter bejaht *Mülbert/Sajnovits*, in: HdB der Kapitalmarktinformation, § 12 Rn. 122.

Übersicht über den Vermögensstand einordnen.[1311] Wie schon dargestellt, handelt es sich nicht um einen Prospekt.[1312] Der Begriff „Darstellungen oder Übersichten über den Vermögensgegenstand" entstammt dem des § 400 Abs. 1 Nr. 1 AktG.[1313] Er ist bei der Entsprechenserklärung ebenso zu verneinen.[1314]

(f) Haftung nach §§ 823 Abs. 2 BGB, 265b Abs. 1 StGB

Legt ein Aufsichtsrat im Rahmen von Kreditverhandlungen für die Gesellschaft eine falsche Entsprechenserklärung vor, könnte sich eine Haftung aus § 823 Abs. 2 BGB i.V.m. § 265b Abs. 1 StGB, dem Kreditbetrug, ergeben. Auch diese Strafnorm ist Schutzgesetz.[1315] Dass eine Strafbarkeit nach § 265b Abs. 1 Nr. 1a) StGB scheitert, zeigt ein Vergleich mit den dort aufgezählten Unterlagen, namentlich der Bilanz oder Gewinn- und Verlustrechnung. Im Gegensatz zur Entsprechenserklärung enthalten diese alle, meist der Buchhaltung entnommene, „harte" wirtschaftliche Kennziffern oder Auswertungen. Damit bleibt die Möglichkeit einer Strafbarkeit nach § 265b Abs. 1 Nr. 1b) StGB. Es müssten über wirtschaftliche Verhältnisse schriftlich unrichtige oder unvollständige Angaben gemacht worden sein, die für den Kreditnehmer vorteilhaft und für die Entscheidung über einen solchen Antrag erheblich sind. Wirtschaftliche Verhältnisse sind alle tatsächlichen, in der Sphäre des Kreditnehmers liegenden Umstände nicht rein persönlicher Natur, die für die Sicherheit des Kredits Bedeutung haben können.[1316] Darunter kann auch die Tatsache fallen, ob beziehungsweise in welchem Umfang eine Gesellschaft den Empfehlungen des DCGK folgt.[1317] Je höher die Qualität der Unternehmensorganisation, desto größer ist die Wahrscheinlichkeit, dass Fehlentwicklungen frühzeitig erkannt und korrigiert werden.[1318] Für Kreditgeber kann sich so das Ausfallrisiko reduzieren.[1319] Wird der Lagebericht inklusive Entsprechenserklärung im Rahmen

---

1311 *Mülbert/Sajnovits*, in: HdB der Kapitalmarktinformation, § 12 Rn. 122; *Rieckers*, BB 2002, 1213, 1215.

1312 Siehe das Ergebnis der Prospekthaftung in Kapitel 4., B., IV., 2., b., bb.

1313 *Hellmann*, in: NK-StGB, § 264a Rn. 28.

1314 Siehe Kapitel 4., B., IV., 2., b., cc., (2)., (c)., (bb). der Arbeit.

1315 Ebenso offengelassen aber auf Tatbestandsseite verneint und damit implizit den Schutzgesetzcharakter bejaht *Mülbert/Sajnovits*, in: HdB der Kapitalmarktinformation, § 12 Rn. 122.

1316 *Hellmann*, in: NK-StGB, § 265b Rn. 28; *Schlitt*, DB 2007, 326, 328.

1317 *Schlitt*, DB 2007, 326, 328.

1318 *Schlitt*, DB 2007, 326, 328.

1319 *Schlitt*, DB 2007, 326, 328.

von Kreditverhandlungen vorgelegt und ist der vergangenheitsbezogene Teil der Erklärung (teilweise) falsch, werden schriftlich unrichtige oder unvollständige Angaben gemacht, die für den Kreditnehmer vorteilhaft sind. Gleiches gilt, wenn die falsche Erklärung unabhängig vom Lagebericht vorgelegt wird oder wenn schriftlich Auskünfte über den Umfang der Entsprechenserklärung, zusammen mit einem Hinweis auf die auf der Homepage veröffentlichte falsche Entsprechenserklärung, vorgelegt werden.[1320] Vorteilhaft sein meint dabei, dass die Angabe geeignet ist, die konkreten Aussichten des Kreditantrags zu verbessern.[1321] Dies trifft auf eine im Widerspruch zur Wirklichkeit stehende Entsprechenserklärung zu, denn der Kreditnehmer, die beantragende Gesellschaft, erweckt den Eindruck einer Qualität einer Unternehmensorganisation, die nicht besteht.[1322]

Sodann ist eine Entscheidungserheblichkeit, mithin eine generelle Eignung der Tatsachen zur Beeinflussung der Kreditentscheidung nötig.[1323] Dies wird in der Regel nicht gegeben sein. Die Bewertung des Kreditrisikos mit anschließender Kreditentscheidung wird nicht von der Kodexbefolgung des Unternehmens abhängig gemacht werden.[1324] Eine Kreditentscheidung ist eine wirtschaftliche Entscheidung. Sie basiert auf „harten" Kennziffern, die ökonomischen Auswertungen wie der Bilanz oder Gewinn- und Verlustrechnung entnommen werden. Solche Kennziffern lassen eher eine Prognose über den künftigen *Cash Flow* des Unternehmens, also darüber zu, ob das Unternehmen während der Laufzeit in der Lage sein wird, den Kredit ordnungsgemäß zurückzuzahlen oder nicht. Eine Kreditentscheidung basierend auf den „weichen" Informationen des DCGK wäre demgegenüber mit hohen Ausfallrisiken für den Kreditgeber behaftet. Wenn es auch nicht die Regel sein mag, so kann ein Unternehmen trotz bester *Corporate Governance* in einer wirtschaftlichen Schieflage sein beziehungsweise in eine solche geraten. Dies lässt sich jedoch nur aus den wirtschaftlichen Auswertungen ersehen. Im hier zu vernachlässigenden Einzelfall kann sich eine Entscheidungserheblichkeit dann ergeben, wenn eine Gesellschaft auf ausdrückliche Nachfrage eines Kreditgebers wahrheitswidrig schriftlich erklärt, sie folge

1320 Zur zweiten Möglichkeit: *Schlitt*, DB 2007, 326, 328.

1321 *Hellmann*, in: NK-StGB, § 265b Rn. 30.

1322 *Schlitt*, DB 2007, 326, 328.

1323 BGH, Urteil vom 08.12.1981 – 1 StR 706/81 = BGHSt 30, 285; *Hellmann*, in: NK-StGB, § 265b Rn. 31

1324 *Lutter*, in: KölnerKomm-AktG, § 161 Rn. 195; Neutral: *Spindler*, in: K. Schmidt/Lutter, § 161 Rn. 81; Differenzierend in andere Richtung: *Schlitt*, DB 2007, 326, 328.

ohne Einschränkung den DCGK-Empfehlungen, beziehungsweise wenn sie auf die falsche Entsprechenserklärung verweist.[1325] Denn mit der Aufforderung des Kreditgebers, sich zu dem Inhalt der Entsprechenserklärung zu äußern, hat dieser erkennbar seine Kreditentscheidung auch von diesem abhängig gemacht.[1326]

(g) Zwischenergebnis zu (2)

Ausschließlich für den Fall einer vergangenheitsbezogenen Falscherklärung kommt eine Haftung einzelner Aufsichtsräte gegenüber einzelnen Aktionären nach § 823 Abs. 2 BGB i.V.m. § 331 Nr. 1 HGB (unrichtige Darstellung) in Betracht.

(3) Haftung nach § 826 BGB

Für eine deliktische Haftung aus § 826 BGB müsste der Verstoß gegen § 161 AktG eine vorsätzliche sittenwidrige Schädigung darstellen. Der BGH hat in seiner *Infomatec*-Entscheidung[1327] das Merkmal der „Sittenwidrigkeit" bei der Frage der persönlichen Haftung von Vorstandsmitgliedern einer Aktiengesellschaft bei falschen *Ad-hoc*-Mitteilungen konkretisiert. Zur Erfüllung des Merkmals genüge danach die Tatsache, dass der Täter gegen eine gesetzliche Vorschrift verstoßen habe, ebenso wenig wie der Umstand, dass sein Handeln bei einem anderen einen Vermögensschaden hervorrufe.[1328] Vielmehr müsse eine besondere Verwerflichkeit seines Verhaltens hinzutreten, die sich aus dem verfolgten Ziel, den eingesetzten Mitteln, der zutage tretenden Gesinnung oder den eingetretenen Folgen ergeben könne.[1329] Bei der vorsätzlichen Veröffentlichung bewusst unwahrer *Ad-hoc*-Mitteilungen werde die Verwerflichkeit durch das Verhalten der beklagten Vorstände indiziert, und zwar durch die direkte vorsätzliche unlautere Beeinflussung des Sekundärmarktpublikums.[1330] Ein solches Handeln verstoße derart gegen die Mindestanforderungen im Rechtsverkehr auf dem Kapitalmarkt, dass ein Ausgleich der durch sie bei den einzelnen Marktteilnehmern verursachten Vermögensschäden geboten erscheine.[1331]

1325 *Schlitt*, DB 2007, 326, 328.
1326 *Schlitt*, DB 2007, 326, 328.
1327 BGH, Urteil vom 19.07.2004 – II ZR 402/02 = NZG 2004, 907.
1328 BGH, Urteil vom 19.07.2004 – II ZR 402/02 = NZG 2004, 907, 909; BGH, Urteil vom 15.10.2013 – VI ZR 124/12 = NJW 2014, 1380.
1329 BGH, Urteil vom 15.10.2013 – VI ZR 124/12 = NJW 2014, 1380.
1330 BGH, Urteil vom 19.07.2004 – II ZR 402/02 = NZG 2004, 907, 909.
1331 BGH, Urteil vom 19.07.2004 – II ZR 402/02 = NZG 2004, 907, 909.

Fraglich ist, ob sich dies auf die Veröffentlichung einer fehlerhaften Entsprechenserklärung übertragen lässt. Dies wird wohl nur in Ausnahmefällen zutreffen.[1332] Weder eine *Ad-hoc*-Mitteilung noch eine Entsprechenserklärung liefern ein Gesamtbild über die Lage der Gesellschaft.[1333] Trotzdem können beide einen gewissen Einfluss auf die Investitionsentscheidung (potenzieller) Anleger ausüben. Die Informationen, die über eine *Ad-hoc*-Mitteilung transportiert werden, sind jedoch für einzelne Anlageentscheidungen ausschlaggebender. Ihnen liegen, im Gegensatz zu den Informationen der Entsprechenserklärung, wirtschaftliche Sachverhalte beispielsweise über relevante Geschäftsabschlüsse zugrunde. Daher beinhaltet eine *Ad-hoc*-Mitteilung auch ein größeres Manipulations- und Schädigungspotenzial als eine Erklärung nach § 161 AktG.[1334]

Letztlich kann die Frage der Übertragbarkeit dahinstehen. Der Anspruch wird nämlich am nötigen Vorsatz scheitern.[1335] Der Täter muss Kenntnis vom Eintritt eines Schadens, der Kausalität des eigenen Verhaltens und der die Sittenwidrigkeit des Verhaltens begründenden Umstände gehabt haben.[1336] Vor allem dem geschäftsführenden Vorstand werden Informationen über die Einhaltung (oder Nichteinhaltung) der DCGK-Empfehlungen vorliegen. Nur dieser weiß mithin, ob die Entsprechenserklärung fehlerhaft ist oder nicht. Nur dieser hat mithin Kenntnis darüber, ob der eingetretene Schaden kausal auf der (fehlerhaften) Entsprechenserklärung beruht oder nicht. Schließlich scheiterte der Anspruch in der Praxis auch daran, dass der betroffene Aktionär darlegen und beweisen muss, dass der Kursrückgang auf den Verstoß gegen § 161 AktG zurückgeht.[1337]

(4) Zwischenergebnis zu cc.

Eine deliktische Haftung einzelner Aufsichtsräte gegenüber einzelnen Aktionären kommt ausschließlich für den Fall einer vergangenheitsbezogenen Falscherklärung nach § 823 Abs. 2 BGB i.V.m. § 331 Nr. 1 HGB (unrichtige Darstellung) in Betracht.

1332 *Lutter*, in: KölnerKomm-AktG, § 161 Rn. 186.
1333 Siehe Kapitel 4., B., IV., 2., b., cc., (2)., (c)., (cc). der Arbeit.
1334 *Lutter*, in: KölnerKomm-AktG, § 161 Rn. 186; *Ettinger/Grützediek*, AG 2003, 353, 360.
1335 *Lutter*, in: KölnerKomm-AktG, § 161 Rn. 187; *Ettinger/Grützediek*, AG 2003, 353, 360.
1336 *Wagner*, in: MüKo-BGB, § 826 Rn. 26.
1337 *Lutter*, in: KölnerKomm-AktG, § 161 Rn. 188.

dd. Zwischenergebnis zu b.

Ein durch Kursverfall geschädigter Aktionär kann ein Aufsichtsratsmitglied wegen Verstoßes gegen § 161 AktG lediglich deliktisch aus § 823 Abs. 2 BGB i.V.m. § 331 Nr. 1 HGB (unrichtige Darstellung) für den Fall einer vergangenheitsbezogenen Falscherklärung in Anspruch nehmen.

c. Strafrechtliche Haftung

Bei einer strafrechtlichen Haftung aufgrund eines Verstoßes gegen § 161 AktG kann zunächst auf die schon gefundenen Ergebnisse der im Rahmen einer Schutzgesetzverletzung nach § 823 Abs. 2 BGB untersuchten Normen verwiesen werden. Möglich ist also eine Strafbarkeit nach § 331 Nr. 1 HGB.

aa. Strafbarkeit nach § 334 Abs. 1 Nr. 1d) HGB

Nach § 334 Abs. 1 Nr. 1d) HGB handelt ordnungswidrig, wer als Mitglied des Aufsichtsrats einer Kapitalgesellschaft bei der Aufstellung oder Feststellung des Jahresabschlusses einer Vorschrift des § 285 HGB über die im Anhang zu machenden Angaben zuwiderhandelt. Nach § 285 Nr. 16 HGB ist im Anhang, der Teil des Jahresabschlusses ist,[1338] anzugeben, dass die nach § 161 AktG vorgeschriebene Erklärung abgegeben und wo sie öffentlich zugänglich gemacht worden ist. Dabei kommt es aber nicht auf den Inhalt der Erklärung, sondern nur auf die Angabe der Abgabe beziehungsweise der Veröffentlichung an. Damit ist § 334 Abs. 1 Nr. 1d) HGB i.V.m. § 285 Nr. 16 HGB nicht im Zusammenhang mit einem Verstoß gegen § 161 AktG zu sehen. Eine strafrechtliche Haftung diesbezüglich scheidet aus.

Im Übrigen kann sich bei Verstoß gegen die Pflicht nach § 285 Nr. 16 HGB nicht nur eine Ordnungswidrigkeit, sondern auch eine Strafbarkeit nach § 331 Nr. 1 HGB beziehungsweise Haftung nach § 823 Abs. 2 BGB i.V.m. § 331 Nr. 1 HGB ergeben.

bb. Strafbarkeit nach § 266 Abs. 1 Alt. 2 StGB

Möglicherweise haben sich die einzelnen Aufsichtsräte bei einem Verstoß gegen § 161 AktG der Untreue in Form des Treuebruchtatbestands strafbar gemacht, § 266 Abs. 1 Alt. 2 StGB. Eine Vermögensbetreuungspflicht der Aufsichtsräte gegenüber der Gesellschaft wird bejaht. Der Treuebruch könnte in einem

---

1338 Vgl. § 264 Abs. 1 S. 1 HGB.

Verstoß gegen § 161 AktG liegen. Nach dem BGH[1339] ist eine Normverletzung (wie ein Verstoß gegen § 161 AktG) jedoch nur dann pflichtwidrig im Sinne des § 266 StGB, wenn die verletzte Rechtsnorm ihrerseits wenigstens auch, und sei es mittelbar, vermögensschützenden Charakter für das zu betreuende Vermögen hat, mag die Handlung auch nach anderen Normen pflichtwidrig sein und gegebenenfalls Schadensersatzansprüche gegenüber dem Treupflichtigen begründen. Damit ist entscheidend, ob § 161 AktG wenigstens auch vermögensschützenden Charakter hat. Durch § 161 AktG wollte der Gesetzgeber dem Kodex selbst Nachdruck verleihen sowie den Gesellschaften die Möglichkeit geben, sich mit der Anwendung der Empfehlungen auseinanderzusetzen.[1340] Zudem sollten den Kapitalmarktteilnehmern Informationen darüber zur Verfügung gestellt werden, ob sich das Unternehmen an die Verhaltensstandards des Kodex zur Unternehmensleitung und -kontrolle hält beziehungsweise wenn es hiervon abweicht, wie diese Abweichung begründet wird.[1341] Diese Ziele sind nicht unmittelbar vermögensschützend. Es könnte sich aber ein mittelbarer Vermögensschutz ergeben. Stehen den (potenziellen) Anlegern ausreichend Informationen zur Verfügung, ob und wie die *Corporate-Governance*-Struktur des Unternehmens ausgestaltet ist, können sie ihre Anlageentscheidung qualifizierter treffen. Fraglich ist, ob sie damit weniger riskieren, über eine Fehlanlage ihr Vermögen zu schmälern. Das entspräche einem mittelbaren Vermögensschutz. Die Informationen in der Entsprechenserklärung reichen jedoch nicht aus, um vor einer Fehlinvestition zu schützen. Sie beinhalten, wie schon mehrfach erwähnt, keine ökonomischen Faktoren. Nur anhand solcher „harter" Faktoren kann ein qualifizierter Anleger eine Prognose über den zukünftigen Unternehmenserfolg abgeben, die ihn vor Fehlentscheidungen schützt. § 161 AktG hat somit keinen vermögensschützenden Charakter. Eine Untreue gegenüber der Gesellschaft nach § 266 Abs. 1 Alt. 2 StGB scheidet aus.

1339 BGH, Beschluss vom 13.09.2010 – 1 StR 220/09 = BeckRS 2010, 26096 (*Siemens/AUB*-Entscheidung); BGH, Beschluss vom 26.11.2015 – 3 StR 17/15 = NZG 2016, 703, 713.

1340 RegBegr. zum TransPuG, BT-Drs. 14/8769, S. 21. Zur Möglichkeit der Gesellschaften, sich mit den Vorschriften auseinanderzusetzen: *Goette*, in: MüKo-AktG, § 161 Rn. 1.

1341 RegBegr. zum TransPuG, BT-Drs. 14/8769, S. 21.

cc. Zwischenergebnis zu c.

Eine strafrechtliche Haftung einzelner Aufsichtsräte wegen eines Verstoßes gegen § 161 AktG kann sich für den Fall einer vergangenheitsbezogenen Falscherklärung ausschließlich gemäß § 331 Nr. 1 HGB ergeben.

d. Zwischenergebnis zu 2.

Eine Innenhaftung der Aufsichtsräte gegenüber der Gesellschaft bei Verstoß gegen § 161 AktG ist möglich. Aufgrund des schwer nachzuweisenden kausalen Schadens hält sich das Haftungsrisiko jedoch in Grenzen.

Eine Außenhaftung eines Aufsichtsratsmitglieds gegenüber einem geschädigten Aktionär kann sich für den Fall einer vergangenheitsbezogenen Falscherklärung lediglich deliktisch aus § 823 Abs. 2 BGB i.V.m. § 331 Nr. 1 HGB (unrichtige Darstellung) ergeben. Mit diesem Fall einher geht eine Strafbarkeit nach § 331 Nr. 1 HGB.

3. Zwischenergebnis zu IV.

Verleiht § 161 AktG dem Kodex also Zähne? Zwar gibt die Anfechtungsmöglichkeit von Entlastungsbeschlüssen bei Verstoß gegen § 161 AktG den Aktionären ein Instrument an die Hand. Dieses gereicht dem Kodex mittelbar auch zur Durchsetzung, führt mithin zu einer gewissen Stärkung. Es ist jedoch wenig einflussreich: Aufgrund fehlender Präklusionswirkung kommt dem Entlastungsbeschluss von vornherein zu wenig Bedeutung zu. Zudem ist von einer Erfolgsaussicht der Klagen vor allem für den Fall einer nicht vorgenommenen Aktualisierung der Entsprechenserklärung auszugehen. Schließlich ist die Restriktion der Rechtsprechung zu beachten: Die Fehlerhaftigkeit muss einen nicht unwesentlichen (relevanten) Punkt der Entsprechenserklärung betreffen.

Das Haftungsrisiko schließlich wird zu gering sein, um einen Anreiz zur Einhaltung der Kodexbestimmungen zu schaffen.

V. Zwischenergebnis zu B.

Bei der Untersuchung von Rechtsfolgen im Zusammenhang mit dem DCGK muss streng zwischen der Nichtbeachtung des Kodex auf der einen Seite und einem Verstoß gegen die Entsprechenserklärung auf der anderen Seite unterschieden werden. Wird gegen Empfehlungen des DCGK verstoßen, kommt einzig eine Innenhaftung eines Aufsichtsrats gegenüber der Gesellschaft bei erklärungswidriger Nichtbefolgung über einen Reputationsschaden der Gesellschaft in Betracht.

Ein Verstoß gegen § 161 AktG kann in zweierlei münden: Zum einen kann sich eine Anfechtbarkeit der Entlastung eines Aufsichtsrats bei einer Fehlerhaftigkeit der Entsprechenserklärung aufgrund unterlassener Aktualisierung ergeben. Zum anderen kann sich eine Haftung des handelnden Aufsichtsrats ergeben. Möglich ist eine Innenhaftung gegenüber der Gesellschaft, eine Außenhaftung gegenüber einem geschädigten Aktionär (sowie eine Strafbarkeit) für den Fall einer vergangenheitsbezogenen Falscherklärung aus § 823 Abs. 2 BGB i.V.m. § 331 Nr. 1 HGB.

C. Ergebnis Kapitel 4.

Im vierten Kapitel dieser Arbeit wurden die Folgen bei Nichterfüllung des Anforderungsprofils an Aktionärsvertreter untersucht. Zu fragen ist nun, inwieweit sich die Rechtsfolgen für den einzelnen Aufsichtsrat aufgrund des verschärften Anforderungsprofils ebenso verschärft haben.

Wird gegen die reformierte Karenzzeit (§ 100 Abs. 2 S. 1 Nr. 4 AktG) oder die eingeführten Quoten (§ 96 Abs. 2, Abs. 3 AktG) verstoßen, ergibt sich eine Nichtigkeit gemäß § 250 Abs. 1 AktG der Aufsichtsrätewahl. Eine Anfechtbarkeit (§ 251 Abs. 1 S. 1 AktG) der Aufsichtsrätewahl ist wegen Verletzung der reformierten § 100 Abs. 5 AktG (Sachkunde), § 25d Abs. 3 S. 1, Abs. 3a KWG (Ausschlusstatbestände), § 24 Abs. 4 VAG (gemäßigtes *Cooling-off*, Höchstzahl an Aufsichtsratsmandaten) sowie § 18 Abs. 3 S. 1 KAGB (Unabhängigkeit) möglich.

Über die reformierten Normen ist auch die Vorschlagsverantwortung des Aufsichtsrats verschärft worden. Mithin hat sich auch die Innenhaftung des einzelnen Aufsichtsrats bei einem Mitabstimmen an einem inhaltlich fehlerhaften Beschlussvorschlag (Verstoß gegen die Vorschlagsverantwortung) verschärft. Bei fehlerhaft bestellten Aufsichtsräten hat sich zusätzlich das Risiko einer Innenhaftung wegen Verletzung des § 100 Abs. 2 S. 1 Nr. 4 AktG bei Amtsantritt erhöht. Wegen einer solchen Verletzung ist schließlich auch das Risiko der Anfechtung der Entlastung eines Aufsichtsrats gestiegen.

Damit lässt sich festhalten, dass sowohl das Anfechtungsrisiko als auch das Haftungsrisiko in moderatem Umfang gestiegen sind. Im selben Maße hat sich also das Anforderungsprofil über die Rechtsfolgen bei Nichterfüllung der hinzugekommenen gesetzlichen Anforderungen verschärft. Die negativen Auswirkungen, die sowohl eine erfolgreiche Klage als auch die persönliche Inanspruchnahme für den einzelnen Aufsichtsrat, aber letztlich auch für die Gesellschaft haben, sind nur unwesentlich gestiegen.

Für die reformierten Empfehlungen des DCGK ergeben sich keine individuellen Rechtsfolgen im Vergleich zu einem generellen Verstoß gegen Kodexempfehlungen.

Je mehr Empfehlungen das Anforderungsprofil der Aufsichtsräte betreffen, umso höher ist jedoch die Wahrscheinlichkeit der erklärungswidrigen Nichtbefolgung und der damit einhergehenden Möglichkeit der Innenhaftung. Erwähnt sei in diesem Zusammenhang die Einführung einer Vielzahl an Empfehlungen zur Unabhängigkeit von Aufsichtsräten im Jahr 2020.

Kapitel 5. Ausblick und Zusammenfassung

A. Ausblick: Quo vadis Aufsichtsrat?

„We must not let in daylight upon magic“[1342]

Schon bei der englischen Monarchie, auf die dieses Zitat ursprünglich gemünzt war,[1343] ist mehr als fraglich, ob es sich wahrlich um Magie handelt. Umso mehr gilt dies für den deutschen Aufsichtsrat. Bedenken, dass etwas „Tageslicht“ in Form von weiteren Reformen den altehrwürdigen Charakter des Gremiums zerstören könnte, sind jedenfalls nicht angebracht. Die Arbeit hat herausgearbeitet, dass sich das Anforderungsprofil an Aktionärsvertreter im Aufsichtsrat einer Aktiengesellschaft in den Jahren seit Ausbruch der Finanzmarktkrise verschärft hat. Diese Verschärfung ist jedoch nicht derart drastischer Natur, dass davon ausgegangen werden kann, dass der Reformprozess abgeschlossen ist. Dafür spricht auch, dass trotz dieser Verschärfung nach wie vor nicht mit dem Usus, die Auswahl der Aufsichtsratskandidaten an der Pflege der Geschäftsbeziehungen und nicht an persönlichen Qualifikationen festzumachen, gebrochen worden ist.[1344] Nach wie vor wählen Familienbetriebe am liebsten Familienmitglieder, Automobilkonzerne am liebsten bekannte Vertreter der Automobilbranche in ihr Überwachungsgremium. Aktuellstes Beispiel ist die *Daimler AG*, die angekündigt hat, ihren langjährigen Vorstandsvorsitzenden *Dieter Zetsche* im Jahr 2021, nach Ablauf der *Cooling-off*-Periode, zum Aufsichtsratsvorsitzenden zu bestellen.[1345] Wie kann nun also weiteres „Tageslicht“ in das Gremium gebracht werden, so dass mit diesen Praktiken endgültig gebrochen wird?

1342 *Langenbucher*, ZGR 2012, 314, 315, die auf *Derek Higgs* verweist, der mit diesem Zitat über die Monarchie aus dem Jahr 1867 einen Bericht zu *non-executive-board*-Mitgliedern in Großbritannien eingeleitet hat.

1343 *Langenbucher*, ZGR 2012, 314, 315.

1344 In diese Richtung: *Schiessl*, AG 2002, 593, 597 f.; *Der Spiegel* vom 01.02.2020, S. 64 ff.

1345 *Der Spiegel* vom 01.02.2020, S. 64 ff. Im September 2020 hat sich *Dieter Zetsche* jedoch selbst dagegen entschieden: *Handelsblatt.com*; abgerufen am 02.12.2020 unter: https://www.handelsblatt.com/unternehmen/industrie/medien-info-ex-daimler-vorstandschef-zetsche-wird-doch-nicht-aufsichtsratschef/26221624.html.

I. Änderung der Unternehmensverfassung

Immer wieder im Gespräch ist die Bildung eines sogenannten „Aktienamts",[1346] das anstatt einzelner Aufsichtsräte die Überwachung und Beratung aller Aktiengesellschaften in Deutschland übernehmen würde. Um die Kosten der Errichtung eines solchen Amts zu reduzieren, könnte es bei der BaFin oder dem Bundeswirtschaftsministerium angesiedelt werden. Ein solch radikaler Schritt bedeutete jedoch nichts weniger als das Ende des prestigeträchtigen Ehren- beziehungsweise Nebenamts als Aufsichtsratsmitglied. Ein solches Aktienamt wäre nämlich mit hauptberuflichen „Überwachern" besetzt.

Im Zuge einer Reform der Unternehmensverfassung wäre auch ein Angleich an das im amerikanischen und englischen Raum vorherrschende einstufige „*board*"-System denkbar. Dabei ist der Vorteil dieses Systems vor allem in dem gebündelten Zeit- und Kostenaufwand nur eines Gremiums sowie in Synergieeffekten, die daraus entstehen, dass Informationen nicht erst zwischen zwei Gremien weitergegeben werden müssen, zu suchen.[1347] Vorstellbar wäre ein Wahlrecht, vergleichbar dem im Rahmen der *Societas Europaea*, zwischen einem ein- oder zweistufigen Modell.

Bei der Debatte um die richtige Unternehmensverfassung ist zu berücksichtigen, dass international anerkannte Prinzipien, wie das *comply-or-explain*-Prinzip, sowie international anerkannte Gremien, wie das *Audit Committee*, zu einer fortschreitenden Konvergenz zumindest bei börsennotierten Unternehmen geführt haben.[1348] Mit dem damit einhergehenden Verblassen der strukturellen Unterschiede verliert auch die Diskussion um das richtige Verwaltungsmodell an Kraft.[1349]

II. Ressortbildung innerhalb des Gremiums

Überlegungen einer Ressortbildung, das heißt einer verstärkten Ausdifferenzierung der einzelnen Aufsichtsratssitze, werden schon seit Längerem angestellt. *Lutter*[1350] beispielsweise schlägt eine Idealbesetzung mit einem Unternehmensleiter, einem Produktionsfachmann, einem Entwicklungsfachmann, einem unternehmensrechtlich und international erfahrenen Juristen, einem

---

1346 Im Zusammenhang mit § 161 AktG kritisch dazu: *Krieger*, ZGR 2012, 202, 219.

1347 *Leyens*, RabelsZ 67 (2003), S. 57, 91.

1348 *Leyens*, in: FS Hopt, S. 3135.

1349 *Leyens*, in: FS Hopt, S. 3135.

1350 *Lutter*, DB 2009, 775, 778.

Steuerfachmann sowie einem Rechnungsleger vor. Diese Idee weitergedacht, könnte der Aufsichtsrat (gesetzlich oder über den DCGK) verpflichtet werden beziehungsweise es könnte ihm empfohlen werden, für jeden Aufsichtsratssitz ein unterschiedliches Anforderungsprofil zu erstellen.[1351] Demgemäß könnten die Nominierungsausschüsse verpflichtet werden beziehungsweise es könnte ihnen empfohlen werden, die Eignung der der Hauptversammlung vorzuschlagenden Kandidaten gemäß diesen Profilen zu begründen.[1352] Eine solche Ressortzuständigkeit würde zu einem hohen, differenzierten Fachwissen im Gremium führen. Dies wiederum würde über einen regen und intensiven Austausch der Mitglieder untereinander dem Gesamtgremium zugutekommen.

III. Verstärkte Professionalisierung der Aufsichtsratsarbeit

Das Schlagwort „Professionalisierung der Aufsichtsratsarbeit"[1353] im Zuge des Diskurses um Reformen des Gremiums ist nicht neu. *Lutter*[1354] forderte schon im Jahr 2009, dass das Aufsichtsratsmitglied nicht länger nur „Leuchtturm" der Gesellschaft, sondern vielmehr ein „Arbeiter im Weinberg" sein sollte. Fraglich ist allein, ob sich diese Tendenz fortsetzt. Letzte Konsequenz wäre die Bildung eines Berufsaufsichtsrats.[1355] Ein solches, ausschließlich mit Aufsichtsräten im Hauptamt besetztes Gremium hätte den Vorteil einer voraussichtlich kleineren Gesamtgröße. Ein Team mit wenigen Mitgliedern mit jeweils mehr Zeit kann seine Aufgaben genauso gut oder besser erledigen wie ein solches mit vielen Mitgliedern mit jeweils wenig Zeit. Sitzungen könnten schneller organisiert und durchgeführt werden. Dies könnte gerade bei aktuellen Themen, also bei schnell zu treffenden Entscheidungen ein erheblicher Mehrwert sein. Schließlich wäre von einem größeren Informationsaustausch innerhalb des Gremiums und damit einhergehenden positiven Synergieeffekten auszugehen. Ebenso wie die Bildung eines Aktienamts bedeutete ein Berufsaufsichtsrat jedoch das Ende des bisherigen Ehren- beziehungsweise Nebenamts als Aufsichtsratsmitglied. Zudem ist zu beachten, dass Kenntnisse und Erfahrungen, die bei einer Haupttätigkeit neben dem Aufsichtsratsmandat gewonnen werden, nicht mehr in die Aufsichtsratsarbeit einfließen könnten. Zu überlegen ist also, ob ein Kompromiss mit der jetzigen Situation möglich wäre. Dabei ist an ein (vielleicht sogar paritätisch

1351 *Säcker*, AG 2008, 17, 22.
1352 *Säcker*, AG 2008, 17, 22.
1353 *Leyens*, RabelsZ 67 (2003), S. 57, 84.
1354 *Lutter*, DB 2009, 775, 778. Aufgegriffen von *Selter*, NZG 2012, 660, 662.
1355 *Schiessl*, AG 2002, 593, 599.

besetztes) Gremium mit Aufsichtsräten im Neben- und solchen im Hauptamt zu denken.

Auch innerhalb bestehender Strukturen kann eine qualitative Verbesserung im Sinne einer Professionalisierung durch eine höhere Frequenz der Sitzungen, eine Anwesenheitspflicht der Aufsichtsräte oder durch die Einrichtung eines Sekretariats erreicht werden.[1356]

Schließlich könnte, gerade auch aufgrund des gestiegenen Anfechtungsrisikos, eine verstärkte Professionalisierung des Gremiums durch eine Pflicht zum Abschluss von D&O-Versicherungen erreicht werden. *De lege lata* existiert weder für Vorstände noch für Aufsichtsräte eine Pflicht zum Abschluss einer solchen Vermögensschaden-Haftpflichtversicherung. Zumindest für große, börsennotierte Aktiengesellschaften wäre die Einführung einer solchen für alle Organwalter jedoch sinnvoll. Gerade bei diesen tragen sowohl Vorstände, aber auch Aufsichtsräte ein hohes Maß an Verantwortung, das mit einem hohen persönlichen Haftungsrisiko einhergeht. Einer Vernachlässigung von Sorgfaltspflichten kann über einen entsprechenden Selbstbehalt entgegengesteuert werden. Zu beachten ist, dass nach § 116 S. 1 AktG die Mindestgrenze des § 93 Abs. 2 S. 3 AktG für Aufsichtsräte nicht gilt.[1357]

IV. Angepasste Vergütungsstruktur für Aufsichtsräte

Bei Überlegungen zur Zukunft des deutschen Aufsichtsrats stellt sich unweigerlich auch die Frage nach der Vergütung der Mitglieder des Gremiums. Zunächst hängt diese von etwaigen Reformen der Unternehmensverfassung oder der internen Ausgestaltung des Gremiums ab. Wird beispielsweise die Idee eines Berufsaufsichtsrats (teilweise) verwirklicht, wird damit auch eine Vergütungserhöhung für die betroffenen Berufsaufsichtsräte einhergehen. Auf der anderen Seite könnten gerade bei kleineren Gesellschaften mit geringem Kapitalstock Maßnahmen der Professionalisierung, wie beispielsweise die Einführung eines Sekretariats, dazu führen, dass die damit einhergehenden Kosten umgelegt werden und es zu Einbußen bei der Höhe der Aufsichtsratsvergütung kommt.

Unabhängig von sonstigen Reformen ist die Frage, ob sich das aus der Verschärfung des Anforderungsprofils ergebende erhöhte Anfechtungs- und Haftungsrisiko in der Vergütung der Aufsichtsräte widerspiegeln sollte. Noch immer ist die Vergütung deutscher Aufsichtsräte im internationalen Vergleich am unteren Ende

---

1356 *Schiessl*, AG 2002, 593, 599 ff.

1357 Der DCGK 2017 empfahl in Ziffer 3.8. Abs. 3 noch einen entsprechenden Selbstbehalt für den Aufsichtsrat. Dies ist entfallen.

angesiedelt. Eine Erhöhung ist vor allem dann gerechtfertigt, wenn sich sonst keine geeigneten Kandidaten mehr finden lassen, die optimale Erfüllung der Beratungs- und Überwachungsaufgaben des Aufsichtsrats mithin gefährdet ist. Das gestiegene Anfechtungs- und Haftungsrisiko wird allerdings zu gering sein, um sich in einem drastischen Anstieg an Klagen und einem damit einhergehenden Rückgang an geeigneten Kandidaten niederzuschlagen. Damit muss es sich auch nicht in der Vergütung der Aufsichtsräte wiederfinden.

Ein Schlusspunkt in der Diskussion um die Ausgestaltung des Gremiums ist nicht erkennbar. Auf welchem Wege und vor allem in welcher Form mehr „Tageslicht" in den altehrwürdigen deutschen Aufsichtsrat kommen wird, wird die Zukunft zeigen. Dass dies unerwartet schnell geschehen kann, zeigen die aktuellen Entwicklungen. So kann seit März 2020 die Hauptversammlung virtuell abgehalten werden.[1358] Dass dies geschehen wird, ist im Hinblick auf die deutsche Aktienrechtsreform in Permanenz[1359] zumindest nicht unwahrscheinlich.

B. Zusammenfassung in Thesen

Zusammenfassend sollen die wesentlichen aus der vorstehenden Untersuchung erlangten Erkenntnisse in Form von Thesen dargestellt werden:

1. Das Anforderungsprofil an Aktionärsvertreter im Aufsichtsrat hat sich seit dem Jahr 2007 sowohl über den Gesetzgeber als auch über die DCGK-Kommission verschärft.
2. Dabei lassen sich eine große Anzahl der Gesetzesnovellen auf die weltweite Finanzmarktkrise zurückführen. Ein radikales Umdenken des Gesetzgebers bezüglich der Normierung inhaltlicher Qualifikationen an die Mitglieder des Überwachungsorgans ist trotzdem nicht erkennbar. Im Verhältnis zum Aktiengesetz zeigt sich in den Sondergesetzen des KWG, VAG sowie KAGB zwar ein vermehrter Reformeifer. Dieser ist jedoch ebenso nicht derart umfassend, dass von einer gesetzgeberischen Kehrtwende gesprochen werden kann.
3. Auch der DCGK hielt sich bis zum Jahr 2020 mit Reformen des Anforderungsprofils an Aktionärsvertreter zurück. Dabei standen eine Professionalisierung der Aufsichtsratstätigkeit sowie ein Angleich an die nationale Gesetzgebung sowie internationale Standards im Vordergrund.

1358 Art. 2 § 1 Abs. 2 des Gesetzes zur Abmilderung der Folgen der COVID-19-Pandemie im Zivil-, Insolvenz- und Strafverfahrensrecht.

1359 Zum Beispiel *Bayer*, NZG 2013, 1, 2.

4. Alle gesetzlichen Grundlagen sowie der DCGK reformierten das Merkmal „Sachkunde“. Alle drei Sondervorschriften führten zudem (direkt oder indirekt) eine Zuverlässigkeit als Anforderung an Aufsichtsräte ein. Mithin ist von einem hohen Stellenwert der beiden Merkmale auszugehen.
5. In moderatem Umfang hat sich das Anforderungsprofil über die Rechtsfolgen bei Nichtbeachtung der reformierten gesetzlichen Anforderungen verschärft. Die negativen Auswirkungen, die sowohl eine erfolgreiche Klage als auch die persönliche Inanspruchnahme für den einzelnen Aufsichtsrat, aber letztlich auch für die Gesellschaft haben, sind mithin nur unwesentlich gestiegen.
6. Im Einzelnen gilt, dass sich eine Nichtigkeit der Aufsichtsrätewahl bei Verstoß gegen §§ 100 Abs. 1, Abs. 2, 105 Abs. 1 AktG sowie § 96 Abs. 2, Abs. 3 AktG ergibt. Nach einer Anfechtung ergibt sich eine solche wegen Verstoßes gegen die Ausschlusstatbestände des KWG und des VAG, wegen Verletzung des § 100 Abs. 5 AktG sowie wegen Verletzung des § 18 Abs. 3 S. 1 KAGB.
7. Unabhängig davon, ob wirksam bestellt oder nicht, kann sich eine Innenhaftung eines Aufsichtsrats gegenüber der Gesellschaft aus dem Mitabstimmen an einem inhaltlich fehlerhaften Beschlussvorschlag (Verstoß gegen die Vorschlagsverantwortung), bei Nichtvorliegen der Mindestkenntnisse bei Amtsantritt, bei Nichtoffenlegung eines Interessenkonflikts sowie durch ein fehlerhaftes Abstimmen bei Befangenheit ergeben. Bei fehlerhaft bestellten Aufsichtsräten ist eine solche Haftung zusätzlich wegen Verletzung der §§ 100 Abs. 1, Abs. 2, 105 AktG bei Amtsantritt möglich.
8. Für die reformierten Empfehlungen des DCGK ergeben sich keine individuellen Rechtsfolgen im Vergleich zu einem generellen Verstoß gegen die Empfehlungen des Kodex beziehungsweise gegen § 161 AktG. Je mehr Empfehlungen das Anforderungsprofil der Aufsichtsräte betreffen, umso höher ist jedoch die Wahrscheinlichkeit ihrer erklärungswidrigen Nichtbefolgung und der damit einhergehenden Möglichkeit der Innenhaftung.
9. Bei Verstoß gegen den DCGK gilt: Bei einer erklärungswidrigen Nichtbefolgung kann sich eine Sorgfaltspflichtverletzung eines Aufsichtsrats daraus ergeben, dass im Nachgang der Frage über die zu erklärende Anwendung oder Nichtanwendung von DCGK-Empfehlungen nicht dafür Sorge getragen wird, dass ein Reputationsschaden von der Gesellschaft abgewendet wird.
10. Bei Verstoß gegen § 161 AktG gilt: Entlastungsbeschlüsse der Hauptversammlung können wegen eines Verstoßes gegen die Aktualisierungspflicht angefochten werden. Eine Innenhaftung ist möglich, aufgrund des schwer nachzuweisenden kausalen Schadens jedoch unwahrscheinlich. Eine Außenhaftung kann sich im Fall einer vergangenheitsbezogenen

Falscherklärung deliktisch aus § 823 Abs. 2 BGB i.V.m. § 331 Nr. 1 HGB (unrichtige Darstellung) ergeben. Damit einher geht eine Strafbarkeit nach § 331 Nr. 1 HGB.

Literaturverzeichnis

Abram, Nils: Ansprüche von Anlegern wegen Verstoßes gegen Publizitätspflichten oder den Deutschen Corporate Governance Kodex, NZG 2003, S. 307–313.

Abram, Nils: Ansprüche von Anlegern wegen Verstoßes gegen § 161 AktG oder den Deutschen Corporate Governance Kodex – ein Literaturbericht, ZBB-Report, S. 41–58.

Bachmann, Gregor: Der „Deutsche Corporate Governance Kodex": Rechtswirkungen und Haftungsrisiken, WM 2002, S. 2137–2143.

Bachmann, Gregor: Die Erklärung zur Unternehmensführung (Corporate Governance Statement), ZIP 2010, S. 1517–1526.

Bamberger, Georg/Roth, Herbert/Hau, Wolfgang/Poseck, Roman (Hrsg.): BeckOK BGB, 56. Edition, Stand: 01.11.2020, München 2020 [zitiert als: *Bearbeiter*, in: BeckOK, BGB].

Baums, Theodor/Drinhausen, Florian/Keinath, Astrid: Anfechtungsklagen und Freigabeverfahren. Eine empirische Studie, Working Paper Series No. 130, Institute for Law and Finance, Goethe-Universität Frankfurt am Main, 2011 [zitiert als: *Baums/Drinhausen/Keinath*, ILF 130/2011].

Bayer, Walter: Grundsatzfragen der Regulierung der aktienrechtlichen Corporate Governance, NZG 2013, S. 1–16.

Bayer, Walter/Hoffmann, Thomas: Frauenquote und Zahl der betroffenen Unternehmen, AG 2015, R4–R7.

Bayer, Walter/Lieder, Jan: Die Lehre vom fehlerhaften Bestellungsverhältnis. Ein Beitrag zur Institutionenbildung im Gesellschaftsrecht aus Anlass des HVB/UniCredit-Beschlusses des II. Zivilsenats des BGH vom 27.9.2011, NZG 2012, S. 1–9.

BDI/bankenverband/DAI/DIHK/GDV: Gemeinsame Stellungnahme zu den Entwürfen der Generaldirektion Binnenmarkt der Europäischen Kommission für eine Empfehlung zur „Stärkung der Rolle von nicht geschäftsführenden Direktoren und Aufsichtsratsmitgliedern" sowie zur „Förderung einer geeigneten Regelung für die Vergütung von Direktoren", NZG 2004, S. 1052–1053.

Becker, Thorsten: Die Haftung für den deutschen Corporate Governance Kodex, Baden-Baden 2005 (Dissertation, Johannes Gutenberg Universität Mainz).

Behme, Caspar/Zickgraf, Peter: Anforderungen an die Qualifikation von Aufsichtsratsmitgliedern nach dem Abschlussprüfungsreformgesetz (AReG), AG 2016, R132–R135.

Berg, Stefan/Stöcker, Mathias: Anwendungs- und Haftungsfragen zum Deutschen Corporate Governance Kodex, WM 2002, S. 1569–1616.

Berger, Hanno/Steck, Kai-Uwe/Lübbehüsen, Dieter (Hrsg.): Investmentgesetz, Investmentsteuergesetz. Kommentar, München 2010 [zitiert als: *Bearbeiter*, in: Berger/Steck/Lübbehüsen, InvG].

Blasche, Sebastian: Die Anwendung der Business Judgment Rule bei Kollegialentscheidungen und Vorliegen eines Interessenkonflikts bei einem der Vorstandsmitglieder, AG 2010, S. 692–699.

Boos, Karl-Heinz/Fischer, Reinfrid/Schulte-Mattler, Hermann (Hrsg.): KWG. CRR-VO. Kommentar zu Kreditwesengesetz, VO (EU) Nr. 575/2013 (CRR) und Ausführungsvorschriften, Band 1. 5. Auflage, München 2016 [zitiert als: *Bearbeiter*, in: Boos/Fischer/Schulte-Mattler, KWG].

Bröcker, Norbert/Mosel, Raoul: Der unabhängige Finanzexperte – Neue Herausforderungen bei der Besetzung des Aufsichtsrates durch das BilMoG, GWR 2009, S. 132–134.

Brox, Hans: Leitende Angestellte als Aufsichtsratsmitglieder des Unternehmens, in: Ferid, Murad (Hrsg.), Festschrift für Hans G. Ficker zum 70. Geburtstag am 20. Juli 1967, Frankfurt, Berlin 1967, S. 95–120.

Bundesanstalt für Finanzdienstleistungsaufsicht, Merkblatt zu den Mitgliedern von Verwaltungs- und Aufsichtsorganen gemäß KWG und KAGB, Bonn/Frankfurt am Main, den 04.01.2016 (zuletzt geändert am 31.01.2017) [zitiert als: *BaFin*, Merkblatt KWG/KAGB].

Bundesanstalt für Finanzdienstleistungsaufsicht, Merkblatt zur fachlichen Eignung und Zuverlässigkeit von Mitgliedern von Verwaltungs- oder Aufsichtsorganen gemäß VAG, Bonn, den 23.11.2016 [zitiert als: *BaFin*, Merkblatt VAG].

Bürgers, Tobias/Körber, Torsten (Hrsg.): Aktiengesetz. Heidelberger Kommentar. 4. Auflage, Heidelberg 2017 [zitiert als: *Bearbeiter*, in: Bürgers/Körber, AktG].

Butzke, Volker: Interessenkonflikte von Aufsichtsratsmitgliedern als Thema der Hauptversammlung, in: Krieger, Gerd/Lutter, Marcus/Schmidt, Karsten (Hrsg.), Festschrift für Michael Hoffmann-Becking zum 70. Geburtstag, München 2013, S. 229–246.

Cahn, Andreas: Aufsichtsrat und Business Judgment Rule, WM 2013, S. 1293–1305.

Cahn, Andreas: Aufsichtsrat und Business Judgment Rule, Working Paper Series No. 141, Institute for Law and Finance, Goethe-Universität Frankfurt am Main, 2013 [zitiert als: *Cahn*, ILF 141/2013].

Calliess, Christian/Ruffert, Matthias (Hrsg.): EUV/AEUV. Das Verfassungsrecht der Europäischen Union mit Europäischer Grundrechtecharta. Kommentar. 5. Auflage, München 2016 [zitiert als: *Bearbeiter*, in: Calliess/Ruffert, AEUV].

Deilmann, Barbara/Albrecht, Frauke: Corporate Governance und Diversity – was empfiehlt der neue Kodex?, AG 2010, S. 727–734.

Diekmann, Hans/Bidmon, Katja: Das „unabhängige“ Aufsichtsratsmitglied nach dem BilMoG – insbesondere als Vertreter des Hauptaktionärs, NZG 2009, S. 1087–1092.

Diekmann, Hans/Fleischmann, Dermot: Umgang mit Interessenkonflikten in Aufsichtsrat und Vorstand der Aktiengesellschaft, AG 2013, S. 141–150.

Dreher, Meinrad: Ausstrahlungen des Aufsichtsrechts auf das Aktienrecht – Unter besonderer Berücksichtigung des Risikomanagement –, ZGR 2010, S. 496–542.

Dreher, Meinrad: Die Gesamtqualifikation des Aufsichtsrats, in: Krieger, Gerd/Lutter, Marcus/Schmidt, Karsten (Hrsg.), Festschrift für Michael Hoffmann-Becking zum 70. Geburtstag, München 2013, S. 313–329.

Dreher, Meinrad: Die Qualifikation der Aufsichtsratsmitglieder, in: Ebenroth, Carsten Thomas/Hesselberger, Dieter/Rinne, Manfred Eberhard (Hrsg.), Verantwortung und Gestaltung, Festschrift für Karlheinz Boujong zum 65. Geburtstag, München 1996, S. 71–97.

Dreher, Meinrad (Hrsg.): Beck'sche Kurzkommentare, Versicherungsaufsichtsgesetz mit Nebengesetzen, 13. Auflage, München 2018 [zitiert als: *Bearbeiter*, in: Prölss/Dreher, VAG].

Drygala, Tim: Harte Quote, weiche Quote und die Organpflichten von Vorstand und Aufsichtsrat, NZG 2015, S. 1129–1136.

Drygala, Tim/Bressensdorf, Tobias von: Gegenwart und Zukunft grenzüberschreitender Verschmelzungen und Spaltungen, NZG 2016, S. 1161–1168.

Emde, Thomas/Dornseifer, Frank/Dreibus, Alexandra/Hölscher, Luise (Hrsg.): Investmentgesetz mit Bezügen zum Kapitalanlagegesetzbuch. Kommentar, München 2013 [zitiert als: *Bearbeiter*, in: Emde/Dornseifer/Dreibus/Hölscher, InvG].

Eser, Albin (Hrsg.): Strafgesetzbuch. Kommentar, begründet von Adolf Schönke, fortgeführt von Horst Schröder, 30. Auflage, München 2019 [zitiert als: *Bearbeiter*, in: Schönke/Schröder, StGB].

Ettinger, Jochen/Grützediek, Elke: Haftungsrisiken im Zusammenhang mit der Abgabe der Corporate Governance Entsprechenserklärung gemäß § 161 AktG, AG 2003, S. 353–366.

Falkenhausen, Joachim Freiherr von: Die Haftung außerhalb der Business Judgment Rule. Ist die Business Judgment Rule ein Haftungsprivileg für Vorstände, NZG 2012, S. 644–651.

Falkenhausen, Joachim Freiherr von/Kocher, Dirk: Wie wird der unabhängige Finanzexperte in den Aufsichtsrat gewählt? – Praktische Fragen der Umsetzung des BilMoG, ZIP 2009, S. 1601–1603.

Fleischer, Holger: Ehrbarer Kaufmann – Grundsätze der Geschäftsmoral – Reputationsmanagement: Zur „Moralisierung" des Vorstandsrechts und ihre Grenzen, DB 2017, S. 2015–2022.

Fleischer, Holger (Hrsg.): Handbuch des Vorstandsrechts, München 2006.

Fleischer, Holger: Zur Leitungsaufgabe des Vorstands im Aktienrecht, ZIP 2003, S. 1–11.

Fortun, Steffen/Knies, Harald: Rechtsfolgen fehlerhafter Besetzung des Aufsichtsrats einer Aktiengesellschaft, DB 2007, S. 1451–1455.

Fromholzer, Ferdinand/Simons, Cornelius: Die Festlegung von Zielgrößen für den Frauenanteil in Aufsichtsrat, Geschäftsleitung und Führungspositionen, AG 2015, S. 457–467.

Fuhrmann, Lambertus/Linnerz, Markus/Pohlmann, Andreas (Hrsg.): Deutscher Corporate Governance Kodex. Kommentar. Frankfurt am Main 2016 [zitiert als: *Bearbeiter*, in: Fuhrmann/Linnerz/Pohlmann, DCGK].

Gesell, Harald: Prüfungsausschuss und Aufsichtsrat nach dem BilMoG, ZGR 2011, S. 361–397.

Goette, Wulf: „Zu den Rechtsfolgen unrichtiger Entsprechenserklärungen", in: Kindler, Peter/Koch, Jens/Ulmer, Peter/Winter, Martin (Hrsg.): Festschrift für Uwe Hüffer zum 70. Geburtstag, München 2010, S. 225–235.

Goette, Wulf/Habersack, Mathias/Kalss, Susanne: Münchener Kommentar zum Aktiengesetz, Band 1, §§ 1–75, MitbestG, DrittelbG, 5. Auflage, München 2019 [zitiert als: *Bearbeiter*, in: MüKo-AktG].

Goette, Wulf/Habersack, Mathias/Kalss, Susanne: Münchener Kommentar zum Aktiengesetz, Band 2, §§ 76–117, 5. Auflage, München 2019 [zitiert als: *Bearbeiter*, in: MüKo-AktG].

Goette, Wulf/Habersack, Mathias/Kalss, Susanne: Münchener Kommentar zum Aktiengesetz, Band 3, §§ 118–178, 4. Auflage, München 2018 [zitiert als: *Bearbeiter*, in: MüKo-AktG].

Goette, Wulf/Habersack, Mathias/Kalss, Susanne: Münchener Kommentar zum Aktiengesetz, Band 4, §§ 179–277, 4. Auflage, München 2016 [zitiert als: *Bearbeiter*, in: MüKo-AktG].

Grigoleit, Hans Christoph (Hrsg.): Aktiengesetz. Kommentar, 2. Auflage, München 2020 [zitiert als: *Bearbeiter*, in: Grigoleit, AktG].

Grobe, Tony: Die Geschlechterquote für Aufsichtsrat und Vorstand, AG 2015, S. 289–303.

Grottel, Bernd/Schmidt, Stefan/Schubert, Wolfgang J./Störk, Ulrich (Hrsg.): Beck'scher Bilanz-Kommentar. Handels- und Steuerbilanz §§ 238 bis 339, 342 bis 342e HGB, 12. Auflage, München 2020 [zitiert als: *Bearbeiter*, in: Beck'scher Bilanzkommentar, HGB].

Gruber, Johannes: Der unabhängige Finanzexperte im Aufsichtsrat nach dem Referentenentwurf des Bilanzrechtsmodernisierungsgesetzes, NZG 2008, S. 12–15.

Habersack, Mathias: „Kirch/Deutsche Bank" und die Folgen - Überlegungen zu § 100 Abs. 5 AktG und Ziff. 5.4, 5.5 DCGK –, in: Habersack, Mathias/Hommelhoff, Peter (Hrsg.): Festschrift für Wulf Goette zum 65. Geburtstag, München 2011, S. 121–134.

Habersack, Mathias: Aufsichtsrat und Prüfungsausschuss nach dem BilMoG, AG 2008, S. 98–107.

Habersack, Mathias: Münchener Kommentar zum Bürgerlichen Gesetzbuch, Band 7, Schuldrecht – Besonderer Teil IV §§ 705–853, Partnerschaftsgesellschaftsgesetz, Produkthaftungsgesetz, 8. Auflage, München 2020 [zitiert als: *Bearbeiter*, in: MüKo-BGB].

Habersack, Mathias/Henssler, Martin: Mitbestimmungsrecht. Kommentierung des MitbestG, des DrittelbG, des SEBG und des MgVG, 4. Auflage, München 2018 [zitiert als: *Bearbeiter*, in: Habersack/Henssler, DrittelbG].

Habersack, Mathias/Mülbert, Peter/Schlitt, Michael (Hrsg.): Handbuch der Kapitalmarktinformation, 3. Auflage, München 2020 [zitiert als: *Bearbeiter*, in: HdB der Kapitalmarktinformation].

Happ, Wilhelm: Zur Wirksamkeit von Rechtshandlunge eines fehlerhaft bestellten Aufsichtsrats, in: Kindler, Peter/Koch, Jens/Ulmer, Peter/Winter, Martin (Hrsg.): Festschrift für Uwe Hüffer zum 70. Geburtstag, München 2010, S. 293–308.

Hasselbach, Kai: Überwachungs- und Beratungspflichten des Aufsichtsrates in der Krise, NZG 2012, S. 41–48.

Häublein, Martin/Hoffmann-Theinert, Roland (Hrsg.): BeckOK HGB, 30. Edition, Stand: 15.10.2020, München 2020 [zitiert als: *Bearbeiter*, in: BeckOK, HGB].

Hefendehl, Roland/Hohmann, Olaf: Münchener Kommentar zum Strafgesetzbuch, Band 5, §§ 263–358, 3. Auflage, München 2019 [zitiert als: *Bearbeiter*, in: MüKo-StGB].

Heidel, Thomas (Hrsg.): Aktienrecht und Kapitalmarktrecht. Kommentar. 5. Auflage, Baden-Baden 2020 [zitiert als: *Bearbeiter*, in: NK-AktG].

Heintschel-Heinegg, Bernd (Hrsg.): BeckOK StGB, 48. Edition, Stand: 01.11.2020, München 2020 [zitiert als: *Bearbeiter*, in: BeckOK, StGB].

Henssler, Martin/Strohn, Lutz (Hrsg.): Beck'sche Kurzkommentare, Gesellschaftsrecht, 4. Auflage, München 2019 [zitiert als: *Bearbeiter*, in: Henssler/Strohn, AktG].

Henze, Hartwig: Entscheidungen und Kompetenzen der Organe in der AG: Vorgaben der höchstrichterlichen Rechtsprechung, BB 2001, S. 53–61.

Henze, Hartwig: Prüfungs- und Kontrollaufgaben des Aufsichtsrates in der Aktiengesellschaft – Die Entscheidungspraxis des Bundesgerichtshofes, NJW 1998, S. 3309–3312.

Hersch, Hans-Gerd: Aufsichtsrechtliche Anforderungen an die Geschäftsleiter und Aufsichtsräte von Versicherungsunternehmen nach dem Gesetz zur Modernisierung der Finanzaufsicht über Versicherungen, VersR 2016, S. 145–154.

Hirte, Heribert/Mülbert O. Peter/Roth, Markus (Hrsg.): Aktiengesetz Großkommentar. Vierter Band. Teilband 2 §§ 92–94, 5. Auflage, Berlin 2015 [zitiert als: *Bearbeiter*, in: Großkomm-AktG].

Hirte, Heribert/Mülbert, Peter O./Roth, Markus (Hrsg.): Aktiengesetz Großkommentar. Fünfter Band §§ 95–116, 5. Auflage, Berlin 2019 [zitiert als: *Bearbeiter*, in: Großkomm-AktG].

Hirte, Heribert/Mülbert O. Peter/Roth, Markus (Hrsg.): Aktiengesetz Großkommentar. Siebter Band. Teilband 1 §§ 118–130, 5. Auflage, Berlin 2017 [zitiert als: *Bearbeiter*, in: Großkomm-AktG].

Hirte, Heribert/Mülbert O. Peter/Roth, Markus (Hrsg.): Aktiengesetz Großkommentar. Achter Band. §§ 150–178, 5. Auflage, Berlin 2018 [zitiert als: *Bearbeiter*, in: Großkomm-AktG].

Hoffmann-Becking, Michael: Münchener Handbuch des Gesellschaftsrechts, Band 4. Aktiengesellschaft, 5. Auflage, München 2020 [zitiert als: *Hoffmann-Becking*, in: Münchener HdB GesellR].

Hoffmann-Becking, Michael: Rechtliche Anmerkungen zur Vorstands- und Aufsichtsratsvergütung, ZHR 169 (2005), S. 155–180.

Hoffmann-Becking, Michael: Vorstandsvergütung nach Mannesmann, NZG 2006, S. 127–131.

Holle, Philipp Maximilian: Rechtsbindung und Business Judgment Rule, AG 2011, S. 778–786.

Hölters, Wolfgang (Hrsg.): Aktiengesetz. Kommentar. 3. Auflage, München 2017 [zitiert als: *Bearbeiter*, in: Hölters, AktG].

Hommelhoff, Peter: Die Autarkie des Aufsichtsrats – Besprechung der Entscheidung BGHZ 85, 293 „Hertie" –, ZGR 1983, S. 551–580.

Höpfner, Clemens: Der fehlerhafte Aufsichtsrat. Zur Anwendbarkeit der Lehre vom fehlerhaften Organ auf die Beschlussfassung im Aufsichtsrat, ZGR 2016, S. 505–540.

Hopt, Klaus J./Kumpan, Christoph/Merkt, Hanno/Roth, Markus (Hrsg.): Beck'-sche Kurzkommentare, Band 9, Handelsgesetzbuch mit GmbH & Co., Handelsklauseln, Bank- und Kapitalmarktrecht, Transportrecht (ohne Seerecht), 39. Auflage, München 2020 [zitiert als: *Bearbeiter*, in: Baumbach/Hopt, HGB].

Hüffer, Uwe/Koch, Jens (Hrsg.): Beck'sche Kurzkommentare Band 53, Aktiengesetz, 14. Auflage, München 2020 [zitiert als: *Bearbeiter*, in: Hüffer/Koch, AktG].

Jaspers, Philipp: Höchstgrenzen für Aufsichtsratsmandate nach Aktienrecht und DCGK, AG 2011, S. 154–164.

Jung, Stefanie: Herausforderung Frauenquote, DStR 2014, S. 960–965.

Kiethe, Kurt: Falsche Erklärung nach § 161 AktG – Haftungsverschärfung für Vorstand und Aufsichtsrat?, NZG 2003, S. 559–567.

Kindhäuser, Urs/Hilgendorf, Eric: Strafgesetzbuch. Kommentar, 8. Auflage, Baden-Baden 2020 [zitiert als: *Bearbeiter*, in: LPK-StGB].

Kirschbaum, Tom: Anmerkung zum Urteil des LG München I, vom 22.11.2007 - 5 HK O 10614/07 (nicht rechtskräftig), ZIP 2007, S. 2362–2364.

Klebeck, Ulf/Kolbe, Sebastian: Aufsichts- und Arbeitsrecht im KAGB, BB 2014, S. 707–714.

Klein, Martin: Die Änderungen des Deutschen Corporate Governance Kodex 2012 aus Sicht der Unternehmenspraxis, AG 2012, S. 805–814.

Klöhn, Lars/Schmolke, Klaus Ulrich: Ökonomische Erkenntnisse und ihre Bedeutung im Gesellschafts- und Kapitalmarktrecht, NZG 2015, S. 689–697.

Koch, Jens: Begriff und Rechtsfolgen von Interessenkonflikten und Unabhängigkeit im Aktienrecht, ZGR 2014, S. 697–730.

Kocher, Dirk: Die Diversity-Empfehlung des neuen Corporate-Governance-Kodex, BB 2010, S. 264–266.

Körner, Marita: Comply or disclose: Erklärung nach § 161 AktG und Außenhaftung des Vorstands, NZG 2004, S. 1148–1151.

Kort, Michael: Die Außenhaftung des Vorstands bei der Abgabe von Erklärungen nach § 161 AktG, in: Damm, Reinhard/Heermann, Peter W./Veil, Rüdiger (Hrsg.): Festschrift für Thomas Raiser zum 70. Geburtstag am 20. Februar 2005, Berlin 2005, S. 203–223.

Kremer, Thomas/Bachmann, Gregor/Lutter, Marcus/v. Werder, Axel (Hrsg.): Deutscher Corporate Governance Kodex. Kommentar, 7. Auflage, München 2018 [zitiert als: *Bearbeiter*, in: Kremer u.a., DCGK].

Kremer, Thomas/v. Werder, Axel: Unabhängigkeit von Aufsichtsratsmitgliedern: Konzept, Kriterien und Kandidateninformationen, AG 2013, S. 340–348.

Krieger, Gerd: Corporate Governance und Corporate Governance Kodex in Deutschland, ZGR 2012, S. 202–227.

Krieger, Gerd: Der Wechsel vom Vorstand in den Aufsichtsrat, in: Kindler, Peter/Koch, Jens/Ulmer, Peter/Winter, Martin (Hrsg.): Festschrift für Uwe Hüffer zum 70. Geburtstag, München 2010, S. 521–537.

Kropff, Bruno: Aktiengesetz: Textausgabe des Aktiengesetzes vom 6.9.1965 (Bundesgesetzbl. I S. 1089) und des Einführungsgesetzes zum Aktiengesetz vom 6.9.1965 (Bundesgesetzbl. I S. 1185) mit Begründung des Regierungsentwurfs, Bericht des Rechtsausschusses des Deutschen Bundestags, Verweisungen und Sachverzeichnis, Düsseldorf 1965 [zitiert als: *Textgrundlage*, bei Kropff].

Kropff, Bruno: Der unabhängige Finanzexperte in der Gesellschaftsverfassung, in: Bitter, Georg/Lutter, Marcus/Priester, Hans-Joachim/Schön, Wolfgang/Ulmer, Peter (Hrsg.): Festschrift für Karsten Schmidt zum 70. Geburtstag, Köln 2009, S. 1023–1040.

Krüger, Wolfgang: Münchener Kommentar zum Bürgerlichen Gesetzbuch, Band 3, Schuldrecht – Allgemeiner Teil II, 8. Auflage, München 2019 [zitiert als: *Bearbeiter*, in: MüKo-BGB].

Kübler, Friedrich/Assmann, Heinz-Dieter: Gesellschaftsrecht, 6. Auflage, Heidelberg 2006 [zitiert als: *Kübler/Assmann*, GesellR].

Kühl, Kristian/Heger, Martin (*Bearbeiter*): Strafgesetzbuch. Kommentar, begründet von Eduard Dreher und Hermann Maassen, fortgeführt von Karl Lackner, Kristian Kühl und Martin Heger, 29. Auflage, München 2018 [zitiert als: *Bearbeiter*, in: Lackner/Kühl, StGB].

Laars, Reinhard/Both, David (Hrsg.): Versicherungsaufsichtsgesetz. 4. Online-Auflage (entspricht der 1265. Lieferung der Loseblattsammlung „Das deutsche Bundesrecht“ (6/2017), Rechtsstand: 1.6.2017) Baden-Baden 2017 [zitiert als: *Bearbeiter*, in: NK-VAG].

Langenbucher, Katja: Wettbewerbsverbote, Unabhängigkeit und die Stellung des Aufsichtsratsmitglieds, ZGR 2007, S. 571–601.

Langenbucher, Katja: Zentrale Akteure der Corporate Governance: Zusammensetzung des Aufsichtsrates, ZGR 2012, S. 314–342.

Langner-Leyendecker/Huthmacher, David: Kostentragung für Aus- und Fortbildungsmaßnahmen vom Aufsichtsratsmitgliedern, NZG 2012, S. 1415–1420.

Leyens, Patrick C.: Aufsichtsrat: Terra incognita des englischen Gesellschaftsrechts?, in: Grundmann, Stefan/Haar, Brigitte/Merkt, Hanno/Mülbert, Peter O./Wellenhofer, Marina/Baum, Harald/von Hein, Jan/von Hippel, Thomas/

Pistor, Katharina/Roth, Markus/Schweitzer, Heike (Hrsg.): Festschrift für Klaus J. Hopt zum 70. Geburtstag am 24. August 2010, Unternehmen, Markt und Verantwortung, Band 2, Berlin, New York 2010, S. 3135–3147.

Leyens, Patrik C.: Deutscher Aufsichtsrat und U.S.-Board: ein- oder zweistufiges Verwaltungssystem? Zum Stand der rechtsvergleichenden Corporate Governance-Debatte, RabelsZ Bd. 67 (2003), S. 57–105.

Lieder, Jan: Das unabhängige Aufsichtsratsmitglied – Zu den Änderungen des Deutschen Corporate Governance Kodex, NZG 2005, S. 569–574.

Lieder, Jan: Der Aufsichtsrat im Wandel der Zeit – Leitlinien der geschichtlichen Entwicklung sowie der Fortentwicklung des deutschen Aufsichtsratssystems –, JWV Band 9, Jena 2006 (Dissertation, Friedrich-Schiller-Universität Jena).

Lieder, Jan: Die Rechtsstellung von Aufsichtsratsmitgliedern bei fehlerhafter Wahl – Plädoyer für eine Lehre vom fehlerhaft bestellten Aufsichtsratsmitglied - , ZHR 178 (2014), S. 282–325.

Lieder, Jan: Kurzkommentar zu OLG Stuttgart, Urteil vom 29.2.2012 - 20 U 3/11, EWiR 2012, S. 303–304.

Lieder, Jan: Unternehmerische Entscheidungen des Aufsichtsrats, ZGR 2018, S. 523–583.

Lutter, Marcus: Anwendbarkeit der Altersbestimmungen des AGG auf Organpersonen, BB 2007, S. 725–731.

Lutter, Marcus: Der Kodex und das Recht, in: Grundmann, Stefan/Haar, Brigitte/Merkt, Hanno/Mülbert, Peter O./Wellenhofer, Marina/Baum, Harald/von Hein, Jan/von Hippel, Thomas/Pistor, Katharina/Roth, Markus/Schweitzer, Heike (Hrsg.): Festschrift für Klaus J. Hopt zum 70. Geburtstag am 24. August 2010, Unternehmen, Markt und Verantwortung, Band 1, Berlin, New York 2010, S. 1025–1037.

Lutter, Marcus: Die Erklärung zum Corporate Governance Kodex gemäß § 161 AktG. Pflichtverstöße und Binnenhaftung von Vorstands- und Aufsichtsratsmitgliedern, ZHR 166 (2002), S. 523–543.

Lutter, Marcus: Die Unwirksamkeit von Mehrfachmandaten in den Aufsichtsräten von Konkurrenzunternehmen, in: Beisse, Heinrich/Lutter, Marcus/Närger, Heribald, (Hrsg.), Festschrift für Karl Beusch zum 68. Geburtstag am 31. Oktober 1993, Berlin 1993, S. 509–527.

Lutter, Marcus: Interessenkonflikte und Business Judgment Rule, in: Heldrich, Andreas/Prölss, Jürgen/Koller, Ingo/ Langenbucher, Katja/Grigoleit, Hans Christoph/Hager, Johannes/Hey, Felix Christopher, Neuner, Jörg/Petersen, Jens/Singer, Reinhard (Hrsg.), Festschrift für Claus-Wilhelm Canaris zum 70. Geburtstag, Band II, München 2007, S. 245–256.

Lutter, Marcus: Professionalisierung des Aufsichtsrats, DB 2009, S. 775–779.

Lutter, Marcus: Rechtsfragen zum Entwurf für ein Gesetz zur Einführung der Frauenquote, BB 2014, Die erste Seite.

Lutter, Marcus/Krieger, Gerd/Verse, Dirk: Rechte und Pflichten des Aufsichtsrats, 7. Auflage, Köln 2020.

Mader, Florian: Die internationale Besetzung des Aufsichtsrates einer deutschen Aktiengesellschaft, ZGR 2014, S. 430–451.

Marsch-Barner, Reinhard: Zur Anfechtung der Wahl von Aufsichtsratsmitgliedern, in: Bitter, Georg/Lutter, Marcus/Priester, Hans-Joachim/Schön, Wolfgang/Ulmer, Peter (Hrsg.): Festschrift für Karsten Schmidt zum 70. Geburtstag, Köln 2009, S. 1109–1128.

Marsch-Barner, Reinhard/Schäfer, Frank (Hrsg.): Handbuch börsennotierte AG. Aktien- und Kapitalmarktrecht, 4. Auflage, Köln 2018 [zitiert als: *Bearbeiter*, in: HdB börsennotierte AG].

Merkt, Hanno: Die Zusammenarbeit von Aufsichtsrat und Abschlussprüfer nach der EU-Reform: Mut zur Erwartungslücke?, ZHR 179 (2015), S. 601–644.

Mickel, Corinna/Fleischmann, Dermot: Die Höchstmandatszahl für Aufsichtsräte – Einberechnung des ausländischen Mandats, NZG 2010, S. 54–56.

Moritz, Joachim/Klebeck, Ulf/Jesch, Thomas (Hrsg.): Frankfurter Kommentar zum Kapitalanlagerecht, Band 1: Kommentar zum Kapitalanlagegesetzbuch (KAGB) (Teilband 1), Frankfurt am Main 2016 [zitiert als: *Bearbeiter*, in: Moritz/Klebeck/Jesch, KAGB].

Möslein, Florian: Inhaltskontrolle aktienrechtlicher Entsendungsrechte: Europäische Anforderungen und Ausgestaltung im deutschen Aktienrecht, AG 2007, S. 770–777.

Müller-Glöge, Rudi/Preis, Ulrich/Schmidt, Ingrid (Hrsg.): Erfurter Kommentar zum Arbeitsrecht, 21. Auflage, München 2021 [zitiert als: *Bearbeiter*, in: ErfurterKomm-].

Nirk, Rudolf: Das Kreditwesengesetz, 8. Auflage, Frankfurt am Main 1985.

Nodoushani, Manuel: Das neue Anforderungsprofil für Aufsichtsräte von Unternehmen von öffentlichem Interesse, AG 2016, S. 381–388.

Oetker, Hartmut: Die zwingende Geschlechterquote für den Aufsichtsrat – vom historischen Schritt zur Kultivierung einer juristischen terra incognita, ZHR 179 (2015), S. 707–749.

Ohmann-Sauer, Ingrid/Langemann, Moritz: Der Referentenentwurf zur Einführung einer „gesetzlichen Frauenquote“, NZA 2014, S. 1120–1126.

Paal, Boris P.: Die persönliche Haftung – ein wirksames Mittel zur Verbesserung der Kontrolltätigkeit des Aufsichtsrats bei kapitalmarktorientierten Unternehmen? (Teil I), DStR 2005, S. 382–385.

Paefgen, Walter G.: Dogmatische Grundlagen, Anwendungsbereich und Formulierung einer Business Judgment Rule im künftigen UMAG, AG 2004, S. 245–261.

Paschos, Nikolaos/Goslar, Sebastian: Unabhängigkeit von Aufsichtsratsmitgliedern nach den neuesten Änderungen des Deutschen Corporate Governance Kodex, NZG 2012, S. 1361–1366.

Patzner, Andreas/Döser, Achim: Nomos Kommentar Investmentgesetz, Baden-Baden 2012 [zitiert als: *Bearbeiter*, in: NK-InvG].

Porsch, Johannes: Die Qualifikation der Aufsichtsratsmitglieder –Allgemeine Anforderungen im Lichte der Ausstrahlung branchenspezifischer Regelungen, Berlin 2018 (Dissertation, Albert-Ludwigs-Universität Freiburg im Breisgau).

Priester, Hans-Joachim: Beschlusswirkung fehlerhaft bestellter Aufsichtsratsmitglieder, GWR 2013, S. 175–177.

Rieckers, Oliver: Fortsetzung der Anfechtungsklage gegen Aufsichtsratswahlen nach Rücktritt des Aufsichtsrats. Kommentar zu BGH v. 19.2.2013 – II ZR 56/12, AG 2013, S. 383–386.

Rieckers, Oliver: Haftung des Vorstands für fehlerhafte Ad-hoc-Meldungen de lege lata und de lege ferenda, BB 2002, S. 1213–1221.

Rieder, Markus: Anfechtbarkeit von Aufsichtsratswahlen bei unrichtiger Entsprechenserklärung, NZG 2010, S. 737–739.

Ringleb, Henrik-Michael/Kremer, Thomas/Lutter, Marcus/v. Werder, Axel: Die Kodex-Änderungen von Mai 2010, NZG 2010, S. 1161–1166.

Ringleb, Henrik-Michael/Kremer, Thomas/Lutter, Marcus/v. Werder, Axel: Die Kodex-Änderungen von Mai 2012, NZG 2012, S. 1081–1089.

Röder, Gerhard/Arnold, Christian: Geschlechterquoten und Mitbestimmung – Offene Fragen der Frauenförderung, NZA 2015, S. 279–285.

Roth, Markus: Unabhängige Aufsichtsratsmitglieder, ZHR 175 (2011), S. 605–643.

Rummel, Hans Georg: Das aktienrechtliche Verbot der Überkreuzverflechtung und Kapitalgesellschaft mit freiwillig gebildetem Aufsichtsrat, DB 1970, S. 2257–2258.

Säcker, Franz Jürgen: Behördenvertreter im Aufsichtsrat, in: Eyrich, Heinz/Odersky, Walter/Säcker, Franz Jürgen (Hrsg.), Festschrift für Kurt Rebmann zum 65. Geburtstag, München 1989, S. 781–805.

Säcker, Franz Jürgen: Die Zukunft der Unternehmensmitbestimmung in Deutschland. Disharmonien im Zusammenspiel der verschiedenen Mitbestimmungsebenen, AG 2008, S. 17–25.

Säcker, Jürgen/Rehm, Christian: Grenzen der Mitwirkung des Aufsichtsrates an unternehmerischen Entscheidungen in der Aktiengesellschaft, DB 2008, S. 2814–2821.

Schäfer, Carsten: Die Binnenhaftung von Vorstand und Aufsichtsrat nach der Renovierung durch das UMAG, ZIP 2005, S. 1253–1259.

Schäfer, Philipp: OLG Köln: Keine gerichtliche Bestellung des Aufsichtsrats aufgrund anhängiger Anfechtungs- bzw. Nichtigkeitsklage, FD-HGR 2007, 238096.

Scheffler, Eberhard: Konzernmanagement. Betriebswirtschaftliche und rechtliche Grundlagen der Konzernführungspraxis, 2. Auflage, München 2005.

Schiessl, Maximilian: Deutsche Corporate Governance post Enron, AG 2002, S. 593–604.

Schilha, Ralph: Neues Anforderungsprofil, mehr Aufgaben und erweiterte Haftung für den Aufsichtsrat nach Inkrafttreten der Abschlussprüferreform, ZIP 2016, S. 1316–1329.

Schlitt, Christian: Die strafrechtliche Relevanz des Corporate Governance Kodexes, DB 2007, S. 326–330.

Schlösser, Jan/Dörfler, Roman: Strafrechtliche Folgen eines Verstoßes gegen den Deutschen Corporate Governance Kodex, wistra 2007, S. 326–333.

Schmidt, Karsten/Ebke, Werner: Münchener Kommentar zum Handelsgesetzbuch, Band 4, Drittes Buch. Handelsbücher. §§ 238–342e HGB, 4. Auflage, München 2020 [zitiert als: *Bearbeiter*, in: MüKo-HGB].

Schmidt, Karsten/Lutter, Marcus (Hrsg.): Aktiengesetz Kommentar. I. Band §§ 1–132 AktG, 4. Auflage, Köln 2020 [zitiert als: *Bearbeiter*, in: K. Schmidt/Lutter, AktG].

Schmidt, Karsten/Lutter, Marcus (Hrsg.): Aktiengesetz Kommentar. II. Band §§ 133–410 AktG, SpruchG, 4. Auflage, Köln 2020 [zitiert als: *Bearbeiter*, in: K. Schmidt/Lutter, AktG].

Schmidt, Karsten: „Fehlerhafte Gesellschaft“ und allgemeines Verbandsrecht, AcP 186 (1986), S. 421–452.

Schneider, Sven H.: “Unternehmerische Entscheidungen“ als Anwendungsvoraussetzung für die Business Judgment Rule, DB 2005, S. 707–712.

Schoch, Friedrich/Schneider, Jens-Peter: Verwaltungsrecht VwGO, Band I. Kommentar. Stand: Juli 2020 (39. Ergänzungslieferung) [zitiert als: *Schoch/Schneider*, VwGO].

Scholderer, Frank: Unabhängigkeit und Interessenkonflikte der Aufsichtsratsmitglieder. Systematik, Kodexänderungen, Konsequenzen, NZG 2012, S. 168–176.

Schork, Ludwig: Gesetz über das Kreditwesen. Kommentar. Köln, Berlin, Bonn, München 1965. [zitiert als: *Schork*, in: Schork, KWG].

Schröder, Jochen: Mängel und Heilung der Wählbarkeit bei Aufsichtsrats-und Betriebsratswahlen, in: Raisch, Peter/Eisenhardt, Ulrich (Hrsg.), Hagener Seminarbeiträge zum Unternehmensrecht, Heidelberg, Karlsruhe, 1979.

Schubert, Claudia/Jacobsen, Gönke: Personelle Vielfalt als Element guter Unternehmensführung – die Empfehlung des Corporate Governance Kodex und die Rechtsfolgen ihrer unzureichenden Berücksichtigung, WM 2011, S. 726–734.

Schulz, Stephan/Ruf, Christian: Zweifelsfragen der neuen Regelungen über die Geschlechterquote im Aufsichtsrat und die Zielgrößen für die Frauenbeteiligung, BB 2015, S. 1155–1163.

Schüppen, Matthias: To comply or not to comply - thats's the question! „Existenzfragen" des Transparenz- und Publizitätsgesetzes im magischen Dreieck kapitalmarktorientierter Unternehmensführung, ZIP 2002, S. 1269–1279.

Schürnbrand, Jan: Noch einmal: Das fehlerhaft bestellte Aufsichtsratsmitglied, NZG 2013, S. 481–484.

Schürnbrand, Jan: Organschaft im Recht der privaten Verbände, Jus Privatum 125, Tübingen 2007.

Schwennicke, Andreas/Auerbach, Dirk (Hrsg.): Kreditwesengesetz (KWG) mit Zahlungsdiensteaufsichtsgesetz (ZAG) 4. Auflage, München 2021 [zitiert als: *Bearbeiter*, in: Schwennicke/Auerbach, KWG].

Seibt, Christoph: Corporate Reputation Management: Rechtsrahmen für Geschäftsleiterhandeln, DB 2015, S. 171–178.

Seibt, Christoph: Deutscher Corporate Governance Kodex und Entsprechens-Erklärung (§ 161 AktG-E), AG 2002, S. 249–259.

Seibt, Christoph: Geschlechterquote im Aufsichtsrat und Zielgrößen für die Frauenbeteiligung in Organen und Führungsebenen in der Privatwirtschaft, ZIP 2015, S. 1193–1208.

Selter, Wolfgang: Die Pflicht von Aufsichtsratsmitgliedern zur eigenständigen Risikoanalyse, NZG 2012, S. 660–662.

Semler, Johannes: Anforderungen an die Befähigung eines Aufsichtsratsmitglieds, in: Bitter, Georg/Lutter, Marcus/Priester, Hans-Joachim/Schön, Wolfgang/Ulmer, Peter (Hrsg.): Festschrift für Karsten Schmidt zum 70. Geburtstag, Köln 2009, S. 1489–1505.

Spindler, Gerald: Von der Früherkennung von Risiken zum umfassenden Risikomanagement - zum Wandel des § 91 AktG unter europäischem Einfluss, in: Kindler, Peter/Koch, Jens/Ulmer, Peter/Winter, Martin (Hrsg.): Festschrift für Uwe Hüffer zum 70. Geburtstag, München 2010, S. 985–998.

Spindler, Gerald/Stilz, Eberhard (Hrsg.): Kommentar zum Aktiengesetz, Band 1, §§ 1–149 AktG, 4. Auflage, München 2019 [zitiert als: *Bearbeiter*, in: Spindler/Stilz, AktG].

Spindler, Gerald/Stilz, Eberhard (Hrsg.): Kommentar zum Aktiengesetz, Band 2, §§ 150–410 AktG, SpruchG, SE-VO, 4. Auflage, München 2019 [zitiert als: *Bearbeiter*, in: Spindler/Stilz, AktG].

Staake, Marco: Arbeitnehmervertreter als unabhängige Aufsichtsratsmitglieder, NZG 2016, S. 853–857.

Staake, Marco: Der unabhängige Finanzexperte im Aufsichtsrat, ZIP 2010, S. 1013–1022.

Stein, Ursula: Das faktische Organ, Köln, Berlin, Bonn, München 1984.

Stein, Ursula: Der gesetzliche Vertreter eines abhängigen Unternehmens als leitender Angestellter im Aufsichtsrat der herrschenden Gesellschaft, AG 1983, S. 49–55.

Steinhauer, Carsten: Insiderhandelsverbot und Ad-hoc-Publizität. Eine rechtvergleichende Analyse zivilrechtlicher Haftungsansprüche von Anlegern in den USA und Deutschland, Baden-Baden 1999 (Dissertation, Albert-Ludwigs-Universität Freiburg).

Stüber, Katharina: Die Frauenquote ist da – Das Gesetz zur gleichberechtigten Teilhabe und die Folgen für die Praxis, DStR 2015, S. 947–954.

Stürner, Rolf (Hrsg.): Jauernig Bürgerliches Gesetzbuch mit Rom-I-VO, Rom-II-VO, Rom-III-VO, EG-UnthVO/HUntProt und EuErbVO. Kommentar, 18. Auflage, München 2021 [zitiert als: *Bearbeiter*, in: Jauernig, BGB].

Thole, Christoph: Managerhaftung für Gesetzesverstöße. Die Legalitätspflicht des Vorstands gegenüber seiner Aktiengesellschaft, ZHR 173 (2009), S. 504–535.

Thümmel, Roderich: Die Abweichung von der Entsprechenserklärung nach § 161 AktG. Neue Risiken für Vorstände und Aufsichtsräte, CCZ 2008, S. 141–144.

Tielmann, Jörgen: Der Beschlussvorschlag des Aktionärs an die Hauptversammlung für Wahlen zum Aufsichtsrat kraft Verlangens nach § 122 Abs. 1 oder 2 AktG - Inhalt und Grenzen, AG 2013, S. 704–712.

Tielmann, Jörgen/Struck, Henning: Empfehlung zur Sicherung der Handlungsfähigkeit des Aufsichtsrats bei der Anfechtung der Wahl von Aufsichtsratsmitgliedern. Anmerkung zum Urteil des BGH vom 19.2.2013 - II ZR 56/12, BB 2013, S. 1548–1551.

Tödtmann, Ulrich/Schauer, Michael: Der Corporate Governance Kodex zieht scharf, ZIP 2009, S. 995–1000.

Tröger, Tobias: Aktionärsklagen bei nicht-publizierter Kodexabweichung, ZHR 175 (2011), S. 746–786.

Ulmer, Peter: Der Deutsche Corporate Governance Kodex - ein neues Regulierungsinstrument für börsennotierte Aktiengesellschaften, ZHR 166 (2002), S. 150–181.

Ulmer, Peter: Die Lehre von der fehlerhaften Gesellschaft - gesicherter Bestand des Gesellschaftsrechts oder methodischer Irrweg, in: Jakobs, Horst Heinrich/ Knobbe-Keuk, Brigitte/Picker, Eduard/Wilhelm, Jan (Hrsg.): Festschrift für Werner Flume zum 70. Geburtstag, Band II, Köln 1978, S. 301–321.

v. Halen, Curt Christian: Das Gesellschaftsstatut nach der Centros-Entscheidung des EuGH, Heidelberg 2001.

v. Schenck, Kersten (Hrsg.): Der Aufsichtsrat §§ 95–116, 161, 170–172, 394 und 395 AktG. Kommentar, München 2015 [zitiert als: *Bearbeiter*, in: Semler/v. Schenck, Der Aufsichtsrat].

Vetter, Eberhard: Anfechtung der Wahl der Aufsichtsratsmitglieder, Bestandsschutzinteresse der AG und die Verantwortung der Verwaltung, ZIP 2012, S. 701–711.

Vetter, Eberhard: Der Deutsche Corporate Governance Kodex nur ein zahnloser Tiger? – Zur Bedeutung von § 161 AktG für Beschlüsse der Hauptversammlung - , NZG 2008, S. 121–126.

Vetter, Eberhard: Die Verantwortung und Haftung des überstimmten Aufsichtsratsmitglieds, DB 2004, S. 2623–2628.

Vetter, Eberhard/van Laak, Hendrik: Die angefochtene Aufsichtsratswahl, ZIP 2008, S. 1806–1813.

Wasmann, Dirk/Rothenburg, Vera: Praktische Tipps zum Umgang mit der Frauenquote, DB 2015, S. 291 296.

Weber-Rey, Daniela: Ausstrahlungen des Aufsichtsrechts (insbesondere für Banken und Versicherungen) auf das Aktienrecht – oder die Infiltration von Regelungssätzen?, ZGR 2010, S. 543–590.

Weber, Robert/Kersjes, Julia: Hauptversammlungsbeschlüsse vor Gericht. Die aktienrechtliche Anfechtungs- und Nichtigkeitsklage, Freigabeverfahren und Spruchverfahren, München 2010.

Weitnauer, Wolfgang/Boxberger, Lutz/Anders, Dietmar (Hrsg.): Beck'sche Kurzkommentare, Kapitalanlagegesetzbuch, Investmentsteuergesetz, EuVECA-VO, EuSEF-VO und ELTIF-VO, 2. Auflage, München 2017 [zitiert als: *Bearbeiter*, in: Weitnauer/Boxberger/Anders, KAGB].

Wilsing, Hans-Ulrich: Deutscher Corporate Governance Kodex. Kommentar. München 2012.

Wilsing, Hans-Ulrich/Meyer, Daniel: Aktuelle Entwicklungen bei der Organberatung, DB 2011, S. 341–345.

Wind, Martina/Klie, Marcus: Der unabhängige Finanzexperte nach dem BilMoG – Rechtsfolgen eines abweichend von § 100 Abs. 5 AktG besetzten Aufsichtsrats, DStR 2010, S. 1339–1343.

Zetzsche, Dirk: Zwischen Anlegerschutz und Standortwettbewerb: Das Investmentänderungsgesetz, ZBB 6/07, S. 438–454.

Zöllner, Wolfgang/Noack, Ulrich (Hrsg.): Kölner Kommentar zum Aktiengesetz. Band 2/1 §§ 76–94 AktG, 3. Auflage, Köln 2010 [zitiert als: *Bearbeiter*, in: KölnerKomm-AktG].

Zöllner, Wolfgang/Noack, Ulrich (Hrsg.): Kölner Kommentar zum Aktiengesetz. Band 2/2 §§ 95–117 AktG, 3. Auflage, Köln 2013 [zitiert als: *Bearbeiter*, in: KölnerKomm-AktG].

Zöllner, Wolfgang/Noack, Ulrich (Hrsg.): Kölner Kommentar zum Aktienrecht. Band 3/2 §§ 142–178 AktG, 3. Auflage, Köln 2015 [zitiert als: *Bearbeiter*, in: KölnerKomm-AktG].

Zöllner, Wolfgang/Noack, Ulrich (Hrsg.): Kölner Kommentar zum Aktienrecht. Band 5 §§ 241–290 AktG, 3. Auflage, Köln 2018 [zitiert als: *Bearbeiter*, in: KölnerKomm-AktG].